Hans Helfritz

Indonesien

Ein Reisebegleiter nach Java, Sumatra,
Bali und Sulawesi (Celebes)

DuMont Buchverlag Köln

Auf der Umschlagvorderseite: Szene aus dem Barong-Tanzspiel, Bali
Auf der Innenklappe: Das Meer-Heiligtum Tanah Lot, Bali
Auf der Umschlagrückseite: Tempel im Affenwald von Sangeh, Bali

© 1977 DuMont Buchverlag, Köln
4. Aufl. 1984
Alle Rechte vorbehalten
Satz und Druck: Rasch, Bramsche
Buchbinderische Verarbeitung: Boss-Druck, Kleve

Printed in Germany   ISBN 3-7701-0804-3

Kunst-Reiseführer in der Reihe DuMont Dokumente

Zur schnellen Orientierung – die wichtigsten Orte und Stätten Indonesiens auf einen Blick:
(Auszug aus dem ausführlichen Ortsregister S. 318 ff.)

In der vorderen Innenklappe: Übersichtskarte von Indonesien

In der hinteren Innenklappe: Karte von Bali

Wayang-Spiel: Der Affenkönig Hanuman

Inhalt

Praktische Reisehinweise
von Gudrun Merkle

Im Jahre 1972 wurde in Indonesien wie auch in Malaysia und in Singapore eine neue Rechtschreibung eingeführt, an die wir uns im vorliegenden Buch halten wollen. Hierbei ist vor allem zu beachten, daß die Aussprache folgender Laute im Indonesischen nicht mit der im Deutschen übereinstimmt:

Heute geschrieben:	*früher geschrieben:*	*gesprochen:*
ny	nj	nj
j	dj	dj
c	tj	tj
y	j	j

Man schreibt also heute für ›Tempel‹ nicht mehr *tjandi* (oder *chandi*), sondern *candi;* und für den Namen der Stadt in Mittel-Java nicht mehr *Jogjakarta*, sondern *Yogyakarta*, und *Jakarta* für *Djakarta*. *Ai* und *au* kommen als Diphthonge nur in offenen Silben vor. In geschlossenen Silben werden die Vokale getrennt voneinander ausgesprochen, wie zum Beispiel *ba-ik* = gut, oder *la-ut* = Meer. Das *ai* der offenen Silbe wird oft wie ein offenes *e* gesprochen, zum Beispiel *sungai* = Fluß, gesprochen *sungé*. Das selten vorkommende *oi* wird wie ein deutsches *eu* gesprochen (*sepoi* = Lufthauch).

8

I Das Inselreich Indonesien

1 Umwelt und Lebensraum

Zwischen dem Indischen Ozean, dem Asiatischen Kontinent und Australien erstreckt sich beiderseits des Äquators über mehr als 2 Millionen Quadratkilometer der größte Inselkomplex der Erde von Tausenden von Inseln und Inselchen, den man Malaiischer oder Indonesischer Archipel genannt hat. Geographisch wird diese Inselwelt in drei Hauptgruppen geteilt, in den Sunda-Archipel, die Molukken und die Philippinen. Unter der Bezeichnung Malaiischer Archipel versteht man die gesamte malaiische Inselwelt unter Berücksichtigung der malaiischen Sprachen und Kulturen. Der Name ›Indonesien‹ ist heute zum politischen Begriff geworden, er wurde zum erstenmal von dem deutschen Ethnologen Adolph Bastian in den sechziger Jahren des vorigen Jahrhunderts für alle Inseln zwischen Asien und Australien einschließlich der Philippinen geschaffen und zur niederländischen Kolonialzeit als Bezeichnung für die gesamte malaiische Inselwelt eingeführt. Als im Jahre 1949 das ehemalige Kolonialreich ›Niederländisch Ost-Indien‹ seine Selbständigkeit erhielt, bekam die junge Republik den Namen ›Indonesia Raja‹ oder ›Groß-Indonesien‹. Obwohl die Bezeichnung des neuen Archipel-Staates die Philippinen ausschließt, umfaßt Indonesien doch immerhin noch 13 677 Inseln, wobei auch das kleinste Atoll mit eingeschlossen ist; auf rund 6000 Inseln hat man menschliche Siedlungen registriert.

Das indonesische Inselreich kann man in vier Hauptgruppen einteilen: als erste die Großen Sunda-Inseln, zu denen Sumatra mit den vorgelagerten Inseln Simeuluë, Nias, die Mentawai-Inseln und Enggano gehören, Java mit Madura, Kalimantan (Borneo) und Sulawesi (Celebes); dann folgen als zweite Gruppe die Kleinen Sunda-Inseln von Bali bis Timor, als dritte Gruppe die Molukken und schließlich Irian Barat, der westliche Teil Neuguineas, der erst 1962 Indonesien zugesprochen wurde.

Landschaftlich wird der indonesische Archipel durch ein doppeltes Bergsystem gebildet, das gewissermaßen die Verlängerung des Arakan-Gebirges in West-Burma bildet. Zwei parallel laufende Gebirgsketten bestimmen das Inselreich: die äußere, die zum großen Teil unter Wasser liegt, verläuft über die Andamanen und Nikobaren, über die schon erwähnten Sumatra vorgelagerten Inseln und verschwindet dann von der Wasserlinie, um bei Sumbawa wieder aufzutauchen und im großen Bogen über Timor, die Tanimbar-Inseln und Seram (Ceram) abzuschwenken, bis sie in der Insel Buru zum Abschluß kommt. Diese Kette ist nicht vulkanisch, sie wurde schon im mittleren Miozän gebildet, während die andere, vulkanische Kette erst im späten Pliozän (vor 10 bis 2 Millionen Jahren) entstand. Wie das Rückgrat eines urweltlichen Ungeheuers bildet sie den Außenbogen der Großen Sunda-Inseln, verläuft dann weiter über die Inseln der Banda-See und reicht bis zu den Philippinen. Aus dieser Kette ragen mehr als 300 Vulkane heraus, bei denen allein in Indonesien in den letzten hundertfünfzig Jahren über 70 Ausbrüche zu verzeichnen sind.

Ursprünglich stand der ganze Sunda-Komplex mit dem südasiatischen Festland in Verbindung, wo er im ›indo-sinischen Massiv‹ im östlichen Thailand, in Kambodscha, Laos und Vietnam noch seine Fortsetzung erkennen läßt. Dazwischen liegt das sogenannte zentrale Sundaschelf, ein unterseeisches Plateau, das selten tiefer als 100 m ist; mit seinen 1 850 000 km² bildet es die größte Schelfplatte der Erde. Dieser gesamte Komplex gehört zu den ältesten Baueinheiten Südostasiens und bildete ehemals einen Teil des asiatischen Kontinents, wobei das Sundaschelf eine Tiefebene war, die erst am Ende der letzten Eiszeit überflutet wurde, als durch das Schmelzen des Eises der Spiegel der Meere anstieg. Daß das Sundaschelf wirklich einmal ein Teil des Festlandes war, bestätigen markante Bodenrillen, die man als ertrunkene Flußtäler gedeutet hat. Vor 30 Millionen Jahren noch war der ganze malaiische Archipel unter Wasser, erst vor 15 Millionen Jahren, am Ende des Miozäns, begannen die Inseln aus dem Meer aufzusteigen. Das Auftauchen wurde aber nicht nur durch das Sinken des Meeresspiegels – das Heben und Senken des Meeresspiegels geschah nicht nur einmal, sondern viermal nach und vor den verschiedenen Eiszeiten –, sondern auch durch das beständige Sich-Heben der gesamten asiatischen Landmassen und durch die starken Verwerfungen der Erdkruste hervorgerufen, ein äußerst komplizierter Prozeß.

Den zwei parallel laufenden Gebirgsbögen entsprechen Geosynklinalen oder Senkungströge. Sie liegen im Süden von Java im freien Meer und im Tiefseegraben bei Timor, dem Timor-Trog. Diese Senkungströge sind bei Java bis zu 7 450 m tief, in der Bali-See 1 500 m, in der Flores-See bis 5 140 m und in der Banda-See bis zu 5 400 m. Sulawesi steht nicht mit dem Sunda-Schelf in Verbindung, ein tiefer Graben, die sogenannte Makassar-Straße, bildet eine scharfe Trennungsgrenze. Hier beginnt das Sahul-Schelf, auf dem auch die Molukken, die Insel Ceram und West-Irian aufsitzen. Dieser Sockel bildete einst mit Australien zusammen einen Kontinent.

Jungtertiäre Vulkane bauten sich an den Horsträndern an den Bruchspalten im tektonischen Graben zwischen dem Doppelbogen auf, der von Süd-Sumatra aus Java der Länge nach in west-östlicher Richtung durchzieht und weiter über Bali und quer durch Lombok bis nach Sumbawa verläuft und sich weiter bis Timor erstreckt. Auch die Meeresstraßen zwischen den Kleinen Sunda-Inseln sind Bruchspalten, die zu einer reich zerklüfteten Küstengliederung führen. Die Ebenen des großen Längsgrabens auf den Inseln sind mit alluvialem Schwemmland oder vulkanischen Aufschüttungen bedeckt und deshalb außerordentlich fruchtbar, sie sind das beste Land für die Reisfelder, während die Hänge der Vulkane oft bis zur Vegetationsgrenze mit üppigen Regenwäldern bedeckt sind.

Vulkane beherrschen das Landschaftsbild Sumatras, Javas, Balis und der meisten Kleinen Sunda-Inseln. Dagegen zeichnen sich die nichtvulkanischen Gebirgsbildungen, die aus Sandstein oder Kalk bestehen, ab; sie erheben sich hauptsächlich am Südsaum der Inseln, oft in malerischen Formationen als ›Kegelkarste‹. Auf Java, der am dichtesten bevölkerten Insel Indonesiens, gelten diese Landstriche als ausgesprochene Notstandsgebiete. Aber nicht nur in Java, auch in Sumatra, Madura und Kalimantan (Borneo) gibt es weite Karstgebiete, die wegen ihrer wasserdurchlässigen Kalk- und Mergelböden landwirtschaftlich wenig ertragreich sind. Bei den Kleinen Sunda-Inseln kommt noch hinzu, daß sie, wie zum Beispiel die Inseln Sumba, Flores und Timor, klimatisch in einer Trockenzone liegen. Ihr Landschaftsbild steht im schroffen Gegensatz zu den ungeheuer ausgedehnten Waldgebieten, die insgesamt 63 % der Landoberfläche Indonesiens einnehmen und die besonders in Kalimantan und West-Irian und auch noch in Teilen Sumatras nur in Ufernähe der gewaltigen Ströme besiedelt sind. Diese Inseln sind sogar bis zu 80 % bewaldet; sie sind zwar reich an Nutzhölzern, konnten jedoch wegen ihrer Unzugänglichkeit bisher forstwirtschaftlich nur wenig genutzt werden. Die dichten Waldbestände sind mit tropischen Schlingpflanzen, mit Bromelien und anderen Epiphyten durchwachsen und bilden zusammen mit dem Unterholz ein oft undurchdringliches Dickicht, das man noch in Höhen über 1 000 m antrifft.

Die Wälder haben einen enormen Artenreichtum; geeignete Anbauflächen findet der Mensch hier kaum, er kann sie sich nur durch Brandrodung schaffen. So entstehen die *ladang*- oder Brandrodungs-Kulturen, die man jedoch nur wenige Jahre lang nutzen kann, denn bald ist der Boden erschöpft, und neue Rodungsfelder müssen angelegt werden, während ein artenärmerer Sekundärwald die alten Felder sehr bald überwuchert hat. Ist das biologische Gleichgewicht einmal gestört, so dauert es viele Jahrzehnte, bis in der Natur wieder einigermaßen ein Ausgleich stattgefunden hat; so manche seltene Arten sind ein für allemal ausgestorben. Bevor der Mensch hier durch Brandrodung seine Hand anlegte, hat der tropische Regenwald vorwiegend von seiner eigenen verwesenden organischen Substanz gelebt. Hinzu kommt noch, daß durch Auswaschung des Regens die Nährstoffe für den Sekundärwald, *blukar* genannt, immer ärmer werden und daß dieser schließlich dem *alang-alang*-Gras Platz macht. Von ihm sind heute in Indonesien schon 8 Millionen Hektar Land bedeckt.

Gewaltige Flächen nehmen im indonesischen Inselreich auch die Schwemmgebiete der sumpfigen Flachküsten jener Inseln ein, die auf dem Sunda-Schelf aufsitzen. Solche Aufschwemmungstiefländer erstrecken sich hauptsächlich zwischen den ausladenden Deltas an den Mündungen der Urwaldflüsse, die von ausgedehnten Mangrovengürteln umsäumt sind. Diese Sumpfgebiete, *bendjar* genannt, liegen im Gezeitenwasserbereich; sie werden periodisch vom Hochwasser überflutet. Oft sind die Küsten auch von Palmenhainen begrenzt, vor allem sind es die Kokospalmen, ein Urweltbaum, der in den Ländern der Südsee und des Indischen Ozeans zwischen den Wendekreisen zu Hause ist. Als die Portugiesen seine großen braunen Nüsse mit den drei Löchern kennenlernten und ihnen die Ähnlichkeit mit dem Kopf des Affen auffiel, nannten sie die Palme *coquero*. Aus dem Fleisch ihrer Früchte werden die Kopra und das Kokosöl gewonnen, einer der wichtigsten Grundstoffe für die Herstellung von Seife; ihre Blätter werden seit jeher von den Eingeborenen zum Decken der Dächer verwendet. Ebenso wie die Kokospalme wird in Indonesien die Zucker- und die Sagopalme angebaut; die Zuckerpalme liefert den Palmenwein, und aus dem Mark der Sagopalme, die hauptsächlich in Ost-Indonesien plantagenmäßig angebaut wird, gewinnt man Sagomehl als eins der Hauptnahrungsmittel.

Von allergrößter Bedeutung für Indonesien sind die Vulkane; Indonesien liegt ja mitten auf dem »Feuerring« um den Pazifik, der aktivsten Vulkanzone der Erde. Unheil und Segen haben sie von jeher in gleicher Weise über das Land gebracht, Verwüstungen durch ihre gewaltigen Ausbrüche und außerordentlich fruchtbare Böden durch das verwitterte poröse Vulkangestein, das die beste Grundlage für die Reisterrassen, die *sawahs*, bildet. So haben sich die Menschen auch nach den zahlreichen verheerenden Katastrophen immer wieder an den Vulkankegeln angesiedelt, denn hier ist durch die Natur der Anbau des Naßreis besonders begünstigt. Durch den Luftstau der Vulkankegel kommt es zu reichlichen Niederschlägen, das Wasser dringt in den höheren Regionen schnell und tief in das poröse Gestein ein, und schon nach einem halben Jahr bilden sich Quellen, von denen dann mittels kunstvoller Bewässerungsanlagen die Reisfelder an den sanft ansteigenden Hängen der regelmäßig aufgebauten Vulkankegel bewässert werden können.

Die meisten der indonesischen Vulkane sind tertiäre oder pleistozäne Stratovulkane; sie sind zum Teil auch heute noch aktiv. Allein auf Java gibt es 35 besonders ausbruchsgefährdete Vulkane; von den mehreren hundert Vulkanen Indonesiens, das zu den vulkanreichsten Gebieten der Erde gehört, wurden seit dem Jahre 1600 über 70 Ausbrüche mit verheerenden Folgen verzeichnet. Bei den schwachen Eruptionen kommt es gewöhnlich nur zu Aschenauswurf, während bei den starken Ausbrüchen ganze Teile eines Vulkankegels in die Luft geschleudert werden, wonach dann steilwandige Kessel, sogenannte Calderen, von oft gewaltigen Ausmaßen entstehen. Der Caldera des Ijen auf Ost-Java hat einen Durchmesser von 16 km und der des Tambora auf Sumbawa 17 km. Der Ausbruch dieses Vulkans im Jahre 1815 gehörte zu den gewaltigsten, die Indonesien je erlebt hat. Das war die stärkste bekannte Explosion eines Vulkans mit der Stärke von 170 000 Hiroshima-Bomben, bei der etwa 150 Kubikkilometer Gestein in die Luft flogen und 90 000 Menschen starben. Nach Versicherung der überlebenden Anwohner soll die ganze obere Hälfte des Vulkans zerplatzt und der Berg um zwei Drittel niedriger geworden sein. Sein Ausbruch ließ den ganzen indonesischen Archipel erzittern und hüllte viele Teile des Landes durch seine Rauch- und Aschewolken in Finsternis. Die Detonationen waren so heftig, daß auf Sumbawa selbst die Mauern der weit entfernt liegenden Häuser zersprangen. In Yogyakarta hielt man die Detonationen für ganz nahen Kanonendonner, worauf die Garnison ausrückte, um dem vermeintlichen Feind zu begegnen. Diese vulkanische Kanonade wurde selbst auf dem größten Teil von Sumatra, auf den Molukken, in Sulawesi, in Neuguinea und dem nordwestlichen Teil von Australien gehört, also in einer Entfernung wie vom Vesuv bis zum Nordkap. Feurige Auswurfmassen bedeckten den Fuß des Vulkans bis an das Meer hinab, und rings um die Insel Sumbawa war das Meer mit einer 1 bis 2 m hohen Schicht von Bimsstein bedeckt, durch die sich noch lange nach dem Ausbruch die Schiffe nur mit Mühe hindurcharbeiten konnten. Durch Feuergarben wurden einzelne Lufträume übermäßig erhitzt, so daß das Gleichgewicht des Luftozeans gestört wurde und Wirbelstürme ganze Dörfer und Wälder vernichteten. Auf Sumbawa kamen allein 12 000 Menschen ums Leben, während auf der dichter besiedelten Nachbarinsel Lombok 44 000 Menschen nach der Katastrophe indirekt durch Hungersnot den Tod fanden. Ein ungeheurer Aschenregen hatte auf Lombok alle Felder zerstört, und da nicht rechtzeitig von Java Lebensmittel herbeigeschafft werden konnten, mußten die Menschen verhungern.

Nicht weniger folgenschwer war der Ausbruch des in der Sundastraße, zwischen Sumatra und Java, gelegenen Krakatau, der im Jahre 1883 mit der Gewalt von 100 000 Hiroshima-Bomben explodierte. Wie ein Kartenhaus stürzte dieser ehemals 882 m hohe Vulkan zusammen, worauf die Hälfte der 32,5 Quadratkilometer großen Insel im Meer versank. 19 Stunden lang drang ununterbrochen Magma aus dem Erdinnern. Gleichzeitig gelangten Millionen Liter Seewasser in den Strudel auf das glühend heiße Gestein. Die hierbei entstandenen über 30 m hohen sogenannten »Killer-Wellen« erreichten in kürzester Zeit die javanische Küste. Noch 25 km landeinwärts brachten sie Tod und Verderben. Die Aschenwolken, die bei dem Ausbruch des Krakatau entstanden, legten sich in 30 km Höhe wie ein Filter rund um die Erde, wo sie lange Zeit die Intensität der Sonnenstrahlung, selbst in Europa noch um 20%, reduzierten. Dann versank der Krakatau wieder für 44 Jahre in Vergessenheit. Doch am 29. Dezember 1927 kam plötzlich wieder Leben an die Stelle, wo einst der Krakatau gestanden hatte. Gasblasen stiegen aus dem Meer, eine Rauchwolke folgte, und eine neue vulkanische Insel stieg aus dem Meer auf. Anak Krakatau, das »Kind des Krakatau«, tauften die Bewohner der umliegenden Inseln den neuen Vulkan. Sie bringen ihm ehrfürchtig regelmäßig Tieropfer dar. Das wollten sie 1883 auch tun, als sich die ersten Anzeichen der bevorstehenden Katastrophe bemerkbar machten, doch die Holländer, die damaligen Kolonialherren, verboten es ihnen.

Mit den geographisch-geologischen Auffassungen über den Aufbau des Archipels, wonach im Tertiär weite Teile der indonesischen Inselwelt miteinander verbunden waren und mit Asien einerseits und Australien andererseits zusammenhingen, stimmen auch die tiergeographischen Befunde überein. Der geographisch verhältnismäßig einheitliche Sundabogen bildete ein Übergangsgebiet zwischen den orientalischen und australischen

Faunaregionen. Ihre heutige Gestalt erhielt die Inselwelt wahrscheinlich erst im Mesolithikum (etwa 10 000 bis 2 000 v. Chr.). Die älteren Landzusammenhänge mit Asien und mit Australien lassen heute noch deutlich zwei verschiedene Verbreitungsgebiete der Pflanzen- und Tierwelt erkennen, sie sind durch die nach ihrem Entdecker genannten und jedem Biologen bekannte Wallace'sche Linie voneinander getrennt. Diese gedachte Linie verläuft durch die Meeresstraße zwischen Bali und Lombok und weiter nach Norden zwischen Borneo und Sulawesi; lange Zeit hielt man sie für die Grenze zwischen der indischen und australischen Welt, bis ihr einige Gelehrte wie Max Weber und J. Elbert jede biologisch-geographische Berechtigung absprachen. Da sich auch auf vielen Inseln weit östlich dieser Grenze noch indische Tier- und Pflanzenformen finden, glauben nun die meisten Forscher, daß die indische und australische Fauna und Flora hier allmählich gleitend ineinander übergehen. Die Großtierwelt Asiens gelangte allerdings nur bis zu der angenommenen Wallace'schen Linie. So erreichte der Elefant noch Sumatra, das Nashorn Sumatra, Java und Borneo und der Tiger Sumatra, Java und Bali. Auch der Tapir und der Orang-Utan kamen über Sumatra und Borneo nicht hinaus. Andererseits finden wir Vertreter der australischen Fauna wie zum Beispiel zwei Beuteltierarten auf Sulawesi, während man auf Lombok noch Schwärmen von weißen Kakadus begegnen kann, die auf Bali schon nicht mehr vorkommen.

Eine neue Trennungslinie zog Weber; aber auch die nach ihm benannte Weber-Linie, die einer anderen schon bekannten Linie fast folgte, der Grenze des Sahul-Schelfs, wurde wieder verworfen oder erfuhr zum mindesten eine Abänderung: Sie schließt die Molukken nicht mehr in die australische Zone ein, sondern verläuft direkt entlang der Westküste Neuguineas um den ›Vogelkopf‹ herum, wendet sich nach Süden und läuft dann an der australischen Küste entlang. Zwischen der Wallace-Linie und der Weber-Linie erstreckt sich nun ein Gebiet, das sowohl für den Zoologen wie für den Botaniker besonders interessant ist, eine Zone, in der gewisse Pflanzen und Tiere zurückblieben und weiterlebten, als sich vor vielen Millionen Jahren Australien vom asiatischen Festland löste. Hier auf der Insel Komodo leben noch als einzige Vertreter ihrer Gattung die bis zu 3 m langen Riesenechsen, der *Varanus komodoensis*, ein Überbleibsel aus dem Eozän (vor 60 Millionen Jahren).

2 Die Altvölker der Frühzeit und ihre kulturgeschichtliche Entwicklung

Indonesien ist eines der rassisch kompliziertesten Gebiete unserer Erde. Seit Jahrhunderten drängten jungmalaiische Völker unaufhaltsam und beständig gegen Osten vor und überfluteten das ganze Land. Durch die Islamisierung und Europäisierung wurde seit der holländischen Kolonialzeit das alte Völkerbild stark getrübt und an vielen Punkten zerstört. Wenn auch das äußere Gesicht Indonesiens allmählich immer mehr internationales Gepräge bekommt, so ist doch das innere, dem Fremden verborgene

Gesicht besonders in den Gebieten der sogenannten Altvölker voll Hintergründigkeit und geheimnisvoller Rätsel. Für diese Menschen sind die Vorgänge in der Natur von größter Wichtigkeit. Für sie sind die Bäume und Steine, Berge und Flüsse, Himmel und Luft ›beseelt‹, und zwar von Geistern; sie gelten als personhaft mächtig. »Der Mensch begegnet in den Dingen seiner Umwelt einem Willen, der seinem eigenen Willen gegenübersteht. Beide treten in Aktion und Reaktion in eine Wechselwirkung miteinander.«[1]

Über das erste Auftreten des vorgeschichtlichen Menschen in Indonesien haben wir einige wichtige Anhaltspunkte, hat man doch Spuren des Urmenschen, des *Pithecanthropus,* auf Java gefunden, der ein Verwandter des Urmenschen vom asiatischen Festland gewesen sein soll und der zu einer Zeit gelebt haben muß, als die Großen Sunda-Inseln noch durch das damals trockene Sundaschelf mit dem Festland verbunden waren, also zur Zeit des Mittleren Pleistozän (etwa 400 000 bis 120 000 v. Chr.). Mit dem Fund der Schädeldecke des *Pithecanthropus erectus* bei Trinil am Ufer des Bengawan oder Solo-Flusses auf Java im Jahre 1891 durch den Holländer Eugène Dubois gilt Indonesien als eine der frühesten Stätten der Menschheit. Die Funde dieses ›aufgerichteten Affenmenschen‹, jetzt *Homo erectus erectus* genannt, sind sehr ähnlich den in China gefundenen Resten des *Sinanthropus pekinensis.*
Inzwischen wurden in Java weitere Funde von Resten des *Pithecanthropus* gemacht. In den Jahren 1936–39 konnte R. von Koenigswald bei dem Dorf Sangiran, 12 km nördlich von Surakarta, fossile Knochenreste ausgraben, die »unzweifelhaft menschliche Züge tragen«. Unter ihnen befanden sich ein Oberkiefer und die hintere Schädeldecke eines, wie von Koenigswald meinte, aufrecht gehenden Wesens. Nach einem anderen Platz, wo er ähnliche Funde machte, in der Nähe von Mojokerto gab er ihm den Namen *Pithecanthropus mojokertensis.* Die von Dubois gemachten Funde bei Trinil lassen auf ein früheres Alter für das Auftreten des ›Affenmenschen‹ schließen als die durch von Koenigswald gefundenen Reste. Vielleicht waren es Jahrzehntausende.
Zunächst glaubte man, daß die in Java entdeckten *Pithecanthropus*-Formen wirklich Reste der ältesten menschlichen Wesen darstellten, ja daß in Südostasien überhaupt die Menschwerdung stattgefunden hat, doch diese These hat man bald wieder fallengelassen, als auch in Ostafrika und in Europa Funde weiterer *Pithecanthropen* gemacht wurden. Neuere Funde in Ostafrika lassen erkennen, daß die Entwicklung der *Archanthropinen* (Frühmenschen) zum Homo sapiens dort schneller erfolgte als in Südostasien. Aber die ältesten Funde des *Homo sapiens* wurden dann tatsächlich auf Java gemacht, und wieder war es Eugène Dubois, der dem *Homo sapiens* in einer Höhle an einem Platz namens Wajak in Süd-Java auf die Spur kam. Sein Alter hat man um die Wende des Eiszeitalters zur geologischen Gegenwart datiert. Ob es sich hier nun um Reste der Proto-Australiden handelt, die vielleicht, von Norden kommend, auf dem Weg nach Australien hier in Java Zwischenstation machten, möge dahingestellt bleiben. Australien und Ozeanien waren zu jener Zeit noch nicht von Menschen bewohnt. Der *Pithecanthropus* war damals ebenso weit über Südostasien verbreitet, als es die Land-

brücke des Sundaschelfs zuließ. Das beweisen die Fundstellen ›altpaläolithischer Industrien‹, Funde von Steinwerkzeugen. Erst die Funde von durch Menschenhand bearbeiteten Steinen machten es den Prähistorikern möglich, den verschiedenen Kulturströmungen in Verbindung mit den Wanderschaften der Völker nachzugehen, Wanderungen, die sich allmählich vollzogen und die niemals in großen Gruppen stattfanden.

In der Umgebung von Patjitan und Dunung in Mittel-Java wurden seit vielen Jahren zahlreiche jungpaläolithische Steinwerkzeuge aus einem ausgetrockneten Flußbett und aus höher gelegenen Geröllansammlungen aufgelesen. »Ihre genaue stratigraphische Lage konnte nirgends festgestellt werden, so daß alle Arten dieser – dann Patjitanien genannten – Industrien nur auf typologischen Methoden fußen können, die bekanntlich mannigfache Gefahren in sich bergen.«[2]

Aus der Zeit des Mesolithikums (10 000 bis 2 000 v. Chr.) stammen die erstmalig in der Provinz Hoabinh im südlichen Tongking gefundenen Steinwerkzeuge. Bestanden die Funde aus dem Paläolithikum hauptsächlich aus einschneidigen Faustkeilen, so wurde das Fundmaterial der *Hoabinh-Kultur* immer vielfältiger. Und auch die in Indonesien gefundenen Steinwerkzeuge aus dieser Zeit weisen immer mehr auf indochinesischen und malaiischen Einfluß hin. Aus dem Mesolithikum ist auch das älteste indonesische Kunstdenkmal bekannt: die Darstellung eines springenden Ebers in roter Stricheltechnik in einer Höhle in Südwest-Sulawesi. Die primitive Kultur dieser Menschen, der Sammler und Jäger, aus dem Mesolithikum lebt heute noch, wenn auch in beschränktem Maße, weiter bei den *Kubu* auf Sumatra, bei den *Punan* auf Kalimantan (Borneo) und bei den *Toala* in Südwest-Sulawesi. Diese Völkerschaften stehen nicht mehr auf derselben Stufe wie ihre Vorfahren zur Mittleren Steinzeit, denn ein gewisser Kontakt mit ihren auf höherer Stufe stehenden Nachbarvölkern hat bei ihnen manche Veränderungen hervorgerufen; doch das Hauptcharakteristikum ihres Stammeslebens haben sie beibehalten: das Wanderleben. Die Einrichtung fester Wohnsitze fehlt ihnen. Zur Unterkunft dienen ihnen zum Teil immer noch die einfachen Windschirme und als Kleidung der Durchschurz aus Baststoff. In kleinen lockeren Gruppen von 20 bis 30 Familien ziehen sie durch die Urwälder, sie benutzen zur Jagd Speere, Pfeil und Bogen und in manchen Gegenden auch Blasrohre. Sie jagen Vögel und Affen und fangen sie auch mit Fallen. Sie fischen mit Netz und Speeren oder vergiften das Wasser mit bestimmten Pflanzen. Ihr Glaube beruht auf Geisterverehrung und Schamanentum.

Der Übergang vom Paläolithikum zum Neolithikum brachte Indonesien die Einwanderung mongolischer Völkerschaften, eine Bewegung, die sich zeitlich über tausend Jahre erstreckte und von Yünnan in Südchina ausging. Der Prähistoriker R. von Heine-Geldern setzt für diese Völkerwanderung die Jahre 2 500 bis 1 500 v. Chr. an. Den Weg, den die Auswanderer aus Asien im Neolithikum genommen haben, kann man deutlich verfolgen: Sie hinterließen Wegmarken, wo immer sie vorüber kamen und wo sie sich vorübergehend aufhielten. Die Wegmarken waren ihre Rechteckbeile. Von Yünnan zogen sie durch Laos und weiter über die malaiische Halbinsel, bevor sie sich über den Archipel ausbreiteten.

Die Indonesier, die während des Neolithikums lebten, waren nun schon Ackerbauern. Eine der ersten Pflanzen, die sie einführten, war Keladi *(Caladium Escalentum)*, eine Pflanze, die allgemein unter dem Namen ›Taro‹ in Indonesien und Ozeanien bekannt ist und von der sowohl die Knollen wie die großen saftigen Blätter gegessen werden. Aber auch viele andere Gemüse und Früchte wie Yams, Bananen und Brotfrüchte müssen damals schon bekannt gewesen sein. An Haustieren besaßen die neuen Siedler Ziegen, Büffel, Schweine, Hühner und Hunde. Die meisten von diesen Tieren wurden nur im Zusammenhang mit rituellen Opferungen gegessen. Die Innereien der geschlachteten Hühner dienten den Schamanen, wie auch heute noch vielfach, zur Auslegung ihrer Weissagungen.

Die Indonesier des Neolithikums waren aber nicht nur Ackerbauern und Jäger – ihre Nahrung ergänzten sie weiterhin durch die auf der Jagd erlegten Tiere und durch den Fischfang –, sie waren und blieben auch weiter große Seefahrer. Ebenso wie ihre Vettern, die Polynesier, mit denen sie ein gemeinsames Herkunftsland hatten, besaßen sie Auslegerboote, mit denen sie weite Fahrten unternahmen, wie zum Beispiel nach Madagaskar. Aber nicht nur die Auslegerboote haben die Indonesier und Polynesier gemeinsam, auch ihre Sprachen weisen heute noch viele gemeinsame Wörter auf. Von Heine-Geldern geht sogar so weit in der Annahme, daß alle Völker in diesem Raum, die das Rechteckbeil benutzten, früher einmal eine gemeinsame Sprache besaßen, die er die »malaiisch-polynesische Sprache« nennt. Auch das Malagasi, die Sprache der Madagassen, gehört dazu.

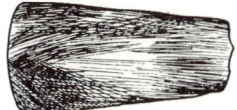

Rechteckbeil des Neolithikums

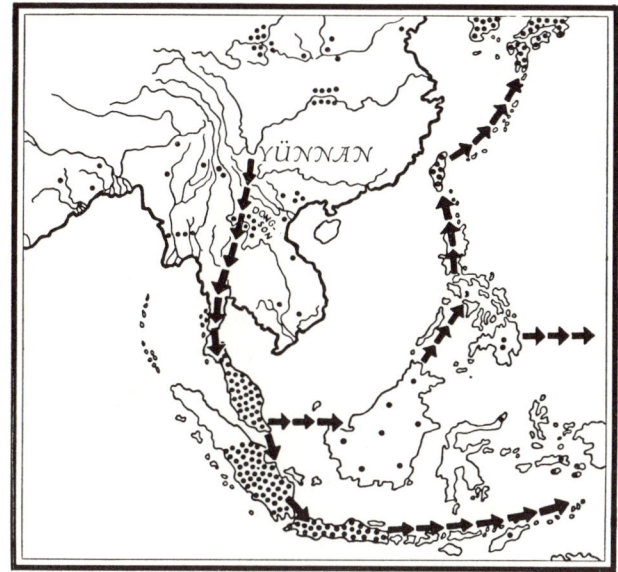

Die Verbreitung des Rechteckbeils von Yünnan aus, nach R. von Heine-Geldern

Auf linguistischen Untersuchungen beruht auch das Bild der Besiedlung Südostasiens, das Pater Wilhelm Schmidt (1868–1954) entworfen hat, nämlich daß die indonesischen, melanesischen und polynesischen Sprachen zu einer einzigen Sprachfamilie
gehören. Derselben Ansicht war schon Wilhelm von Humboldt (1767–1835). Demnach
hätte sich das ›Vollneolithikum‹ seit Ende des 3. vorchristlichen Jahrtausends über
Südostasien ausgebreitet. Natürlich blieb diese These unter den Gelehrten nicht ohne
Widerspruch. Aber Pater Schmidt wußte sehr wohl, daß Rassen und Sprachen nicht
immer auf einen Nenner zu bringen sind, das schließe jedoch nicht aus, daß sie niemals
einander entsprechen dürften.

Auf Java und in Süd-Sumatra wurden nun neben den Rechteckbeilen auch Hohlbeile
gefunden, die an einem hölzernen Stil befestigt werden konnten und von denen man
Exemplare in verschiedenen Größen gefunden hat. Einige von ihnen wurden zweifellos zur Holzbearbeitung benutzt, so daß man annehmen kann, daß die Menschen des
Neolithikums in der Holzbearbeitung gut Bescheid wußten; doch Gegenstände aus
vergänglichem Material aus so früher Zeit sind uns leider nicht erhalten geblieben.

Auf Java wurden bei Ausgrabungen ganze Ansammlungen von Steinwerkzeugen
gefunden, die jedoch nur roh bearbeitet waren und die sich immer in der Nähe von
der Gesteinsart befanden, die hierfür geeignet ist, nämlich Quarzit. Man glaubt deshalb, daß an diesen Plätzen die Werkzeuge nur roh zugeschlagen wurden und daß sie
in diesem Zustand vielleicht über den Tauschhandel oft in weit entlegene Gegenden
gelangten, wo sie dann erst von ihren Besitzern den Feinschliff erhielten. Einige Rechteckbeile wurden aus besonders seltenem und deshalb kostbarem Gestein angefertigt.
Wahrscheinlich waren diese Beile nur für den Kult bestimmt, es waren Zeremonien-
beile, denen man übernatürliche Kräfte zuschrieb, ähnlich wie später den heiligen
Krisen im Besitz der indonesischen Könige.

Aber auch noch ein anderer grundlegender Beiltyp kam nun auf: das Walzenbeil
mit einem ovalen Querschnitt, mit zwei Schneiden und einem spitzen oder abgerun-
deten Heft im Gegensatz zu dem Vierkantbeil mit rechteckigem Querschnitt und mit
nur einer Schneide. Das Walzenbeil nahm auf seiner Wanderung einen anderen Weg:
Mit den frühen mongolischen Völkerschaften gelangte es von Japan oder China über
Taiwan und die Philippinen nach Nord-Sulawesi und zu den Molukken und von hier
aus nach Neuguinea und Melanesien. Aber auch hier ist das letzte Wort unter den
Wissenschaftlern noch nicht gesprochen, denn Tausende der schönsten neolithischen
Steinbeile wurden zwar gefunden, doch handelt es sich bei ihnen fast ausschließlich um
Oberflächenfunde, die man chronologisch nach ihrem Befund überhaupt nicht ein-
ordnen kann. Aber die Substanz der Theorie von Heine-Geldern, nämlich die »Süd-
wanderung neolithischer Volksstämme durch ganz Südostasien und die damit verbundenen Kulturelemente«, läßt sich nicht abstreiten. Sie wird heute wohl von allen
Wissenschaftlern als geltend empfunden.

Zur Zeit des Neolithikums spielte in Indonesien auch die Töpferei schon eine Rolle.
Nach dem Verfahren der sogenannten Treibtechnik wird hierbei aus einem vorher vor-

bereiteten Tonklumpen mit Hilfe eines flachen Holzstückes und eines glatten Steines die Gefäßwand geformt und der fertige Gegenstand dann am offenen Feuer gebrannt, eine Technik, die heute noch bei den Toraja auf Sulawesi, ebenso wie die Herstellung von Baststoffen, die nicht nur den Toraja, sondern auch der Bevölkerung der nördlichen Molukken und den Dayak auf Borneo bekannt war.

Gegen Ende des Neolithikums begann in Indonesien auch die Steinsetzung monolithischer Monumente wie Menhire, gestufte Pyramiden und Versammlungsplätze mit steinernen Sitzen für die Seelen der Ahnen. Auf der Basis sozialer und religiöser Vorstellungen wurde dieser Entwicklungsprozeß so stark, daß er zum Leitmotiv der nun folgenden Periode wurde. Man gab ihr deshalb den Namen Megalithikum.

Denkmäler aus dem prähistorischen Megalithikum hatten ein ungeheuer weites Verbreitungsfeld. Wir finden sie bei den *Nagas* in Assam, auf den Großen und Kleinen Sunda-Inseln und an vielen Plätzen Ozeaniens und selbst auf dem östlichsten Punkt Polynesiens, auf der Osterinsel. In Indonesien sind die megalithischen Denkmäler am häufigsten auf Sumatra vertreten, wo auch heute noch bei den Batak, besonders auf der Insel Samosir im Toba-See und auf der Insel Nias die Steinsetzung im Kult eine Rolle spielt, wenn auch nach Einführung des Christentums die alten gesellschaftlichen Bräuche und der Ahnenkult immer mehr verdrängt werden.

In vielen Gebieten der Erde gibt es Megalithen, in Europa, Nordafrika, auf Malta, in Vorderasien und in Indien – in Südindien hat man über 1 Million gezählt; die eindrucksvollsten befinden sich wohl in Cuzco in Peru, die berühmtesten sind die megalithischen Monumente von Stonehenge in Südengland, der schwerste Menhir ist wohl der von Carnac in der Bretagne, der wenigstens 350 Tonnen wiegt. Nicht weniger megalithische Monumente gibt es in Südostasien. Mit Stonehenge lassen sie sich zwar nicht vergleichen, doch haben sie den Wissenschaftlern nicht weniger Rätsel aufgegeben als jene in anderen Teilen der Welt. Während über die Megalithen in Europa Beschreibungen und Untersuchungen schon aus dem 12. und dann wieder aus dem 17. Jahrhundert bekannt sind und seitdem immer wieder zu divergierenden Theorien Anlaß gegeben haben, die schließlich, wie von Heine-Geldern schreibt, die ganze Megalithforschung überhaupt in Verruf gebracht haben, wurde für Südostasien erst viel später das Interesse für megalithische Denkmäler wach. Die erste pan-südostasiatische Arbeit über Megalithen erschien 1918 von Perry, ›The Megalithik Culture of Indonesia‹, doch die erste grundlegende Arbeit zu diesem Thema lieferte wiederum von Heine-Geldern in seinem Aufsatz im ›Anthropos‹ 1928: ›Die Megalithen Südostasiens und ihre Bedeutung für die Klärung der Megalithenfrage in Europa und Polynesien‹. Von Heine-Geldern hat hierin immer wieder betont, »daß die Megalithen auf der ganzen Erde so bis in Einzelheiten gehende gleiche Elemente aufweisen, daß an ihrem Zusammenhang und gemeinsamen Ursprung nicht gezweifelt werden kann«. Darüber hinaus meint André Varaguac, »das Megalithentum sei im Grunde als eine Art Religion anzusehen, und zwar als die erste »Weltreligion«. Doch von Heine-Geldern verwirft diese Idee und möchte lieber von einer »religiösen Einstellung oder Richtung« reden und vergleicht

DIE ALTVÖLKER

das Megalithentum mit »mystischen Bewegungen, wie sie auf ganz anderer kultur-
geschichtlicher Ebene über die Grenzen zwischen den einzelnen Religionen hinweg
wirksam waren, oder mit dem Tantrismus, der sich sowohl mit dem Buddhismus als
auch mit dem Hinduismus verband«. Das Ursprungsproblem des Megalithentums ist
jedoch bei weitem noch nicht gelöst, ja es ist weitaus komplizierter in Südostasien als
in anderen Teilen der Erde. So viel steht aber wohl fest, daß megalithische Einflüsse
und Strömungen zu sehr verschiedenen Zeiten und auf verschiedenen Wegen nach
Südostasien gekommen sind.

Die zahlreichen Funde aus prähistorischer Zeit, die in Indonesien gemacht wurden,
zeigen, daß auch Mischungen verschiedener Kulturströmungen stattgefunden haben,
worin wiederum die Hauptschwierigkeit ihrer Chronologie liegt. »Das Neolithikum
war kein Fahrstuhl, der ganz Südostasien mit einem Ruck ein Stockwerk höher be-
förderte, sondern mit der Einführung jedes einzelnen neuen Kulturelementes wurde
die Situation durch die Schaffung neuer ›Restbevölkerungen‹, die dann in den Gegensatz zu den anderen Gruppen traten, komplizierter. Dieser Prozeß ging ununterbrochen sowohl auf dem Festland als auf den Inseln vor sich und brachte Gegenüberstellungen hervor, die zwar in dauerndem Wechsel, aber als Gegensätze konstant
waren.«[3]

Nicht immer haben sich die mongoloiden Völkerschaften, die sich während des Neolithikums über Tausende von den Inseln Indonesiens ausbreiteten, mit den austro-
melanesischen Völkern, die schon während des Epi-Paläolithikums manche Inseln besetzt hatten, vermischt; sie haben sie auch vertrieben. Mongoloide Einwanderer kamen
noch während der frühen Bronzezeit und drängten die früher eingetroffenen Stämme
in das Innere der größeren Inseln, wo sie getrennt von den Neuankömmlingen weiterlebten. Die *Dayak* auf Borneo, die *Batak* auf Sumatra und die *Toraja* auf Sulawesi
sind die wichtigsten dieser Inlandstämme.

Die nun folgende Bronzezeit oder, besser gesagt, Metallzeit, mit der eine neue
Epoche begann, sollte man als eine ›technologische Richtung‹ betrachten, denn die bestehenden Lebensformen gingen weiter, sie wurden nicht grundlegend geändert. Steinerne Waffen und Geräte wurden auch zu Beginn dieser Epoche weiter angefertigt.
Sie wurden in derselben Form aus Metall nachgeahmt und galten wahrscheinlich noch
lange Zeit als Luxus. Erst später erkannte man, daß sich die Bronze besonders dazu
eignete, auch andere Gegenstände, wie zum Beispiel die großen Kulttrommeln, herzu-
stellen, die man nun auf die mannigfachste Art verzieren konnte.

In Indonesien wurden aus dieser Epoche ebenso Gegenstände aus Bronze wie aus
Eisen gefunden. Man kann hier also sehr wohl mit van Heekeren von einer ›Bronze-
Eisenzeit‹ sprechen.[4] Natürlich ist ihre Entwicklung wie bei allen Metallindustrien in
erster Linie vom Vorkommen der jeweiligen Metalle abhängig. Zur Herstellung von
Bronze wird gewöhnlich 85 % Kupfer und 15 % Zinn verwendet. Nun kommen diese
Metalle in Indonesien nicht in hinreichendem Maße vor. Zinn wird jedoch in großen
Mengen in Malaysia abgebaut, und wir wissen, daß dieses Metall schon frühzeitig von

der malaiischen Halbinsel nach China verhandelt und daß Blei von Burma nach Tong-king gebracht wurde. Und als in der Nähe eines Ortes namens Dong-son in Annam in den dreißiger Jahren dieses Jahrhunderts eine große Menge Bronzegeräte ausgegraben wurden und man feststellen konnte, daß sich von hier aus die Bronzekultur nicht nur über Indonesien, sondern über ganz Südostasien ausgebreitet hat, gab man diesem Horizont den Namen ›Dong-son-Kultur‹. Dong-son war entschieden der wichtigste Ausstrahlungsherd der Metallschmiedekunst. Er entwickelte sich im 3. und 2. vorchristlichen Jahrhundert und übte einen entscheidenden Einfluß auf die megalithische Kultur aus. Ganz bestimmte Motive des Dong-son-Stils und des ihm verwandten späten Chou-Stils haben sich auch später noch in der Kunst Indonesiens behauptet; sie werden heute noch in den Hausmalereien der Batak und bei den Webereien der Dayak verwendet. Dieser Stil, den von Heine-Geldern den »monumental-symbolischen und ornamental-phantastischen Stil« nannte, hat auch auf die Kunst anderer Völker Südostasiens einen außergewöhnlich langanhaltenden Einfluß ausgeübt. Dort haben sich Formelemente über zweieinhalb Jahrtausende hinweg erhalten. Doch nicht nur das: Wissenschaftler aller Herren Länder, unter ihnen vor allem auch wieder von Heine-Geldern[5], haben festgestellt, daß eine auffallende Ähnlichkeit zwischen südostasiatischen und osteuropäischen Geräten, Waffen und Dekorationsmotiven, ja selbst in der Musik und in den Mythen besteht. Das ist kein Zufall. Tatsächlich hat im 9. und 8. Jahrhundert v. Chr. ein direkter Kontakt zwischen Europa und Südostasien stattgefunden, der durch die Wanderung von Völkern der Donauländer, Südrußlands und Kaukasiens

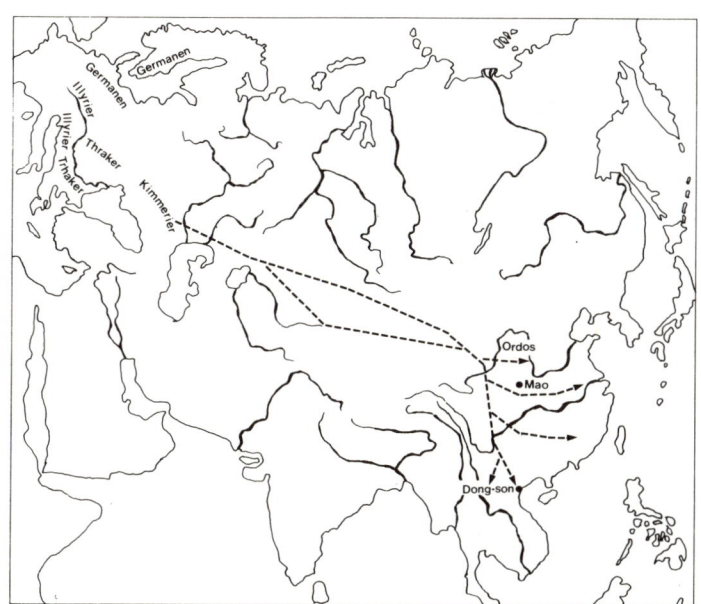

Vermutlicher Weg der pontischen Wanderung, nach R. von Heine-Geldern

nach dem Osten erfolgte. Man gab ihr den Namen ›Pontische Wanderung‹, nach dem
Hauptursprungsland um das Schwarze Meer (Pontus Euxinus) herum. An dieser Wan-
derung haben außer Kimmeriern auch Illyrier und Thraker und wahrscheinlich ger-
manische Völkersplitter teilgenommen. Natürlich soll nicht behauptet werden, daß
Thraker und Illyrier bis nach Indonesien gelangt sind, sondern nur, daß die Dong-son-
Kultur und die gleichzeitigen Kulturen des südlichen China infolge starker aus dem
Westen gekommener Einflüsse entstanden sind. Auch der Stil der Funde neuester Ausgrabungen eines Gräberfeldes des Tien-Reiches aus dem 2. Jahrhundert v. Chr. in
Yünnan scheint der Hypothese der Pontischen Wanderung recht zu geben, obwohl auch
diese Theorie nicht ohne Widerspruch geblieben ist; aber eine bessere und einleuchten-
dere hat bisher keiner gefunden. So viel steht heute jedenfalls fest, für ganz Südostasien liegt die Wiege der Bronzekultur im Bereich von Tongking und Nord-Annam,
so daß man mit Recht von einer Dong-son-Kultur sprechen kann, deren Blütezeit
zwischen dem 7. und 1. vorchristlichen Jahrhundert liegt, bis zu dem Zeitpunkt nämlich,
als die Chinesen Tongking und Annam eroberten. Als dann die Chinesen die neuen
Motive, die sie hier vorfanden, in ihre bereits tausend Jahre alte Kunst aufnahmen,
entstand der ›späte Chou-Stil‹.

Beide genannten Stile, die die Kunst in allen möglichen Graden beeinflußten, unterscheiden sich wesentlich in ihrem Aufbau. Beim Dong-son-Stil ist er symmetrisch, sowohl im Ganzen wie in den Einzelheiten. Die gesamte Fläche wird streng geometrisch
aufgeteilt. Spiralen und andere Motive in gebogenen Linien bilden die Grundformen,
die dann wiederum in den Teilflächen wiederholt werden. »Der späte Chou-Stil dagegen betont den Rhythmus mehr als die metrische Bindung und legt auf Symmetrie
wenig Wert. Sobald sich dann auch Asymmetrie bildet, liegt mit Sicherheit ein starker
Einfluß dieses Stiles vor.«[6]

Den dritten und ältesten Stil, der die Kunst bei den Altvölkern Indonesiens be-
fruchtete, hat man den ›neolithischen Stil‹ genannt. Er wird hauptsächlich durch magische Symbole bestimmt und kommt in der ›Schmuckkunst‹ durch stilisierte Tier- und
Ahnenfiguren von realistischer Ausdruckskraft bei der Darstellung einzelner Motive
wie Menschenköpfe als Trophäen der Kopfjäger und Büffelhörner zum Ausdruck. Alle
drei genannten Stile sind weiter lebendig in der Kunst der sogenannten Altvölker,
in ihrer Pfahlbautenarchitektur mit den reich geschnitzten und gemalten Ornamenten,
in der Kleidung bei den bemalten Baststoffen und bei den Webereien der Baumwoll-
stoffe und auch in der Metallschmiedekunst.

Bei der Vielfalt der indonesischen Volksstämme ist es schwierig, die heutigen Indonesier in ›genetisch-ethnische‹ Gruppen einzuteilen, die es in Wirklichkeit gar nicht
gegeben hat. Trotzdem hat man die Terminologie von Heine-Geldern beibehalten,
nämlich die Einteilung in Altmalaien oder Protomalaien und in Jungmalaien oder
Deuteromalaien. Die Altmalaien, die meistens zu Bergstämmen, Fischern oder See-
fahrern mit Sippen- und Stammesverband zusammengeschlossen sind, befinden sich
in Indonesien in absoluter Minderheit. Im 19. Jahrhundert waren es nur noch 10%

der Gesamtbevölkerung. Zu ihnen gehören als die bedeutendsten die schon mehrfach erwähnten *Batak* auf Sumatra, die *Dayak* in Borneo und die *Toraja* auf Sulawesi. Aber auch viele kleinere Gruppen gehören dazu, die sich weit über die Inselwelt verbreitet haben, über Nias, die Mentawai-Inseln und Enggano, über die Kleinen Sunda-Inseln, den Riau-Archipel und über die Molukken.

Der überwiegende Bevölkerungsanteil fällt den Jungindonesiern oder Deuteromalaien zu; sie sind Anhänger der Hochreligionen, früher des Buddhismus und Hinduismus, heute des Islam. Zu ihnen gehören die *Javanesen* und die *Balinesen*, die als einzige noch den Hinduismus bewahrt haben, auf Sulawesi die *Bugi*, *Makassen* und *Minahasa*, und auf Sumatra im Norden der Insel die *Atjeh*, die *Minangkabau* im Westen, die Küstenmalaien im Osten und die *Rejanger* und *Lampunger* im Süden der Insel.

Auf den Kleinen Sunda-Inseln, auf den Molukken und auf Timor gibt es auch eine Mischbevölkerung, die sich nicht nur aus Jung- und Altmalaien zusammensetzt, sondern auch jüngere Zuwanderungsgruppen melanesischen Ursprungs mit einschließt. In überwiegender Zahl leben aber auf diesen Inseln jungmalaiische Küstenvölker wie die *Bima* und *Sumbawaner* auf Sumbawa, die *Ambonesen* auf der Insel Ambon der südlichen Molukken und die *Belunesen* und *Atonis* auf Timor.

Ebenso vielschichtig und durch zahlreiche kulturelle Einflüsse geprägt wie die Kunst sind auch die Sprachen Indonesiens, wenn sie auch alle mit Ausnahme der Papua-Sprachen in Irian Barat (West-Neuguinea) zu der großen austronesischen oder malaiopolynesischen Sprachfamilie gehören. Nicht weniger als 250 verschiedene Sprachen und mindestens ebenso viele Dialekte gibt es in der heutigen Republik Indonesien, und so verschieden die indonesischen Sprachen auch sind, so finden sich doch in ihnen etwa 2 500 Grundwörter, wie der deutsche Sprachwissenschaftler O. Dempwolff nachweisen konnte.

Unter den vielen Sprachen und Dialekten Indonesiens haben zwei Sprachen von jeher eine bedeutsame Rolle gespielt: das Altjavanische und das Malaiische. Im Altjavanischen, das aus dem Sanskrit zahlreiche Worte übernommen hat, sind die großen Epen, das Mahabharata und das Ramayana überliefert worden, die ebenso wie die großen religiösen Baudenkmäler des 8. Jahrhunderts n. Chr. als Zeugen der hindujavanischen Zeit gelten. Das Altjavanische war die Sprache des Hofes, die sich besonders unter der Regierung des Königs Airlangga im 11. Jahrhundert zu voller Blüte entwickelte. Altjavanisch wurde bis etwa 1400 gesprochen. Bis 1550 wurde Mitteljavanisch gesprochen, und hierauf folgte das Neujavanisch. In Javanisch, das heute hauptsächlich in Mittel- und Ost-Java (von etwa 47 Millionen Indonesiern) gesprochen wird, ist auch die bedeutendste indonesische Literatur verfaßt, und in Balinesisch sind manche frühen Werke erhalten geblieben, da Bali ja als einzige Insel Indonesiens den Hinduismus und viele altjavanische Kulturgüter bewahrt hat, die sonst der Islamisierung zum Opfer gefallen wären. Innerhalb des Javanischen unterscheidet man noch fünf Dialekte, die fünf ›Rang-Sprachen‹: *Ngoko*, *Krama*, *Krama inggil*, *Madya* und

Basa Kedaton. Sie werden hauptsächlich zwischen Personen verschiedener sozialer Stellungen angewendet, aber auch nach dem Rang, den der einzelne innerhalb einer Familie einnimmt. Ähnlich differenziert ist auch die balinesische Sprache. Ein großer Unterschied besteht zwischen der ›hohen‹ und der ›niederen‹ Sprache. Das sind nicht etwa zwei verschiedene Dialekte derselben Sprache, sondern zwei grundverschiedene Sprachen mit verschiedenen Wörtern und Sprachwurzeln und von ganz verschiedenem Charakter. Die ›hohe‹ Sprache hat Ähnlichkeit mit dem Javanischen und geht auf sanskrit-javanischen Ursprung zurück; es ist die Sprache der Vornehmen, des Adels, und nur wenige Balinesen können diese Sprache gut sprechen, gibt es doch für manche Begriffe zehn verschiedene Worte, die jeweils zur richtigen Gelegenheit angewendet werden. Die ›niedere‹ Sprache ist die allgemeine Sprache des Volkes untereinander. Dagegen ist die Konversation zwischen Angehörigen der verschiedenen Kasten wiederum ganz bestimmten Regeln unterworfen. Ein Prinz zum Beispiel muß von den einfachen Leuten immer mit Ratú oder Agung, ›Hoheit‹, angeredet werden, während der Prinz zu ihnen in der ›niederen‹ Sprache spricht. Das Sprachenproblem wurde durch die Einführung der modernen malaiischen Sprache, des *Bahasa Indonesia*, noch komplizierter, da sie heute als offizielle Sprache gilt. Nicht selten ist ein gebildeter Balinese fähig, sich in fünf Sprachen seiner Heimat auszudrücken.

Die Malaiische Sprache war schon seit Jahrhunderten die Umgangssprache, die ›*linga franca*‹, die Handelssprache, mit der sich die Kaufleute praktisch im ganzen Archipel untereinander verständigen konnten. Ihre Keimzelle soll sich in Yojore auf der Halbinsel Malakka befunden haben, und aus dem 7. Jahrhundert n. Chr. sind in Süd-Sumatra und von anderen Inseln Inschriften bekannt, aus denen hervorgeht, daß das Altmalaiische schon damals als eine Art Amtssprache galt. Die Insel Sumatra, die der Halbinsel Malakka so nahe liegt, war zunächst auch die Insel, auf der das Malaiische am weitesten verbreitet war. Aus dieser Sprache wurde nun die neue Nationalsprache, die ›*Bahasa Indonesia*‹, die ›Indonesische Sprache‹, entwickelt, die heute zu einem überregionalen Verständigungsmittel geworden ist und außerdem auch eine politische Rolle spielt. Schon die ›*linga franca*‹, das Altmalaiische, hatte aus dem Sanskrit und aus anderen indischen Sprachen zahlreiche Worte übernommen. Die *Bahasa Indonesia* vermehrte nun die klassische malaiische Sprache noch um Tausende von Lehnworten. Aus dem Niederländischen fanden schon vor 1945 viele Worte Eingang in die neue Sprache, während nach 1945 auch Worte aus dem Lateinischen und Griechischen vor allem für Fachausdrücke entlehnt wurden.

In der Schreibung hat man sich von den früher gebrauchten arabischen und alt-indischen Schriftzeichen auf die lateinischen Buchstaben umgestellt. Die *Bahasa Indonesia* ist nun im gesamten Inselreich zur Amts- und Unterrichtssprache geworden, doch die Vielheit in den Völkerschaften und in ihren Sprachen bleibt weiter bestehen. ›*Bhinneka Tunggal Ika*‹, ›Einheit in der Vielfalt‹, unter diesem Wahlspruch bemüht sich die Regierung des neuen selbständigen Inselreiches, alle seine Völkerschaften zufriedenzustellen.

3 Historischer Umriß

Die Geschichte Indonesiens, die in ihren Anfängen bisher nur wenig erforscht ist, wurde von der Kultur Indiens mitbestimmt. In die Urgeschichte des Inselreiches haben wir durch zahlreiche archäologische Funde Einblick gewonnen. Wir wissen auch, daß während des frühen Metallzeitalters bereits Schiffe durch die Wasserstraßen des indonesischen Archipels segelten. Einen Beweis hierfür lieferten unter anderem die bronzenen Trommeln mit ihren aufschlußreichen figürlichen Darstellungen, die man, ähnlich wie zur Steinzeit die Beile, als Wegmarken ansehen kann.

Eine wahre Revolution auf dem Gebiet der Seefahrt begann zu Beginn unserer Zeitrechnung. Immer größere Schiffe wurden in den Häfen des Persischen Golfes und der China-See konstruiert. Die Folge davon war ein intensiver Schiffsverkehr durch die Gewässer Indonesiens, während die indonesischen Küstenbewohner ebenfalls daran interessiert waren, den Schiffsbau zu verbessern und an dem internationalen Handel zur See teilzunehmen. Die schon in frühgeschichtlicher Zeit beginnenden Handelsbeziehungen zwischen Südostasien und Indien bekamen eine noch größere Tragweite dadurch, daß viele Luxusgüter aus dem Fernen Osten in den Mittelmeerraum gelangten. Dafür können allein schon die in der ›Geographie‹ des Ptolemaios (2. Jh. v. Chr.) enthaltenen Sanskrit-Wörter einen Beleg liefern. Andererseits machte sich der Einfluß Indiens in Südostasien immer mehr bemerkbar. So entstanden die ersten hinduisierten Königreiche Funan am mittleren und unteren Mekong und Champa in Zentral- und Süd-Vietnam seit dem 4. Jahrhundert unter indischem Einfluß. Auch im indonesischen Archipel, der, begünstigt durch die Monsunwinde und Strömungen, gewissermaßen am Kreuzweg der großen Schiffahrtswege liegt, nahm die Hinduisierung im Laufe der Jahrhunderte ständig zu. Nach indischen Vorbildern entstanden schon zu frühen Zeiten zahlreiche Fürstentümer an den Küsten und Staatsbildungen im Innern der großen Inseln Java und Sumatra. So gab es in Indonesien zwei voneinander abweichende Staatsgebilde: die Seestaaten mit nur geringem Hinterland und die Agrarstaaten mit weiten Anbauflächen, so daß dort ein großes Menschenpotential nicht nur hinreichend ernährt werden konnte, sondern auch zur Ausführung großer Bauwerke zur Verfügung stand.

Eine Folge der sich durch den wachsenden Seeverkehr entwickelnden Handelsbeziehungen war der zunehmende religiöse Einfluß, den buddhistische Mönche und Auswanderer auf die Bewohner Indonesiens ausübten. Sie folgten den Kaufleuten und scheuten die gefahrvollen Reisen zu den fernen Inseln nicht. Sie waren es auch, die als erste die fremde Religion, fremde Sitten und eine fremde Literatur in Sanskrit nach Indonesien brachten. Buddhistische Mönche kamen mit den Jataka-Legenden und mit den Geschichten über das Leben Buddhas, und ihr ständiger Kontakt mit dem Volke brachte schließlich den Wandel von den alten indonesischen Religionen zum Buddhismus. Buddhistische Mönche kamen nicht nur aus Indien, sie kamen auch aus China, als dort der Buddhismus schon festen Fuß gefaßt hatte. Infolge enger diplomatischer Beziehungen mit China war das Herrscherhaus des Hindu-Königreichs Srivijaya auf Sumatra zum Buddhismus übergetreten. Und es wird berichtet, daß 1000 Mönche dieses Land zu einem Zentrum des Buddhismus in Südostasien machten. Die indonesische Bevölkerung huldigte vorher weitgehend dem Animismus; jeder Baum, jeder Stein galt den Anhängern der Naturreligionen als ›beseelt‹, das schloß aber nicht aus, daß diese Menschen auch an einen Schöpfergeist, an einen Gott glaubten. Dieser Schöpfergeist, der in der Mythologie der Inlandstämme eine besondere Rolle spielte, wurde jedoch nicht angebetet. Ethnologische Forschungen haben gezeigt, daß manche Stämme schon ein vollständiges Pantheon besaßen. Die Mittelsleute zwischen den Göttern der Fruchtbarkeit, des Feuers, der Krankheit und des Todes waren die Schamanen oder Medizinmänner. Als die Hindu-Priester und buddhistischen Mönche ins Land kamen, wurden auch sie zunächst für Schamanen gehalten, die den Indonesiern neue Kultformen und neue Doktrinen brachten. Die größten Kunstwerke aus nicht vergänglichem Material entstanden in Java unter dem Einfluß der indischen Religionen. Die großen buddhistischen und shivaitischen Bauwerke entstanden immer dann, wenn eine Dynastie zu Macht und Reichtum gekommen war. Sie war eng verbunden mit der Geschichte der javanischen Kratons, wobei man unter Kraton den fürstlichen Palast, der oft einen Stadtteil für sich bildete, mit der gesamten Hofhaltung versteht.

Zwischen dem 2. und 6. Jahrhundert n. Chr. wurde in Indonesien das Hînayâna, das ›Kleine Fahrzeug‹ des Buddhismus eingeführt. Vom 7. Jahrhundert an dann das Mahâyâna, das ›Große Fahrzeug‹. Die Spätform des indischen Buddhismus enthielt schon viele shivaitische Elemente. In Indonesien ging diese Form auch noch einen Synkretismus mit den dortigen Naturreligionen ein. Diese Spätform des Buddhismus, eine Vajrayâna-Variante, fand der chinesische Pilger I-ching in einer Anzahl blühender Klöster Ende des 7. Jahrhunderts vor.

Der Buddhismus war die erste Welt- oder Universalreligion, die weit über die Grenzen einheimischer geistiger Bereiche zu neuer Freiheit führte. Jeder kann jeder Zeit zum Buddhismus bekehrt werden. Die hinduistische Religion dagegen ist für die Inder bestimmt. Die Hindu-Priester dürfen nicht Andersgläubige bekehren, sie dürfen auch nicht über See fahren. Die Priester, die die Kaufleute auf den Handelsschiffen begleiteten, mußten also Anhänger von nichtorthodoxen Sekten gewesen sein.

Über die ersten indonesischen Staatsgebilde sind wir nur vage durch chinesische Quellen unterrichtet. Es werden wohl ihre Namen erwähnt, wie *Ye-po-ti, Cho-po* oder *Kan-to-li*, aber ihre Lage bleibt unbekannt. Es waren kurzlebige hinduistische Staaten. In einer frühen Inschrift wird der König Purnavarnam von *Taruma* erwähnt, das vielleicht mit To-lo-mo auf Java identisch ist. Und aus den chinesischen Annalen der Liang und Tang erfahren wir, daß der König von *Taruma* zwischen 528 und 669 n. Chr. vier Gesandtschaften nach China geschickt haben soll.

Im Jahre 75 n. Chr. soll ein indischer Prinz, Aji Saka, mit vielen Leuten aus Indien ausgefahren sein, um in Indonesien eine neue Heimat zu suchen, doch als auf seinen Schiffen die Pest ausbrach, wurde dieser Plan zunichte gemacht. Obwohl es sich hier nur um eine Legende handelt, so liegt ihr doch sicherlich ein historischer Kern zugrunde. Von einem späteren neuen erfolgreichen Versuch eines Königs namens Gujarat wird berichtet, daß er im Jahre 603 seinen Sohn zusammen mit 5 000 Siedlern auf sechs Schiffen nach Indonesien geschickt habe, um dort ein neues Reich zu gründen. Diese Legende läßt sich mit einer neuen indischen Auswanderungswelle, einer ›zweiten Hinduisierung‹ vereinbaren, die am Ende des 5. Jahrhunderts begann.

Nun handelte es sich bei der gegenseitigen Berührung der indischen Auswanderer mit den ansässigen Indonesiern, mit Ausnahme der Chola-Angriffe auf Srivijaya im 10. und 11. Jahrhundert aber keineswegs um bewußte politische Einflußnahme von indischer Seite. Die Aufnahme indischer Elemente geschah in Indonesien freiwillig, und die Assimilierung geschah auf den Inseln in unterschiedlicher Weise. Die dörflichen Gemeinschaften blieben bestehen, und das ›Sittenrecht‹, *adat*, und auch das Matriarchat konnte sich an wenigen Plätzen bis in unsere Zeit behaupten, es konnte auch später durch den Islam nicht verdrängt werden, während das Kastenwesen in Indonesien zwar angenommen wurde, aber praktisch niemals eine bedeutende Rolle gespielt hat. Selbst in Bali, das als einzige Insel noch dem Hinduismus treu geblieben ist, gehören nur 7 % der *trivamsa*, der ›Dreiheit‹ oder ›den drei Kasten‹ an, der der Brahmanen (der Priester), der Ksatrya (der Krieger) und der der Vaisiya (der Händler und Bauern). Der Rest der Bevölkerung fühlt sich keiner der drei Kasten zugehörig. »Bei aller Bedeutung der indischen Kultureinflüsse bleibt zu beachten, daß sich nationale Eigentradition ihnen gegenüber nicht nur erstaunlich gut behauptet hat, sondern daß auch der Hinduismus und Buddhismus in starkem Maße indonesisch beziehungsweise javanisch umgeprägt wurden. Die himmlischen Buddhas wurden bald in die Naturmächte der indonesischen Stammeskulte umgeprägt; die Heiligen und Helden wurden zu Geistern der verstorbenen Könige und Königinnen. Ebenso gingen die Hindu-Götter und -Göttinnen in den Natur- und Ahnenkulten auf, die schon prähistorische Wurzeln haben und in vielen Äußerungen noch heute in Indonesien nachwirken.«[7]

Man könnte noch viele Beispiele dafür anführen, daß Indonesien nicht wahllos die fremden Kulturgüter, die es zweifellos gibt, von den Indern übernommen hat. Viele indische Worte wurden zum Beispiel in die indonesische Sprache übernommen, sie kommen aus dem Sanskrit und aus dem Prakrit. Sanskrit wurde nur in der Dichtkunst, bei Inschriften und für technische Ausdrücke benutzt, während Prakrit-Termini in die Sprache der Kaufleute und Seefahrer Eingang fanden. In Sanskrit sind auch die frühesten uns bekannten Inschriften in Indonesien abgefaßt, sie stammen aus dem 5. Jahrhundert n. Chr. In Kalimantan befinden sich solche Inschriften an sieben *yupas*, Opfersteinen, in einer Gegend, die jetzt unter dem Namen Kutei bekannt ist. Der Name des Königreiches wird in dieser Inschrift nicht erwähnt, wohl aber der Name eines Königs Mulawarnam, der Sohn von Aswawarnam, dem Gründer einer Dynastie. Beides sind indische Namen. In Java wurden Inschriften in der Nähe von Jakarta, von Banten und Bogor gefunden. Sie sind in Sanskrit abgefaßt und in Pallawa-Schriftzeichen ausgeführt. Auf ihnen wird der Name Purnawarnam, König von *Tarumana-*

gara in West-Java erwähnt. Als seine Verdienste werden ein Sieg über seine Feinde und die Konstruktion eines 15 km langen Kanals erwähnt. Noch heute erinnert in West-Java der Name eines Flusses, Ci Tarum, an das alte Königreich.

Nicht nur zu Indien, auch zu China bestanden in frühen Zeiten vielseitige Kontakte, die sich in Indonesien aber lediglich in der Übernahme künstlerischer Elemente wie im Dong-son-Stil und im späten Chou-Stil auswirkten, doch blieb der chinesische Einfluß an der Oberfläche, er bezog sich hauptsächlich auf den Handel. Politische Absichten spielten dabei keine Rolle. Die chinesischen Händler gründeten am liebsten dort ihre Handelsniederlassungen, wo sie schon gesicherte Staatenbildungen vorfanden, besonders seit dem 11. Jahrhundert. Auch heute noch haben die Chinesen einen beträchtlichen Anteil am Innen- und Außenhandel, der in keinem Verhältnis zu ihrer Minderheit steht.

In der zweiten Hälfte des 7. Jahrhunderts entstand in Süd-Sumatra ein Seestaat, der bald alle anderen Königreiche Indonesiens in den Schatten stellte und der zusehends an Macht zunahm. Sein Name war Srivijaya; von den Chinesen wurde er bis zum 9. Jahrhundert *Che-li-fo-che* genannt und danach *Fo-ts'i*. Von seinen beiden Haupthäfen Palembang und Djambi und von der Insel Bangka aus übte dieser Staat die Kontrolle aus über die Straße von Malakka, eroberte zwischen 683 und 689 den Nachbarstaat *Malayu* und schloß zwischen 700 und 755 den südlichen Teil der malaiischen Halbinsel mit Kedah und Ligor ein, das heute Nakon Sithmarath heißt und zu Thailand gehört. Einer Inschrift in Sanskrit zufolge ordnete der König von Srivijaya im Jahre 775 an, in Ligor buddhistische Tempel zu errichten.

In Java gelangte zwischen 683 und 686 lediglich der westliche Teil unter die Herrschaft Srivijayas. Weder in Inschriften noch in chinesischen Quellen wird jemals erwähnt, daß Mittel- und Ost-Java von Srivijaya-Königen regiert wurde. Dieses größte und langlebigste aller Staatsgebilde, das bald einen großen Teil des Archipels unter seinen Einfluß bekommen hatte, legte anderen politischen Gebilden eine »Art Vasallenschaft« auf. Im 8. Jahrhundert hatte Srivijaya seinen Einfluß bereits auf der ganzen Insel Sumatra gefestigt. Diese Ausdehnung könnte »die Folge von Heiraten und Verbindungen mit Leuten der Shailendra und vielleicht auch des Wechsels in der effektiven herrschenden Position zwischen den Fürstenfamilien der Srivijaya und der Shailendra gewesen sein«, wie einige Historiker meinen. Die Shailendra waren Anhänger des Mahâyâna-Buddhismus, während die übrigen javanischen Aristokraten dem hinduistischen Shiva-Kult treu blieben. Auf diese Weise soll in Java der Hinduismus immer weiter fortgeschritten sein, der die Grundlage zu der »späteren nationalen Eigenpersönlichkeit der Javaner« gegeben hat. Nach dem Zeugnis mehrerer in Altmalaiisch verfaßter Inschriften soll seit 824 in Mittel-Java, wo die wirtschaftliche Grundlage der Königreiche im Ackerbau, in den Reiskulturen, lag, die hinduistische Dynastie *Sanjaya* unter dem König Patapan, dem »Herrn eines unermeßlichen großen Gebietes«, regiert haben. Allmählich begann aber das einheimische Element, das nie verlorenging, sich immer mehr gegen den indischen Einfluß durchzusetzen, zumal Java seinen politischen und wirtschaftlichen Schwerpunkt nach Osten verlegt hatte. Die fortschreitende Indonesisierung hatte sich auch im Kult bemerkbar gemacht. Der ›magische Animismus‹ ging mit dem Shiva-Kult schließlich einen Synkretismus ein. Während dieser Zeit machte Java verworrene Zeiten durch. Königreiche und Dynastien lagen in ständigem Kampf miteinander, sie entstanden und verschwanden auch bald wieder.

Die Shailendra-Könige waren nach Ansicht zahlreicher Forscher Abkömmlinge der Funan-Dynastie. Sie hatten um 750 die Sanjaya nach Ost-Java vertrieben. In Mittel-Java entstand etwa zu gleicher Zeit das Reich Mataram. Über die Beziehungen zwischen den Shailendra und den Sanjaya wissen wir nur ungenau Bescheid. Besonders gehen die Meinungen darüber auseinander, ob die Shailendra in Java einfielen oder umgekehrt von dort nach Sumatra kamen. Fest steht jedoch, daß die Senjaya eine Zeitlang, bis 802, das Mekong-Delta beherrschten. Nach 927 verschwindet das Machtzentrum aus Mittel-Java völlig, es verlegt sich nach Ost-Java. Für diesen plötzlichen Wechsel in der Geschichte Javas hat man bisher noch keine endgültige Erklärung gefunden. Einige halten das Versanden des Hafens von Semarang, andere einen Vulkanausbruch, vielleicht des Merapi, für die mögliche Ursache.

Genauere Angaben besitzen wir erst wieder über den Angriff des Königs Dharmavangsa (985–1006) gegen das Königreich in Sumatra im Jahre 992, das von den Eindringlingen zwar schwer bedrängt wurde, sie dann jedoch nicht nur vertrieb, sondern sie sogar bis nach Java verfolgte. Im Jahre 1025 kam es unter dem javanischen König Airlangga, der von 1010 bis 1049 regierte und unter dessen Regierung Mataram seinen Höhepunkt erlebte, zu einem Waffenstillstand mit Sumatra und 1035 schließlich zu einer Einigung beider Parteien, wonach ihre Interessensphären genau abgegrenzt wurden: Sumatra fiel der westliche Teil des Archipels und die malaiische Halbinsel zu, und Java orientierte sich in seiner Expansion nach dem Osten.

Nach dem Tode Airlanggas entstanden in den reichen Agrarländern von Mittel- und Ost-Java wieder zwei neue Königreiche: Kediri und Janggala. Zwischen beiden Staaten kam unter dem halblegendären König Ken Angrok im Jahre 1222 eine Einigung vorübergehend zustande. Srivijaya dagegen, das trotz des Verlustes Mittel- und Ost-Javas im 10. Jahrhundert seinen Höhepunkt erreichte und durch eine eigene mächtige Flotte den gesamten Seeverkehr nach Indien und China um die Insel Sumatra herum kontrollierte und in West-Borneo Stützpunkte für den Verkehr nach China unterhielt, konnte seinen wirtschaftlichen Einfluß und Reichtum bis zum Ende des 13. Jahrhunderts steigern, dann waren seine Kräfte jedoch erschöpft, und seine Seeherrschaft artete zu Anfang des 15. Jahrhunderts zur reinen Seeräuberei aus, bis sich das große mächtige Reich langsam ganz auflöste.

Auf Java hatte sich inzwischen aus den vielen kleineren Fürstentümern ein Macht- und Kulturzentrum herausgebildet: das Königreich *Majapahit*, das seinen Höhepunkt unter Gaja Mada erlebte, der 1343 Bali unterwarf und gegen Ende seiner Regierungszeit mindestens nominell nahezu über das gesamte Indonesien eine Oberherrschaft ausübte. Indonesische Historiker sehen diese Periode als die »goldene Zeit Indonesiens«

an. Aus nicht immer verläßlichen Quellen haben sie sich folgendes Bild gemacht: Es handelte sich hier nicht um einen Einheitsstaat, nicht einmal in dem Sinne, den der Begriff im traditionellen Asien hatte, sondern vielmehr um eine Feudalgesellschaft, die aus einer Vielheit von Vasallen besteht. Die Funktion des Herrschers war in erster Linie religiöser Art. Die eigentliche Macht wurde von den Ministern und dem weit verzweigten Hof ausgeübt. Auch Gaja Mada war nicht der König, sondern Minister und hatte als solcher die tatsächliche Macht in Händen. Die Gesellschaft war in Majapahit im wesentlichen eine Agrargesellschaft, wobei die Dorfgemeinschaften oft mehr als die Hälfte der Ernte als Steuern an die politischen Machthaber zu entrichten hatten. Majapahit wurde aber durch seinen gut entwickelten Schiffsbau zu einer der größten Seemächte in der asiatischen Geschichte, es wurde im Gegensatz zu den früheren Staaten, die entweder ein Seestaat oder ein Agrarstaat waren, Seemacht und Landmacht zugleich. Das Rechtswesen, welches das altindische Recht mit dem altüberlieferten indonesischen *adat* verband, lag in den Händen bedeutender Gelehrter, und unter dem Einfluß der buddhistischen und shivaistischen Glaubensbekenntnisse entstand in Majapahit ein »lebhaftes kulturelles Strahlungszentrum«, dessen Nachwirkungen heute noch im religiösen und geistigen Leben der Bevölkerung zu spüren ist.

Mit dem Zerfall des mächtigen Reiches Majapahit, das dem immer stärker werdenden Ansturm des Islam nicht standhalten konnte und in meistens von Muslimfürsten regierte Kleinstaaten zerfiel, war das »goldene Zeitalter« Indonesiens beendet, nachdem das Reich Majapahit unter der Regierung von Hayam Wuruk (1350–1389) noch einmal einen Höhepunkt erreicht hatte. Anfang des 15. Jahrhunderts wurden Nord-Borneo, Celebes und Malakka abtrünnig, und Kediri machte sich während der Regierungszeit Suhitas unter dem Rebellen Bhare Daha selbständig. Sein Sohn Ranavijaya eroberte im Jahre 1478 Majapahit und gründete die neue hinduistische Dynastie *Girindravardhana,* die zunächst alle Küsten Javas besetzt hielt, bis dann schließlich 1513 der Muslim-Fürst Pati Unus an die Macht kam. Einige wenige Aristokraten der alten Dynastie hielten sich bis 1639 in den ostjavanischen Städten Pasuruan, Panakoran und Balambangan auf, wanderten dann aber endgültig nach Bali aus.

Entscheidend für den Zusammenbruch der Macht von Majapahit waren nicht allein die Zwistigkeiten und Revolten in den einzelnen Fürstentümern, sondern vor allem auch das allmähliche Eindringen des Islams. Die Islamisierung begann schon im 7. Jahrhundert, und zwar geschah sie nicht mit Hilfe des Schwertes, wie in vielen arabischen Ländern, sondern sie kam ebenfalls über den Handelsweg im Gefolge der Kaufleute. Im 11. Jahrhundert entstanden muslimitische Niederlassungen auf den Gewürzinseln, auch in Java und in Nord-Borneo. Es waren indische und persische Kaufleute, die hier die Lehre des Propheten verbreiteten. Persische und arabische Kaufleute gründeten im 12. Jahrhundert Niederlassungen in Palembang und Atjeh auf Sumatra, doch ihre Bekehrungsversuche blieben noch unter der Oberfläche, wie ja überhaupt der Islam eine ausgesprochene Missionstätigkeit nicht kennt. Die Verbindung zwischen dem Islam und dem Außenhandel hatte zur Folge, daß sich die Bekehrung zum Islam von den Hafenorten aus vollzog, wo sich die Hauptniederlassungen befanden. Sie ging hier von den *sjahbandar*, den Hafenkapitänen zur Betreuung der fremden Händler, aus, die nun die Stelle der indischen Guru übernommen hatten. Geschickt verbreiteten sie auch islamische Sagen, die neben den Hindu-Epen nun auch im Wayang-Theater Eingang fanden. Prinz Menok ist auch heute noch im Wayang-Golek-Spiel eine beliebte Muslim-Figur.

Einer der berühmtesten Verkünder des Islam war Gunan Giri; er war der Berater des Sultans Agung von Mataram (1613–1645). Die Holländer nannten ihn den »Papst der Muslime«. In Indonesien trat der Islam im allgemeinen in einer toleranten Form auf, »in einer Richtung, in der mystische Elemente die Vermischung mit dem Tantrismus, der im Indonesischen Hinduismus und Buddhismus herrschte, begünstigten und das Überleben des Gewohnheitsrechtes, *adat*, erlaubten«[8]. Es war ein synkretistischer Islam, der sehr bald bei der Masse des Volkes Anklang fand. Daneben faßte aber auch die orthodoxe Form des Islam Fuß. Diese Spaltung des Islam spitzte sich dann im 19. Jahrhundert zu dem sogenannten Padri-Krieg (1803–1838) zwischen den Orthodoxen und den Synkretisten zu, eine Spannung, die noch heute der indonesischen Regierung Probleme aufwirft.

Verstärkt und beschleunigt wurde die rasche Ausbreitung des Islams im 16. Jahrhundert durch die Portugiesen, die ihre Machtansprüche mit der islamischen Missionstätigkeit verbanden, indem sie manchen Fürsten, den sie sich gefügig machen wollten, bewogen, sich zum Islam bekehren zu lassen. Als die Portugiesen um diese Zeit den östlichen und westlichen Seeweg nach Indien entdeckten, fanden sie auf dem asiatischen Kontinent bereits mächtige mohammedanische Reiche vor, mit denen sie ebenfalls Handelsbeziehungen anknüpften. Die Portugiesen versuchten als erste europäische Macht, sich in Indonesien festzusetzen. Sie unterwarfen 1522 den Machthaber der Molukken und sicherten sich das Gewürzmonopol. Nun begann eine grausame Zeit für die Bewohner dieser herrlichen Gewürzinseln, die das Unglück hatten, wegen ihrer Spezereien so begehrt zu sein. Portugiesen wurden die alleinigen Importeure der in Europa so beliebten Gewürze. Später dehnten sie das Gewürzhandelsmonopol auch auf das Sultanat Atjeh in Sumatra und auf die Königreiche Bantam und Demak in Java aus. Aber die Portugiesen sollten nicht lange Herr in Südostasien bleiben. Zwischen ihnen, den Franzosen und den Engländern traten schon in der ersten Hälfte des 16. Jahrhunderts Rivalitätskämpfe auf, und als im Jahre 1596 die erste holländische Flotte vor Bantam erschien und die Holländer hier ihren ersten Stützpunkt errichteten, änderte sich bald die Lage. 1602 gründeten sie die ›Verenigte Oost Indische Compagnie‹, die Ostindiengesellschaft. Anfangs verfolgten die Holländer die gleiche Politik wie die Portugiesen. Mit den einheimischen mächtigen Staaten schlossen sie Bündnisse, die sie verpflichteten, den Fürsten gegen die Unterdrückung durch andere Europäer beizustehen. Als Gegenleistung erhielten sie das alleinige Recht des Handels mit der Ostindiengesellschaft. Das A und O der Kolonialpolitik dieser Tage war, aus dem Lande soviel wie möglich herauszupressen. Die Grausamkeit, mit der schon die Portugiesen gewirtschaftet hatten, wurde durch das holländische System noch übertroffen. Gelang es fremden Händlern, dann und wann in das Interessengebiet der Ostindischen Gesellschaft einzudringen, um ihnen gegen ein größeres Angebot den Ertrag ihrer Ernte zu verkaufen, so wurde das blutig gerächt. Aber noch mehr: Um den Weltmarktpreis, zum Beispiel der Muskatnüsse, zu halten, durften nur auf der Insel Banda Muskatnüsse gezogen werden, auf allen anderen Inseln wurden die Pflanzungen, die doch Besitz der Eingeborenen waren, vernichtet. Diesen Maßnahmen der Holländer spottete allerdings eine bestimmte Taubenart, die das Fleisch der Muskatfrucht besonders liebte und den Samenkern über ihre gute Verdauungstätigkeit überallhin auch auf anderen Inseln verstreute. Um die aufkeimenden Pflanzen zu zerstören, entsandte die Ostindiengesellschaft alljährlich Schiffe mit Eingeborenen zu den Nachbarinseln. Auch andere Mittel kannte man: Um einen zu reichlichen Ertrag teilweise zu zerstören, wurden Vernichtungsfahrten erst kurz vor der Ernte unternommen. Kehrten dann die Eingeborenen auf ihre Insel zurück, so fanden sie die Ernte verfault, und verdorbene Ware brauchte die Compagnie nicht zu bezahlen.

Unter energischen Generalgouverneuren breitete sich die Macht der Ostindiengesellschaft im ganzen Archipel und besonders auf Java immer mehr aus. Die einheimischen Reiche wurden aufgesogen oder durch Bündnisse abhängig gemacht. Aber innerhalb der Gesellschaft nahmen Mißwirtschaft, Bestechlichkeit und Betrügereien immer mehr zu, und so ging es im Laufe des 18. Jahrhunderts stetig bergab, bis sie im Jahre 1782 der Krieg mit England, in dem die Compagnie die meisten Schiffe verlor, an den Rand des Bankrotts brachte, obwohl sie immer noch eine große territoriale Macht besaß und an ihre Aktionäre jedes Jahr hohe Zinsen bezahlte, 20–40 %!

Die Krise spitzte sich nach der Französischen Revolution und der Bildung der Batavischen Republik im Jahre 1799 in Holland so zu, daß die immer mehr verschuldete Ostindiengesellschaft aufgelöst wurde und ihre Rechte dem holländischen Staat übertrug. Energische und schnelle Reformen waren nötig. Dem Marschall Daendels, einem tatkräftigen Mann, der mit unbeschränkter Machtbefugnis nach Batavia gesandt wurde, gelang es auch, unter Anwendung höchst despotischer Mittel, die schwersten Korruptionserscheinungen zu beseitigen und die Grundlage zu Wirtschaftsmaßnahmen zu legen, die später den Forderungen der Kolonialmacht entsprachen.

Die Ereignisse in Europa blieben aber auch in Indonesien nicht ohne Folgen. Durch den Machtanspruch Napoleons wurde 1811 Java für kurze Zeit französische Kolonie, die jedoch bald von den Engländern erobert und von dem hervorragenden Gouverneur Sir Thomas Stamford Raffles verwaltet wurde. Doch im Jahre 1814 gaben die Engländer nach der Vernichtung Napoleons in Anerkennung der holländischen Hilfe auf dem Festlande Indonesien an Holland zurück. Raffles verließ das Land, spielte aber den Holländern noch einen Streich. In einem günstigen Augenblick kaufte er dem Sultan von Johore die Insel Singapore für 60 000 Dollar ab. »Sie ist«, so schreibt Raffles, »sozusagen wie ein Kind von mir und verspricht eine der wichtigsten Kolonien zu werden und gleichzeitig die, die uns von unseren Besitzungen am wenigsten Aus-

1 Versammlungshaus der Karo-Batak auf Sumatra. Die Batak-Häuser sind Pfahlbauten, ihre Dächer
sind mit den Fasern der Zuckerpalme oder mit Holzschindeln bedeckt

2   Versammlungsplatz mit steinernen Sitzen vor Häusern der Toba-Batak
3   Steinerne Treppe, Aufgang zu einem Haus der Toba-Batak

4 Eine si-gale-gale-Puppe. Sie ist als Sitz eines ›begu‹ gedacht, des Geistes eines kinderlos verstorbenen Batak

5 Steinerne Ahnenfigur der Toba-Batak

6 Megalithische Steinsetzung ist bei den Batak heute noch üblich

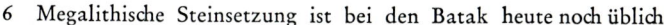

7 Musizierende Batak mit Oboe und ›kutjapi‹, dem typischen Saiteninstrument der Batak

8 Si-gale-gale-Puppen mit beweglichen Armen und Händen, die mit Hilfe eines Drahtmechanismus in ▷
   Bewegung gesetzt werden

10 Angeblich 350 Jahre alter Steinsarkophag des Königsgeschlechtes Sidabutar in Tomok auf der Insel Samosir

◁ 9 Palast des Raja von Simalungun, bis 1945 noch bewohnt. 1964 restauriert, steht der Palastbezirk heute unter Denkmalschutz

11 Bemalte Holzschnitzereien am Giebel eines Batak-Hauses mit ›singa‹-Kopf zur Abwehr böser Geister

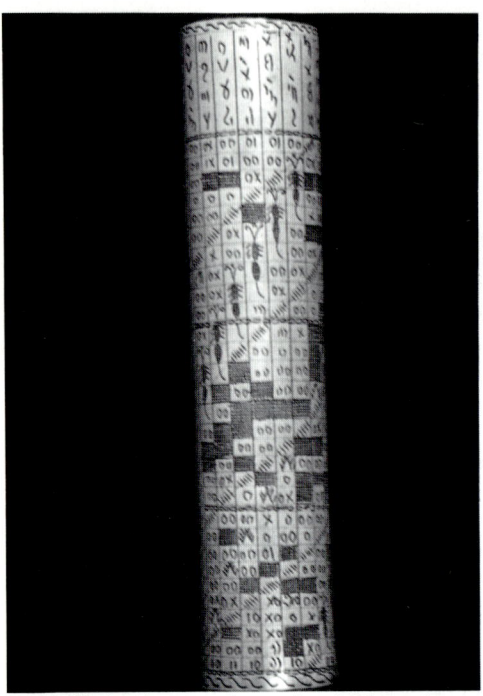

12 Zylindrisches Bambusstück mit dem eingeritzten Schema des Batak-Zauberkalenders

13 Die bei der Färb-Webe-Methode, dem ›ikatten,‹ gebündelten und abgebundenen Stränge

14 Zum Trocknen aufgehängte gefärbte Stränge

15, 16   Eins der schönsten Sippenhäuser der Minangkabau in Bukittingji, Sumatra, Vorder- und Seitenansicht. Heute Museum. Davor zwei kleine Reisscheuern

17   Das Dorf Nanggala in Sulawesi ist wegen seiner besonders schönen Reisspeicher (links) berühmt ▷

19   Das Eingießen von ›tuak‹ in die Bambusbehälter

◁ 18   Auf dem Markt von Rantepao kaufen die Toraja-Frauen ›tuak‹, den leicht fermentierenden
      Saft der Zuckerpalme, das ›Bier‹ der Toraja, und bringen es in Bambusröhren in ihre Dörfer

21 Transport eines Schweines in das Toraja-Dorf

◁ 20 Die auf dem Markt gekauften Schweine werden von den Männern in die Toraja-Dörfer getragen

22 Stieropfer bei einem Totenfest der Toraja

gaben und Schwierigkeiten bereitet ... Unser Erwerb ist nicht territorialer, sondern kommerzieller Art, von wo wir unseren Einfluß ausüben mögen, wie es künftig die Umstände fordern werden. Ein Freihafen in dieser See müßte voraussichtlich in kurzer Zeit das holländische Monopol zerstören.« Und das tat er auch.

Im Gegensatz zu den Methoden der Ostindiengesellschaft wurde im Laufe des 19. Jahrhunderts der gesamte indonesische Archipel von den Holländern in Besitz genommen. Die meisten javanischen Herrscher wurden zu Schachfiguren in der Hand der Eroberer. Das ging jedoch nicht ohne Widerstand der einheimischen Fürsten vor sich, von denen viele aus Vaterlandsliebe in die Verbannung oder in den Tod gingen. Noch bis 1908 leisteten die Vasallen von Atjeh Widerstand, und auf Bali zogen zahlreiche Fürsten mit ihren Familien den Freitod dem Joch der holländischen Kolonialverwaltung vor. Um 1930 waren 93 % von Java und mehr als 50 % der ›Äußeren Inseln‹ in unmittelbarem Besitz der Holländer. In dieser Zeit zog das Mutterland einen sagenhaften Reichtum aus seiner Kolonie, denn das Interesse der Kolonialverwaltung war eine möglichst große wirtschaftliche Nutzung. Sie schonte zwar die Sitten und Gebräuche der Einwohner, doch im Zuge des von ihr durchgeführten ›Boden-Kultur-Systems‹ mußten die Bauern mit Hilfe der Notablen und Dorfaufseher gesetzlich 20 %, in der Praxis aber bis zu 40 % ihres Gewinnes abgeben. So zogen die Einwohner kaum Nutzen aus dem Anbau ihrer Felder und begünstigten das Entstehen von Großplantagen, indem sie ihr Land verpachteten. Da sie weiter zur Unterhaltung der Plantagen benötigt wurden, kam ihre Arbeit oft der Zwangsarbeit nahe.

Diese Zustände blieben jedoch auch in Holland nicht ohne Reaktion. Die Erregung über die Ausnutzung der Einwohner Indonesiens wurde durch den Roman ›Max Havelaar‹ des unter dem Pseudonym Multatuli schreibenden Schriftstellers Douwes Dekker ausgelöst; sie führte zu einer neuen Phase der Wirtschaftslage in der Kolonie, zu der ›Liberalen Ära‹. Trotzdem stiegen die privaten Investitionen zur Ausbeutung der Plantagen weiter. Besonders in Java und Sumatra nutzten chinesische Händler und Geldwechsler die Situation aus, während das Volk immer mehr verarmte.

Ab 1900 begann wieder eine neue Phase in der Kolonialverwaltung. Einige holländische Gouverneure versuchten, dem Volk ein erträglicheres Leben zu ermöglichen und der allgemeinen Wohlfahrt Dienste zu leisten. Das Schulwesen, der medizinische Dienst und das Verkehrswesen wurden entwickelt, und den Indonesiern standen nun auch Stellen in der Verwaltung offen. Es begann die Ära der ›Ethischen Politik‹. 1916 entstand der ›Volksraad‹, der sich aus Notabeln und Beamten zusammensetzte und 1926 bereits 61 Mitglieder hatte, von denen 38 indirekt von getrennten Rassengruppen gewählt wurden, zum Teil auf sehr ungleiche Weise, nach dem Schema: ein

◁ 23 Die Konstruktion der Toraja-Häuser mit ihren geschwungenen Dächern erinnert an die eines Schiffsrumpfes. Sie haben Ähnlichkeit mit den Kulthäusern im Sepik- und Maprik-Gebiet auf Neuguinea

Abgeordneter auf 10 000 Holländer, einer auf 300 000 Chinesen und einer auf 2 Millionen Einheimische. Der durch die ›Ethische Politik‹ herangezogene intellektuelle Nachwuchs, der auch in die Wirtschaft und Politik Einlaß fand, förderte andererseits wieder die immer mehr sich vordrängende Unabhängigkeitsbewegung.

Erst der Zweite Weltkrieg brachte eine für Indonesien entscheidende Wendung. Im Februar 1942 wurde die niederländische Flotte von den Japanern entscheidend geschlagen, und am 8. März mußten die Holländer bedingungslos kapitulieren; aber nun übernahmen die Japaner die absolute Gewalt über das Inselreich. Ein asiatisches Brudervolk hatte gesiegt und bewiesen, daß der Weiße nicht unantastbar ist. Doch die anfangs begeisterte Freude der Indonesier über ihre Befreiung von den Holländern ließ bald nach, als sie sahen, daß die Japaner sehr bald ihre Taktik änderten und mit eiserner Strenge und unter rigorosen Vorschriften die Besetzung der Inseln vornahmen. Indonesische Patrioten gründeten Organisationen, die im Untergrund unter dem späteren Präsidenten Sukarno und dem Vizepräsidenten Dr. Hatta die Freiheitsbewegung fortsetzten. Es kam verschiedentlich zu Massenexekutionen von seiten der Japaner; die Leiden des indonesischen Volkes nahmen kein Ende. Als am 15. August 1945 die Japaner sich den Alliierten ergeben mußten, kam für die Indonesier endlich die Stunde der Freiheit. Am 17. August 1945 riefen Sukarno und Dr. Hatta die ›Unabhängigkeit der einheitlichen, unabhängigen, demokratischen und sozialistischen Republik Indonesien‹ aus. Doch die Holländer erkannten die neue Regierung nicht an; sie landeten wiederum auf den Inseln. Aber jetzt erfaßte der Freiheitsgedanke erst recht die ganze Inselwelt. Guerillakämpfe wurden auf beiden Seiten mit unwahrscheinlicher Grausamkeit geführt. Der Ruf ›merdeka‹, Freiheit, ging durch das ganze Volk, als am 27. Dezember 1949 die Souveränität der ›Vereinigten Staaten von Indonesien‹ in der Konferenz von Den Haag bestätigt wurde. Nach über dreihundert Jahren Fremdherrschaft gewann das Indonesische Volk von damals 80 Millionen – heute sind es bereits 151 Millionen; allein auf Java leben 95 Millionen Menschen – seine Selbständigkeit zurück.

Obwohl die Regierung der neuen Republik vor ungeheuren Schwierigkeiten und Problemen stand, wurde von dem Volk Ungeheures geleistet. In kurzer Zeit sank das Analphabetentum von 94 auf 50 %. Die alte Kultur des Landes war zwar durch den westlichen Einfluß ausgehöhlt, doch mit dem friedlichen Aufbau, der sich überall bemerkbar machte, begann für Indonesien ein neues Zeitalter. Der Sprung vom Mittelalter ins Zeitalter der Atomreaktoren ist für dieses liebenswerte Volk nicht leicht. Minderwertigkeitskomplexe müssen überwunden werden, aber auch wir, die Bewohner einer anderen Welt, sollten versuchen, die Mentalität dieses Volkes, das einer anderen Rasse angehört, zu verstehen. ›Sabar‹, Geduld, muß man haben, um die Eigenart dieses Volkes zu begreifen. Mit Geduld läßt sich vieles regeln, und ›sabar‹ hat dieses Volk wahrhaftig im Auf und Ab seiner bewegten Geschichte immer wieder bewiesen.

II Überlieferte und lebende Kunst aus frühgeschichtlicher Zeit

Zu den Völkerstämmen, die von den Strömungen westlicher Kulturen nur wenig berührt wurden, gehören die Dayak und einige kleinere Völker auf Borneo, die Toraja auf Sulawesi, die Sasak auf Lombok und vor allem die Batak auf Nord-Sumatra, die heute immerhin noch 2 bis 3 Millionen Menschen zählen. Zu ihnen gehören auch die Bewohner von Nias, den Mentawai-Inseln und Enggano vor der Westküste Sumatras. Sie alle gehören zu den altindonesischen oder protomalaiischen Völkern, die noch viele kulturelle Elemente der Altvölker bewahrt haben. Es würde zu weit gehen, an dieser Stelle alle diese Volksstämme im einzelnen zu behandeln. Da der Geist längst verflossener Zeiten bei ihnen allen erhalten geblieben ist und da ihre künstlerischen Äußerungen nur in Einzelheiten voneinander abweichen, bekommen wir einen Einblick in ihre Kunst, wenn wir die wichtigsten Völker hier behandeln. Auf manchen Inseln, wie auf Banda, ist diese wunderbare Kultur bereits ausgerottet, auf anderen wiederum hat sie sich, wenn auch vielfach abgewandelt, erhalten. Doch auch diese Inseln sind im Bestehen ihrer alten Kultur bedroht. Die Europäer haben zwar die Kopfjägerei und die Kriege unter den Stämmen aufgehoben, doch wo sie auftraten, kam auch das Häßliche, das Banale, während Wissenschaftler und Künstler alles Wichtige und Schöne aufzeichneten und sich bemühten, zu retten, was noch zu retten ist. Die Holländer schufen zwar Ordnung, aber mit dem Aufheben der alten Religionen und kultischen Handlungen trat unter den Eingeborenen eine große Schwäche ihrer Lebenslust auf, und wo es keine Lebenslust mehr gibt, zerfällt die Kultur. Doch tot ist sie nicht. Die künstlerische Begabung bleibt latent. Auch heute noch sind diese Völker fähig, künstlerische Leistungen zu vollbringen, ihre Begabungen müssen nur in die rechten Bahnen geleitet werden. Ihre alten Traditionen sind ja noch immer tief in ihnen verwurzelt, und oft ist das, was sie von der westlichen Zivilisation angenommen haben, nur eine oberflächliche Tünche. »Wenn ein künstlerischer Stil, der vor mehr als zweitausend Jahren eingeführt wurde, sich halten konnte, so ist das ein Beweis für den konservativen Geist der Völkerstämme Indonesiens, die aber zugleich imstande sind, diesen Stil auf besondere Art weiterzuentwickeln, wobei eine große Anzahl von örtlich begrenzten Stilen ganz eigenen Gepräges und besonderer Schönheit entstanden ist, und es zeugt von dem echten ästhetischen Empfinden und der angeborenen künstlerischen Begabung der Indonesier, daß diese Stile während einer so langen Zeit lebenskräftig blieben. Als die Hindu in den Archipel kamen, fanden sie dort die verschiedenen und abgewandelten Stile aus der Dong-son- und der späteren Chou-Periode bereits fest verwurzelt.«[9]

Die auffallendsten Überbleibsel, die wir aus frühen Zeiten auf den Inseln finden, sind die Steinmonumente oder Megalithen. Sie sind Zeugen religiöser Bräuche, aber nicht immer sind sie leicht zugänglich. Wissenschaftliche Untersuchungen haben bewiesen, daß sich die megalithische Kultur, die zwar nicht die älteste, wohl aber die eindrucksvollste gewesen ist, in verschiedenen Wellen über die Inseln verbreitet hat. So konnte man auf Sumatra und auf Sulawesi vier, auf Borneo drei und auf Nias zwei feststellen. Auch auf Java gibt es megalithische Reste, doch nimmt die Kunst auf Java und Bali durch den starken Einfluß des Buddhismus und Hinduismus einen besonderen Platz ein. Wir werden sie später eingehend behandeln.

Die Megalithen des altmalaiischen Kulturkreises stehen in engem Zusammenhang mit dem religiösen Leben der einzelnen Völker, und diese Religionen bestanden vorwiegend in der Ahnenverehrung und der Geisterbeschwörung. Sie äußerten sich in einer Reihe von Riten, die wiederum auf Borneo, Sulawesi und Sumatra Parallelen aufweisen. Diese Parallelen zwischen den *Batak*, den *Niasern* und den *Dayak* sind so stark, daß man annehmen kann, Sumatra wurde früher von einer Bevölkerung bewohnt, die mit den Dayak auf das engste verwandt waren. Man spricht deshalb auch von einem »dajakisch-indonesischen Kulturkreis«, der sich von Sumatra aus über Borneo und Sulawesi bis zu den Philippinen ausdehnte. Da der Schwerpunkt der dayakischen Kultur jedoch auf malaiischem Gebiet Borneos und nicht in Kalimantan, dem indonesischen Teil der Insel, liegt, soll hier die Kunst der Dayak nur am Rande behandelt werden.

1 Sumatra

Die Batak: ihre geistige und materielle Kultur

Wie bei allen Altvölkern im indonesischen Archipel ist auch bei den Batak in Sumatra eine wechselseitige Beeinflussung von Raum und Volk nicht zu verkennen. Das Bergland und der tropische Regenwald bestimmen den Charakter der 422 527 km² großen Insel, die sich zu beiden Seiten des Äquators erstreckt und 1750 km lang ist. Ihre westliche Küste, die in zahlreiche Buchten gegliedert ist, steigt steil an bis auf ca. 2500–3000 m, um dann zur Straße von Malakka und der Java See fast ebenso steil abzufallen. An dieses von Nordwesten nach Südosten verlaufende Gebirge Bukit Barisan schließt sich nach Nordosten ein weites, von vielen Flüssen durchzogenes Schwemmland an. Das Gebirge erreicht teilweise eine Breite von 150 km mit mehreren Parallelketten, während der ganze nordwestliche Teil von verschiedenen kleinen Querketten durchzogen wird. Neunzehn Vulkane ragen aus diesem Bergland empor, von denen einige noch

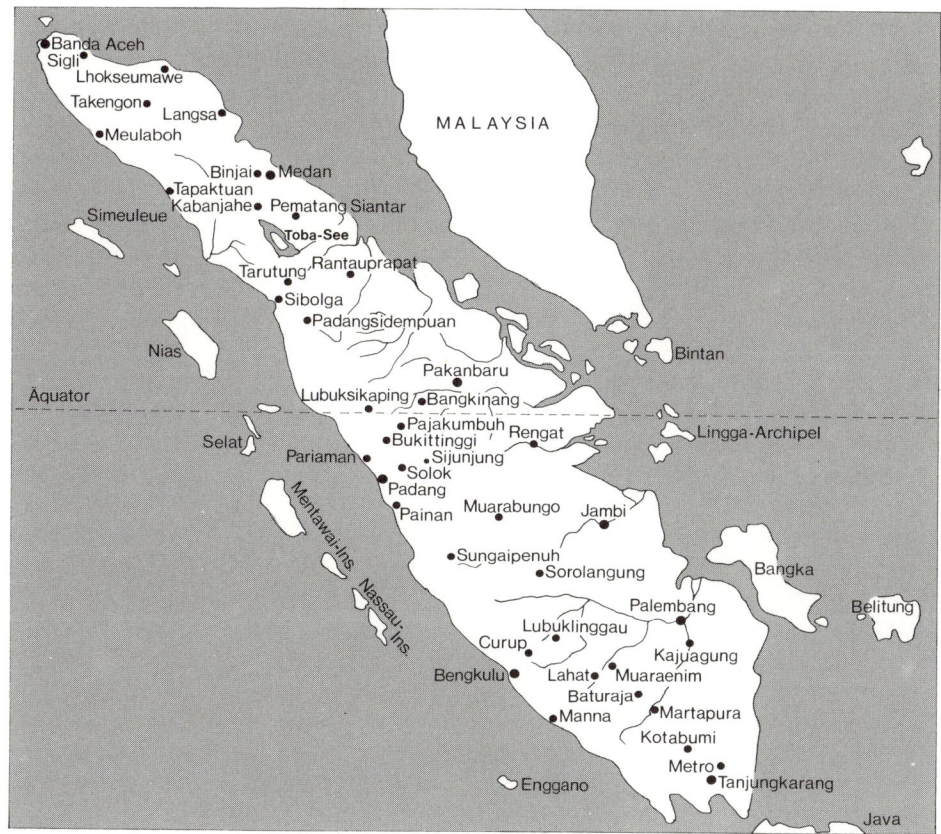

Karte von Sumatra

tätig sind. Zwischen zwei Parallelketten erstreckt sich in 900 m Höhe die herrliche Toba-Ebene mit dem See gleichen Namens. Hier liegt die Heimat des größten und bedeutendsten Stammes der Batak, der Toba-Batak. Das Batak-Volk gliedert sich in mehrere Stämme, die auch kulturelle Unterschiede zeigen. Nördlich von den Toba-Batak leben die Karo-Batak und die Simalungun-Batak, die neben den Toba-Batak heute noch die schönste Holzarchitektur besitzen.

Das Batak-Land erstreckt sich von Nord-Sumatra bis nach Ost-Sumatra und befindet sich größtenteils in Höhen zwischen 600 und 1 300 Metern in einem Klima, das durch die Höhe, obgleich es in Äquatornähe mitten im Tropengürtel liegt, beträchtlich gemildert ist. Die durchschnittliche Tagestemperatur liegt hier nicht viel höher als 21° C. Noch bis in die zweite Hälfte des vorigen Jahrhunderts lebte das Batak-Volk

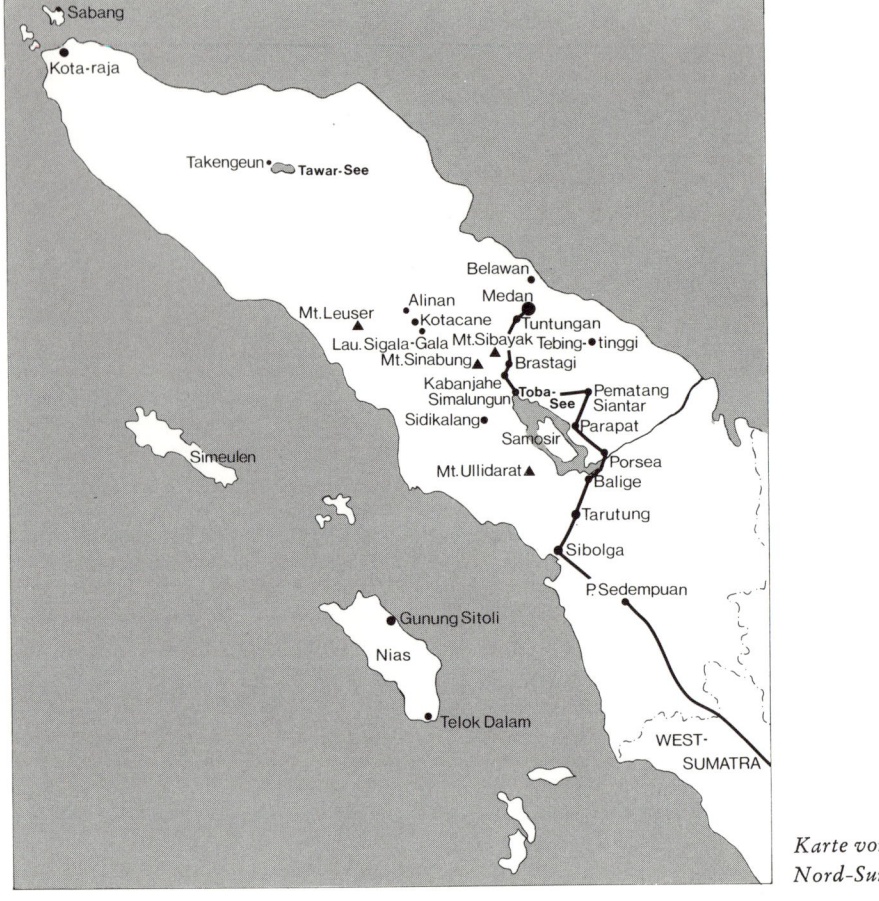

Karte von
Nord-Sumatra

in großer Abgeschlossenheit. Vom 8. bis 16. Jahrhundert standen die Batak unter indischem Einfluß. Verschiedene Inschriften beweisen, daß der König Adityawarman über den ganzen mittleren Teil Sumatras geherrscht hat und daß er ein Anhänger des Mahâyâna-Buddhismus war. Doch die Batak haben die von dieser Seite kommende Gedankenwelt selbständig verarbeitet und mit ihrer Weltanschauung organisch verbunden. Dagegen haben der Islam und das Christentum die alte Stammeskultur immer mehr verdrängt. So kamen die Karo-Batak unter den Einfluß des Islam, der jedoch verhältnismäßig gering blieb, während in den sechziger Jahren des vorigen Jahrhunderts unter der holländischen Regierung die ›Rheinische Missionsgesellschaft‹ ihren Einzug in das bis dahin freie Land der Toba-Batak hielt und im Laufe der Jahrzehnte das ganze Gebiet mehr oder weniger unter ihren Einfluß brachte.

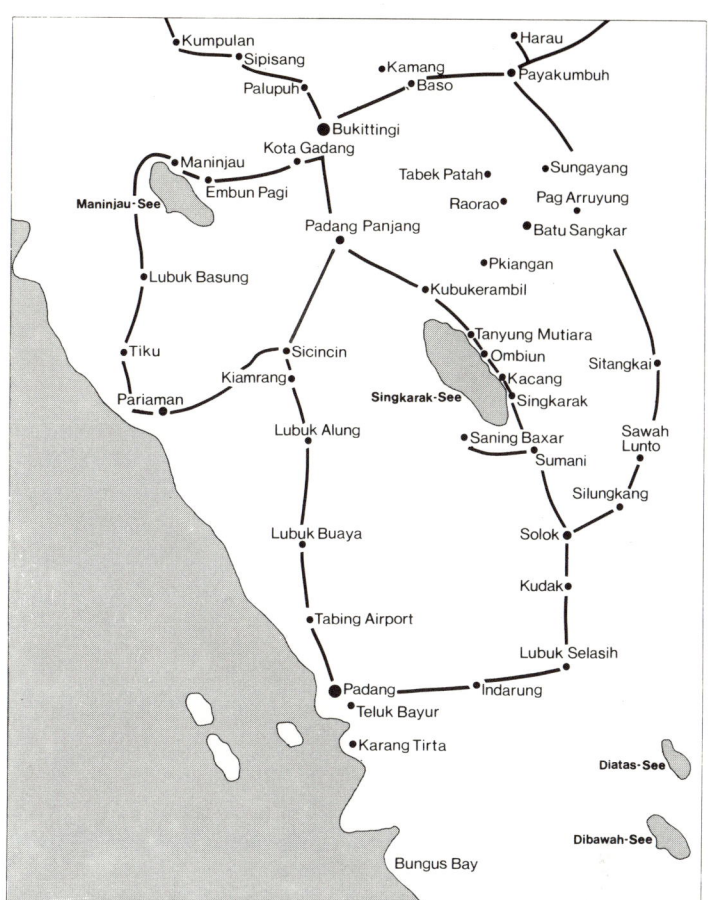

Karte von West-Sumatra

Die Batak machen sich ebenso wie die Dayak und die Toraja sehr viel Gedanken über die Geisterwelt, die imaginären Mächte, die, wie sie meinen, überall ihr Dasein und ihre Umwelt beeinflussen. Auch in der Weltanschauung können wir bei den Batak und den Dayak auffallend ähnliche Ansichten feststellen. Während die Dayak den Himmel mit einem Hut vergleichen, der über der Erde schwebt, denkt sich der Toba-Batak den Himmel wie einen Pilz oder Regenschirm über einem Stiel, der auf der Insel Samosir im Toba-See ruht. Zwischen der Erde und dem Schirm, dessen Rand die Erde nicht berührt, befindet sich eine gefährliche Geisterzone, in der allerlei gefürchtete Erscheinungen die Batak beunruhigen, wie das Abendrot, das Wetterleuchten und der den Geistern als Brücke dienende Regenbogen.

Die Weltanschauung der Batak, die vollständig dem Stand ihrer Erfahrungen entspricht, nämlich dem, was ihnen im täglichen Leben begegnet, hat sich trotz der jahrelangen christlichen Missionstätigkeit kaum geändert, und mit dem Bestand ihrer Weltanschauung ist auch das künstlerische Empfinden der Batak zum großen Teil erhalten geblieben. Ihre ursprüngliche Religion deckt sich im wesentlichen mit dem Begriff Animismus. Beim Animismus steht der Kult der Seele im Mittelpunkt. Seine Körperseele nennt der Batak *tondi; tondi*, die Lebenskraft, hält aber nach dem Glauben der Batak nicht nur den menschlichen Körper am Leben, *tondi* belebt auch Pflanzen und Tiere, ja der *tondi* verleiht auch leblosen Körpern wie Stein und Eisen eine potentielle Energie. J. Warneck sagt hierzu: »Die Lebensmaterie oder der Seelenstoff fließt aus dem in der Oberwelt gedachten Seelenvorrat den Menschen, Tieren und Pflanzen zu, der ihnen eigen ist, solange sie leben, um dann den Leib zu verlassen und andere Menschen oder Organismen wieder zu beseelen.«[10]

Tondi oder *mana*, wie man den Grundbegriff der urältesten Auffassung des Lebens im Malaiischen nennt, ist eine ungeheure, mächtige Kraft, die »wie ein Lymphstrom durch alle Dinge fließt und in einer geheimnisvollen Einigung das All zusammenfügt. Diese Kraft auf sich zu lenken, ja das *mana* zu beherrschen, ist das Ziel jedes Individuums und jeder Gemeinschaft.«[11] Der Meinung der Batak nach ist der *tondi* der »*debata na djinujung*«, »der Gott, den man auf dem Haupte trägt«, der im Menschen ein selbständiges Dasein führt und ihm entweder freundlich oder feindlich gegenübersteht. Dem *tondi* verdankt der Batak sein körperliches und geistiges Wohlergehen. Im Schlaf verläßt der *tondi* den Körper und geht seine eigenen Wege, schweift weit umher, begegnet dem *tondi* anderer Menschen und den *begus*, den Geistern Verstorbener. Im Traum nimmt dann der Mensch teil an diesen Begegnungen, und das im Traum Erlebte erscheint ihm nach dem Erwachen als bedeutungsvoll, erlebte Wirklichkeit. »Nicht nur die Seele des Träumenden, sondern auch die Seelen derer, von denen er träumt, haben die Fähigkeit, sich überallhin frei zu bewegen, losgelöst von dem schlafenden Körper. Im Traume steht der *tondi* des Schlafenden auch in freiem Verkehr mit den Geistern der verstorbenen Verwandten und Bekannten; das genügt als Grundlage für die Überzeugung, daß die Geister weiterleben als zwar schemenhafte, aber darum nicht minder wirkliche Wesen.«[12] Entfernt sich der *tondi* mutwillig aus Launenhaftigkeit oder Unwillen, so wird der Batak krank, und es ist Sache des Zauberdoktors, der reicher an *tondi* ist als andere, dem kranken von seinem *tondi* etwas abzugeben, durch Berühren, Beschatten oder Bespeien. Kehrt dann der *tondi* des Kranken zurück, so wird er genesen. Wird dagegen der *tondi* außerhalb des Körpers durch die Macht anderer *tondi* oder die *begus*, die Geister Verstorbener, zurückgehalten, so scheidet er für immer vom Menschen, und das ist der Tod.

Die Kraft des *tondi* ist also teilbar und auf andere übertragbar. Mit Hilfe der Magie kann der vom Unglück Heimgesuchte den *tondi* auf seine Feinde übertragen, in der Hoffnung, selber von Elend und Armut befreit zu werden. Auch verschiedene Tiere und Pflanzen besitzen einen Vorrat von *tondi*, von dem der Mensch zur Bereicherung seines eigenen *tondi* profitieren kann. So werden die Eckzähne vom Tiger, Bären oder Wildschwein als Amulett getragen. Besonders gute Eigenschaften hat der *tondi* des

Hundes, dessen Fleisch gern gegessen wird, dank seiner Klugheit und Wachsamkeit. Eine besondere Bereicherung an *tondi* gewährte der Genuß von Menschenfleisch, denn wenn man wesentliche Teile des menschlichen Körpers verspeiste, gelangte man in den Besitz des fremden *tondi* und konnte seine Lebenskraft verdoppeln. Das glaubten die Batak, die Dayak und die Toraja, die die Kopfjagd unter dem Zwang der fremden Kolonialmächte im 19. Jahrhundert aufgegeben haben. So konnte zum Beispiel ein Dayak durch die Erbeutung mindestens eines Kopfes seine Potenzen vergrößern. Kein Dayak-Mädchen heiratete früher einen Mann, wenn er ihr nicht mindestens eine Kopftrophäe zu Füßen legte. Zu diesem Zweck taten sich die heiratsfähigen jungen Männer in kleinen bewaffneten Trupps zusammen und überfielen friedliche Reisbauern anderer Stämme. Mit den erbeuteten Köpfen kamen sie zurück in ihr Dorf, wo sie von den Jungfrauen unter feierlichen Zeremonien empfangen wurden.

Eine wichtige Rolle im Geisterglauben spielen bei den Altindonesiern die Ahnenfiguren. Während das »hochentwickelte Glaubenssystem der Dayak der Umsetzung in ein Abbild nicht bedarf«, werden auf Nias holzgeschnitzte Ahnenfiguren angefertigt, mittels derer die Seelen der Verstorbenen mit den Lebenden weiterhin in Kontakt bleiben, da die Geister das Schicksal ihrer lebenden Verwandten weitgehend beeinflussen können. Diese sorgfältig geschnitzten Figuren werden in Reihen zusammengebunden und in den Häusern der Niaser aufbewahrt und bei verschiedenen Gelegenheiten, zum Beispiel in Krankheitsfällen angerufen. Sie heißen *adu zatua*. Ihnen werden regelmäßig Opfergaben dargebracht, besonders Lungen-, Leber- und Herzteile vom Schwein. Die *adus* der Kopfjäger von Nias – auch die Niaser waren früher Kopfjäger – waren auf besondere Weise präpariert. Es waren quadratische armlose grob geschnitzte Figuren aus Holz, denen einige Haare von einem der erjagten Köpfe angeklebt waren. Ihnen wurde vor dem Auszug zur Kopfjagd geopfert. Zuweilen brachten die Kopfjäger auch einen lebenden Sklaven mit heim, dann »beschmierten sie den *adu* mit Blut von dessen abgeschnittener Nase«[13].

Auch die Batak kennen holzgeschnitzte Ahnenfiguren, allerdings nur solche der Stammväter des Menschengeschlechts, die sie *debatu idup* nennen und die im Hause des Stammhäuptlings aufbewahrt werden. Diese Statuen wurden früher künstlich mit *tondi* versehen, indem der Zauberdoktor die an der Brust und in der Magengegend angebrachten Löcher mit *pupuk* füllte, einem Brei aus der Asche des Gehirns, der Leber und des Herzens eines zu diesem Zweck ermordeten Kindes.

In gleicher Weise wurde bei den Batak der Zauberstab, *tunggal panaluan*, mit Lebenskraft versehen, indem der Kopf des reichhaltig verzierten Zauberstabes mit der magischen Salbe ausgefüllt wurde. Der obere Teil des Zauberstabes besteht entweder aus drei übereinandergesetzten hockenden menschlichen Figuren oder einer Reiterfigur, deren Kopf mit Pferdehaaren oder einer Hahnenfeder und mit bunten Bändern geschmückt ist. Die magische Salbe, die hierzu benutzt wurde, bestand ebenfalls aus Körperteilen eines zu diesem Zweck getöteten Kindes, vor allem aus seinem Gehirn.

Der Zauberstab trat in der Hand des *datu* bei allen möglichen Handlungen in Funktion, zum Regenmachen, zu Beschwörungen gegen Krankheiten und Tod, und vor allem bei der Weissagung, die stets mit einer komplizierten Zeremonie verbunden war. Hierbei tanzte der *datu* mit dem Zauberstab auf dem Dorfplatz in einem mit Kalk, Kohle und rotem Erdstaub gezeichneten Rechteck. »In der Mitte des Rechtecks wurde ein Hühnerei eingegraben. In der Ekstase warf nun der *datu* den Stab auf das Ei. Traf er es, war es ein günstiges Vorzeichen, traf er es nicht, ein böses.«[14] In den kunstvoll

Sumatra, Umgebung des Toba-Sees mit der Insel Samosir

geschnitzten Figuren des Zauberstabes haben die Gestalten eines Naturmythus ihre bildliche Verkörperung erhalten.

»Den Naturgottheiten stehen die astrologischen Geisterwesen nahe. Zu ihnen gehören *pane na bolon*, der große Pane, der alle drei Monate seinen Wohnsitz wechselt und der wie andere Dämonen auch täglich seine Opfer forderte, wenn es der Zauberdoktor nicht verstünde, seinen unheilvollen Einfluß abzuwenden.[15] Diese Dämonen, die den sieben Planeten des alten Systems Sonne, Mond, Mars, Merkur, Jupiter, Venus und Saturn entsprechen, den sieben Wochentagen, müssen bei allen wichtigen Unternehmungen, wie bei der Wahl des Ortes und der Richtung einer Dorfanlage, berücksichtigt werden. Mit Hilfe des batakschen Zauberkalenders und der Zauberbücher ist es nun dem Zauberdoktor möglich, den unheilvollen Einfluß der Dämonen auf alles irdische Geschehen abzuwenden. Der große Störenfried bei den Opferfesten ist immer der *pane na bolon*. Wo er sich im Augenblick aufhält, kann der *datu* aus dem Wetterleuchten erkennen.

Die Furcht der Batak vor der Macht der astrologischen Geisterwesen ist groß. Um den verderblichen Einflüssen dieser Mächte zu entgehen, braucht der *datu* das Schema seines immerwährenden Kalenders und daneben die Orakeltabellen seiner Zauberbücher, dann kann er den ungünstigen Tagen ausweichen. Der Zauberkalender, *porhaláan*, ist das unentbehrlichste Werkzeug des *datu;* er dient nicht der Zeitrechnung, sondern ausschließlich der Tagewählerei, um herauszufinden, welches für die jeweils wichtigen Handlungen die günstigen und welches die ungünstigen Tage sind. Ich folge hier im wesentlichen den Forschungsergebnissen des Missionsarztes Johann Winkler der Rheinischen Missionsgesellschaft, der jahrelang unter den Toba-Batak in Sumatra gelebt hat.[16] Die Batak haben ein reines Mondjahr. Es beginnt, wenn das Sternbild des Orion am westlichen Himmel verschwindet, während gleichzeitig am östlichen Himmel das Bild des Skorpions aufsteigt, also im Monat Mai mit dem in diesen Zeitpunkt fallenden Neumond. Es ist anzunehmen, daß die Batak, ebenso wie andere Völker des indischen Archipels, von alters her ihren eigenen Mondkalender besessen haben, um mit seiner Hilfe aus dem Stand des Mondes ihre Schlüsse zu ziehen. Unter dem Einfluß der Hindu haben sie jedoch die altbatakische Zauberkunst und die batakschen Benennungen durch Sanskritnamen ersetzt. Aus dem Sanskrit sind vor allem die Benennungen der sieben Wochentage entlehnt. Die Übereinstimmung in der Reihenfolge der Namen der Wochentage des batakschen *porhaláan* mit dem Kalender der europäischen Völker ist nicht zufällig. Auch in der ägyptischen Astrologie ist der Grundgedanke der gleiche wie bei den Batak, nämlich daß die Sterne, vornehmlich die Planeten, auf alles, was geschieht, Einfluß ausüben. So ist von größter Bedeutung zu wissen, welcher Planet zu welchem Zeitpunkt die Herrschaft über unsere Welt ausübt.

Der batakische Kalender wird immer zu Beginn wichtiger Handlungen zu Rate gezogen, um den günstigen Anfangstermin zu finden. Nur bei wochen- und monatelangen Opferungen befragt man den Zauberkalender auch zur Bestimmung des Schlußtermins.

Das Schema des Zauberkalenders (Abb. 12) ist in die Rinde eines zylindrischen Bambusstückes eingeritzt, das am unteren Ende noch die Querschicht des Knotens behalten hat. Die Figur des Kalenders besteht aus 12, zuweilen aus 13 Reihen von je 30 kleinen Quadraten, den 12 beziehungsweise 13 Monaten zu je 30 Tagen entsprechend. Dieser überzählige 13. Monat ist kein Schaltmonat im europäischen Sinne, wenn es auch naheliegt, anzunehmen, daß er ursprünglich die Aufgabe hatte, die Differenz zwischen dem Mondjahr und dem Sonnenjahr auszugleichen. In der Kunst des batakschen Zauberdoktors hat er ausschließlich den Zweck, der Unsicherheit in der Zählung der Monate abzuhelfen.

In den Einzelheiten weichen die verschiedenen Kalender sehr voneinander ab, sie haben aber alle folgendes gemeinsam: 12 bzw. 13 Monate zu je 30 Tagen und die Gliederung der Monate in dreimal 10 Tage durch senkrechte Doppellinien nach dem 10. und 20. Tag. Allen *porhaláan* sind ferner gemeinsam die in diagonaler Richtung verlaufenden Reihen der Zeichen der sieben Tage und schließlich die etwas unregelmäßige Diagonalreihe der stilisierten Skorpionfiguren. Eine ganze Anzahl von Feldern sind leer, das sind günstige Tage, an denen keine Gefahr droht. Dazwischen befinden sich teils symbolische Figuren, teils Buchstaben, die entweder günstige, zweifelhafte oder ungünstige Bedeutung haben. Besonders gefährlich sind die Tage, deren Felder im Kalender vom Mund und Schwanz des Skorpions eingenommen werden. Wird man an solchen Tagen vom Unglück betroffen, so muß man den *hala*, den Verfechtern des Mondes, die im Kalender mit dem Skorpion bezeichnet sind, Opfer bringen. An solchen Tagen ist alle Arbeit mit Ausnahme der Bewirtung von Verwandten und der Erntearbeit verboten.

Nicht weniger wichtig als der Zauberstab und der Wahrsagekalender ist für den *datu* das Zauber- oder Orakelbuch, *pustaha*. Ähnlich wie beim Wahrsagekalender enthält das Zauberbuch sanskritähnliche Buchstaben, kabbalistische Figuren, magische Rechtecke und Tabellen über günstige und ungünstige Tage. Das Orakelbuch enthält aber auch Mitteilungen über die Handhabung eines Orakels, zum Beispiel des Tierkreisorakels, denn auch die zwölf Bilder des Tierkreises beherrschen die Tage, nicht die Monate. Auch hier sind die aus dem Sanskrit stammenden Namen der Tierbilder umgeformt und der batakschen Sprache angepaßt. Das Zauberbuch enthält aber auch Anweisungen über Beschwichtigungs- und Schreckmittel, mit denen man der Zauberei von Feinden begegnen kann, denn auch die Feinde bedienen sich der Zauberei.

Das batakische Zauberbuch wird aus dem Bast oder der inneren Rinde des *agalloch*, einer Hanfpflanze Südostasiens, als Faltbuch wie ein Leporelloalbum hergestellt. An beiden Enden ist es durch verzierte Holzdeckel zusammengehalten. Das Faltbuch ist

 ›*Sitapang sala sipitupitu*‹, siebenstrahliger Drudenfuß aus einem Zauberbuch der Batak

›Der datu und sein Schüler, erfüllt von Eifer am Lehren und Lernen‹, Illustration in einem Zauberbuch

auf beiden Seiten mit einer wasserunlöslichen Farbe beschrieben und bemalt. Der Text beginnt gewöhnlich mit einer verschnörkelten Linie.

Nicht zu allen wichtigen Handlungen muß der Batak den *datu* mit seinem Zauberstab und dem Orakelbuch zu Rate ziehen. Viele Regeln sind dem Batak von seinen Ahnen überkommen, sie sind ihm in Fleisch und Blut eingegangen. Dem von ihnen ererbten Acker haftet der Segen seiner Vorfahren an, ihnen muß er opfern, bevor er den Acker bestellt, das gilt besonders für die Reisfelder. Der für die Aussaat bestimmte Reis unterliegt besonderen Vorsichtsmaßregeln, er darf in keinem Fall in einem Trauerhaus gelagert werden oder an einer Stelle, wo ein Leichenzug vorüberging. Der *tondi* eines solchen ›Leichenreises‹ ist durch die Berührung mit dem Tode geschwächt, und die Pflanze wird später nur spärliche Früchte tragen, denn auch der Reis besitzt ja *tondi*. Beim bereits geschnittenen Reis muß ferner Vorsorge getroffen werden, daß sich sein *tondi*, seine Nähr- und Keimkraft, nicht von ihm entfernt. Deshalb bindet man einen Stein an ein besonders schönes Ährenbündel und legt es in die Mitte des Ährenhaufens auf dem Felde. Der Stein soll durch seine Schwere den *tondi* des Reises festhalten.

Besonders eingehend beschäftigt sich die animistische Gedankenwelt der Batak mit den Zähnen. Schon bei den Kindern muß darauf geachtet werden, daß die Milchzähne möglichst bald und gut zum Durchbruch kommen. Deshalb dürfen die Kinder nicht in dem Raum unter dem Hause herumkriechen, wo gewöhnlich die Haustiere untergebracht werden. Unter dem Hause würde der *tondi* des Hauses auf dem Kinde lasten, und »die Leute oben würden wie über eine Kindesleiche hinwegschreiten«.

Des Abends darf man nicht von Zähnen sprechen, um die Geister der Nacht, die *begus,* nicht zu beleidigen, die, wie man glaubt, große hervorstehende Zähne wie ein Pferd haben. Auch die weißen Zähne der Menschen locken die *begus* an, und das könnte ein Unglück geben. So ist die Sitte des Zähneabschlagens bei den Batak zu einer allgemeinen animistisch bedingten Notwendigkeit und Pflicht geworden. Die Stümpfe werden darauf mit dem Ruß des *Badja*-Holzes schwarz gemacht. Kräftig entwickelte Schneidezähne gelten dem Batak als besonders häßlich; wenn er sie sich nicht abschlagen läßt, wird er verhöhnt von den anderen. In diesem Zusammenhang ist auch das Betelkauen nicht nur eine Art Zahnpflege, sondern der Betelbissen bereitet dem Batak den höchsten Genuß und ist für seine Behaglichkeit unentbehrlich. Für uns ist ein Betelkauer, der den roten Saft seines Betelpriems in die Gegend spuckt, freilich kein so appetitlicher Anblick. Der Hauptbestandteil des Betelpriems ist das frische

Kopfleiste (bindu godang) in einem batakschen Zauberbuch

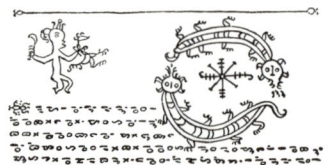

Seite aus einem Zauberbuch der Batak. Rechts Darstellung des pane na bolon in Drehbewegung, links ein Mann mit Opferhahn und Messer

Blatt der Betel-Ranke *(piper betle)*. In dieses Blatt, dem noch ein abgekochtes und wieder getrocknetes Blatt des Gambier-Strauches *(Uncaria Gambir)* hinzugefügt ist, wird eine aus gebranntem Kalk und aus Stückchen der Betelnuß hergestellte Paste eingewickelt. Die Betelnuß ist die Frucht der Areca-Palme *(Areca Catechu);* sie ist gerbsäurereich, durch die Einwirkung des Kalkes auf das Gambirblatt, vermischt mit dem Speichel, entsteht die rote Farbe. Das Betelkauen gilt bei den Batak auch als Anregungsmittel, als Aphrodisiakum, als Mittel gegen Hunger und Durst, es ist aber auch die einfachste und jederzeit erreichbare Art, den Ahnengeistern Opfer zu bringen.

Besondere Vorsichtsmaßregeln müssen bei der Anlage eines neuen Dorfes und beim Bau eines jeden Hauses befolgt werden. Der Zauberdoktor bestimmt anhand seines Kalenders den Tag, an dem der Bau beginnen soll, und unter Berücksichtigung des *pane na bolon* wird der Tag der Hauseinweihung vorgenommen. Wie tief die bataksche Kultur noch im Megalithikum verwurzelt ist, tritt schon in der Anlage eines Dorfes in Erscheinung, besonders bei den Batak auf der Toba-Hochebene und auf der Insel Samosir. Hier sind die Dörfer gewöhnlich von einer hohen Steinmauer umgeben, deren mächtige Blöcke oft so behauen sind, daß sich ein Stein bequem in den anderen einfügen läßt, ähnlich wie wir das auch von den megalithischen Inka-Mauern in Peru kennen, ohne daß damit gesagt sein soll, daß irgendein Zusammenhang zwischen beiden Kulturen bestanden hat.

Der Eingang eines batakschen Dorfes ist durch eine Vorburg aus einer doppelten Steinmauer geschützt. In manchen Gegenden umziehen tiefe Gräben die Dorfmauer und ein dichtes, undurchdringliches Bambusgebüsch. Ein solches Dorf glich einer nach alter batakscher Kriegsweise fast uneinnehmbaren Festung. In die Mitte des Dorfplatzes pflanzte man gleich nachdem die Umwallung, die in steinarmen Gegenden aus einem Erdwall besteht, angelegt ist, einen Waringin-Baum *(ficus religiosa)* und errichtet unter ihm steinerne Tische und Stühle, die für die Teilnehmer an Versammlungen bestimmt sind (Abb. 2). Einige Stühle werden immer für die Geister der Ahnen bereitgehalten, denn auch die Ahnengeister finden sich bei wichtigen Zusammenkünften stets ein (Abb. 5). An diesem Platz wird auch das Häuptlingshaus errichtet, zu dem eine aus einem einzigen Stein gehauene Treppe hinaufführt.

Solche Steinsetzungen sind bei den Batak und besonders bei den Bewohnern der Insel Nias noch Ausdruck einer lebendigen megalithischen Kultur (Abb. 6). Hier werden auch bis in unsere Zeit ebenso wie auf Sumba und Flores Steinsarggräber und

Steinsarkophage hergestellt, in denen die Schädel verstorbener Häuptlinge und der Angehörigen ihrer Sippe beigesetzt werden. Nicht jedem Toten werden Megalithen als letzte Ruhestätte oder Denkmal gesetzt. Auf jeden Fall waren sie, genauso wie die steinernen Tische und Sessel, auf denen auch manchmal eine steinerne menschliche Figur sitzt, wie man sie in Ambarita auf der Insel Samosir sehen kann, das äußere Zeichen für die Verbindung zwischen den Geistern der Ahnen und den Lebenden. In Tomok, ebenfalls auf Samosir, befinden sich die berühmten ›Königsgräber‹, große aus einzelnen Blöcken ausgehöhlte Steintröge mit mächtigen steinernen Deckeln, die aus dem 18. Jahrhundert stammen sollen. Einer dieser Steinsarkophage, der des Königs Sidabutar, ist ein Monument von besonders künstlerischem Wert (Abb. 10). Vorn ist aus dem mächtigen Trog der Kopf eines mythischen Wesens, *singa* genannt, mit großen runden Augen modelliert und darunter eine hockende männliche Gestalt. Am Kopfende des Deckels befindet sich eine hockende Frauenfigur mit einer Schüssel und einem Stößel in den Händen. Dagegen sind die übrigen Steinplastiken in Tomok, Ambarita und Simanindo auf Samosir von geringem künstlerischen Wert. Da die letzten Könige von Tomok den christlichen Glauben angenommen hatten, tragen ihre Sarkophage schon das Kreuz oder das steinerne Modell eines Batak-Hauses als symbolischen Schmuck.

Vor den großen Steinsarkophagen der kinderlos Verstorbenen ließ man früher eine lebensgroße bekleidete Holzpuppe, *si gale gale*, tanzen (Abb. 4, 8). Solche Figuren waren auf einen Holzkasten aufmontiert, und mit Hilfe eines besonderen Mechanismus von Schnüren konnte man die aus Hartholz geschnitzten Köpfe und Hände der Figuren bewegen. Ohne diese Puppen konnten die Seelen der kinderlos Verstorbenen, so glaubte man, nicht ins Totenreich eingehen, sie würden umherirren und die Lebenden belästigen. Große Trübsal steht nach Meinung der Batak denjenigen bevor, die, ohne Söhne hinterlassen zu haben, gestorben sind. »Weil die mit Nachkommen gesegneten *begu* Verehrung und Opfer empfangen, sind die kinderlosen *begu* schmerzlich berührt und isolieren sich.«[17] Über die Puppen selbst erfahren wir folgendes: »Die Puppen sind keine Götzen, auch keine Versinnbildlichung eines solchen, sondern nur der Sitz eines *begu*. Man glaubt, daß die Geister der Ahnen bei den Bildern weilen.«[18]

Der Lebenswandel eines Menschen, mag er nun von ihm selbst verschuldet sein oder mag das Schicksal ihn getroffen haben, ist bei den Batak auch nach dem Tode oft noch verhängnisvoll. »Wenn ein armer Mensch gestorben ist, bringen die *begu* den neuen *begu* zum Trauerwasser. Er besucht zwar zuerst den *sumangot* (Geist) seines Großvaters, der nimmt ihn aber nicht an, weil er keine Totengabe mitbringt. Am Trauerwasser wird er von anderen *begu* gequält und kann sich nicht wehren. Hier wird er nun ein böser *begu*, wenn nicht der Wohlstand seiner Nachkommen zunimmt.«[19] Ferner glaubt man, daß böse Seelen sich in Tiere verwandeln. Es handelt sich hier nicht um irgendeine Inkarnation, sondern »um die Anschauung, daß der Mensch, absteigend sich verwandelnd, in eine Tierexistenz gerät«[20]. Albert C. Kruyt, einer der besten Kenner der Altvölker Indonesiens, berichtet auch, daß nach dem Glauben der Karo-Batak die Seelen von Menschen, die durch Tiere getötet wurden, untrennbar an diese gebunden

SUMATRA

bleiben. Solche *begu* sterben dann, völlig verwoben in die Tierexistenz, zugleich mit dem Tier, das ihrem Menschsein einst ein Ende bereitete.

Obwohl sich der Einfluß des Christentums bei den Toba-Batak auf Samosir auf mancherlei Weise bemerkbar macht, so hat man doch besonders im Hausbau die schöne alte bataksche Architektur beibehalten. Aus dem saftigen Grün der Reisfelder, umgeben von einer hohen Bambushecke, ragen die malerischen spitzen Giebel der Batak-Häuser heraus (Abb. 1). Ein Dorf der Toba-Batak besteht gewöhnlich aus achtzehn bis zwanzig Häusern. Alle Häuser sind Pfahlbauten; sie stehen auf fast mannshohen schweren Pfosten, so daß unter dem Haus ein freier Platz bleibt. Hier, unter dem eigentlichen Haus, sind die Haustiere untergebracht. Für Schweine, Hühner und Enten, auch für Büffel und Pferde ist Platz geschaffen, so daß sich der Bau von Ställen erübrigt. Und da sich im Boden des 4 bis 5 m langen und breiten Wohnraums ein Loch befindet, durch das alle Abfälle in der Tiefe verschwinden, ist gleichzeitig für die Müllabfuhr wie für die Ernährung der Haustiere gesorgt. Vom hygienischen Standpunkt aus gesehen, ist diese Einrichtung allerdings fragwürdig. Auf diese Weise kann aber die Luft an den Außenflächen rund um das Haus zirkulieren, der Wohnbereich liegt nicht innerhalb der Bodennässe und das meiste Ungeziefer bleibt außerhalb des Hauses. Früher glaubte man, daß hier allerlei Krankheitskeime gedeihen könnten, doch heute hat man sich überzeugt, daß die Sickerflächen des Bodens groß genug sind, um die Restpartikel gut gefiltert im Erdreich aufnehmen zu können. Die unmittelbare Umgebung der Wasserstellen, die von den Häusern weit genug entfernt liegen, bleibt von jeglicher Bebauung frei.

Das Batak-Haus besteht aus einem einzigen großen Wohnraum, den man über eine leiterartige Treppe (Abb. 3) von unten her, unterhalb eines altanartigen Vorbaus, durch eine Falltür erreicht. Über dem Wohnraum erhebt sich das schräge sattelförmige Dach mit seiner komplizierten Konstruktion. Der hohe Dachraum sorgt dafür, daß das Luftvolumen möglichst groß gehalten wird. Da die Wände des Hauses genügend Löcher, Spalten und Fugen aufweisen, ist auch für eine wirkungsvolle Querlüftung gesorgt. Dieser einzige Raum dient nach alter Sitte mehreren Familien zum Wohnen und Schlasen, und zwar dem Elternpaar und seinen verheirateten Söhnen mit ihren Familien, also ein rein patriarchalischer Zustand. Dagegen schlafen die Jünglinge und Witwer im Männerhaus, und die heiratsfähigen jungen Mädchen sind im Haus einer Witwe untergebracht. In einem Batak-Haus gibt es drei bis vier offene Feuerstellen: Das Feuer wird über einer Lehmschicht, die über den hölzernen Dielen liegt, entfacht; es wird Tag und Nacht unterhalten, und der Rauch steigt gewöhnlich bis unter das Dach hinauf, wo er durch die Giebel oder auch direkt durch die Dachhaut entweichen kann, unabhängig von der Windrichtung. Schon eine geringe Rauchentwicklung verscheucht alle Fliegen und Moskitos. Der Rauch ist das beste Konservierungsmittel des Dachstuhls und der inneren Verkleidung des Daches, die aus *idjuk* besteht, den schwarzen Fasern der Blattscheiden der Zuckerpalme.

In jedem Dorf der Toba-Batak fallen einem sofort zwei Häuser auf, die besonders solide gebaut und mit schwarzen, weißen und roten Bemalungen verziert sind: das Haus des Dorfhäuptlings und ihm gegenüber die Reisscheuer, *sopo* genannt, die zur Aufbewahrung der gesamten Reisernte dient und außerdem Schlafplatz für die heirats-

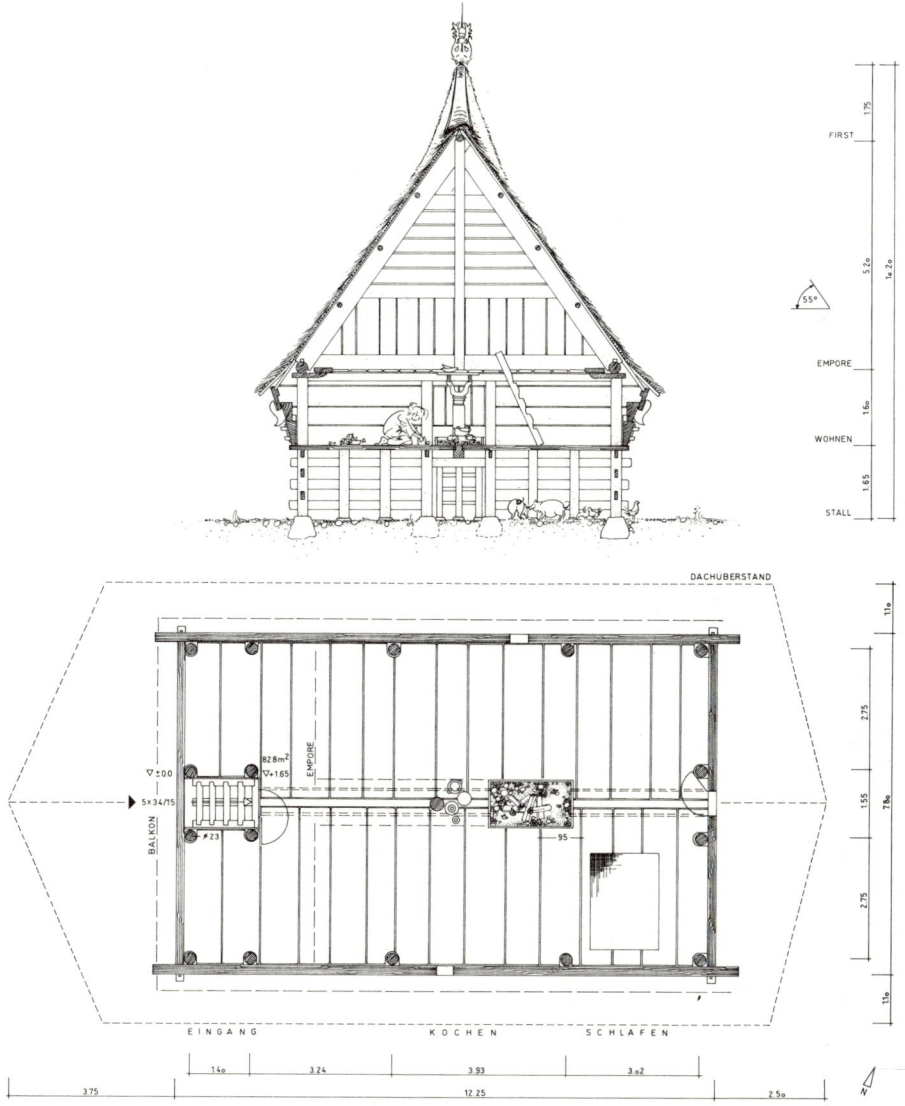

Batak-Haus in Simanindo, Querschnitt und Grundriß. Von Dr. Klaus Dunkelberg

fähigen Jünglinge ist. Den Grundstock zu dem Häuptlingshaus und überhaupt zu allen Häusern der Batak mit ihrer schwungvollen kühnen Dachkonstruktion, wobei sich die der Toba-Batak von der der Karo-Batak stilistisch unterscheidet, bildet das schwere Holzgerüst mit den aus dicken Brettern bestehenden Seitenwänden, auf dem das Dach ruht. Eine der wichtigsten Fragen beim Bau eines Hauses ist die Wahl des geeignetsten Baumaterials. Auf keinen Fall dürfen Stämme verwendet werden, die »ihre eigene Rinde verzehren«, das heißt Bäume mit eingewachsener Rinde, denn sonst würden die Bewohner des Hauses alle ihre Habe verzehren. Auch Bäume, deren Äste von Lianen umschlungen sind, dürfen nicht verwendet werden, denn in den Lianen lieben die *begus* zu schaukeln, und sie würden mit dem Holz ins Haus ziehen. Die schweren Eckpfeiler müssen aus »hell klingendem Holz« hergestellt werden, sie gelten als besonders reich an *tondi*. Zu diesem Zweck sucht man vorher durch Beklopfen der Bäume die besonders geeigneten Stämme heraus. Auch darf man nicht versäumen, einen der beiden hinteren Pfosten zu »füttern«, indem man etwas von dem Opfermahl, das man den Ahnen bei der Hauseinweihung darbringt, an das untere Ende des Pfostens streicht. Es wird auch berichtet, daß man früher bei der Weihe eines Häuptlingshauses einen Sklaven tötete, sein Fleisch verzehrte und seinen Kopf unter dem Eckpfeiler vergrub. Auf diese Weise wurde der *tondi* des Hauses verstärkt. Zum gleichen Zweck mischte man auch die rote Farbe, die für die Bemalung der Holzschnitzereien Verwendung fand, mit dem Blut erschlagener Feinde.

Bei allen bemalten Holzschnitzereien mit ihren bunten schwungvollen Linien, die auf den Dong-son-Stil weisen, handelt es sich nicht nur um reine Verzierungen, sondern jedes Motiv hat auch eine magische Bedeutung (Abb. 11). Das gilt ebenso für die plastischen und halbplastischen Figuren, die als Abwehrbilder gegen das Dämonische an den vorderen Giebeln der Häuser angebracht sind, vor allem auch für den *singa*-Kopf, den stilisierten Kopf eines mythischen Wesens, das alle bösen Geister fernhalten soll, und die Eidechse an den Reisscheuern. Ganz ähnliche Motive findet man auch an den *Prauen* der Batak auf dem Toba-See und an ihren Schwertheften und hölzernen Gegenständen des täglichen Gebrauchs. Immer wieder zeigt sich, daß ihr Gefühl für eine rhythmisch gebundene Komposition traditionsgebunden ist. Darstellungen von Menschen und Tieren vereinigen sich zu einem harmonischen Ganzen. So gleicht das bataksche Häuptlingshaus mit seinen reichen Verzierungen einer trotzigen Feste gegen die Feinde unter den Menschen und den Geistern; es ist ein Zeichen der Macht, des Wohlstands und der Lebenskraft des Häuptlings.

Ebenso wie bei den Toba-Batak hat auch in den Dörfern der Karo-Batak, die sich im Umkreis von Brastagi befinden, die christliche und islamische Missionstätigkeit die angestammte Kultur mehr oder weniger beeinflußt, obwohl die christlichen Missionen sich von Anfang an bemüht haben, soviel wie möglich von der alten batakschen Tradition bestehen zu lassen. »Ob man darin Anfänge einer Art von christlichem Synchronismus sehen darf, kann noch nicht entschieden werden, zumal in diesen Fragen bei den Missionaren offenbar selbst keine einheitliche Meinung besteht.«[21]

Ein Zeichen des Niedergangs der alten batakschen Kultur ist die heutzutage häufige Verwendung von Wellblech bei den immer noch schön geformten sattelförmigen Dächern der Häuser, das nicht nur absolut unschön im Zusammenhang mit den alten Bauformen wirkt, sondern auch ungesund ist. Bei Sonne ist es unerträglich heiß unter diesen Dächern, und bei den häufigen Tropenregen herrscht unter ihnen ein solcher Lärm, daß die Leute neurotisch werden. Allmählich wird man wohl auch von dem traditionellen Baustil abkommen, der allgemeine Kulturverfall ist kaum aufzuhalten. In Brastagi konnte ich in den dreißiger Jahren noch schöne alte Batak-Häuser sehen, heute gibt es dort kein einziges mehr.

Auch die alten Herrschergeschlechter sind inzwischen größtenteils ausgestorben, deren Macht allein schon in der großartigen Anlage ihrer Paläste zum Ausdruck kam. Eins dieser Königshäuser steht noch, der Palast des Königs oder Rajas von Simalungun (Abb. 9). Die Anlage, zu der außer dem mächtigen, reich verzierten Palastgebäude eine prächtige Reisscheuer, ein Gerichtshaus und mehrere Nebengebäude gehören, wurde im Jahre 1810 errichtet und bis 1945 noch bewohnt. 1964 wurde der ganze Bezirk restauriert; er steht heute unter Denkmalschutz und gibt als Museumsanlage den Besuchern einen guten Eindruck von der Pracht der ehemaligen Königsgeschlechter im Batak-Land. Die dreizehn an einem Pfosten im Innern des Palastes angebrachten Büffelgehörne stammen von Opfertieren und erinnern an die Weihefeste der dreizehn Könige, die hier nacheinander regiert haben. Sie sollten die Geister der Ahnen an ihre Pflichten erinnern, ihre Nachkommen zu beschirmen.

Auch hier werden wir wieder an das magische Ritual jener Menschen erinnert, das die Triebkraft zu allen ihren Handlungen und gleichermaßen zu ihrer Baukunst, ihrer Malerei und Skulptur, ihrer Musik und ihrer Webkunst ist, denn auch hier entspringen die Schöpfungen, die wir ›Kunst‹ nennen, »unbewußt aus dem kollektiven Empfinden, aus einem unwiderstehlichen mystischen Drang, einem dämonischen Urtrieb, auf magische Weise Gemeinschaft mit den für den Menschen unerklärbaren Mächten zu suchen, die ihn umringen«[22].

Von besonderer Bedeutung ist bei den Altindonesiern die Verwendung sakraler Gewebe, die nach dem *ikat*-Verfahren hergestellt sind. Diese Technik kam mit der Dong-son-Kultur nach Indonesien und wird heute noch an vielen Plätzen angewandt (Abb. 13, 14). Auf Sumba und Flores und bei den Dayak auf Borneo fertigt man besonders schöne und kunstvolle *ikat*-Stoffe an. Auch die Toraja und Batak, deren Kultur gleichen Ursprungs ist, pflegen weiter das *ikatten*. Bei dieser Färb-Webe-Methode werden die Stränge vor der Verwebung einer späteren Gewebemusterung entsprechend abschnittsweise abgebunden und dann gefärbt, so daß die abgebundenen Teile ohne Farbe bleiben, während bei anderen Techniken der Stoff erst gewoben und dann gefärbt wird. Es gibt drei verschiedene *ikat*-Techniken: Bei der einen wird nur die Kette vorher gefärbt. Hierzu werden die Fäden auf einen Rahmen gespannt und dann gebündelt. Durch das Abbinden der gebündelten Stränge kann man schon verschiedene Muster vor dem Weben festlegen. Das Abbinden geschieht gewöhnlich mit den Blättern

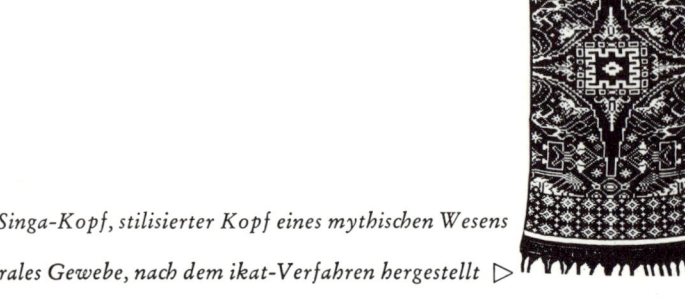

◁ *Singa-Kopf, stilisierter Kopf eines mythischen Wesens*

Sakrales Gewebe, nach dem ikat-Verfahren hergestellt ▷

der *Gebang*-Palme, die so glatt sind, daß sie kaum Farbstoff aufnehmen. Jetzt wird der Rahmen mit den aufgespannten und gebündelten Fäden in ein Farbbad getaucht. Die abgebundenen und nach dem Farbbad aufgebundenen Teile der Stränge geben später die Zeichnung des Musters. Jetzt hat man ein farbloses Motiv auf einfarbigem Untergrund. Werden mehrfarbige Muster gewünscht, so werden die bereits gefärbten Teile abgebunden, und die ungefärbten Teile erhalten eine neue Farbe. Dieses Verfahren kann man mehrmals wiederholen, indem man nun Teile der bereits gefärbten Fäden abbindet. Je mehr Farben angewandt werden sollen, um so komplizierter wird das *ikatten*. Die Hauptschwierigkeit liegt aber beim eigentlichen Weben, weil dabei die Muster der Ketten- und Schußfäden vollkommen zur Deckung gebracht werden müssen, besonders beim Doppel-*ikat*, bei dem sowohl bei der Kette wie beim Schuß Abbindungen vorgenommen werden. Doch das ist schon die seltene dritte Art des *ikatten*.

Viel weniger verbreitet ist die Technik des Einschlag-*ikat*, bei der nur bei den Schußfäden Abbindungen vorgenommen werden. Man findet sie eigentlich nur noch in Süd-Sumatra vor. »Der durchlaufende Einschlagfaden wird zu diesem Zweck auf einen senkrechten kreisrunden Rahmen gewickelt, der um eine horizontale Achse drehbar ist und dessen Umfang der Breite des herzustellenden Stoffes entspricht. Das Zusammenfassen zu Bündeln, Umwickeln und Färben geht im übrigen genauso vor sich wie beim Ketten-*ikat*.«[23]

Das dritte Verfahren, nämlich die Kombination von Ketten- und Einschlag-*ikat*, ist die komplizierteste Technik. Sie wird heute nur in dem Bergdorf Tenganan auf Bali ausgeübt. Die Batak stellen nur sehr einfache Pfeilspitzenmotive auf ihren Stoffen, die, wie auch bei den meisten anderen Völkern, aus Baumwolle bestehen, im Ketten-*ikat*-Verfahren her. Sehr schöne *ikat*-Gewebe mit komplizierten stilisierten Mustern finden wir bei den Iban-Dayak, und zu den schönsten Textilien dieser Art gehören die Totentücher von der Insel Sumba.

Alle *ikat*-Gewebe wurden stets nur für bestimmte Zwecke hergestellt, für zeremonielle Gewänder und Tücher bei festlichen Gelegenheiten, an denen es ja bei den indonesischen Volksstämmen nicht fehlt. Kulturhistorische und kulturvergleichende Studien haben ergeben, daß nicht nur die Ornamente mit ihren immer wiederkehrenden Motiven von symbolischer Bedeutung sind, auch das Weben an sich ist an strenge Vorschriften gebunden. Das Weben vertritt das Weibliche, nur Frauen dürfen dieses Handwerk ausüben, während Waffen, Krise und Speere das Männliche vertreten, und nur Männer dürfen Waffen herstellen. Beide Symbole, wie bei den Batak-*ikats* das Speermotiv auf einem Gewebe oder auch wie in Java das Tragen des Kris zusammen mit einer kostbaren Batik, werden als ›Sinnbild der kosmischen Totalität‹ gedeutet.

Reich an figürlichen Formen sind die mannigfachen Gebrauchsgegenstände der Batak, die hölzernen Gefäße, Schwert- und Messerscheiden, die schönen Bambusbehälter und die anthropomorphen Hälse der Saiteninstrumente, *kutjapi* genannt (Abb. 7). Aus Silber, Gold und Messing werden nach Art des ›verlorenen Wachses‹ Ohrgehänge in Form von Doppelspiralen, Gürtelspangen und Armreifen für die Frauen hergestellt. In den Batak-Ländern und in den Padangschen Hochlanden gelangte auch der sogenannte Gelbguß, eine Legierung aus Kupfer und Zink, zu voller Blüte. In den verarbeiteten Motiven ist deutlich der Dong-son-Stil zu erkennen. Seinen Höhepunkt erreichte der Bronzeguß jedoch in der hindu-javanischen Periode auf Java, und gerade hier war und ist auch heute noch der Kris nicht nur eine Waffe, sondern auch das Symbol für die Macht und das Ansehen eines Fürsten. Die ›idealen Eigenschaften‹ eines Kris werden in einer Batak-Legende folgendermaßen gerühmt: »Er hat zwei und eine halbe Windung, deren Flammen das Herz vor Freude erbeben läßt. Der Stahl, auf welchem Teufelszungen sichtbar sind, ist bei heftigem Blitz vom Himmel gefallen. Zwei Menschen zugleich durchbohrt er. Seine Rostflecken müssen mit Blut abgewaschen werden. Aus der Scheide geholt, beginnt er zu singen, und wieder eingesteckt, zu brummen.«

Die Minangkabau, ein mutterrechtlicher Volksstamm

An der Südwestküste Sumatras (s. Karte S. 55) beginnen bald hinter Padang, einer der wichtigsten Hafenstädte Sumatras, die Padangschen Hochlande, ein Gebirgsland, das aus mehreren parallellaufenden Höhenzügen einen Teil des Barisan-Gebirges gebildet wird, der großen Gebirgskette, die sich an der ganzen Südwestküste Sumatras entlangzieht. Die Padangschen Hochlande gehören landschaftlich zu den schönsten Teilen des indonesischen Archipels. Großartige Gebirgsketten mit hochragenden Vulkanen wechseln mit fruchtbaren Ebenen, immergrünen Wäldern und tiefen Schluchten, Zerreißungen des Bodens, die durch die aushöhlende Tätigkeit des Wassers und durch gewaltige Vulkanausbrüche entstanden sind. Die geologische Gestalt des Barisan-Gebirges mit der unbeschreiblichen Fülle und Pracht der tropischen Vegetation und den tiefblauen

Kraterseen ist nicht nur reich an Naturschönheiten. Hier entwickelte sich ein Menschen-
schlag, der gerade in ethnographischer Hinsicht ein äußerst interessantes und abwechs-
lungsreiches Bild bietet. Es ist das Land der Minangkabau, einer jungindonesischen
Volksgruppe, die zu den dynamischsten Volksstämmen Indonesiens gehört. Die Überlieferungen von der Herkunft dieses Volkes sind ziemlich verworren. Wir wissen
jedoch, daß ihr einst so mächtiges Reich das ganze Innere des mittleren Teils von
Sumatra einnahm und daß es nicht eigentlich zum Herrschaftsbereich Srivijayas gehört
hat. Das Sultanat Minangkabau, dessen Herrscher sich in der Blütezeit Maharaja di
Raja, ›Große Könige der Könige‹, nannten und die sich ebenso mächtig wie der Pa-
discha von Konstantinopel und der Kaiser von China fühlten, bot inmitten älterer
und neuerer Hochkulturen das seltsame Schauspiel des Matriarchats oder Mutterrechts.
Nicht nur hier, auch auf einigen anderen malaiischen Inseln gab es das Mutterrecht,
auch auf den Sandwich-Inseln und bei mehreren australischen und afrikanischen Stämmen. Bei den Minangkabau jedoch hat es sich bis auf den heutigen Tag erhalten.

In Sumatra wurde, indonesischer Überlieferung nach, das Matriarchat im 13. Jahrhundert üblich; einer der Söhne des Hindufürsten, der die Minangkabau-Dynastie
begründete, Perpatih nan Sabatang, soll es bei seiner Sippe eingeführt haben. Doch
dies ist nur eine der Überlieferungen. Es ist anzunehmen, daß es die mutterrechtliche
Gesellschaftsordnung und andere traditionell festgelegte *adat*-Rechte dort schon in
prähistorischer Zeit gab.

Die Minangkabau sind ein jungmalaiisches Volk. Manche Historiker behaupten,
daß die Wiege aller Malaien dort gestanden habe, wo einst das alte mächtige Reich
Minangkabau in Blüte stand und sich entfaltete. Von dort aus sollen sich Anhänger
dieses Reiches über den Archipel weiter verbreitet haben. In dem berühmten Geschichts-
werk, der Chronik ›Soulâlat as Salâthin‹, wird berichtet, dieser Auszug habe im Jahre
1160 n. Chr. stattgefunden. Einer anderen Überlieferung nach stammt das alte Herr-
schergeschlecht der Minangkabau von Iskander Alam ab, nämlich von Alexander dem
Großen, der einst, von Westen kommend, auf Sumatra gelandet sein soll; doch wird
hier nur von einer Auswanderung im 12. Jahrhundert nach den östlichen und südöstlichen Küstenländern der Insel berichtet. Anklänge an die sozialen Verhältnisse der
Minangkabau finden sich auch in den Jambi- und Lampung-Distrikten, wo matriarcha-
lische Formen neben anderen bestehen. Im Jahre 1680 kam, durch Uneinigkeiten im
Fürstenhause hervorgerufen, der Zusammenbruch, doch das Matriarchat hat sich weiter
behaupten können.

Zu den Zeiten, als das alte Reich Minangkabau noch existierte, war die Regierung
des Raja nur eine Formsache, die tatsächliche Herrschaft lag in den Händen einiger
suku-Häupter. Unter *suku* versteht man den eigentlichen Geschlechtsstamm, zu dem
alle Glieder des mütterlichen Stammes gehören, die sich entweder am selben Ort oder
auch an anderen Orten angesiedelt haben. Dem ganzen Familienkomplex, der eine
einzige solidarisch verbundene Genossenschaft bildet, steht ungeachtet der oft örtlich
weit voneinander getrennten Familien der *panghulu putjuk* vor.

Infolge des herrschenden Matriarchats siedelt die Frau nicht aus dem Haus ihrer Eltern in das Haus ihres Mannes über, sondern sie verbleibt im Verbande ihrer eigenen Sippschaft. Der strengen Gesellschaftsordnung des Matriarchats entspricht auch die eigentümliche Bauart der Häuser der Minangkabau (Abb. 15, 16). Da ein solches Haus eine ganze Anzahl von Familien beherbergt, wird jeweils, wenn sich ein weibliches Familienmitglied vermählt, ein Flügel angebaut, denn das Haus wächst mit der Vergrößerung des Familienverbandes, der sich aus den Nachkommen der Ahnfrau in weiblicher Linie ableitet. Genealogisch setzt sich eine Hausgemeinschaft dann folgendermaßen zusammen: aus Müttern mit ihren Kindern, aus Brüdern und Schwestern der Mütter, aus Großmüttern, Großonkeln und Großtanten bis hinauf zu den Urgroßahnen, doch stets auf der weiblichen Linie. Aus diesen Vorschriften ergibt sich, daß die Ehe im Leben der einzelnen eine weniger wichtige Rolle spielt als anderswo, denn sowohl der Mann wie die Frau bleiben weiter in ihrem gewohnten Verbande, und die Ehe beschränkt sich auf vorübergehende Besuche des Ehemannes im Stammhaus seiner Frau. Über seine eigenen Kinder besitzt der Mann nicht das mindeste Recht. So können zum Beispiel die Kinder Namen und Besitz und alle Vorrechte nur von der Mutter erben. Das eigentliche Oberhaupt der Familie ist der *mama*, der Bruder der Mutter, und nicht der Vater. Der *mama* übernimmt auch die Vormundschaft der Kinder, wenn die Mutter gestorben ist. Und die Kinder beerben nicht den Vater, sondern die Mutter. Dieses Erbgut ist dann kein persönliches Eigentum, es gehört der Familie, und die *harta pusaka*, das Familienbesitztum, wird von dem Hausältesten, dem *mamak*, verwaltet. Soweit es sich um Reisfelder und andere materielle Güter handelt, hat der *mamak* deren Verteilung nach vorgeschriebenem *adat*-Recht an die weiblichen Familienmitglieder zu vollführen. Trotz all dieser Rechte herrscht die Frau nicht selbständig, sie untersteht dem Regiment ihrer Brüder und Onkel.

Aus derartigen Institutionen des Matriarchats ergibt sich, daß ein von einer so großen Gruppe bewohntes Haus oft gewaltige Dimensionen annimmt. Doch in manchen Gegenden dürfen nicht mehr als sechs Familien in einem Haus wohnen. Das Matriarchat begründet rein äußerlich den Charakter des mehrere Giebel besitzenden Hauses, des ›rumah gadang‹, dessen schön geschwungene Dächer erkennen lassen, wie viele Familien in dem Hause wohnen. Diese tief ausgeschweiften Satteldächer mit ihren feinen zierlichen Spitzen sollen dem Gehörn des Wasserbüffels, des *kabau*, nachgebildet sein. Auch diese Häuser sind, ebenso wie die der Batak, Pfahlbauten. Ihre Vorderseiten und Giebel sind meistens aus Holz und reich mit farbigen Schnitzereien verziert, während die Rückseiten aus Palmblatt- oder Bambusmatten bestehen. Die Dächer sind mit dem schwarzen Bast der Blattschäfte der Zuckerpalme gedeckt. Diese Häuser machen durch die Schrägstellung ihrer Wände, die geschwungenen Dächer, die geschnitzten und gemalten Ornamente und die oft vergoldeten Tierköpfe an den Giebeln einen ungewöhnlich malerischen Eindruck. Der Baustil der Minangkabau gehört zu den prachtvollsten Schöpfungen in ganz Indonesien. Das gilt besonders auch für die kleinen Reisscheuern, *rankiang* genannt, die gewöhnlich den Wohnhäusern gegenüberstehen (Abbildung 15), denn hier gibt es nicht eine große Gemeinschafts-Reisscheuer wie bei den Batak. Die zierlichen, auf vier Pfählen ruhenden Miniaturhäuschen, deren Giebel an allen vier Seiten gleich schön verziert sind, sind wirklich kleine Tempel des heiligen Reises. Auch an ihnen verjüngen sich die Wände des würfelförmigen Kastenbaus nach unten. Die vier schlanken Eckpfähle sind paarweise durch einen Querbalken miteinander verbunden. Die Seitenwände sind durch Bambusstäbe in längliche Felder geteilt; gekrönt wird solch ein Bau ebenfalls durch ein schön geschwungenes Satteldach mit spitzen Giebeln; das Schmuckwerk ist noch feiner als bei den Wohnhäusern.

Der dekorative Stil der Minangkabau-Häuser weicht wesentlich von dem der Batak-Häuser ab. Blumen- und Blütenmotive heben sich goldgelb auf schwarzen Stielen zwischen grünem Blätterwerk von einem prachtvollen karminroten Grund ab. Auch den Einfluß des Hinduismus spürt man manchmal in der Komposition der Dekoration. Infolge ihrer außerordentlichen Fähigkeit, Holz zu bearbeiten und ihres guten künstlerischen Geschmacks hängen die Minangkabau an ihren alten Gepflogenheiten im Häuserbau. Leider machen jedoch die schönen palmblattgedeckten Dächer heute schon vielfach den häßlichen Wellblechdächern Platz, ebenso wie bei den Batak.

An die Hörnerverzierung der Häusergiebel und an die Form der Satteldächer mit ihren spitzen geschwungenen Enden knüpfen verschiedene Sagen an. Der einen Überlieferung nach soll im Mittelpunkt der Hochebene von Agam, wo einst die Hauptstadt der Minangkabau errichtet wurde, ein heftiger Kampf zwischen Büffeln und Tigern stattgefunden haben, aus dem die Büffel siegreich hervorgingen.

Vielerlei abergläubige Ideen beziehen sich auf den Tiger. So glaubt man, ebenso wie bei den Batak, die Seele des Menschen könne in Gestalt des Tigers wiederkehren und daß der Tiger nach dem Tode sieben verschiedene Existenzen durchleben müsse. In vielen Gegenden nennt man den Tiger ehrfurchtsvoll ›Großvater‹, und man tötet ihn nur in dringender Notwehr. Andererseits wird wieder berichtet, daß die Batak einen erlegten Tiger von ihren Jungfrauen in feierlichem Zug empfangen lassen. Sie setzen dann dem in dem toten Feinde vermuteten Geist feierlich auseinander, daß er ja ihr Vieh getötet habe und daß seine Tötung aus notwendiger Gerechtigkeit geschehen sei.

Eine andere Sage berichtet, daß in uralten Zeiten ein mächtiger Fürst West-Sumatra zu unterwerfen suchte. »Die klugen Eingeborenen einigten sich mit diesem Fürsten, um Blutvergießen zu vermeiden, auf ein Gottesurteil. Zwei Wasserbüffel sollten als Vertreter der feindlichen Parteien miteinander kämpfen. Zur Überraschung der Feinde stellten die Eingeborenen dem mächtigen Wasserbüffel der Eroberer ein noch nicht entwöhntes Büffelkälbchen gegenüber, dem sie ein paar scharfe Metallhörner aufgesetzt hatten. Das nach dem Euter der Mutterkuh suchende Kälbchen zerfetzte den Leib des hilflosen Wasserbüffels und wurde Sieger. Der fremde Fürst respektierte diese durch List herbeigeführte Entscheidung und zog mit seinem Heer ab. Darauf nannten die Eingeborenen ihr Land Minangkabau und formten die Dächer ihrer Häuser dem Büffelhorn nach.«[24] Das Wort Minangkabau setzt sich aus den beiden Wörtern *menang* und *kabau* zusammen und bedeutet soviel wie ›Büffelbesieger‹.

2 Sulawesi (Celebes)

Nicht weniger interessant als Sumatra mit seinen altüberlieferten kultischen Handlungen und den mit ihnen eng verbundenen künstlerischen Äußerungen ist die 189035 km² große Insel Sulawesi (Celebes). Wie eine weit geöffnete Orchideenblüte oder wie ein riesiger Polyp ragt sie aus dem Meer empor und bildet ihrer Form und ihrer Fauna und Flora nach ein Übergangsgebiet zwischen Asien und Australien. Mit ihren zerklüfteten Gebirgen, ihren Seen, ihren nahezu unzugänglichen Urwäldern und vor allem auch mit ihren verschiedenen Volksstämmen ist sie für uns immer noch eine geheimnisvolle Insel geblieben. Ethnisch und kulturell verschieden, wie in Sumatra, ist auch in Sulawesi die Bevölkerung, die heute fast 9 Millionen beträgt. Neben den Proto- und Deutero-Malaien gibt es hier auch noch Reste einer dritten Gruppe, der sogenannten *Negritos* oder *Weddiden,* die sich von den schlichthaarigen malaiischen Völkerschaften durch ihr krauses Haar unterscheiden und unter der Sammelbezeichnung Alfuren bekannt sind. Zu dieser primitivsten Bevölkerungsschicht gehören die Saluan-Stämme im Ostarm von Sulawesi und vor allem die Toala im südwestlichen Teil der Insel, die erst zu Beginn unseres Jahrhunderts von den Schweizer Vettern Sarasin entdeckt wurden und die noch bis vor wenigen Jahrzehnten als primitive Jäger und Sammler in Höhlen wohnten. Die einzige Waffe dieser Menschen bestand aus Bambusspeeren.

Wahrscheinlich sind diese Stämme Restvölker von einer melanesisch-papuanischen Schicht, die sich schon vor den malaiischen Völkern über Sulawesi, die Molukken und die östlichen Kleinen Sunda-Inseln ausgebreitet haben und dort auch heute noch zum Teil vertreten sind. Auf der Halbinsel Minahasa in Nord-Sulawesi wohnen Stämme, die sprachlich zur Philippinengruppe gehören, doch haben diese Stämme in weit größerem Maße westlich-kulturelle Einflüsse aufgenommen als die Inlandstämme, ebenso wie die Makassaren und die Bugi im Südwesten der Insel, die als große Schiffsbauer und Seefahrer in ganz Indonesien bekannt sind. Ihren kulturellen Aufschwung verdanken sie jedoch erst dem Islam. Aber als Indonesien im Jahre 1949 seine Unabhängigkeit erlangt hatte, entstand gerade hier ein Unruheherd unter der Führung des fanatischen islamischen Buginesen Kahar Muzakkar, der anfangs im Auftrag der Zentralregierung Ordnung schaffen wollte, dann aber bald abfiel und mit seinen Freischärlern zum Schrecken des Landes wurde. Fast zwanzig Jahre dauerte die Leidenszeit der Bevölkerung der Insel, die nirgends vor den Rebellen sicher war. Der Glaubenskrieg dieser Bewegung, die sich Dar-ul-Islam, ›Welt des Islam‹, nannte, war nicht nur gegen die Christen gerichtet – das Christentum hatte auf der Insel seit der Arbeit der Missionare vom Beginn unseres Jahrhunderts an immer mehr Anhänger gefunden –, er richtete sich vor allem auch gegen das kulturell interessanteste Volk, das den mittleren Teil der Insel bewohnte, gegen die heidnischen Toraja-Stämme, die schon in früheren Zeiten ständig durch Raubzüge und Sklavenjagden fanatischer islamischer Buginesen bedroht wurde.

In den Ausprägungen des menschlichen Lebens und Schaffens geschehen dauernd Veränderungen, bei den einen mehr, bei anderen weniger. Oft geben die Fremden, die ins Land kommen, den Anlaß zu einem Kulturwandel. Das geschah bei den Bugi und Makassaren hauptsächlich durch den Islam und bei den Minahasa-Stämmen durch das Christentum. Auch im *Tana Toraja,* dem Toraja-Land, haben Überlagerungen kultureller Art durch den Hinduismus, den Islam und das Christentum stattgefunden, doch haben die Toraja deshalb bei weitem nicht ihre altüberlieferten Ausdrucksformen und Riten und ihre damit verbundene hochentwickelte Kunstfertigkeit aufgegeben.

Im Land der Toraja, Tana Toraja

Ebenso wie die Batak auf Sumatra und die Dayak auf Borneo werden die Toraja zu den Altvölkern Indonesiens gerechnet. Rassisch gehören sie zu den Altmongoloiden, und sprachlich bilden sie einen Zweig der großen Austronesischen Sprachfamilie. Wahrscheinlich sind sie vor etwa 4 000 Jahren von den Küsten Südchinas in den Archipel eingewandert. Sicherlich waren sie einmal tüchtige Seefahrer und Schiffsbauer, denn ihre Häuser erinnern heute noch stark an die Form eines Schiffsrumpfes (Farbt. XI; Abb. 23). Auch die Ausrichtung der Häuser nach Norden weist auf die Heimat ihrer Vorfahren hin. Der Norden bedeutet im Leben der Toraja die »Sphäre des Lebens« und der Süden die »Sphäre des Todes«. Der Toraja achtet streng darauf, sich mit dem Kopf nach Norden zu betten und seine Toten mit dem Kopf nach Süden aufzubahren. Von einer späteren Einwanderungswelle der Jung- oder Deuteromalaien wurden die Toraja später in das Innere der Insel gedrängt, wo sie als gefürchtete Kopfjäger zu Bergbewohnern wurden und ihre altüberlieferte Kultur weiter pflegten und entwickelten. Sie nannten sich damals noch *Tondok Lepongan Bulan,* was soviel wie »der Zusammenschluß von Religion und Kultur, rund wie der Mond *(bulan)*« bedeutet. Erst im 15. Jahrhundert, als sie Kontakt mit den benachbarten Königreichen Luwu, Sidenrang und Bone aufnahmen, nannten sie ihr Land *Tana Toraja.*

Die Aktivität javanisch-hinduistischer Kaufleute in den Küstengebieten war schon der Kontakt mit chinesischen Handelsleuten vorausgegangen. Die Chinesen brachten Porzellan und kostbare Seidenstoffe, während die Javaner sie mit der Eisen-, Kupfer- und Goldschmiedekunst vertraut machten. Der heutige Name der Insel Sulawesi soll von *sula besi,* ›Eisenschmieden‹, abgeleitet sein. Buddhismus, Hinduismus, Islam und Christentum beeinflußten künstlerische Ausdrucksformen und handwerkliche Techniken. Nun vollzog sich der Kulturwandel im ganzen Archipel aber nicht gleichmäßig. Am meisten sind davon die Hafenorte betroffen. Heute können jedoch auch die Naturvölker den europäischen Einflüssen auf die Dauer nicht ausweichen. Da gibt es eigentlich nur zwei Möglichkeiten: die der Anpassung oder die des Untergangs. Im großen und ganzen neigte die Bevölkerung Indonesiens zur Anpassung, ohne daß sich die Stämme in ihrem Wesen zu verändern brauchten. Das sehen wir bei den Javanern und Balinesen, das haben wir bei den Batak und Minangkabau gesehen, und das finden wir

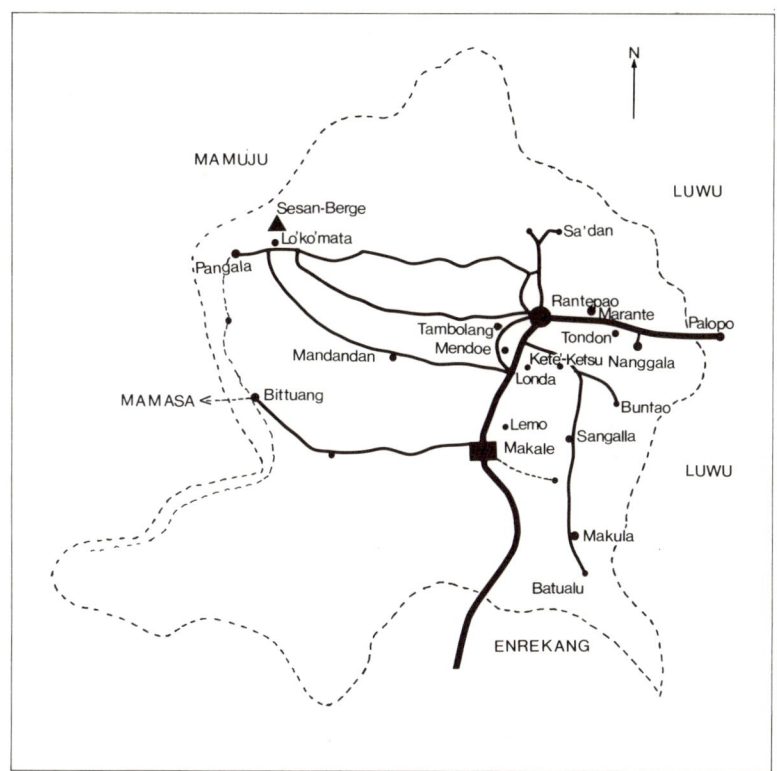

Übersichts-
karte von
Tana-Toraja

in hohem Maße bei den Toraja. So wie die ganz alten Quellen berichten, erscheinen diese Eingeborenen auch heute noch: stolz und würdevoll, gutmütig, fröhlich und gast-frei trotz ihrer uns oft so grausam erscheinenden Sitten, wie das Büffelschlachten bei den Totenfeiern. Und was hat dieses Volk im Laufe der letzten Jahrhunderte nicht alles durchmachen müssen. Als die Toraja im 19. Jahrhundert in den Besitz der Feuerwaffen gelangten, entwickelte sich zwischen den einzelnen Gruppen ein unkontrollierbarer Bürgerkrieg. Miteinander verfeindete Stammeshäuptlinge verkauften ihre eigenen Leute als Sklaven an die Buginesen. Mit dem Geld bezahlten sie Waffen und militärische Instrukteure. Als die Holländer im Jahre 1906 Sulawesi, das damals noch Celebes hieß, von Norden kommend eroberten, endete der Bürgerkrieg, und die Stämme wand-ten sich vereint gegen die fremden Eindringlinge, doch ein Jahr später hatten die Hol-länder ganz *Tana Toraja* in ihrer Gewalt.

Die Toraja leben hauptsächlich von der Landwirtschaft und von der Viehzucht. Früher errichteten sie ihre Dörfer auf schwer zugänglichen Felsen oder Bergspitzen, regelrechte Festungen, die ihnen Schutz gegen ihre Feinde boten. Doch später, als die

Holländer kamen und der Kriegszustand mit den Bugi beendet war, siedelten sie in tiefer gelegenen Landschaften, an Flüssen oder in der Nähe ihrer Reisfelder. Ihre soziale Struktur ist weder matriarchalisch noch patriarchalisch. Männer und Frauen genießen dieselben Rechte, auch in der Erbfolge. Das Vermögen eines verstorbenen Toraja wird unter die Kinder so verteilt, wie sie sich zu Lebzeiten des Vaters um ihn verdient gemacht haben, und vor allem danach, wie viele Büffel sie bei den Begräbnisfeierlichkeiten gespendet und geopfert haben. Da – je nach Verdienst – auch Verwandte und Freunde des Verstorbenen erbberechtigt sind, können manchmal seine Neffen oder Nichten mehr erhalten als die eigenen Kinder. Auch hier bestimmt, wie bei allen indonesischen Völkern, das strenge Gewohnheitsrecht, *adat*, alle ihre Handlungen, es bestimmt auch die strenge Hierarchie der Toraja-Gesellschaft. Der alte Gegensatz zwischen den Besitzenden und den Besitzlosen, den ehemaligen Sklaven, die die hauptsächliche Arbeitslast zu tragen haben, besteht auch heute noch. Aus diesen beiden Gruppen, den Fürsten oder Adligen, *to makaba* genannt, und dem gemeinen Volk, *bulo diappa'*, setzt sich, im Großen gesehen, die Gesellschaftsstruktur der Toraja zusammen. In manchen Gegenden hält man sich auch noch streng an das alte Kastenwesen, das aus folgenden vier Gruppen besteht: *tana bulaan* – der Hohe Adel, *tana bassi* – der Niedere Adel, *tana karurung* – das einfache freie Volk, und *tana kua kua* – das besitzlose Volk, die ehemaligen Sklaven. Mitglieder der beiden letzten Klassen können niemals eine Verwaltungs- oder Führerposition einnehmen. Eine besonders wichtige Rolle spielt diese Rangordnung bei den Begräbniszeremonien.

Bis zur Ankunft der Holländer waren die meisten Toraja Anhänger ihres altüberlieferten Glaubens, den sie *aluk todolo*, ›alte Religion‹, nennen. Heute halten noch 50 % an ihrem alten Glauben fest, während 45 % den christlichen Glauben angenommen haben und 5 % den Islam. Das hindert sie jedoch nicht, vielen Zeremonien ihres alten Glaubens weiterhin treu zu bleiben, besonders den Begräbniszeremonien, die ja bei den Toraja eine so große Rolle spielen.

Die Zahl der Sadang-Toraja, deren Kernland sich über die Täler des Sadang-Flusses und seiner Nebenarme erstreckt, wird auf 300 000 geschätzt. Der Rest, etwa noch 200 000, bewohnt das zentrale Bergland Sulawesis in kleinen Dorfgemeinschaften. Nur zwei größere Ortschaften gibt es in ihrem Land: Makale, Sitz des Verwaltungschefs, Bupati genannt, und Rantepao, der Hauptmarktflecken.

Der Weg ins Totenreich

Die Toraja glauben an einen allmächtigen Gott, *puang matua;* er schuf die Erde und die Menschen, und er ist allgegenwärtig, doch ihrem animistischen Glauben nach beleben oder ›beseelen‹ noch zahlreiche *dewata*, die Geister Verstorbener, die Umwelt; sie kontrollieren das Leben ihrer Nachkommen und können ihnen manche Unannehmlichkeiten bereiten. Besonders vor den bösen Geistern, den *bombo*, muß man sich hüten, ihnen müssen ständig Opfer gebracht werden, und zahlreiche Tabus sind zu beachten.

Schweine und Hühner genügen als Opfertiere für die *dewata*, während *puang matua*, der höchsten Gottheit, Büffel geopfert werden müssen.

Im Grunde genommen ist die Religion der Toraja eine Ahnenverehrung mit animistischen Zügen. Wie die Batak glauben die Toraja, daß alle Menschen, alle Tiere und alle Pflanzen einen ›Seelenstoff‹ besitzen. Nach dem Tode treten alle Seelen, wenn sie den Körper verlassen haben, die Reise nach *puya* an, zu den Gefilden der Seligen, die die Toraja sich weit hinter dem südlichen Horizont vorstellen, und wo das Dasein der Seelen in ähnlicher Form weitergeht wie auf Erden. Alle seine Habe, die er zu Lebzeiten besessen hat, wird der Toraja dort wiederfinden, und die Seelen der geopferten Tiere werden ihn begleiten und ihm später zu Diensten stehen. So viele Tiere wie möglich sollen ihm bei seinen Totenfeiern geopfert werden, denn das bedeutet eine Garantie für sein ewiges Leben. Sind aber die Totenfeiern nicht genau nach Vorschrift des *adat* durchgeführt worden, so muß seine Seele warten, bis die fehlenden Riten nachgeholt sind. Erst dann wird der Seele der Einlaß in *puya* gewährt. Ist jemand an einem unbekannten Ort gestorben, ohne daß er der vorgeschriebenen Totenzeremonie teilhaftig werden konnte, so findet seine Seele niemals Ruhe und niemals Einlaß in *puya*, sie irrt dann umher und kann störend in das Leben ihrer Familienmitglieder eingreifen. Dagegen werden die Seelen, denen besonders viele Tiere geopfert wurden, zu Halbgöttern, *tomembali puang*, die, wie man glaubt, ihre Angehörigen auf Erden beschützen können.

Die Zeremonien der Totenfeiern sind nicht überall die gleichen. Ebenso sind auch die Götter, an die man glaubt, nicht überall die gleichen, und auch die Vorstellung der Seelenwanderung variiert in den einzelnen Landstrichen und bei den verschiedenen Stämmen, so daß man sich, will man sie deuten, in einem Irrgarten verliert. So herrscht bei den einen der Glaube, daß »ein Teil der Seelen zu Ameisen wird, die wiederum oft von insektenfressenden Pflanzen – Sonnentaugewächsen – verzehrt werden. Die Toraja nennen diese Pflanzen *suke bombo* – Fahrzeug des Geistes. Sobald die Ameise gestorben ist, verwandelt sie sich in eine Wolke, die im Westen aufsteigt und den Reispflanzen den nötigen Regen bringt. Der Kreislauf der Seelenkraft hat sich geschlossen – vom sterbenden Menschen zum Vetter Reis, in dem bereits wieder eine neue Seele heranwächst.«[25]

Der Höhepunkt im Dasein des Toraja ist nicht sein Lebenswandel auf Erden, sondern sein Tod mit den Begräbnisfeierlichkeiten, die je nach der Kaste, der der Verstorbene angehört hat, nach genau vorgeschriebenen Regeln stattfinden müssen und die bei Mitgliedern der höchsten Kaste mit unvorstellbarem Aufwand durchgeführt werden. Lange bevor die eigentlichen Begräbniszeremonien beginnen, wird der einbalsamierte Tote im Hause seiner Familie aufbewahrt, manchmal Monate, ja Jahre vorher. Nach dem Glauben der Toraja ist der wirklich endgültige Tod erst eingetreten, wenn die letzten Totenfeiern vorüber sind. Um die große Reise nach *puya* anzutreten, braucht der Tote Zeit. Aber auch die Familie und die Verwandten brauchen viel Zeit, um das große Fest vorzubereiten, vor allem brauchen sie viel Geld, um die nötigen

Büffel zu beschaffen, denn die Büffel spielen ja die Hauptrolle in diesem großen Theater für das Jenseits. Die Opfergaben, der Ablauf und die Dauer der Zeremonie richten sich nicht nur nach der Klassenzugehörigkeit, auch das Alter des Verstorbenen spielt dabei eine Rolle. Beim Tod eines Kindes braucht nur ein Schwein geopfert zu werden, beim Tod eines Jugendlichen werden ein Büffel und vier Schweine verlangt. Die Zeremonie eines Toraja der mittleren Klasse dauert drei oder fünf Tage und Nächte, vier oder acht Büffel und viele Schweine müssen geschlachtet werden (Abb. 20–22).

Die längste und aufwendigste aller Toraja-Zeremonien ist die der höchsten Klasse, *dirapai'* genannt. Sie findet in zwei Folgen statt, und jede dauert sieben Tage. Zwischen der ersten und zweiten Folge kann ein Zeitraum von sechs Monaten, ein Jahr oder noch mehr liegen. Bei diesen Feierlichkeiten werden bis zu hundert und mehr Büffel geopfert, außerdem oft Hunderte von Schweinen und Hühnern, deren Fleisch allerdings wieder von den Hunderten von Gästen, die an dem Fest teilnehmen, verzehrt wird. Dabei ist nicht abzusehen, welche wirtschaftlichen Folgen ein solches Massenschlachten haben kann. Viele Toraja laden sich auf diese Weise Schulden über Schulden auf, und wenn sie dann vollständig verarmt sind, müssen sie so gut wie Leibeigene für die Reichen arbeiten.

Bei den großen Totenfesten werden für die Gäste zahlreiche Gästehäuser rund um den *rante*, den Festplatz, errichtet, der sich in der Nähe eines jeden Dorfes befindet. Hier stehen auch die *simbuang*, Menhire, an die die für das Opfer bestimmten Büffel angebunden werden, diese schönen stolzen Tiere, die bei den Toraja als Symbol des Todes gelten. An solchen Tagen wird dann einem Tier nach dem andern mit langen schwertartigen Messern, oder an manchen Orten auch mit einem speziell zugespitzten Instrument aus Bambus, die Hauptschlagader am Hals durchschnitten, und während das Tier langsam verblutet, sind auch schon die Jungen herbeigeeilt, um in langen Bambusröhren das Blut aufzufangen (Abb. 24), aus dem dann später eine Art Blutkuchen hergestellt wird. Es sind dieselben Jungen, die noch am Tage vorher liebevoll ihre Freunde, die Wasserbüffel, auf ihrem Rücken hockend, zu den Reisfeldern geleiteten. Bei den Totenfesten fehlen auch Hahnenkämpfe nicht, Tänze und Gesänge dauern die ganze Nacht über.

Bei dem größten Totenfest der höchsten Kaste, *dirapai'*, findet die erste Zeremonie in und vor dem *tongkonan*-Haus statt (Abb. 25), die zweite dann auf dem *rante*. Das *tongkonan*-Haus ist das schönste Haus des Dorfes, das dem Dorfältesten oder einem sehr reichen Mann gehört (Farbt. XXIX). Bei diesen Festen fehlt auch die traditionelle Totenklage, *badong*, nicht, die oft viele Stunden dauert, endlose Strophen enthält und in einer Art monotonen Sprechgesangs vorgetragen wird. Hierbei, und überhaupt während der gesamten Festlichkeiten, darf der Name des Verstorbenen nicht genannt werden. Man kann ihn nur mit einem phantasievollen Beinamen, etwa mit ›Großer Sonnenhut‹, anreden.

Ebenso wie die Zahl der Festtage und die Anzahl der Opfertiere das strenge *adat* je nach dem Rang des Verstorbenen vorgeschrieben hat, werden auch den Gästen die

Plätze, die ihnen dem Range nach zustehen, zum Zuschauen angewiesen. Eine ähnliche Rangordnung muß auch bei der Verteilung des Fleisches der Opfertiere an die Teilnehmer der Festversammlung genau beachtet werden. Zu diesem Zweck wird in der Nähe des Festplatzes ein etwa 6 m hohes Bambusgerüst mit einer Plattform errichtet, *balaa' kaan* genannt; von hier aus wirft ein Mann von dem vorher zerkleinerten Fleisch Stück für Stück in die unten versammelte Menge, eine aufregende Angelegenheit, denn jeder Empfänger wird von dem Verteiler in genau vorgeschriebener Reihenfolge bei Namen gerufen und bekommt dann das Stück Fleisch, das ihm dem Range nach zusteht, und wehe, es unterläuft ihm dabei ein Irrtum, nur durch ein Sühneopfer kann er sich dann von seiner Schuld reinwaschen.

Auf die Verteilung des Fleisches folgt das große Festessen, bei dem gallonenweise *tuak*, der gegorene Palmwein, getrunken wird (Abb. 18, 19). Der offizielle Teil des *tomate* – so lautet die Bezeichnung für die letzte Totenfeier – ist jetzt beendet. Erst zwei Tage später wird der Tote zu seiner letzten Ruhestätte geleitet, und wenn er der hohen Kaste angehört, folgt ihm ein *tau-tau*, eine holzgeschnitzte lebensgroße menschliche Figur, deren Augen aus schwarzen und weißen Steinen oder Muscheln bestehen. Solche mit richtigen Kleidern und Kopfbedeckungen aufgeputzten Figuren sind während der *dirapai'*-Zeremonie in der Nähe des Sarges aufgestellt. Die *tau-tau* sind Grabwächter, die die Toten vor bösartigen Geistern schützen sollen. Nach einer anderen Version stellen sie Ahnenfiguren dar, die den Totenseelen zeitweilig als Aufenthaltsort dienen sollen (Abb. 26–28).

Schon zu Lebzeiten hat der Verstorbene gewußt, wo sich seine letzte Ruhestätte befinden wird, nämlich in einer der hohen senkrecht abfallenden Felswände, die an vielen Stellen aus der üppigen tropischen Vegetation herausragen. Hier befinden sich in den Karstwänden die Felsengräber, die zu den eigenartigsten Begräbnisplätzen der Welt gehören. Es sind zum Teil rechteckige oder quadratische Aushöhlungen in schwindliger Höhe, gerade so groß, daß ein Mensch hineinpaßt; zum Teil werden auch natürliche Aushöhlungen benutzt und zu größeren Grabkammern erweitert, in denen dann mehrere Tote beigesetzt werden können. Die Bergwelt *Tana Torajas* besteht aber nicht nur aus Kalkschichten, sondern zum Teil auch aus kristallinen Sedimentgesteinen verschiedenen Alters. In solch einem Gestein eine Aushöhlung anzufertigen, erfordert viel Zeit und Mühe. In diesen Felsengräbern, *liang* genannt, werden die Toten der obersten Kaste oft mit kostbaren Beigaben bestattet; dort oben sind die Gräber gegen Diebstahl verhältnismäßig sicher, denn die speziell zur Bestattung konstruierten Bambusgerüste werden sofort, wenn der Tote beigesetzt ist, wieder entfernt. Gewöhnlich finden Mann und Frau in derselben Kammer ihre Ruhestätte; auch Familiengräber gibt es; die Kinder können sich entscheiden, ob sie in dem Grab der Eltern beigesetzt werden wollen oder ob sie, wenn sie eine neue Familie gründen, auch ein neues *liang* anfertigen lassen wollen. In einigen Gegenden werden die Gebeine mit dem Sarg in der Grabkammer beigesetzt, diese Art der Bestattung heißt *liang gua erong*. An anderen Plätzen wiederum läßt man den Sarg und die Bahre mit dem einem Toraja-Haus nachgebildeten

Dach am Fuße der Felswand stehen (Abb. 26), wo sie mit der Zeit vermodern. Der Tote wird vorher, in Tücher gehüllt, über das Bambusgerüst zur Grabkammer hinaufgetragen. Angehörige der niederen Kaste erhalten keine Felsengräber, sie werden in der Erde bestattet oder in eine Schlucht geworfen.

Auch der *tau-tau* erhält nun seinen Platz hoch oben neben den Gräbern an der Felswand, entweder in einer aus dem Fels geschlagenen Veranda oder auf einem hölzernen Balkon. Geisterhaft blicken die *tau-tau* wie von den Rängen eines Theaters aus dem Jenseits auf diese unsere nichtige Welt herab (Abb. 28). Einmal im Jahr, manchmal auch in größeren Zwischenräumen, findet hier eine Grabzeremonie statt. Dann werden Schweine und manchmal auch ein Büffel geschlachtet und auch die Kleider der *tau-tau* werden erneuert, wenn sie gar zu verschlissen sind.

Die Kunst des Häuserbaus

Während die Wächter- oder Ahnenfiguren vor den Felsengräbern künstlerisch wenig bedeutsam sind, ist es der Häuserbau der Toraja mit seinen kühn vorgewölbten Giebeln und mit den bunt bemalten Flächen um so mehr (Abb. 23). Diese stolzen Bauten, die auch heute noch mit großer Sorgfalt und mit besonderer Kunstfertigkeit hergestellt werden, lassen sich in ihrer Anlage auf einen Architekturplan in Nachahmung der Schiffe, mit denen die Toraja ehemals nach Sulawesi kamen, zurückführen. Schon bei den Häusern der Batak und der Minangkabau haben wir gesehen, daß die Konstruktion ihrer Dächer an die Gestalt eines Schiffsrumpfes erinnert. In der Anlage des ganzen Bauwerkes muß man jedoch vielmehr zwischen den Toraja-Häusern und den Kulthäusern im Sepik- und Maprik-Gebiet auf Neuguinea eine Stilverwandtschaft feststellen. Diese Ähnlichkeit könnte auf stilistische Überlieferungen der Bevölkerung der älteren Papua-Schicht hinweisen, die vor den indonesisch-malaiischen Völkern über die Insel wanderten. Andererseits »bauen die Katschin in den Shan-Staaten (Burma) ihre Häuser in genau derselben Form. Auf den ersten Blick kann man nicht unterscheiden, ob man ein Shan-Haus oder ein Toraja-Haus vor sich hat.«[26]

Sicherlich bestanden Zusammenhänge und Kontakte auch hier, doch ihre Ähnlichkeiten lassen sich auf verschiedene Weise deuten. Vielleicht haben wir es hier mit »einer der so zahlreichen Sonderbeziehungen zwischen weit voneinander entfernt wohnenden Völkern Hinterindiens und Indonesiens zu tun, die wir vorläufig mehr zu ahnen als richtig zu deuten und zu erklären vermögen«[27].

Doch betrachten wir einmal die Konstruktion eines Toraja-Hauses. Die schönsten Bauten finden wir bei den südlichen Stämmen im Gebiet des Sadang-Flusses. Sie stehen zum Teil in kleinen Gruppen, oft an schwer zugänglichen Plätzen oder in Reihen in größeren Dorfgemeinschaften. Den Wohnhäusern gegenüber liegen, ähnlich wie bei den Minangkabau, die schön verzierten Reisscheuern, die oft prunkvoller ausgestattet sind als die Wohnhäuser. Wohnhäuser wie Reisspeicher sind Pfahlbauten über steiner-

24 Beim Stieropfer wird sofort das Blut in Bambusbehälter aufgefangen ▷

26, 27   Die Toten der Toraja werden in Felsengräbern beigesetzt. Auf dem hölzernen Balkon die ›tau-tau‹, am Fuß des Felsens die leeren Särge

28   Die Felsengräber sind mit hölzernen Türen verschlossen. Geisterhaft blicken die ▷
›tau-tau‹, die Ahnenfiguren, wie von den Rängen eines Theaters auf uns herab

◁ 25   Vor dem
reichver-
zierten
Giebel eines
Toraja-
Hauses wird
während der
Zeremonie
des Toten-
festes der
Sarg in Form
eines Toraja-
Hauses mit
dem Ver-
storbenen
aufgestellt

29, 30 Zwei der sieben eindrucksvollsten Krater des Vulkans Tangkuban Prahu in der Nähe von Bandung auf Java. Der Gipfel des Vulkans ist 2084 m hoch

31 Der Tempelbau des Borobudur, die großartigste Konzeption des Mahayana-Buddhismus auf Java
32 Auf den vier obersten kleinen Terrassen des Borobudur erheben sich die Stupas oder Dagobas, durchbrochene Steinglocken mit Buddha-Figuren

34 Borobudur. Makara-Kopf mit hochgebogenem Rüssel und aufgesperrtem Rachen als Wasserspeier

◁ 33 Von Stupas gekrönte Nische mit einer Buddha-Figur auf einer der Balustraden des Borobudur

35–38 Borobudur. An den Balustraden der dritten und vierten Terrasse befinden sich Reliefs in 70 bis 90 cm Höhe und von 1 bis 3 m Länge, durch vertikale mit Blattwerk und Ranken gefüllte Streifen voneinander getrennt. Sie schildern das Leben des Erleuchteten, erst als Prinz Siddharta, dann als der Weise der Familie der Sakya, zuletzt als Asket, Samano Gautama genannt, bis er zum Buddha, dem Erleuchteten, wird

37

38

40 Besucher des Borobudur versuchen, die Buddha-
Figur in der Steinglocke zu berühren – eine glückbringende Verheißung

41 Buddha-Figur in einer der 432 Nischen
des Borobudur

◁ 39 Portal am Treppenabsatz in der Mitte jeder Fassade des Borobudur. Über dem Bogen in Kragtech-
nik ein kala-makara-Motiv

42 Die Stupas der Terrassen des Borobudur enthalten jeweils eine Buddha-Figur in der Haltung des
Dharmachakramudra

◁ 43 In dem beschädigten Stupa (Abb. 42) ist die Buddha-Figur jetzt sichtbar

44, 45 Zwei Reliefs von der Treppenrampe des Candi Mendut. Dargestellt sind Fabelszenen aus den buddhistischen Jatakas. Unten: Eine Schildkröte, von zwei Enten in die Luft gehoben und zugleich schon am Boden zerschellt. Jäger mit Pfeil und Bogen versuchen die Enten zu erlegen

46 Der Candi Mendut. Das Heiligtum steht auf einer hohen viereckigen Basis, deren vorspringender
    Teil in eine Treppe ausläuft

47 Drei Meter hohe Figur des Buddha Shakyamuni (Ausdruck der letzten Wahrheit), eins der schönsten
    Bildwerke des Candi Mendut. An seiner Seite ein Bodhisattva

Schmuckmotive von
Häusern der Toraja

nen Sockeln, sie tragen auch die gleichen Satteldächer. Unter dem eigentlichen Speicherraum befindet sich eine Plattform, die nach allen Seiten hin offen ist. Bei bestimmten Zeremonien dient sie als Ehrensitz für besonders wichtige Gäste.

Das bugförmige Dach eines Toraja-Hauses besteht aus mehreren Lagen Bambus, die über einer Konstruktion von gestaffelten jochartigen Balken aufeinandergeschichtet sind. Das weit nach vorn ausladende Dach wird von einer mächtigen Holzsäule gestützt, die, ebenso wie die Querbalken, mit geschnitzten und bemalten Ornamenten geschmückt ist. Auch die Stirnwand des Hauses und bei den Reisspeichern alle Außenwände sind in gleicher Weise verziert (Farbt. XXIX; Abb. 25). Diese Ornamente sind kultisch bestimmt; genau den Vorschriften des *adat* entsprechend, sind sie den Häusern jener Besitzer vorbehalten, denen sie dem Rang nach zukommen. Auch die Verteilung viereckiger, rautenförmiger und hakenförmiger Muster, die alternierend neben- und übereinanderstehen, ist genau festgelegt: direkt über dem Hauseingang, in der Mitte der Fläche oder dicht unter dem Dach. Ebenso wie jedes Muster eine ganz konkrete sakrale Bedeutung hat, haben auch die vereinzelt in die Ornamentik einbezogenen Büffelköpfe kultischen Charakter.

Die Toraja kennen ungefähr hundertfünfzig verschiedene Motive von symbolischer Bedeutung, die sie in vier Gruppen einteilen. Die erste Gruppe, *garonto' passura'* genannt, enthält immer wiederkehrende Hauptmotive, die zweite, *passuro' todolo*, enthält die ältesten religiösen Zeichen, die dritte, *passura' malolle'*, bezieht sich auf das soziale Leben der Toraja, und die letzte Gruppe, *passura' pa' barean*, enthält glückbringende Motive. Auch die Farben haben eine feststehende Bedeutung: Rot und Weiß symbolisieren das menschliche Leben, Rot ist die Farbe des Blutes, und weiß sind die Knochen des Menschen. Gelb symbolisiert den Ruhm und die Ehre der Götter, und Schwarz ist die Farbe des Todes und der Finsternis.

Nicht alle Häuser der Toraja sind reich verziert. Oft sind die Häuser der Armen ganz ohne Schmuck. *Ein* Haus aber zeichnet sich in jedem Dorf vor den anderen durch seine reiche Ausstattung ganz besonders aus: das *tongkonan*-Haus, das Haus des Dorfvorstehers. Es besitzt drei Räume mit mehreren Funktionen. Zunächst beherbergt es einmal die Familie seines Besitzers, es ist aber auch das ›Kulturzentrum‹ des Dorfes, wo die Zusammenkünfte des Klans stattfinden, wie Hochzeiten und Begräbnisfeiern. Das *tongkonan*-Haus muß nach Norden ausgerichtet sein, und sein Bau erfordert viel Zeit und Sorgfalt. Der ganze Bau ist eine reine Holz- und Bambuskonstruktion, eiserne

Schmuckmotive von Häusern der Toraja

Nägel dürfen auf keinen Fall verwendet werden. An bestimmten Stellen werden in die Balken Holzkeile eingeschlagen oder die Balken eingekerbt und so ineinander eingefügt, daß ein Balken durch den anderen gehalten wird. Die Bambuslagen des Daches werden mit Rotang oder Rattan verzurrt. Der Hauptstützbalken des Daches ist gewöhnlich von unten bis oben mit Gehörnen der Wasserbüffel bestückt, die von den Opfertieren verschiedener Zeremonien stammen (Farbt. XII).

Historische Plätze in Tana Toraja

Rings um Rantepao gibt es zahlreiche Dörfer zwischen Reisfeldern und Bambushainen mit wunderschönen Häusern, die zum Teil leicht mit dem Jeep zu erreichen sind, zum Teil aber auch mehr oder weniger lange Fußmärsche erfordern. Einige Dörfer, mit ihrer Entfernung von Rantepao, mögen hier genannt sein. *Nanggala* (15 km) zeichnet sich durch ein sehr schönes *tongkonan*-Haus mit ebenso schönen Reisspeichern aus (Farbt. XI; Abb. 17). *Mendoe* (6 km) und *Marante* (6 km) sind typische Toraja-Dörfer. *Kete'-Kesu'* (4 km) ist als Zentrum für Kunstgewerbe berühmt und *Sa'dan* (12 km) durch seine Webarbeiten. Besonders interessant sind die Märkte von *Makale* und *Rantepao*, die alle sechs Tage stattfinden, also immer auf einen anderen Tag fallen als in der vergangenen Woche. Hier kann man vielerlei Produkte aus den verschiedenen Teilen *Tana Torajas* finden. Besonders interessant ist der Verkauf des Palmweins, *tuak*, den die Leute in großen Bambusröhren mit zu ihren Dörfern nehmen (Abb. 18, 19).

Ein besonders schönes Totenhaus ist das des 1968 verstorbenen ›Königs‹ von *Sangalla*, 12 km von Makale entfernt. Die Gebeine warteten während meines Aufenthaltes in *Tana Toraja* immer noch auf das letzte große Fest. Das erste Fest, bei dem Hunderte von Gästen erschienen waren und angeblich tausend Büffel geschlachtet wurden, hatte schon stattgefunden. Doch ein weiteres Ritual war notwendig, bevor die Gebeine des Königs ihre letzte Ruhestätte im *liang* finden. Erst dann können die tausend Büffel – und wer weiß, wie viele Büffel noch geopfert werden – die Seele des Verstorbenen nach *puya* geleiten.

Die berühmtesten Felsengräber, die von Rantepao leicht zu erreichen sind, sind die von *Londa* (6 km) und die von *Lemo* (12 km). *Liang tua Londa* ist der vollständige Name der ersten Gruppe, die sich in der Nähe des kleinen Dorfes *Tikumna Malenong* befindet. Hier hat man die Toten in zwei verschiedenen Arten beigesetzt. Bei der einen, *liang gua erong* genannt, ist der Tote in einem hölzernen Sarg in einer Felshöhle beigesetzt. Bei der anderen Art, *liang pa'* genannt, werden die Toten, eingehüllt in viele Tücher, in geräumigen künstlich ausgehöhlten Felsengräbern zusammen mit anderen Gebeinen derselben Familie bestattet. Der Eingang der Höhle wird mit einer hölzernen Tür fest verschlossen. Die Grabwächterfiguren stehen in *Londa* auf hölzernen Balkonen.

Die Felsengräber von *Lemo* sind alle in der Art *liang pa'* angelegt. Diese Gräber sollen aus dem 17. Jahrhundert stammen. Das erste Grab, so glaubt man, gehörte einem Fürsten namens Songgi Palo. Später sollen nacheinander alle Herrscher dieser Gegend hier Felsengräber erhalten haben. Die Grabwächterfiguren stehen reihenweise in aus dem Fels geschlagenen Nischen.

In besonders schöner Landschaft liegen auf halber Höhe der Sesean-Berge die Felsengräber von *Lo' ko' mata* (36 km). Der Weg dorthin ist beschwerlich. Nach anhaltenden Regenfällen kann ihn selbst ein Jeep nur schwer bewältigen.

Leicht zu Fuß ist *Liang Tambolang* (2 km) von Rantepao aus zu erreichen. Hier findet man mehrere *liang gua erong, liang pa'* und auch *liang patane,* die dritte Art der Bestattung, Gräber in der Erde, auf denen eine kleine Nachbildung eines Toraja-Hauses steht. Jedes Grab ist für mehrere Familienmitglieder bestimmt. Die Verstorbenen sind hier, eingehüllt in Tücher, ohne Sarg beigesetzt.

Noch viele Felsengräber liegen verstreut in der nahen und weiten Umgebung von Rantepao. Zu erwähnen wären noch die Gräber *liang tua Tondon* (6 km), an der Straße nach Palopo. 700 Jahre alt soll das Grab eines Edelmannes namens Napo sein, *liang tua erong Napo* (15 km). Das Grab liegt an der Straße nach Madandan.

Sicherlich bietet sich dem Besucher der *Tana Toraja* die Gelegenheit, an einer der Begräbniszeremonien teilzunehmen. Man kann in Rantepao im Hotel oder im Restaurant Rachmat stets erfahren, wo gerade eine Totenfeier stattfindet.

Bei allen Feierlichkeiten ist der Fremde als Gast gern gesehen, es ist jedoch ratsam, sich immer zuerst bei dem *kepala kampung,* dem Dorfvorsteher, zu melden. Eine bescheidene Unterkunft wird einem gern erteilt. Bezahlung hierfür und für Mahlzeiten wird nicht verlangt, danach zu fragen wird als Beleidigung aufgefaßt, man erwartet jedoch irgendein Geschenk als Gegengabe.

Auf jeden Fall ist es ratsam, einen Führer aus Rantepao mitzunehmen, wenn man Plätze besuchen will, die außerhalb der heute schon von Touristen aufgesuchten Orte liegen.

III Der Einfluß der hinduistischen und buddhistischen Kunst in Indonesien

Mit den ersten indischen Einwanderern, die aus Südindien stammten, gelangten in den ersten nachchristlichen Jahrhunderten allmählich auch indische Glaubens- und Kulturvorstellungen nach Indonesien und fanden ihren Niederschlag in der Architektur und in der bildenden Kunst. Sicherlich entstanden in der hinduisierten Frühzeit schon Bauten in Indonesien, doch haben sie keinerlei Spuren hinterlassen. Dagegen zeugen archäologische Funde bronzener Buddhastatuen von der Verbreitung des buddhistischen Glaubens. Eine der schönsten und wahrscheinlich die älteste ist eine Figur in dem indischen Stil von Amaravati, die in Sulawesi gefunden wurde. Sie soll aus dem 2. bis 3. Jahrhundert n. Chr. stammen. Andere Werke dagegen zeigen deutlich die Stilmerkmale der Nach-Gupta-Kunst. Ob nun aber die Funde aus der frühesten Zeit wirklich in Indonesien entstanden sind oder ob sie von indischen Händlern aus Indien mitgebracht wurden, darüber ist man sich nicht im klaren. Die ersten schriftlichen Dokumente über den Einfluß Indiens auf künstlerischem Gebiet sind Sanskrit-Inschriften aus dem 5. Jahrhundert. Aus allen Entdeckungen und Funden geht hervor, daß der Buddhismus etwa im 4. Jahrhundert den indonesischen Archipel erreichte und daß Sumatra im 7. Jahrhundert für die buddhistische Religion und Kultur ein bedeutendes Zentrum darstellte. Hierüber sind wir besonders durch den chinesischen Buddhistenmönch I-tsing unterrichtet, der in der Hauptstadt des Königreiches Srivijaya so viel Material über den Buddhismus fand, daß er zwischen 671 und 691 mehrmals für längere Zeit nach Sumatra reiste.

Doch am fruchtbarsten wirkte sich die indische Kultur in Java aus, wo sie zu einer kaum faßbaren Reife gelangte. Von der Mitte des 8. Jahrhunderts an erreichte sie ihren Höhepunkt, um nach kaum 300 Jahren plötzlich zu versiegen.

Nun haben aber keineswegs die indischen Kolonisten, die nach Java kamen, erst ihre Religion und Kultur nach Indonesien verpflanzt; das Fundament, der Grundstock, bestand schon vorher, doch dadurch, daß sie den vielen zersprengten javanischen Volksstämmen zu einer religiösen und geistigen Einheit verhalfen, konnte hier eine Wiedergeburt der reifen indischen Kultur stattfinden. Wie konnte aber eine hohe Kultur wie die javanische, die schließlich von Menschen der malaiischen Rasse mit einer starken Potenz der Lebensauffassung geschaffen wurde und von Indien ja nur den Anstoß erhielt, so plötzlich versiegen? Vielleicht haben Naturereignisse, wie Vulkanausbrüche und Erdbeben, zu dem Zerfall und Ende der javanischen Hochkultur beigetragen. Die altindischen Formen, die eine Zeitlang auf Java herrschten, konnten nicht endgültig mit der Lebensauffassung dieses fremden Volkes zusammenwachsen, sie mußten, wie im Werden und Vergehen der tropischen Natur, nach kurzer Blütezeit zerbrechen. Auf den ersten Blick scheint das indische Element das beherrschende zu sein, doch bald wird man den Geist Javas spüren, und gerade das javanische Element ist es, das die Vollendung und Schönheit der javanischen Kunst ausmacht. »Diese wundersame Vereinigung von indisch-übersinnlicher Vehemenz mit malaiischer Innigkeit ... des indischen Stolzes mit malaiischer Glückhaftigkeit, der indischen Konzentration mit der Weichheit malaiischen Lächelns ... diese Vermischung hat aus Java einen Märchenwald von Göttern und Tempeln gemacht. Als indojavanisch bezeichnen wir diese Kunst in ihrer Verschmelzung zweier Rassen, die sich einander so glücklich ergänzten. Doch in ihren letzten Gründen wird auch die einzigartige Fülle, Reife und Durchbildung der indojavanischen Kunst immer ein Rätsel bleiben.«[28]

Die erste der indischen Religionen auf dem Wege nach Osten war der Hinduismus oder besser gesagt Brahmanismus, denn der Begriff Hinduismus ist nicht scharf abgegrenzt, wie er überhaupt sehr schwierig zu definieren ist. Erst seit dem 9. oder 11. Jahrhundert n. Chr. wurde der Ausdruck Hindu auf die Religion derjenigen Inder angewandt, die sich weder zum Christentum noch zum Islam oder einer anderen dogmatischen Religion bekannten. Für die Religion der vorhergehenden Periode, seit 800 v. Chr., gebraucht man die Bezeichnung Brahmanismus, für die Religion also, deren Priester die Brahmanen sind, doch gelten heute Brahmanismus und Hinduismus als Synonyme. Der Hinduismus hat kein Glaubensbekenntnis, keine klare, in sich geschlossene Lehre, doch dieser Koloß, dessen Götter nach Millionen zählen, ist eines der großen Bekenntnisse der Welt mit einer einzigen obersten Gottheit, die sich dreifach auf Erden verkörpert, als *trimurti*: Brahma, der Schöpfer; Vishnu, der die Welt erhält, und Shiva, der Heilbringer und Zerstörer. Brahma, den die Inder den Urahn nennen, rezitiert aus den vier Büchern, den Vedas, die er in seinen vier Händen hält, jeweils mit einem seiner vier Münder die Heiligen Texte mit den ewigen Gesetzen, die schon vor der Erschaffung der Welt existierten. In Indonesien wurden die Gottheiten der *trimurti* »in einer Vielzahl von Erscheinungsformen und Aspekten Gegenstand der Verehrung«[29].

In Indonesien ging die ›Hinduisierung‹ friedlich vonstatten. Sie begann schon im 1. Jahrhundert n. Chr., zunächst erreichte sie nur die obere Klasse und wurde später vom Volk angenommen. Im 13. Jahrhundert wurde der Hinduismus vom Islam abgelöst. Nur kleine Gebiete, wie Bali, haben ihn beibehalten.

Im 4. Jahrhundert erreichte der Buddhismus Indonesien. Während der Hînayâna-Buddhismus in Burma, Thailand, Laos und Kambodscha Fuß faßte und bis heute besteht, gelangte die Mahâyâna-Form nach Indonesien. Der Buddhismus als Religion wurde von dem historischen Buddha im späten 6. und frühen 5. Jahrhundert v. Chr.

gestiftet. Da erst zwei Jahrhunderte nach seinem Tode seine Worte in der alten Ge-
lehrtensprache, dem Sanskrit, aufgezeichnet, seine Lehre aber mündlich weitergetragen
wurde, kann man sich vorstellen, daß die Substanz seiner Lehre zu immer neuen Deu-
tungen Anlaß gab: »Alles Böse meiden, das Gute tun und das eigene Herz reinigen.«
Aus solcher Sicht heraus ist es verständlich, daß die Anhänger des Buddhismus sich zu
verschiedenen Sekten gruppierten. Trotzdem blieben die klar formulierten Grundsätze
der Heilslehre Buddhas im wesentlichen bestehen. Nach Buddha kann jeder Mensch
die Erlösung erlangen. Diese Formulierung der Lehre hat zur Verbreitung des Buddhismus in der Welt viel beigetragen. Zunächst entstanden unter dem Patronat mächtiger
Fürsten in Indien viele Klöster, in denen die Mönche nach den Vorschriften des ›Voll-
endeten‹ lebten. Mit der Zeit bildete sich hier eine Reihe von Sekten, die sich in der
Auslegung seiner Lehre und der Erklärung des Inhalts des heiligen Kanons, der *tripi-
taka*, wie die inzwischen entstandenen Aufzeichnungen hießen, unterscheiden. Zwei
Grundrichtungen fanden immer mehr Anhänger: das ›Hînayâna‹ oder Kleine Fahr-
zeug, das als »Ideal des weltverachtenden Mönchtums die persönliche Erlösung in den
Vordergrund stellt, und das ›Mahâyâna‹, das Große Fahrzeug.

Das Hînayâna ging aus der Pali-Tradition Ceylons hervor. Seine Anhänger treten
den langen Weg an, um den Zustand Buddhas zu erlangen, das heißt, ein Bodhisattva
zu werden, ein »für die Erleuchtung Vorbestimmter«, und zwar in dem »kleinen Fahrzeug zum Heil«, das nur für einen Platz hat.

Das Mahâyâna oder »Große Fahrzeug« wollte eine Ergänzung zum Hînayâna sein,
es legte den Nachdruck darauf, daß man der Erlösung teilhaftig wird, um sie auch
anderen Wesen zukommen zu lassen. Diejenigen, die ihre Erlösung – *bodhi* – erreicht
haben und auf der Schwelle zum Nirvana stehen, aber zugunsten anderer Geschöpfe
darauf verzichten, nennt man ›Bodhisattvas‹. In diesem Sinne kann jedes Wesen ein
irdischer Bodhisattva werden. So sah man im Mahâyâna eine Welt mit einer langen
Reihe von Buddhas, von denen der historische Buddha nur einer ist. Diese irdischen
Buddhas galten aber wieder als Spiegelbilder von himmlischen Buddhas, den ›Dhyani-
Buddhas‹, die, in Meditation versunken, tatenlos und vollkommen ruhig auf Lotus-
sesseln saßen.«[30] Zwischen dem Auftreten der einzelnen irdischen Buddhas mußten
jeweils viele tausend Jahre vergehen. Um in den Zwischenzeiten aber die reine Lehre
Buddhas zu wahren, stellte man sich »himmlische Bodhisattvas vor, die aus den von
den Dhyani-Buddhas zur Erde geschickten Lichtstrahlen entstanden waren«.

Während der historische Buddha sich selbst nur als Wegweiser zum Heil betrachtete
und keinerlei kultische Verehrung beanspruchte, entwickelte sich aus dem Kult mit
den Bodhisattvas eine Art Polytheismus, der wiederum in Indonesien zum Synkretismus mit den schon vorhandenen Hindukulten, ja selbst mit den uralten animistischen
Religionen führte. So finden wir gerade in Java oft Kunstdenkmäler, bei denen der
synkretistische Charakter so stark ist, daß es schwerfällt zu entscheiden, ob es sich hier
um ein hinduistisches oder buddhistisches Denkmal handelt.

Unter den vielen geistigen Strömungen, von denen der Mahâyâna-Buddhismus betroffen wurde, ist besonders noch der ›Tantrismus‹ zu erwähnen, der in gleicher Weise durch seine magisch-mystische Geheimlehre den Hinduismus wie den Buddhismus beeinflußt hat. Sein Grundgedanke war, »daß man durch Rezitationen von Zaubersprüchen, durch Tänze und Handbewegungen magisch wirken und sich auf bestimmte Weise meditierend mit den Gottheiten identifizieren kann«[31]. Daß derartige Praktiken gerade in Java auf fruchtbaren Boden fielen, ist einleuchtend, da ja die Magie bei den uralten Kulten eine wichtige Rolle spielte. So wurden die irdischen Bodhisattvas Magier, die mit übernatürlichen Kräften ausgestattet waren, und das Pantheon wurde von Göttern, Geistern und Dämonen belebt.

Die Darstellung des Großen Fahrzeugs kommt hauptsächlich zum Ausdruck in dem großen epischen Werk in Sanskrit, dem *Lalitavistara*. An die biographischen Begebenheiten, die dort in überschwenglichen mystischen Erzählungen beschrieben werden, haben sich die Künstler bei den Reliefdarstellungen an den buddhistischen Tempeln in Java, besonders beim Borobudur, gehalten.

Die Aussprüche Buddhas sind niemals wörtlich festgehalten. Als »sinngemäße Formulierungen« gingen sie von Mund zu Mund, frühestens zwei Jahrhunderte nach seinem Tode wurden sie von den Gelehrten aufgezeichnet. Ein anderes großes Werk, nicht in Sanskrit geschrieben, sondern in dem südindischen *Pali*, ist eine umfangreiche Märchensammlung, *Jataka*, der »Korb der Lehrvorträge«. Diese Sammlung stammt aus den letzten vorchristlichen Jahrhunderten; sie enthält *Sutra* (die Predigten), *Vinaya* (die Klosterregeln) und *Abhidhamma* (Überlegungen zur Doktrin).

Auch aus dem hinduistischen Kulturkreis sind zwei in Sanskrit geschriebene epische Dichtungen erhalten, die sich abgewandelt, gerade in Indonesien bis auf den heutigen Tag großer Beliebtheit erfreuen: das ›Mahabharata‹ und das ›Ramayana‹. Episoden dieser Heldengeschichte finden wir nicht nur in den Reliefdarstellungen javanischer Tempel, sondern hauptsächlich als Vorwurf bei den Wayang-Spielen. In den Reliefs wird die Lust am Fabulieren, wie sie im alten Indien gang und gäbe war, in Form von meisterhaften Bilderzählungen fortgeführt, die von einer warmen Menschlichkeit zeugen.

Alle Baudenkmäler Indonesiens, die wir jetzt betrachten werden, besitzen außergewöhnlich kleine Räume, sie waren heilige Stätten, in denen gerade die Statuen dieser und jener Gottheit und kultische Geräte Platz hatten. Den Gläubigen blieben offene Höfe und Terrassen im Umlauf der Tempel zur Andacht vorbehalten, ganz gleich, ob es sich dabei um hinduistische oder buddhistische handelt.

Die zentraljavanische Kunst, die in gesteigertem Maße ein »Echo des Gupta-Stils« ist, diente einem Kult, der für Indonesien und auch für Hinterindien charakteristisch war. Dieser Kult bestand in der Identifizierung des vergöttlichten Herrschers, der dann als die Inkarnation Shivas oder anderer Hindu-Götter oder buddhistischer Wesenheiten verehrt wurde. So finden wir in Java manche Tempelbauten, die eigentlich Grabtempel vergöttlichter Könige sind. Wir wissen, daß der König Airlangga aus der

Mataram-Dynastie Mönch wurde – 1042 n. Chr. – und sich selbst als eine Wieder-
verkörperung Vishnus ausgab. Es war die Zeit, zu der der buddhistisch-hinduistische
Synkretismus seinen Höhepunkt erreichte.

Die Tempel Zentral-Javas, die hauptsächlich zur Zeit des Reiches Mataram entstanden, gruppieren sich in drei Zonen: in der südlichen Zone um den *Prambanan*
herum, in der Mittelzone mit dem Haupttempel *Borobudur* und in der nördlichen
Zone auf dem *Dieng-Plateau*. Bei der außerordentlich großen Anzahl von Tempeln,
die in Zentral-Java mehr oder weniger gut erhalten sind, müssen wir uns hier bei der
Beschreibung auf die wichtigsten beschränken, die heute auch dem Touristen leicht
zugänglich sind.

1 Die Tempel in Mittel-Java

> *»Plastik und Architektur bilden als Ausdruck*
> *eines einheitlichen metaphysischen Komplexes*
> *eine innere Einheit im Sinne des Weltsymbols.«*
> Karl With

Tempel der südlichen Zone

Borobudur: seine Bestimmung

Um die Mitte des 8. Jahrhunderts n. Chr. erlebte in Mittel-Java unter der Dynastie
der Shailendra, der ›Bergherren‹, der Mahâyâna-Buddhismus einen gewaltigen Aufschwung. In dieser Zeit entstanden in dieser Gegend die meisten und bedeutendsten
Bauwerke, ja, sie zählen zum Teil, wie gerade der Borobudur, zu den schönsten Mei-
sterwerken der religiösen Baukunst überhaupt. Über die frühe Baukunst in Java vor
dieser Zeit einen Überblick zu gewinnen, ist sehr schwierig, da man erst in unserem
Jahrhundert begann, die bis dahin noch leidlich erhaltenen Überreste vor weiteren
Zerstörungen zu bewahren und zu restaurieren. Zu ihnen gehört vor allem der Borobudur, das größte buddhistische Baudenkmal, ein Monumentalbau, der harmonisch
eingefügt in einer bezaubernden tropischen Landschaft liegt (Abb. 31–43; Farbt. VI,
IX). Aus saftig grüner Ebene erhebt er sich vor einer im Dunst verschwimmenden
Bergkulisse. Die Vision des mahâyâna-buddhistischen Weltbildes wächst aus der Landschaft heraus, ein mythisches Abbild des Kosmos als magisches Diagramm gedacht. Die
wesentlichen Elemente seines Aufbaus beruhen auf der raumlosen Massigkeit des Bau-
körpers. Ein natürlicher Hügel diente hier als Unterbau, als Sockel zu jenem viel-

Karte von Java

gestaltigen Heiligtum, das eigentlich aus einer um einen Hügel herumgebauten Stufenpyramide besteht. »Die Fülle seiner Formen ist eher der Ausdruck seines statischen Reichtums als seiner Masse, welche die Ausstrahlung seiner Macht andeutet und wie eine reife Frucht in unbewegter Luft heranwuchs.«[32] Für eine aus dem Megalithikum hergeleitete Stufenpyramide könnte man sie tatsächlich halten. Sutjipto Wirjosuparto nimmt zum Beispiel an, daß es sich beim Borobudur um eine in ihrer Konzeption auf dem Ahnenkult beruhende und aus dem Megalithikum herzuleitende Stufenpyramide handelt, deren Zweck immer noch unklar ist. Ob der Borobudur, abgesehen von seiner symbolischen Bedeutung, die Asche der drei Shailendra-Könige enthält, ist sehr zweifelhaft; es konnte bisher nicht bewiesen werden. Die meisten Wissenschaftler streiten entschieden ab, daß dem Borobudur auch die Funktion eines Candis, eines Grabmales, zukommt. Auf jeden Fall ist dieser Monumentalbau die Verkörperung einer »wirklichen Weltgesamtheit. Frei von aller Zielsetzung, ungetrübt von Zweckbeklemmungen erwächst der Tempel in einer geradezu transzendentalen Reinheit als Monument des Göttlichen, in dem die Gesamtheit zusammenfließt und das der Gesamtheit als Heiligtum vor Augen ist.«[33]

Der Borobudur ist der Bauform nach ein Stupa, der auf Java selten ist, der aber in Hinterindien zu den Hauptarchitekturformen gehört. Dort waren die Stupas heilige Stätten, die sich auf das Leben Gautamas beziehen und die ursprünglich auch Reliquienmonumente waren. Buddha selbst soll die Gestalt des Stupa bestimmt haben, indem er sein Bettlergewand zu einem Hügel zusammenfaltete, seine Bettlerschale obendarauf legte und das Ganze mit einem Stecken krönte. Auf diese Weise fixierte er die kosmographische Einteilung in drei Sphären, in Sanskrit *dhatu*: in die Wunschsphäre – *kamadhatu*, die Sphäre der Form – *rupadhatu*, und die formlose Sphäre – *arupadhatu*. Diese drei Sphären gehen bei der Architektur des Borobudur unmerklich ineinander über.

Die augenblickliche Höhe des Borobudur mißt 33,5 m, ursprünglich betrug sie 42 m. Der quadratische Bau hat Seitenlängen von je 123 m. Jede Seite des Quadrates hat zwei Projektionen, so daß ein Zwanzig- beziehungsweise Sechsunddreißig-Eck entsteht. Mit 55 000 Kubikmetern bearbeitetem Steinmaterial ist der natürliche Hügel

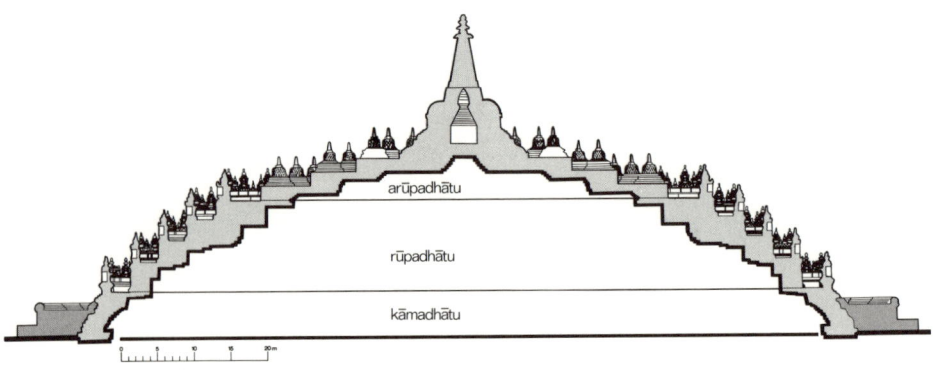

Borobudur, Aufriß der Anlage mit der Einteilung in die drei Sphären kamadhatu, rupadhatu und arupadhatu

einschließlich des Fundamentes verkleidet. Da unter der Einwirkung des eindringenden Regenwassers der Hügelkern nachgab, hat man den Fuß schon während des Baus mit einem schweren Steingürtel ummauert, und mit ihm die schon vorher fertiggestellten 160 Reliefs.

Ein Teil dieser Reliefs wurde im Jahre 1885 von J. W. Jjzerman entdeckt, als er begann, die Ummantelung des breiten Sockels des Borobudur freizulegen. Aber erst 1890–91 gelang es, den Wall des Fundamentes vollständig freizulegen und alle Reliefs zu fotografieren. Aus Sicherheitsgründen wurde dann aber der Sockel mit den Reliefs durch eine Schutzmauer aus den vorher entfernten 13 000 m³ Steinen wieder ummauert.

Der Aufbau des Borobudur gliedert sich in sechs immer kleiner werdende Terrassen, die ebenfalls den sechsunddreißigeckigen Grundriß zeigen. Die unterste Terrasse ist die breiteste; sie wurde für Prozessionen benutzt. Die fünf darüberliegenden Terrassen haben Innen- und Außenmauern, die mit Relieftafeln geschmückt sind. An die oberste Terrasse schließen sich noch drei weitere runde Terrassen mit insgesamt zweiundsiebzig kleinen hohlen glockenförmigen Stupas, mit je einer Buddhafigur, an (Abb. 40–43; Farbt. VI). Die oberste Terrasse wird durch einen 8 m hohen Stupa gekrönt. Insgesamt hatte der Borobudur 505 Buddhafiguren, von denen sich 432 in offenen Nischen befinden; davon stellen je zweiundneunzig auf den vier ersten Terrassen mit speziellen Handhaltungen nach allen vier Windrichtungen den historischen Gautama-Buddha dar, und vierundsechzig auf der fünften Terrasse den »allem Sein zugrunde liegenden Ur-Buddha Vairocana«.

Zweiundsiebzig Buddha-Figuren stehen in den kleinen durchbrochenen Stupas (Abb. 32) und eine große, die merkwürdigerweise unvollendet ist, in dem zentralen Stupa des *arupadhatu*. »Diese 505 Buddhagestalten sind gewiß nicht einfache Summierungen, sondern sie bedeuten und verkörpern ein religiöses System, doch die Erklärungen hierfür lassen mannigfache Probleme offen« (K. With).

Die vier Galerien des *rupadhatu* sind mit 1 300 Bildreliefs und 1 212 dekorativen Paneelen geschmückt. Die Bilderreihen haben zusammen eine Länge von 2,5 km, und die Terrassenwälle haben eine Gesamtlänge von 6 Kilometern.

Von der Mitte jeder der vier Seiten des Fundaments führen vier Treppen bis zur obersten Terrasse empor. Die Treppen liegen in den Hauptachsen und führen bis zu den kreisförmigen Terrassen in einem Zuge hinauf. Dort, wo die Ringmauern durchschnitten werden, stehen über den Treppen große Tore. Darüber befindet sich das *kala-makara*-Motiv: der stilisierte Kopf eines Dämons – *kala* –, der durch ein Bandwerk mit zwei Köpfen von Tieren aus der indischen Mythologie – *makara* – verbunden ist (Abb. 39). Der *kala*-Kopf, der an einen stilisierten Löwenkopf erinnert, dient zur magischen Abwehr dämonischer Mächte. Die *makara*-Figur ist eine Kombination von Fisch und Elefant. Im aufgebogenen Rüssel trägt sie eine Blütenknospe. Der Torbogen wird nach oben treppenförmig verjüngt und enthält an jeder Seite eine bärtige Figur.

Als Vollplastik finden wir am Hauptwall des Borobudur *makara*-Köpfe als Wasserspeier (Abb. 34). Hier sind es Elefantenköpfe mit hochgebogenen Rüsseln und aufgesperrten Rachen, in denen ein kleiner Löwe sitzt. Gestützt wird der Wasserspeier von sitzenden Figuren, *gana* genannt, die in der brahmanischen Mythologie als niedrige Gottheiten unter dem Befehl Ganeshas dem Gott Shiva dienen.

Zu dem Entwässerungssystem des Borobudur, das leider nicht hinreichend ist, gehören auf jeder Ballustrade zwanzig Wasserspeier, die das Wasser schließlich den Hauptwasserspeiern am Fuß des Heiligtums zuführen.

Bhumisan – Bharabudhara, »Berg der Anhäufung der Tugend in den zehn Phasen der Bodhisattvas«, ist der ursprüngliche Name des Borobudur. Mit seinem Bau soll unter der Regierung Samaratungas um 800 n. Chr. begonnen worden sein, vielleicht auch schon zu Anfang des 8. Jahrhunderts. Als Hauptperiode des Baus wird aber wohl die Zeit um 800 anzusetzen sein; darauf schließen auch die Schriftcharaktere an den Reliefs des Sockels. Die Arbeiter und Künstler, die mit den Arbeiten begonnen hatten, müssen sich bewußt gewesen sein, daß sie selbst niemals die Vollendung des großen Werkes erleben würden. Das blieb späteren Generationen vorbehalten. Sie alle haben zu der Vollendung eines Bauwerkes beigetragen, das manche Tempel in Indien in den Schatten stellt. Mit ihrer schöpferischen Begabung sind die indonesischen Künstler bei der Interpretation altindischer Auffassungen des Stils der Gupta-Zeit oft wesentlich freizügiger verfahren. So entstand ein Reliefschmuck von unerhörtem Reichtum bei den unzähligen Kasematten, Paneelen und Einzelreliefs.

Von allen vier Seiten kann man den Borobudur ersteigen, doch der Hauptzugang ist der östliche. Hier beginnen die Gläubigen ihre Pilgerschaft, denn wenn sie jetzt, stets links herum, Terrasse für Terrasse umwandern, so können sie die Reliefdarstellungen in ihrer logischen Folge über die drei Sphären hinweg betrachten.

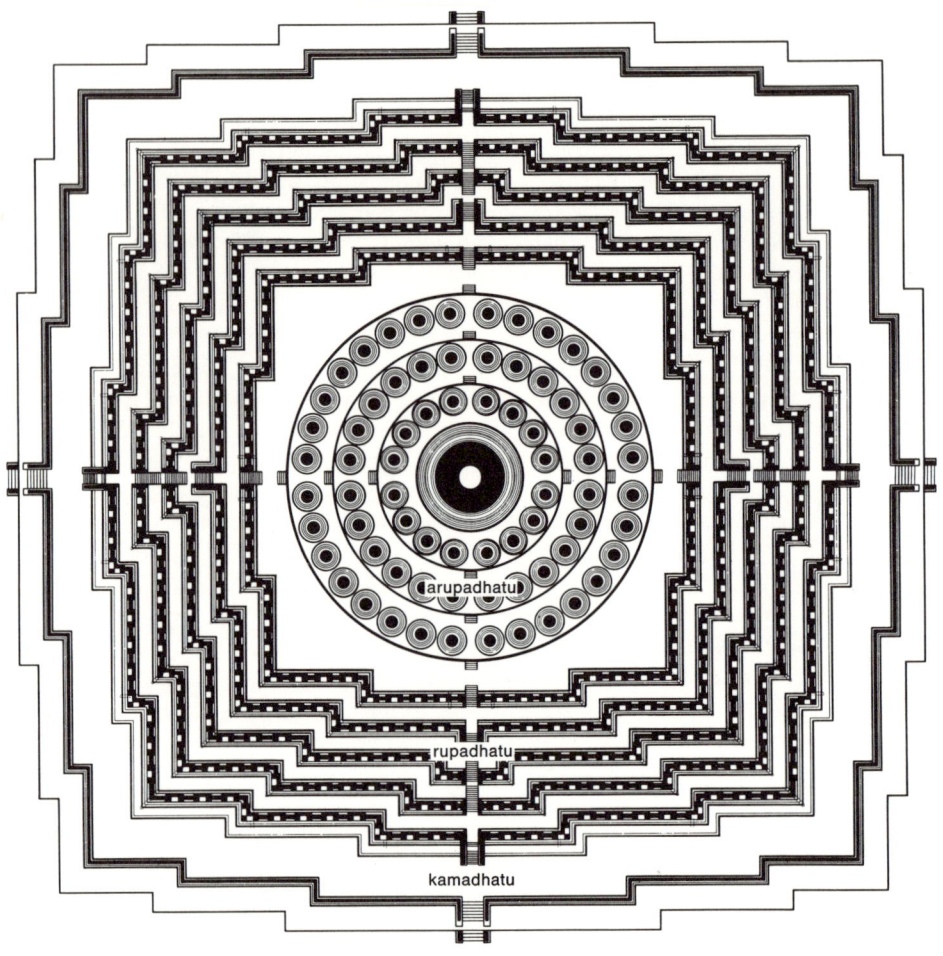

Grundriß des Borobudur

Borobudur, Tor und Fassade der zweiten Galerie

Borobudur, Fassade der ersten Galerie mit dem ersten Tor

Die Reliefs des *kamadhatu*, der Wunsch-Sphäre, beginnen am Fundament und sind zum größten Teil, wie wir gesehen haben, unter der Schutzmauer verborgen. Nur einen kleinen Abschnitt hat man zur Betrachtung für die Besucher freigelassen. Diese Reliefs sind am besten erhalten geblieben, da sie durch die Umwallung gegen die Witterung geschützt waren. Ihre Darstellung hält sich an ein Manuskript, *Karmavithangga*, das Ursache und Folge von Gut und Böse nach den indischen Vorstellungen vom *Karma*, »von der verdienten oder unverschuldeten Wiedergeburt«, umschreibt. H. von Glasenapp definiert das *Karma* folgendermaßen: »Die Verbindung der Seele und ihres feinen Leibes mit einem bestimmten groben Körper und die dadurch bedingte Existenz in einer bestimmten Daseinsform wird verursacht durch das *Karma*, durch die Summe der guten und bösen Taten, welche in der anfangslosen Kette vergangener Leben von der betreffenden Seele vollbracht worden sind. Die ewige Vergeltungs-Kausalität des *Karma* treibt die Seele ruhelos von einem Dasein zu immer neuen Existenzen; sie ist der innere Grund der natürlichen Verschiedenheit der Individuen, ihrer besonderen Anlagen und ihres Schicksals.«[34]

Die Wunsch-Sphäre endet im oberen Teil des Sockels, wo gleich die Sphäre der Form beginnt. In den 1 300 Reliefs der nun folgenden vier Galerien wird das Leben Gautama Buddhas von seiner Geburt bis zu seiner Predigt in Benares, aufgrund des *Lalitavistara*, geschildert (Abb. 35–38). Doch nur eine Reihe ist der Darstellung nach diesem Manuskript gewidmet. Es folgen Schilderungen nach *Jataka*- und *Avadana*-Legenden, die die guten Taten Buddhas und seine Opferbereitschaft in seinen unzähligen früheren Existenzen zum Vorwurf haben, die den Gläubigen also Vorbild auf den Wegen zur Buddhaschaft sein sollen. *Jatakamala* ist eine Sammlung von vierunddreißig Gedichten, *Jatakas*, die die großen Taten Buddhas in seinen früheren Leben beschreiben. Es sind Episoden der Reïnkarnation, die als Beispiel für die Selbstopferung dienen sollen. *Avadana* oder *Avanda* sind *Jatakas*, in denen Buddha nicht die Hauptfigur ist. Sie beschreiben Taten, die von Bodhisattvas in ihren früheren Leben ausgeführt wurden.

Die nächsten Folgen der Reliefs sind Illustrationen von *Sutra*-Texten, die das Streben nach der höchsten Erleuchtung schildern, vor allem die Geschichte Sudhanas, des Sohnes eines reichen Kaufmanns, der den Wunsch hatte, die höchste Weisheit zu erlangen und deshalb verschiedene Bodhisattvas aufsuchte, so wie es im *Gandavyuha* oder der *Avatamsaka-Sutra* beschrieben wird. Maitreya, der Buddha der Zukunft, und der Bodhisattva Samantabhadra, der im Tantrismus als Manifestation Vairocanas gilt, sind seine spirituellen Lehrer. In der buddhistischen Welt gehört das *Gandawynha* zu den wichtigsten Schriften; diese Schrift wird beschlossen durch das *Bhadratjari*, das das Gelübde Sudhanas enthält, den Bodhisattva Samantabhadva als Vorbild hinzustellen. Mit den Reliefs dieser Erzählungen wird die Bilderreihe auf der letzten Terrasse des *rupadhatu* beschlossen. Ganz folgerichtig leiten sie über zu der formlosen Sphäre – *arupadhatu*, zu den Kreisterrassen mit den kleinen Stupas, von denen jede eine Buddhafigur mit der *Dharmachakra-Mudra*, der Handhaltung des Lehrens, enthält. Die Steinmäntel der kleinen Stupas oder Dagobas sind gitterartig durchbrochene

Steinglocken, sie ruhen auf Lotosblumen-Platten (Abb. 42). Die Öffnungen der Stupas auf den ersten beiden Rundterrassen sind in Diamantform gearbeitet, die der obersten Rundterrasse sind rektangulär.

So endet die Bildserie mit den mythischen Dhyani-Buddhas, die die letzten nicht mehr zu beschreibenden Wahrheiten verkörpern, und dem großen verschlossenen Zentralstupa, der das letzte Geheimnis symbolisiert.

»Schwerlich konnte dieser Übergang in das Ganz-Andere einleuchtender gemacht werden als durch den Wechsel von der reichen bildhaften Anschauung, wie die Legendenreliefs und die schon stärker entsinnlichten Buddhastatuen sie bieten, zur partiellen oder vollständigen Unsichtbarkeit der Buddhas in den reinen Symbolzeichen der Stupas. Mit vollem Recht hat man also den Borobudur als psychophysischen Pilgerweg durch die in den einzelnen Terrassen repräsentierten Weltsphären, Erkenntnisebenen und Erlösungsstufen, als einen steinernen Initiationskursus bezeichnet.«[35]

Borobudur: seine Entdeckung und Restaurierung

Mit dem Niedergang des Königreiches von Mataram um 930 n. Chr. verlagerte sich das politische und kulturelle Schwergewicht von Zentral-Java nach Ost-Java, und der Borobudur geriet allmählich in Vergessenheit, nachdem er 150 Jahre lang nach seiner Vollendung den bedeutendsten Wallfahrtsplatz für die buddhistischen Pilger darstellte. Bald nahm die tropische Vegetation wieder Besitz von dem so kunstvoll ummantelten Hügel. Jahrhunderte gingen darüber hin, bis er schließlich in der kurzen englischen Verwaltungszeit unter Sir Thomas Stamford Raffles von einem Engländer im Jahre 1814 wiederentdeckt wurde; 1815 fanden dann auf Veranlassung Raffles die ersten Investigationen statt. Erst nachdem zweihundert Arbeiter fünfundvierzig Tage lang damit beschäftigt waren, Bäume zu fällen und den zum größten Teil überwucherten Borobudur von Buschwerk zu befreien, konnte man sich ein Bild von seiner Konstruktion machen.

Zwanzig Jahre später entstanden die ersten Daguerrotyp-Fotos eines Deutschen, A. Schaefer; doch an die 5 000 Fotos wären für eine vollständige Dokumentation nötig gewesen, eine für die damalige Zeit unmögliche Aufgabe. Statt dessen bemühte sich F. C. Wilson in den Jahren 1849 bis 1853, Zeichnungen von allen Reliefs, die in dieser Zeit freigelegt wurden, anzufertigen, aber erst 1873 konnten seine Arbeiten in der ersten Monographie über den Borobudur von C. Leemans und J. F. G. Brumund veröffentlicht werden.

Im selben Jahr erhielt ein damals berühmter Fotograf, J. von Kinsbergen, von der ›Batavian Society for Science and Art‹ den Auftrag, fotografische Aufnahmen zu machen, vor allem von den inzwischen neu entdeckten und bis dahin unter Tonnen von Schutt begrabenen 200 Reliefs. 1882 wurden seine Arbeiten gestoppt, man wollte die Skulpturen und Reliefs abtragen und in ein speziell zu diesem Zweck erbautes Museum bringen. Dazu kam es zum Glück jedoch nicht.

Als J. W. Jjzerman im Jahre 1885 die an der Basis des Borobudur ummantelten Reliefs der Wunsch-Sphäre entdeckt hatte, konnten auch von diesen dokumentarische Aufnahmen gemacht werden. Wieder vergingen Jahre, in denen sich die Bedingungen für die Wiederinstandsetzung des Borobudur verschlechterten. Erst im Jahre 1907 konnten die von einem wirklichen Erfolg gekrönten Restaurationsarbeiten wiederaufgenommen werden; sie standen unter der Leitung von Theodor van Erp, dessen Name untrennbar mit dem Borobudur verbunden ist. Er grub die oberen drei Terrassen aus und restaurierte die 72 Stupas und den großen Zentralstupa mit den dazugehörigen Steinen, die weit verstreut umherlagen. Vor allem aber machte er fotografische Aufnahmen von allem, was er in Angriff nahm, vor und nach der Restauration, so daß seine Aufnahmen für alle, die nach ihm die Restaurationsarbeiten fortsetzten, von größter Wichtigkeit waren.

Eine Rekonstruktion der tiefer gelegenen Terrassen und Galerien war bei den beschränkten Mitteln, die van Erp zur Verfügung standen, jedoch nur teilweise möglich. Am wichtigsten erschien ihm zunächst eine Entwässerungsanlage, denn das immer wieder eindringende Regenwasser hatte den erdenen Kern des Monumentes aufgeweicht und die Ummantelung an vielen Stellen gelockert. So konnte van Erp wenigstens einige Balustraden befestigen und die Fragmente, die er fand, sortieren und Stein für Stein wieder an seinen Platz setzen.

Doch den Borobudur wirklich vor dem Zusammenbruch zu retten, dazu reichten die vier Jahre, und vor allem die Mittel, die van Erp zur Verfügung standen, bei weitem nicht aus. Zwei Weltkriege, eine feindliche Besatzung und Revolutionszeiten ließen für lange Zeit weitere geplante Unternehmungen, die Millionen gekostet hätten, ruhen.

Obwohl der Borobudur in der Zeit, in der keine weiteren Restaurierungen vorgenommen wurden, weiterhin durch den Einfluß der Witterung gefährdet war – während der Monsun-Zeit können täglich 100 Millimeter Regen niedergehen, und wenn die Sonne scheint, sind 20 Grad Temperaturschwankungen an einem Tage möglich –, so hat doch andererseits die Überwucherung durch das Pflanzenwerk manche Teile vor dem Verfall bewahrt, denn das gesamte Mauerwerk ist ohne Mörtel, nur nach dem Gesetz der Gravität, zusammengefügt. Aber gerade darin besteht wieder die Gefahr, daß der ganze Komplex, wird er an dieser oder jener Stelle gelockert, zusammenstürzt. Eine derartige Katastrophe könnte von einem seismischen Schock ausgelöst werden, liegt doch der Borobudur in einer Erdbebenzone.

Bevor man nun bei den Verhandlungen, die zwischen der jetzigen indonesischen Regierung und der UNESCO geführt wurden, zu einem Ergebnis kam, gab es manche Kontroverse zwischen den Experten. Würde es nötig sein, das ganze Monument Stein für Stein abzutragen, zu säubern und wieder neu aufzubauen? Wird man die Terrasse befestigen können, ohne das Gleichgewicht des ganzen Baus zu gefährden? Können die Reliefs am Platz gesäubert werden, oder muß man sie in Laboratorien schaffen?

Punktuelle Restaurierungsmaßnahmen hätten den erhofften Erfolg sicherlich nicht gewährleistet. Ein kühner Plan wurde erarbeitet: Die Terrassen sollten abgetragen und später wieder aufgebaut werden; gleichzeitig sollten Entwässerungsanlagen in die Mauern und unter die Böden gelegt werden. Um eine gewisse notwendige Beweglichkeit des Denkmals zu erhalten, zugleich aber die geforderte Stabilität zu garantieren, wurde unter jede der Galerien ein ringförmiges Fundament gezogen. Weiterhin wurde in die Zwischenräume eine Kombination aus Filterschichten und wasserundurchlässigen Materialien eingefügt.

Der Entstehung dieses Planes gingen Untersuchungen und Beratungen von Spezialisten aus verschiedensten Fachrichtungen voraus: Archäologie, Architektur, Chemie, Restaurierungstechnik, Makroseismik, Bauingenieurwesen, Geologie, Geophysik, Hydrologie, Imprägnierungstechnik, Landschaftsplanung, Meteorologie, Mikrobiologie, Petrographie, Physik, Dynamische Geologie, Photogrammetrie ...

Die Zusammenarbeit von Fachleuten vieler Nationalitäten erwies sich als sehr fruchtbar. Gelenkt wurden die Arbeiten von der *Badan Pemugaran Candi Borobodur* (einer 1971 gegründeten Agentur, die speziell für die Durchführung dieses Projektes ins Leben gerufen wurde) zusammen mit einem von der UNESCO ernannten Koordinator.

Nach weiteren Planungen und der Sicherstellung der Finanzierung konnte 1975 mit den Arbeiten an der Nordseite begonnen werden. Sieben Jahre waren nach der Zerlegung für die Restauration veranschlagt.

Um systematisch zu verfahren, wurde jeder Block katalogisiert, numeriert und zur nächstgelegenen Werkstatt transportiert. Hier mußte sich der Stein einer »Kur« unterziehen, die vom Reinigen mit Wasser oder einer Trockenbürste bis hin zur »Gesichtsmaske« aus Ton oder chemischen Bestandteilen gehen konnte. 1 Mio. Steine wurden so hin und her befördert. 10 000 mußten identifiziert werden, da sie sich im Laufe der Zeit gelöst hatten und nicht mehr an ihrem Platz standen.

Trotz dieses immensen Unternehmens wurden im Oktober 1982 die Restaurierungsarbeiten vollendet. Nach einigen Vorbereitungen konnte am 23. Februar 1983 die große Einweihungsfeier durch den Präsidenten der Republik Indonesien stattfinden. Das Projekt verschlang 20 Mio. US Dollar; die indonesische Regierung steuerte zwei Drittel bei. Das Ziel, der Nachwelt ein kulturelles Erbe zu erhalten, war durch internationale Zusammenarbeit und Hilfe gelungen.

Die Ummantelung des Sockels soll an einer der vier Ecken etwa 15 m entfernt bleiben, so daß die Besucher auch einen Eindruck von den sehr schönen und interessanten Reliefs am Fuß des Monumentes bekommen können. Geplant ist auch der Bau eines Museums in der Nähe des Monumentes, in dem Abgüsse aller Sockelreliefs – ein Band von fast 400 m Länge – gezeigt werden sollen.

Östlich vom Borobudur hat im Jahre 1934 ein buddhistischer Priester namens Navada Mahatera einen Bodhi-Baum gepflanzt. So nannte man später den Tippal-Baum, der zur Gattung der Feigenbäume gehört und dem die Botaniker den Namen *Ficus religiosa* gegeben haben. Unter einem solchen Baum sitzend, kam Buddha zur Erleuchtung *(bodhi)*. Von diesem ältesten historischen Baum soll im Jahre 234 ein Zweig beim Thuparamaga-Dagoba in Ceylon gepflanzt worden sein, von dem wiederum der Ableger auf Java stammt. Hier feiern jedes Jahr in einer Vollmondnacht die Neo-Buddhisten im April oder Mai gleichzeitig den Geburtstag Buddhas und seinen Einzug in das Nirvana.

Aber auch Andersgläubige suchen zu jeder Zeit das nur 31 km von Yogyakarta gelegene Heiligtum auf. Durch das steinerne Gitter eines Stupa versuchen sie die Dhyani-Buddha-Figur zu berühren, was ihnen Glück für die Zukunft verspricht (Abb. 40). Und wenn die Pilger das steinerne Abbild des mahâyâna-buddhistischen Weltbildes erstiegen und die formlose Sphäre erreicht haben, wo die Wälle und Balustraden frei sind von Ornamenten, dann verlieren sich ihre Gedanken im grenzenlosen All, im leuchtend blauen tropischen Himmel mit seinem ewigen Frieden.

Mendut und Pawon

Nur 3 Kilometer östlich vom Borobudur befindet sich das zweitwichtigste buddhistische Heiligtum, der Candi Mendut (Abb. 46), und zwischen beiden, genau auf der West-Ost-Linie, 1750 Meter vom Borobudur entfernt, der kleinere Candi Pawon. Beide sind buddhistische Candis, und beide sind auch in derselben Epoche, zur Zeit der Shailendra-Dynastie, entstanden. Schon van Erp war der Ansicht, daß dies kein reiner Zufall war, sondern daß zwischen allen drei Monumenten eine enge Beziehung bestanden hat, zumal ihre ornamentale Ausschmückung in der Diktion und im Stil verwandt ist. Einer lokalen Legende nach sollen alle drei Tempel ursprünglich durch eine überdachte Straße miteinander verbunden gewesen sein. Und wir können uns gut vorstellen, daß der lange Zug der Pilger in orangefarbenen Gewändern gelegentlich der Vaisakha-Zeremonien beim Mendut-Tempel startete, und daß die grandiose Prozession der andächtigen Pilger, Weihrauch und Blumen spendend, durch den Pawon-Tempel zum Borobudur zog.

Der Mahâyâna-Buddhismus schreibt vor, daß jeder, der die Buddhaschaft erreichen will, zehn Stadien der Bodhisattvas durchmachen muß; dieser Vorgang wird *dasabodhisattvabhumi* genannt, und der Borobudur repräsentiert *dasabodhisattvabhumi* in seinen zehn Terrassen in plastischer Darstellung. Doch niemand kann diese Welt jenseits unseres Daseins erreichen, bevor er nicht zwei Stationen der Vorbereitung passiert hat, *sambharamarga* und *prayogamarga,* die noch Teile unserer irdischen Welt sind. Im Gegensatz zum Borobudur sind beide Tempel, Mendut und Pawon, im flachen Land errichtet. Sie können also sehr wohl die beiden vorbereitenden Stationen symbolisieren.

Candi Mendut in seinem jetzigen Teil ist 26,5 m hoch. Er ist nicht das einzige Bauwerk inmitten eines Tempelgrundes von 50 x 110 m, doch er war der Haupttempel und konnte vor der völligen Zerstörung bewahrt werden. Der Tempel gleicht mit seinem breiten Podest, seinem hohen zentralen Baukörper und mit seinem steilen pyramidalen Dach, das einst wohl von einem großen Stupa gekrönt war, den meisten Tempeln Zentral-Javas. Eine Reihe kleiner Stupas auf dem treppenförmigen Dach ist erhalten geblieben. Seine Hauptfassade liegt im Gegensatz zu den übrigen Tempeln in nordwestlicher Richtung. Ort, Anlage, Orientierung und Aufbau weisen auf eine tiefgehende Symbolhaftigkeit hin. Es scheint sogar, daß »die drei Tempel Borobudur, Mendut und Pawon untereinander auf Grund astronomischer und spekulativer Vorstellungen und Berechnungen verbunden sind, und daß sie in einem bestimmten Situationsverhältnis zueinander stehen«[36].

Der Sockel des Mendut-Tempels ist ein zwanzigeckiges Quadrat, das sich nach oben verjüngt, nach unten aber zu einem länglichen Rechteck erweitert. Die Treppe, die mit vierzehn Stufen zum Sockel hinaufführt, ist 4,82 m breit und 3,60 m hoch (Abb. 46). Die Treppenflügel sind durch *kala-makara*-Motive eingefaßt. Aus dem geöffneten *kala*-Rachen stürzt von oben der *makara*-Leib als Geländer herab und endet in einem gewaltigen *makara*-Kopf. Besonders schön sind die kleinen figürlichen Reliefs an der linken Außenseite der Treppenflügel. Sie ähneln im Stil denen des Borobudur und stellen *Jataka*-Erzählungen und Fabeln aus dem früheren Leben Buddhas dar.

Die Reliefs liegen in vier Reihen im Dreieck des Treppenflügels übereinander und sind zum Teil dreieckig. Die obere Reihe des linken Flügels ist sehr beschädigt. Das vordere Langrelief der unteren Reihe stellt zwei Knaben dar, die ihren Bogen spannen, um nach zwei Gänsen zu schießen, die eine Schildkröte emportragen (Abb. 44, 45). Darunter der Streit um die Schildkröte. Die Tafel daneben zeigt einen Brahmanen im Gespräch mit einem Mann. In dem kleinen Dreiecksbild ist eine Schlange zu sehen, die aus einer Höhle herauskommt, davor ein Wiesel. Das rechte Relief der zweiten Reihe zeigt einen Brahmanen; davor ein Krebs, der mit den Scheren den Hals einer Krähe und einer Schlange umfaßt.

Candi Mendut, Aufriß und Grundriß

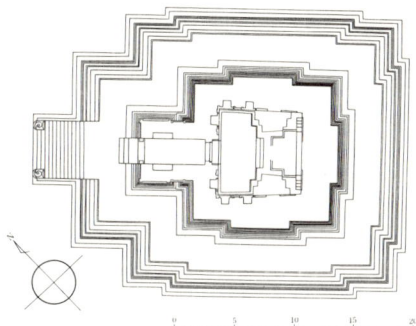

Dies geht auf eine Fabel zurück, wonach ein Krebs aus Dankbarkeit einen Brahmanen rettete, indem er der Krähe und der Schlange den Hals zudrückte, da beide beabsichtigten, den Brahmanen zu töten. Auf dem anderen Relief derselben Reihe sehen wir einen liegenden Mann, den Kopf im Schoße einer Frau. Eine andere Frau schürt das Feuer auf dem Herd. Im anschließenden Dreieck sitzt ein Affe, gegen einen Baum gelehnt.

Um das Fundament des Mendut zieht sich ein Band mit einunddreißig Paneelen, deren Reliefs zum Teil rein dekorative Muster, zum Teil auch Szenen aus den *Jatakas* darstellen. Die Dekorationen bestehen aus Tieren und aus Vasen mit zwei oder vier Spiralranken.

Am eigentlichen Tempelkern sind die Außenwände in drei Teile geteilt. Alle sind an den Pilasterrändern durch ein breites Band mit Ranken-Blattwerk geschmückt, an die sich reliefierte Halbpilaster mit *makara*-Köpfen anschließen. Das mittlere Paneel der Nord-Ost-Wand zeigt eine achtarmige Gottheit, die auf einem *padmasana*-Thron sitzt, der von zwei stehenden Figuren flankiert ist. Auf den Seitenpaneelen sind sieben Figuren erhalten; die eine steht auf einem Postament unter einem Baldachin. Das Mittelpaneel der Süd-West-Seite zeigt eine vierarmige Figur, von anderen sitzenden Figuren flankiert, zwei reich verzierte Bäume und zwei Figuren in den Wolken. »Wenn diese Bilder vielleicht auch noch nicht mit Brahma, Shiva und Durga zu deuten sind, so haben wir es hier doch bereits in unmittelbarer Nähe des Borobudur mit shivaistischen Vermischungen zu tun.«[37]

Im Gegensatz zum Borobudur besitzt der Candi Mendut eine Tempelkammer, deren hintere Wand 6,8 m und die vordere 7,3 m lang ist. Ihre pyramidale Decke ist 4 m hoch. Doch was den Candi Mendut ganz besonders interessant und wertvoll macht, sind die Bildwerke, die zum Glück erhalten geblieben sind. Die drei Statuen sind je aus einem einzigen harten, feingeschliffenen Trachytblock gemeißelt. Sie sitzen auf einem Podest, in der Mitte die drei Meter hohe Buddha-Statue mit herabhängenden Beinen, die Füße auf ein Lotoskissen gestützt, die Hände vor der Brust in der *Dharmachakra-Mudra,* der Handhaltung der Lehre (Abb. 47).

Die Lehne des Thronsitzes ist mit seitlich liegenden Elefanten, aufrechtstehenden Löwen und *makara*-Köpfen darüber geschmückt. Zu beiden Seiten dieser Figur sitzen auf kleineren Podesten zwei Bodhisattva-Figuren. Die Hauptfigur in der Mitte ist ausnehmend bescheiden bekleidet, während die beiden Bodhisattvas auffallend reiche und elegante Kleidung tragen.

Mehrere Theorien sind zur Erklärung des Pantheons vom Candi Mendut aufgestellt worden. Gronemann gibt an, das nordwestliche Bildwerk mit der Krone stelle den König jenes buddhistischen Reiches dar, unter dessen Regierung der Borobudur gebaut wurde, und das andere seinen noch nicht buddhistischen Vorgänger. Beide Bilder stünden gemeinsam unter dem Segen des »Einzigen Buddhas, des Welterlösers«. Unter dem Mittelbild wäre deshalb auch nicht ein Dhyani-Buddha zu verstehen. Der Tempel beherberge daher auch die Asche beider Fürsten[38]. Dagegen sieht F. Wagner in Mendut einen echten buddhistischen Tempel, nicht ein Grabmal.

Noch heute ist dieser Tempel für die Javaner, die allem Mystischen besonders aufgeschlossen sind, ein Platz aufrichtiger Verehrung. Immer werden wir in der Cella, die eine so heitere eigene Ruhe ausstrahlt, Blumen und Weihrauch spendende Gläubige finden.

Sehr ähnlich dem Candi Mendut ist der Candi Pawon, sowohl im Bau wie auch in der topographischen Ausrichtung, jedoch ohne den langen Portalvorbau. Der Pawon stammt ebenfalls aus der Zeit des Borobudur. »Ein Bild des Lebens, das vom Tode zeugt und mit dem Tode wieder aufwächst«, wie Gronemann schreibt. Neben dem Tempel stand früher ein mächtiger Kattunbaum, der den Tempel zu erdrücken drohte. Im Jahre 1903 wurde der Pawon wieder vollkommen aufgebaut. Man zweifelt aber, ob das Dach mit seinen Dagobas früher wirklich so ausgesehen hat. Im übrigen scheint er jedoch seine originale Form wiedererhalten zu haben.

Die Wände des Tempelkerns sind wie beim Mendut in drei Paneele eingeteilt: im mittleren ein Wunschbaum von zwei *Kinnaris* (halb Mensch, halb Vogel) und in den Wolken je eine männliche und eine weibliche Figur. Über dem Bild eine Vase mit Lotos. Die beiden seitlichen Paneele stellen stehende weibliche und männliche Gestalten dar. Die Statuen im Innern der Cella mit den zwei Nischen sind verschwunden. Die Decke ist ein falsches Gewölbe, wie beim Mendut.

Der Name des Tempels gibt uns vielleicht den Schlüssel zu seiner Bedeutung. Die Wurzel des Wortes Pawon ist *awu* – Asche, das Präfix *pa* und das Suffix *an* bedeutet Lage oder Platz; *pa-awu-an*, zusammengezogen in *pawon*, bedeutet also ›Platz der Asche‹. In der javanischen Umgangssprache bedeutet *pawon* ›Küche‹, doch hier in unserem Falle könnte man *pawon* mit ›Begräbnisasche‹ interpretieren. Bei den heutigen Bewohnern der Gegend wird der Tempel auch *Bradjanalan* genannt. Der Name kommt von den Sanskrit-Wörtern *vajra* = Blitz und *anala* = Feuer. Demnach bedeutet *vajranala* ›Blitz, der Feuer sprüht‹. In der indischen Mythologie hat der Gott Indra *vajranala* als Wappen. Möglich wäre demnach, daß hier die Asche eines Königs beigesetzt ist, der sich für die Inkarnation des Gottes Indra hielt und dessen Standbild sich ehemals in dem Tempel befand. Aber das ist eine Hypothese, die wiederum auf den Synkretismus zwischen dem Hinduismus und dem Buddhismus hinweist.

Inzwischen ist ein Dokument aus dem 9. Jahrhundert entziffert worden, nach dem Dr. J. G. Casparis, ein holländischer Schriftkundiger, den Stammbaum von drei aufeinanderfolgenden Herrschern der Shailendra-Dynastie feststellen konnte: König Indra, sein Sohn Samaratunga und dessen Tochter Pramodawardhani. Die Inschrift wurde in dem Dorf Karangtengha gefunden, sie wurde von König Samaratunga 824 n. Chr. verfaßt. Darin heißt es, daß sein Vater, König Indra, ein Heiligtum errichtet habe namens *Venuvana*, was ›Bambushain‹ bedeutet. Casparis meint, daß dies der Candi Mendut gewesen sein müßte. Demnach wäre also dieser Tempel vor dem

Tode König Indras errichtet worden. In der Schrift heißt es weiter, daß König Indras Asche an einem besonderen Platz beigesetzt ist, dessen Lage nicht angegeben ist. Vielleicht war es, wie schon erwähnt, der Candi Pawon.

Beide Heiligtümer sind Juwele der javanischen Tempelarchitektur, und man weiß nicht, welchem von beiden man den Vorzug geben soll. Auf jeden Fall sollte man nicht versäumen, sie zu besichtigen, zumal sie in unmittelbarer Nähe des Borobudur liegen.

Prambanan

Der Prambanan liegt 16 km von Yogyakarta entfernt, er ist der imposanteste und bedeutendste Tempelkomplex der südlichen Gruppe. Diese großartige Tempelanlage war das bedeutendste Grab- und Mahnmal in Zentral-Java. Leider sind die kleinen Grabmonumente fast alle zerstört, doch von der Gesamtanordnung können wir uns noch ein Bild machen. Der ganze Tempelkomplex umfaßte einst 232 Bauten. Er wird gewöhnlich nach dem benachbarten Dorf Prambanan benannt.

Die kolossale Tempelanlage ist während der shivaitischen Dynastie von Mataram erbaut worden. Im 8. Jahrhundert wurde mit der Anlage begonnen, und um 915 soll der Haupttempel Lara Jonggrang von König Daksha beendet worden sein. Auf jeden Fall konnte der Prambanan nicht während der Regierung *eines* Königs erbaut worden sein. Im Jahre 1549 sind bei einem schrecklichen Erdbeben alle Bauten fast gänzlich zusammengestürzt, und noch im vorigen Jahrhundert holte man aus den Trümmern Steine zum Straßenbau und zum Bau von Zuckerfabriken. 1937 wurde unter großen Schwierigkeiten mit der Rekonstruktion der Haupttempel begonnen. Die Arbeiten, bei denen viele neue Steine verwendet werden mußten, konnten erst 1953 beendet werden. Die Wiederherstellung ist sehr sorgfältig und mit großer Sachkenntnis von der ›Archäologischen Denkmalspflege Indonesiens‹ vorgenommen worden, so daß wir die Haupttempel heute wieder in ihrer ganzen Pracht bewundern können. Die Rekonstruktion erfolgte nach der Methode der Anastylose, die auch beim Borobudur und beim Ankor Wat zur Anwendung kam. Jeder Stein des Trümmerfeldes wurde in seiner Lage sorgfältig bezeichnet, numeriert, und sein Dekor wurde genau studiert. So konnte man herausfinden, wo die Steine ursprünglich gesessen haben, ein gigantisches Puzzle, bei dem fehlende Partien ergänzt werden mußten.

Einer Inschrift aus dem 9. Jahrhundert zufolge soll der Name Prambanan von dem Namen des Dorfes Parawan abgeleitet worden sein, dessen Einwohner verpflichtet waren, die einzelnen Tempel zu unterhalten. Dafür wurden ihnen vom König die Steuern erlassen. Andererseits glaubt man auch, den Namen von dem Wort *Brahmana* ableiten zu können, aus dem dann Brambanan und später Prambanan wurde.

Der Komplex des Prambanan grenzt unmittelbar an den Opak-Fluß, der einer Überlieferung nach früher mitten durch das Tempelgelände floß, aber nach Westen umgeleitet wurde, bevor noch mit den Bauanlagen begonnen wurde. Auch hier befinden

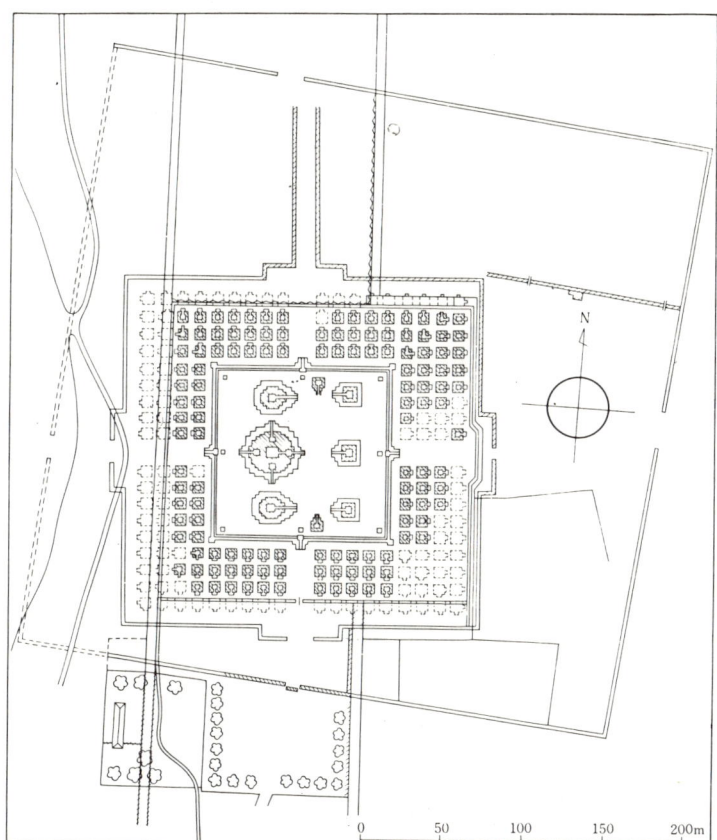

Der Tempelkomplex
des Prambanan

| 0 | 50 | 100 | 150 | 200m |

wir uns in einer bezaubernden Landschaft mit Reisfeldern, dem Gunung Kidul im Süden und dem immer noch aktiven und gefährlichen Vulkan Merapi im Norden, der von sechs Stationen aus von Vulkanologen ständig bewacht wird und somit der best-beobachtete Vulkan Indonesiens ist.

Die Tempelanlage besteht aus acht Tempeln, die in der Mitte auf einer erhöhten rechteckigen Terrasse stehen, und aus vier Reihen kleiner Candis. Der größte Tempel, Lara Jonggrang, ist Shiva geweiht, er liegt in der Mitte (Abb. 48, 50); südlich davon (vom Betrachter links) steht der Tempel Brahmas und nördlich der Tempel Vishnus. Ihnen gegenüber befinden sich die drei Tempel der mythischen Reittiere der *trimurti*, doch nur das Bildnis des Stieres Nandi, des Reittiers Shivas, ist noch vorhanden (Abb. 54). Die Terrasse wird von zwei kleineren Tempeln flankiert, die möglicherweise als Schatzkammern gedient haben (Abb. 49). Die Hauptterrasse ist von drei Ringmauern umzogen. Zwischen der ersten und zweiten, von der Mitte aus gerechnet, liegen 156 kleine Tempel, von denen nur ein Teil restauriert ist, die man als Grabmonument der »Mönchsbrüderschaft« (K. With) gedeutet hat. Die drei Tempelreihen steigen jeweils nach der Mitte zu terrassenförmig an.

Shiva, die dritte Gestalt der *trimurti,* genoß in Java besondere Verehrung. Shiva ist der Verderber der Schöpfung und zugleich ihr Erneuerer, er wurde in Java von seinen Verehrern zum *Mahadeva,* dem ›großen Gott‹, erhoben; so wurde ihm hier auch der größte Tempel gebaut. Sein Symbol als fortdauernder Erneuerer ist das *Lingam,* der Phallus. Als *Mahadeva* wird er mit einem oder fünf Köpfen dargestellt, auf Java jedoch meist nur mit einem, und meist stehend auf einem Lotoskissen, mit Hinterstück und Aureole, meist als Schlange.

Der Prambanan vertritt die Epoche des Synkretismus, der Vermischung buddhistischer und shivaistischer Elemente. In diesem Zusammenhang gelten alle als die *Avâtaras* des einen Buddha, um als Shiva, Buddha, Indra, Agni, Kuwera etc. aufzutreten. Nur in der Erscheinungsform sind alle diese Götter verschieden. So konnte dieser Tempel trotz seiner shivaistischen Apotheose ein Grabbau für Mönche des späteren Mahâyâna-Buddhismus sein.

Der Lara Jonggrang *(Djonggrang),* nach dem ursprünglichen Plan wieder neu aufgebaut, erhebt sich 46 m hoch. Der Tempelkern steht auf einem gleichförmigen, kräftig vorstehenden Unterbau in Form eines Zwanzigecks mit einer großen Osttreppe zur Haupt-Cella und drei Treppen an den anderen Seiten zu den Neben-Cella. Der Tem-

Die Anlage des Prambanan mit den acht Tempeln. Daneben der Grundriß des Shiva-Tempels Lara Jonggrang

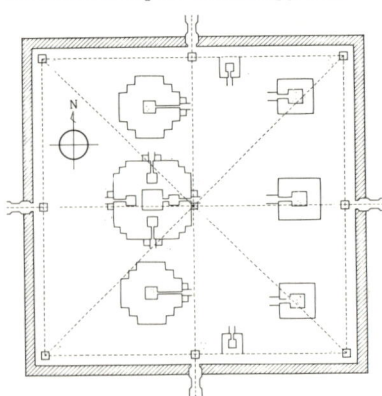

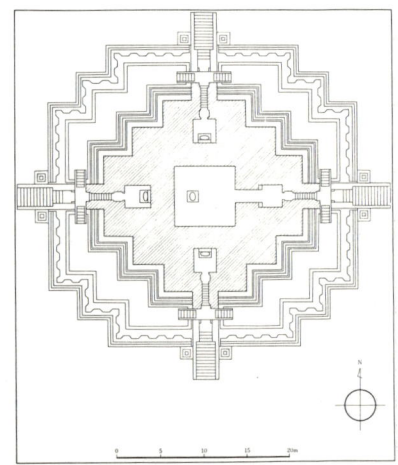

pel ist überaus reich dekoriert. Am Sockel finden wir in vielfacher Wiederholung das
sogenannte Prambanan-Motiv (Abb. 53): in einer kleinen Nische ein frontal gestellter
Löwe mit einem Lebens- oder Himmelsbaum an jeder Seite, und an deren Stämmen
je zwei *Kinnaris* (mythologische Vogelgestalten mit dem Oberkörper einer Frau). Die
Treppen sind wieder umgeben mit *makara*-Figuren. Jede Treppe endet etwas höher
als der zwei Meter breite Umgang in einem Tor von der Form eines Candi. Von hier
aus führen je ein Steinpfad weiter zu den vier Cella und kleinere Treppen nach rechts
und links zu dem Umgang. Alle Bögen und Toreingänge haben ein reiches Schmuckwerk mit *kala*-Köpfen in der Mitte (Abb. 48). An den Ecken des Candi sind Wasserspeier mit *kala-makara*-Ornamenten angebracht.

Der shivaitische Candi Lara Jonggrang galt ebenso wie der buddhistische Borobudur als Symbol des Kosmos, und zwar in der Vertikalen dreigeteilt. Demnach stellt
die Basis die »untere Welt«, die Stufe des gewöhnlichen Menschen dar. Der Tempelkern bedeutet die »Mittlere Welt«, sie ist den Menschen vorbehalten, die über welt-
liche Dinge erhaben sind. Der oberste Teil, also der Tempelabschluß, ist der »Sitz der
Götter«. Der Candi Lara Jonggrang birgt vier Tempelkammern. Im Gegensatz zu den
anderen drei Innenräumen sind die Wände der Haupt-Cella von oben bis unten reich
verziert. Die Ornamentik besteht aus aufsteigenden Rankenspiralen, Medaillonmustern
und kleinen eingerahmten Vasenpaneelen. An der Rückwand steht dann die drei Meter
hohe Hauptfigur, Shiva als *Maha-Deva*, als oberster Gott. Links und rechts vom Ein-
gangstor die Figuren *Maha-Kala* und *Nandisvara*, beides Verkörperungen von Shiva.
Die Statuen sind aus demselben Material gearbeitet wie der Tempelbau, aus Andesit-
Lava.

In der Süd-Cella sehen wir die Figur Shivas als *Maha-Guru*, als obersten Lehrer, in
der West-Cella Ganesha mit Elefantenkopf und menschlichem Körper, den Sohn Shivas
als Gott der Weisheit, und in der Nord-Cella steht Durga, seine Gattin, auf dem
Büffeldämon *Mahisasura*, den sie tötet.

Die Galerie, die den Tempelkern umläuft, ist nach außen durch eine breite Mauer
abgeschlossen, auf der sich eine große Anzahl Stupas oder Lingams erheben. Sie können
beides bedeuten, »vielleicht ein buddhistischer Einschlag in diesem shivaitischen Bauwerk«[39].

Die Balustrade oder Brustwehr der Galerie ist innen und außen mit Reliefs geschmückt. Die Dekoration an der Außenwand besteht abwechselnd aus Nischen und
zurückspringenden Paneelen. Die Nischen sind eingerahmt und plastisch mit kleinen
kala-Köpfen und kleinen Löwen oder Papageien verziert. Die Nischen enthalten je
eine Gruppe fast freistehender Figuren: zwei Frauen mit einem Mann in der Mitte
oder drei Frauen. Sie stellen *Apsarasas* dar, nymphenähnliche Wesen aus Indras Himmel. Die zurückspringenden Felder zwischen den Nischen enthalten je drei stehende
Männergestalten. Die Innenwand der Balustrade trägt zweiundvierzig Basreliefs, die
einen Teil der Ramayana-Legende darstellen (Abb. 51, 52). Um dem Verlauf der
Erzählung zu folgen, muß man die östliche Treppe hinaufgehen und links wieder zur

Galerie. Zur Seite dieser Treppen, auch bei denen von den anderen Zugängen, also achtmal vorkommend, sind Reliefs von den beiden Hauptfiguren der Legende, von Rama und Sita, angebracht.

Die Legende schildert die Schicksale Ramas oder Ramachandras, des ›Mondgleichen‹, der Verkörperung Vishnus in seiner siebenten Reïnkarnation, und die seiner Gemahlin Sita. Das Gedicht, das 50 000 Verse enthält, ist in einer Epoche entstanden, die sich nicht mehr datieren läßt, man nimmt jedoch das 5. vorchristliche Jahrhundert an. Als Verfasser wird der mehr oder weniger legendäre Dichter Valmiki genannt. Die jetzige Form der Legende, die immer noch in den Dramen und bei den Schattenspielen lebendig ist und sich im Volk großer Beliebtheit erfreut, stammt aus neuerer Zeit. Das ganze Gedicht ist ein »phantastischer Abenteurer- und Liebesroman auf mythisch-heroischer Grundlage«[40].

Das Epos ist eingeteilt in sieben Kanda-Bücher. Das erste schildert die Jugend Ramas, das zweite die Verbannung Ramas durch seinen Vater Dasjaratha in die Wildnis und den Kampf gegen die *raksasas*, die Riesen; das dritte Buch beschreibt Ramas Leben in der Wildnis und den Raub seiner Gemahlin Sita, die durch den Dämon Ravana nach Langka (Ceylon) entführt wird; das vierte Buch zeigt den Aufenthalt Ramas in Kishkindhya, der Hauptstadt des Affenkönigs Hanuman; das fünfte Buch schildert Ramas Fahrt nach Ceylon und seine Ankunft, das sechste Buch Kampf und Sieg über Ravana und die Wiedereinsetzung Ramas in Ayodhya; das siebente Buch schließlich beschreibt die Verbannung Sitas, die Geburt ihrer Zwillingssöhne, Beweis ihrer Unschuld und Treue, ihren Tod und Ramas Entschluß, ihr zu folgen, und den Einzug beider in den Himmel. Die Hauptszenen des Epos behandeln den Kampf gegen die Dämonen und die Wiederauffindung der geraubten Sita mit Hilfe des Affenvolkes.

Die Reliefs der Galerie des Lara Jonggrang behandeln die Legende vom Anfang bis zum Brückenbau nach Ceylon, dem Gebiet des Dämonen Ravana. Die Fortsetzung der Rama-Erzählung finden wir an der Innenmauer des Brahma-Tempels in dreißig Basreliefs dargestellt.

Die vierte Reliefreihe ist hoch oben über der Galerie an den Wänden des Shiva-Tempels angebracht. Sie umfaßt vierundzwanzig Reliefs mit dem gleichen Motiv: in der Mitte ein Götterbild auf einem Thron, daneben zu beiden Seiten je ein Paneel mit zwei bis drei männlichen oder weiblichen Gestalten.

Der Brahma-Tempel und der Vishnu-Tempel haben nur einen Eingang nach Osten zu und eine Cella. Beide Tempel waren weitgehend zerstört und sind nur teilweise wieder aufgebaut.

Die Reliefreihen an den Balustraden des Brahma-Tempels haben, wie schon erwähnt, die Fortsetzung des Ramayana-Epos zum Vorwurf, die des Vishnu-Tempels Szenen aus dem Krishnyana, einem alt-javanischen Epos, und zwar sind Vorgänge aus Krishnas Jugend geschildert.

Bei der »hierarchisch bestimmten Einteilung« des ganzen Komplexes hätte man eigentlich erwartet, daß der Haupttempel im Schnittpunkt der Diagonalen des zentralen Tempelhofes liege. Das ist jedoch nicht der Fall. Der Schnittpunkt der Diagonalen befindet sich an dem Vorbau der linken Seite der Haupttreppe zum Lara Jonggrang, und gerade an dieser Stelle wurde bei den Restaurationsarbeiten unter einer Statue der Gottheit ein Hohlraum entdeckt, in dem sich eine Urne mit Asche und Beigaben befand. »Dies war offensichtlich der eigentliche Mittelpunkt des Ganzen, und auf diese subtile Art hat der Erbauer auch den eigentlichen Charakter des Bauwerkes bezeichnet, ein Grabmonument für einen unter die Götter versetzten Fürsten, dessen Asche hier beigesetzt ist.«[41]

Sewu und Plaosan

Etwa 2 km von der Nordostseite des Prambanan entfernt liegt die große buddhistische Tempelgruppe Sewu, die umfangreichste Javas. Auf einer Grundfläche von 24 Hektar befinden sich im ganzen 246 Tempelgebäude. In der Mitte steht der Haupttempel mit vier Treppen um den Haupteingang im Osten. An der Süd-, West- und Nordseite des Haupttempels sind Annex-Bauten mit je einem Innenraum angeschlossen, so daß sein Grundriß die Form eines breitarmigen Kreuzes bekommt. Der ganze Komplex ist von einer Ringmauer eingeschlossen mit je einem Zugang von jeder Seite, der jeweils von zwei *rakshakas* oder *dvarapalas*, drei Meter hohen, mit Keulen bewaffneten Wächterfiguren bewacht ist (Abb. 55). Die ganze Anlage ist ähnlich wie die des Prambanan und des Plaosan. Anschließend an den Haupttempel liegen zwischen zwei Ringmauern vier Quadratreihen von Nebentempeln.

Die erste Reihe zählt achtundzwanzig Nebentempel, und die zweite vierundvierzig. Dann folgt ein weiterer Zwischenraum, auf dem fünf größere Tempel als die Nebentempel stehen, zwei an der westlichen und zwei an der östlichen und nur einer auf der nördlichen Seite. Dann folgen wieder zwei Reihen Nebentempel, die erste mit achtzig und die zweite mit achtundachtzig dieser Tempel.

Sowohl der Haupttempel wie die Nebentempel sind reich verziert. Blumenmotive wechseln mit Medaillonmustern an den Mittelpaneelen der Anbauten des Haupttempels. In den Medaillons sind Löwen und Hirsche abgebildet. Die Seitenpaneele zeigen hauptsächlich Rautenmuster. Außergewöhnlich ist hier die orientalische Bogenform an den Nischen.

Die Wände der Hauptkammer sind im Gegensatz zu den Seiten-Cella unverziert. Für die Aufstellung von Figuren boten nur die Außenwände des Tempels Gelegenheit in den acht Ecknischen und der Dachnische, dagegen war im Innern außer der Haupt-Cella für neunundvierzig Statuen Platz geschaffen. In der Mittelkammer soll ein riesiger Buddha, noch größer als der von Mendut, aus Bronze gesessen haben (nach Brandes). Die übrigen Buddha-Statuen befinden sich heute im Museum von Jakarta.

Der Architektur und dem Stil der Ornamente und Plastiken nach zu urteilen, glaubt man, daß der Candi Sewu in der zweiten Hälfte des 8. Jahrhunderts entstanden ist,

möglicherweise zur Zeit des Königs Cri Maharaja Panagkaran der Shailendra-Dynastie.

Nur $1^1/_2$ km von Candi Sewu entfernt liegt der Candi Plaosan. Der Tempelkomplex
ist in fünf in nord-südlicher Richtung nebeneinanderliegende Parzellen aufgeteilt. In
der Mitte der zweiten Parzelle, von Norden aus gesehen, liegen zwei große Tempel,
durch eine Ringmauer voneinander getrennt. Die beiden Tempel sind von zwei Stein-
mauern eingeschlossen. Der äußere Ringwall hat zwei Tore, vor jedem Tor wiederum
zwei *rakshakas*. Die beiden großen Tempel – K. With nennt sie »Klosterbauten« – sind
einander gleich; der südliche wurde 1960 restauriert. Die beiden Tempel, je ein läng-
licher Vierkant mit acht Stufen als Aufgang und mit dem Eingang im Westen, sind
überreich mit ornamentalem und figurativem Schmuck verziert.

Der restaurierte Tempel läßt erkennen, daß seine Architektur sehr ähnlich der des
Tempels von Sari ist. Vor dem Tempeleingang befindet sich ein Anbau, gleichsam ein
Vestibül. Das Innere ist in drei Räume aufgeteilt. In jedem Raum müssen früher einmal drei Standbilder gewesen sein. Die Lotussitze sind noch vorhanden. Die Anordnung der Sitze läßt vermuten, daß auch hier eine Buddha-Statue in der Mitte, von
zwei Bodhisattvas flankiert, gestanden hat. Vertiefungen in den Mauern zum Einsetzen von Balken lassen erkennen, daß der Tempel einen Oberstock besaß und der
Fußboden aus Holz bestand; er könnte ein Wohnraum für die Priester oder ein Auf-
bewahrungsplatz für Zeremonialgeräte gewesen sein.

Die vielen Nebentempel sind fast alle bei dem starken Erdbeben von 1867 zusam-
mengefallen. Unter den Trümmern fand man später einen Stein mit einer Inschrift,
die als Erbauer des Candi Plaosan den Shailendra-König Rakai Pikatan und die
Jahreszahl 850 n. Chr. angibt. Dies war eine Zeit, zu der der Hinduismus und der
Buddhismus sich friedlich nebeneinander behaupteten.

Kalasan und Sari

Am Wege von Yogyakarta zum Prambanan liegt zur rechten Hand, 14 km von Yogyakarta entfernt, der Kalasan-Tempel, er liegt also südlich vom Merapi und westlich
vom Opak-Fluß und ist der älteste datierte Tempel Mittel-Javas. Durch eine *Nagari*-
Inschrift auf einem Stein sind wir über die Geschichte des Tempels unterrichtet. Die
Nagari-Schrift stammt aus der nordöstlichen Gegend Indiens. Sie wurde von den
Buddhisten in Indien und später in Indonesien bei Inschriften von Sanskrit-Texten
auf Steinen verwendet. In der Inschrift von Kalasan heißt es: »Als 700 Jahre der *Caka*-
Ära (778 n. Chr. unserer Zeitrechnung) vorbei waren, stiftete der Fürst zur Huldigung
für seinen geistigen Lehrer (Guru) einen Tara-Tempel; das Dorfgebiet Kalasa wurde
dem Tempel geschenkt.« Der Fürst war der Shailendra-König Shri Maharaja Rakai
Panangkaran. Der Tempel war der Göttin Tara geweiht und wahrscheinlich die Grab-
stätte der Gemahlin des Fürsten, die ebenfalls Tara hieß. In der Inschrift wird ferner

die Statue einer Göttin und ein Kloster für Mahâyâna-Mönche erwähnt. Und tatsächlich wurden in der Nachbarschaft des Tempels steinerne Säulenstümpfe gefunden, die anscheinend zu einem hölzernen Gebäude gehörten. Rings um den Tempel herum liegen verstreut Reste von Stupas, und dazwischen fand man einundachtzig Steinkisten mit bronzenen und Terrakotta-Urnen, die Reliquien aller Art enthielten: Spiegel, goldene und silberne Scheiben mit eingravierten *mantrams*, Zaubersprüchen, magische Steine, Ketten und Nadeln. Im Tempel selbst wurde jedoch keine Grabstelle gefunden.

Der Tempelkern des Kalasan mißt 14,20 m und hat an jeder Seite einen Vorsprung von 7,10 m Breite und 3,55 m Tiefe, so daß ein Zwanzigeck entsteht, dessen Grundriß ein griechisches Kreuz mit vorspringenden Ecken bildet. Seine Ausschmückung ist überreich an Nischentempelchen, von Paneelen flankiert und durch Dagobas abgedeckt. Seine zahlreichen Basreliefs sind mit einem grauen Stuck versehen, in Sanskrit ›vajra-lepa‹ und französisch ›demasqué‹ genannt. Das Hauptmotiv ist das *kala-makara*-Ornament. Es tritt sechzehnmal an den Außennischen, viermal an den Hauptgiebeln und achtmal über den flankierenden Flachnischen der Portale auf. Himmelsgeister mit Lotosblumen in den Händen sitzen auf Wolken über dem plastischen *kala*-Kopf, der über das Portal der Flachnische herausragt.

Im Innern des Tempels befinden sich vier Cellas, von denen die östliche das Vestibül für den mittleren Hauptraum bildet. In ihnen sollen früher (nach With) zweiundzwanzig Bildwerke gestanden haben. Man vermutet, daß es Bronzestatuen waren, die aber alle in den Wirren nach dem Untergang des Reiches Majapahit verlorengingen. Verschiedene von ihnen sind später auf irgendeine Weise in die Museen gelangt, ohne daß man über ihre genaue Herkunft unterrichtet ist. Der Tempel ist in den Jahren 1927 bis 1929 restauriert worden.

Etwa 1 km nordöstlich von Candi Kalasan entfernt liegt der Sari-Tempel, ein rechteckiger Bau, der zwei Stockwerke hatte. Im Ganzen gesehen ist er eines der besterhaltenen Gebäude dieser Gegend, wenn auch der Umgang und der Vorbau zerstört sind. Der Sari ist kein Grabmonument, sondern ein *vihara*, ein Kloster, gewesen, wie die Archäologen allgemein vermuten, »mehr Haus als Tempel«. Sicherlich war das Obergeschoß bewohnt, während das Untergeschoß Kulträume enthielt, eine in Nepal sehr verbreitete Anlage. Dem Stil nach und zufolge der bereits erwähnten *Nagari*-Inschrift soll um dieselbe Zeit, als der Kalasan erbaut wurde, auch das Kloster von demselben Fürsten gestiftet und erbaut worden sein.

Das Gebäude hat, wie an den Löchern in den Wänden für die Deckenbalken erkennbar ist, zwei Stockwerke gehabt. An den Außenwänden sind beide Etagen durch Kronleisten getrennt, wobei die obere etwas zurückspringt. Beide Stockwerke sind in drei Räume unterteilt, durch Mauern getrennt. An den Rückwänden im unteren Stockwerk stehen Fußstücke von Altären. Eine Treppe führte wahrscheinlich von der südlichen Kammer aus in das Obergeschoß.

Das Äußere des Gebäudekerns ist außerordentlich reich durch waagerechte Kronleisten und durch Girlanden von Rosetten und Figuren geschmückt. Die Querleisten unter den beiden Stockwerken tragen je ein schmales Band mit geometrischen Figuren. An den Paneelen neben den Fenstern stehen abwechselnd männliche und weibliche Gestalten; sie sind schwer zu deuten. Die einen halten sie für niedrige Gottheiten des buddhistischen Pantheons, die anderen für Bodhisattvas. Über jedem Fenster befindet sich ein dreieckiger Ornamentaufsatz, der an den Ecken in *kala*-Köpfen endet. Die kleinen Nischen liegen etwas zurück und schließen oben wie die Fenster rechtwinklig ab. An den Ecken sitzen Wasserspeier.

Tempel der nördlichen Zone

Die Tempel des Dieng-Plateaus

Folgen wir der Hauptverkehrsstraße, die von Yogyakarta am Borobudur vorbei nach Magelang führt und weiter über Temanggung nach Wonosobo, so gelangen wir durch eine prachtvolle Berglandschaft, die sich durch besonders schöne Reis-Terrassen auszeichnet. Wir überqueren den Paß von Kledung in 1 300 m Höhe mit herrlicher Sicht auf zwei der größten erloschenen Vulkane Javas, zur Linken der Gunung Sumbung (3 371 m) und zur Rechten der Gunung Sundoro (3 135 m). Nun geht es bergauf und bergab durch eine Berglandschaft von ständig wechselnder Szenerie. Eine rauhe, großartige Landschaft breitet sich vor uns aus, wo auch die Menschen mit ihren herben Gesichtszügen, die hier in den Hochtälern leben, von ganz anderer Natur sind als die sanften Malaien des Tieflandes. Sie wohnen mit den Tieren unter einem Dach in bescheidenen Hütten, pflanzen Tabak und trocknen die Blätter vor ihren Häusern auf Bambusgeflechten.

Wir befinden uns hier auf einer vulkanischen Hochfläche, dem Dieng-Plateau, das in seiner größten Ausdehnung 1 800 m lang, 800 m breit und 2 100 m hoch gelegen ist, eine Caldera eines erloschenen Vulkans. Heiße Schwefelquellen und kleine Schlammvulkane erinnern daran, daß die geheimnisvollen Mächte, die in Java, wenn sie entfesselt sind, so viel Unheil anrichten können, in der Tiefe nur schlummern. Eine geisterhafte Atmosphäre herrscht hier oben über der herben Landschaft, nur sechs Grad südlich des Äquators. Eben noch scheint die tropische Sonne und läßt die Umwelt in strahlendem Licht erscheinen, und schon sind Nebelwolken im Anzug und hüllen alles in ein eintöniges Grau, eine Landschaft, so recht geschaffen für das Dasein von Geistern und Dämonen. Hier oben haben wahrscheinlich schon seit neolithischer Zeit Menschen gelebt und ihren Naturgottheiten, denen sie sich so nah fühlten, gehuldigt. Später – genau wissen wir nicht, wann – bauten die Menschen gerade hier, in dieser unwirtlichen Gegend, eine Stadt und ihren Göttern zahllose Tempel. Auf jeden Fall gehören die Siedlungen auf dem Dieng-Plateau zu den ältesten Javas.

Die älteste Inschrift, die *Hanasima*-Inschrift, jetzt im Museum von Jakarta, geht auf das Jahr 809 zurück, ohne daß man dieses Datum als den Anfang der Besiedlung und

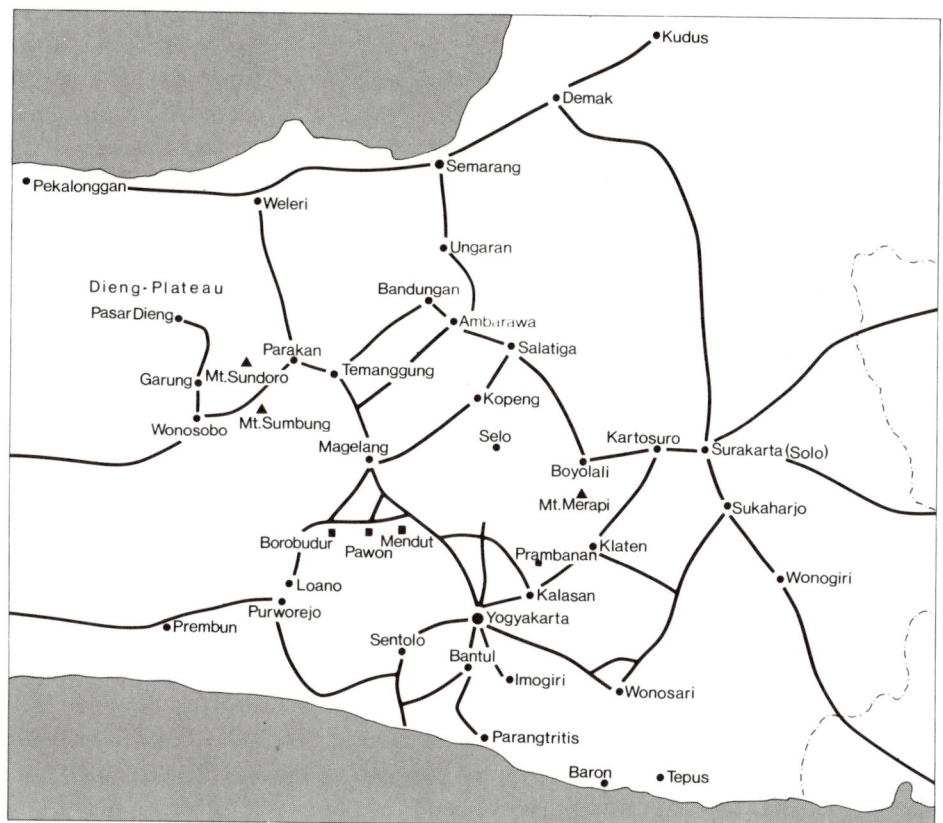

Karte von Zentral-Java

der Errichtung einer Kultstätte anzusetzen hätte. In einer dreißig Jahre jüngeren Inschrift wird Dieng ein »heiliger Berg« genannt, und später heißt es, hier befände sich das »Benares von Java«. Derartige Inschriften reichen bis ins 13. Jahrhundert hinein, doch befand sich in dieser Zeit die Kultstätte bereits im Verfall, der mit dem Niedergang des Hindu-Reiches Mataram zusammenfällt.

Von der »unermeßlichen Fülle von Denkmälern«, wie es in dem Bericht von Junghun heißt, sind wohl noch zahlreiche Fundamente, aber nur acht Tempel erhalten geblieben. Anfang des 19. Jahrhunderts stellte Cornelius noch vierzig Tempelgruppen fest, aber durch Vulkanausbrüche und Verschleppung ist inzwischen fast alles zerstört worden.

Die acht erhaltenen Tempel auf dem Dieng-Plateau sind relativ kleine Candis, die sich ihrem Grundtyp nach ähnlich sind. Der uns schon bekannte dreiteilige Baukörper ist auch hier beibehalten: der quadratische Unterbau, der kleinere Tempelkern, so daß ein Umlauf auf dem Sockel für zeremonielle Zwecke geschaffen ist, und die stufen-

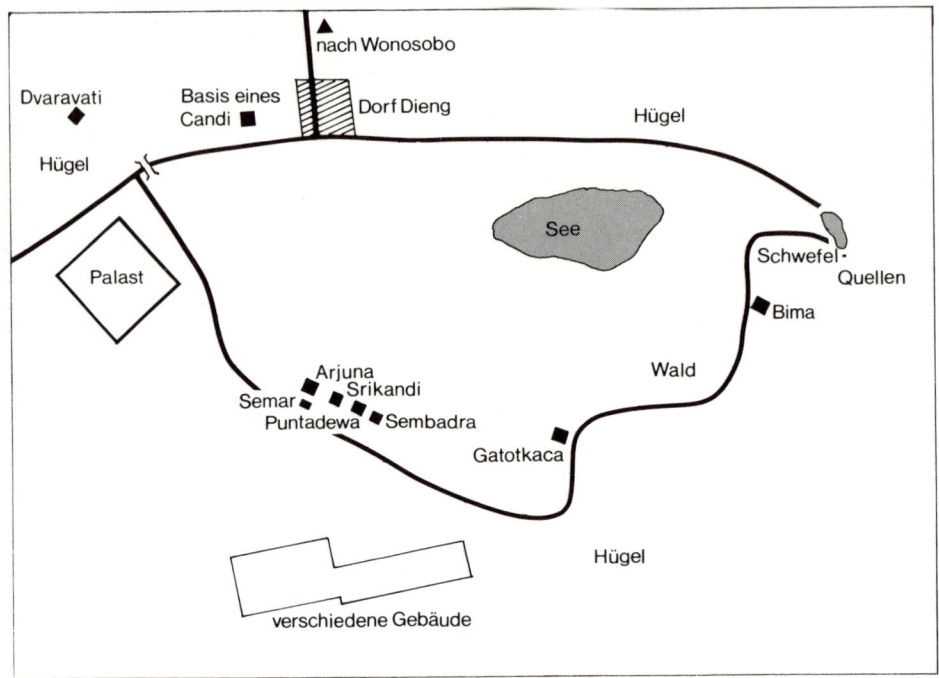

Lageplan der Tempel auf dem Dieng-Plateau

förmig zurückspringende Dachbekrönung mit Lingams oder Stupas. Zur Terrasse führt eine Treppe mit geschwungenen Seitenmauern hinauf.

Der Charakter der Bauten ist durchweg shivaitisch. Im nördlichen Teil des Plateaus liegt die Hauptgruppe der erhaltenen Tempel, sie wird die Arjuna-Gruppe genannt; ihre Namen, die wahrscheinlich erst jüngeren Datums sind, sind den Heldennamen der Hauptpersonen aus dem Bharata Yuddha, einer javanischen Bearbeitung des 5. bis 10. Buches des Mahabharata entlehnt; sie heißen Candi Arjuna, Puntadewa, Srikandi, Sembadra und Semar. Bemerkenswert ist bei allen diesen Tempeln die Einfachheit und Sparsamkeit in der Ornamentik. Sie liegen in einer sumpfigen Gegend, die in früheren Zeiten durch ein künstliches Entwässerungssystem, von dem noch Reste in der Nordwestecke des Plateaus zu sehen sind, trockengehalten wurde. Die Tempel selbst sind auf festem Untergrund gebaut.

Der Arjuna-Tempel ist mit dem Nebentempel Semar verbunden, der vielleicht den Priestern als Wohnraum gedient hat, vielleicht hat aber auch darin ein Standbild Nan-

II   Grabhäuser bei Tomok auf Samosir, Sumatra

III   Reisterrassen, Java

IV Blick auf Gunung Batur (1717 m), Gunung Abang (2152 m) und Gunung Agung (3142 m), Bali

V   Der Vulkan Merapi, Java

VI Borobudur, Stupas mit Buddhas, Java ▷

VII Prambanan-Tempel, Relief, Java

VIII Mendut-Tempel, Relief, Java

IX Borobudur, Java

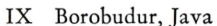

X   Besakih, Steinthrone der Götter, Bali

XI   Besakih, Merus (Sitz der Götter), Bali

XII–XIV Verbrennungszeremonie, Bali

XVI   Altar der königlichen Ahnen in Piva Taman, Ajun von Mengwi, Bali

◁ XV   Kecak-Tanz, Bali

XVII   Besakih, Tempelbezirk; im Hintergrund der Gunung Agung, Bali

XVIII   Mengeoli, Tempelbezirk, Merus (Sitz der Götter), Bali

XIX   Prozession in Ubud, Bali

XX   Betende Hindus im Tempel, Bali

XXI Prozession in der Nähe von Ubud, Bali

XXII Tempelfest in Den Pasar, Bali

XXIII   Ramayana-Ballett, Bali

XXVI   Der Garuda-Vogel, Vishnus Reittier, als dekoratives Beiwerk im Tempel, Bali ▷

XXV   Topeng oder Maskentänzer, Bali   XXIV   Ramayana-Ballett, Java

XXVIII   Typische Häuser der Toraja in Naggala, Sulawesi

◁ XXVII   Zentral-Java

XXIX   Bemalter Giebel eines Tongkonan, Sulawesi

XXX   Einbringen der Ernte in den Alang, Sulawesi ▷

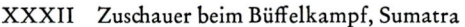

XXXI   Bali

XXXII   Zuschauer beim Büffelkampf, Sumatra

XXXIII   Bali

XXXIV   Hochzeit in Jakarta, Java

XXXV Flechtarbeit aus Bananenblättern, Bali

dis, des Reittieres Shivas, gestanden, wie man es ebenfalls von den anderen Nebentempeln vermutet. Südlich des Arjuna-Tempels liegt der Candi Srikandi, ebenfalls
mit einem Nebentempel, von dem aber nur noch das Fundament erhalten blieb. Der
Srikandi-Tempel trägt als einziger der Arjuna-Gruppe Schmuck in figürlicher Darstellung, und zwar in drei Paneelen an den Außenwänden des Tempelkerns. In dem
östlichen Paneel steht die Figur Shivas, im südlichen Brahmas und im nördlichen Vishnus (Abb. 58). Vishnu wird hier vierarmig dargestellt. In der rechten hinteren Hand
hält er das Sonnenrad, das Attribut der linken hinteren Hand ist abgebrochen. In der
rechten vorderen Hand hält er einen pfeilartigen Gegenstand.

Vishnu ist in der brahmanischen *trimurti* die zweite Gottheit. Seine Attribute sind
das Sonnenrad, die Muschel und die Keule. Sein Reittier ist der Garuda-Vogel. In
Java wird er weniger als Shiva verehrt, doch sehen die Vishnu-Verehrer in ihm das
»oberste Sein« verkörpert. Im Mahabharata ist Vishnu die oberste Gottheit, aber nicht
ausschließlich, denn auch Shiva erscheint dort als Hauptgott.

Der Candi Puntadewa (Abb. 56, 57) ist dem Arjuna-Tempel ähnlich, seine Dekoration
ist jedoch unvollendet. Der Tempelkern hat vorspringende schmale und hohe Nischen.
Das Dach wiederholt den Tempelkern in kleinerer Form. Auch der *kala*-Kopf erscheint in Verkleinerung über dem Türeingang (Abb. 59, 60).

Eine Abwandlung des in der Arjuna-Gruppe angewandten Baustils zeigt der Candi
Sembadra (Abb. 56, 57). Er hat einen fast zum griechischen Kreuz erweiterten Grundriß und ein turmähnliches Dach.

Abseits von dieser Gruppe ist noch der Candi Gatotkaca, am Südende des Dieng-
Plateaus, erhalten, und weiter südlich auf einem von Akazien bewachsenen Hügel der
Candi Bima (Abb. 61). Er ist der größte Tempel des Plateaus. Er steht auf einer ur-
sprünglich mit einer Brustwehr umgebenen Plattform, die sich jedoch zum Teil gesenkt

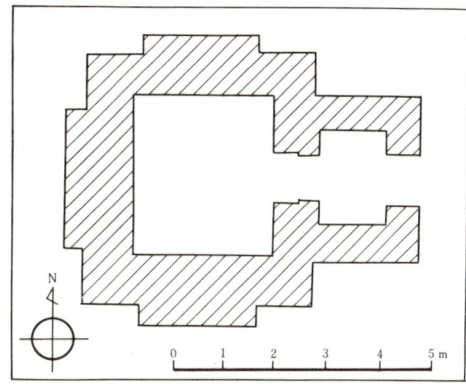

Candi Bima, Grundriß

hat. Der Tempel selbst besteht aus einem Vierkant, der tiefer als breit ist, mit vier vorspringenden Mittelteilen, von denen der östliche dem Portal als Vorbau vorgesetzt ist. Sein Ornamentschmuck ist unvollendet. An vielen Steinblöcken kann man sehen, daß sie nur halb bearbeitet wurden. Das auffallendste aber am ganzen Bau ist die Füllung der hufeisenartigen Nischen der steil aufsteigenden Dachkonstruktion. Sie besteht aus vollplastischen Köpfen beziehungsweise Büsten. Ähnliche Kopffüllungen finden wir zwar auch am Prambanan und am Sewu, aber dort nur als Antefixe. Nicht in allen Nischen steht eine Büste, in manchen anstelle der Büste ein Symbol: ein Weihwasserkrug, ein Bäumchen oder eine Knospe auf einem Lotuskissen. Zwei der schönsten Köpfe vom Bima-Tempel befinden sich im Museum in Jakarta. Über einen dieser Köpfe schreibt Havell: »In dem Kopf Bimas vergegenwärtigt uns der Künstler mit einigen kühnen, klar gezeichneten Formen den geborenen Fechter und Führer. Wir erkennen in ihm einen jungen Alexander. Alle seine Wünsche und Hoffnungen sind menschlich, nichts in ihm ist niedrig oder brutal. Er ist der große nationale Heros, ein Kriegsheld, befähigt, eine edle und freigeborene Rasse anzuführen und zu befehlen.«[42]

2 Die ostjavanische Kunst

Das Aufblühen der ostjavanischen Kunst fällt unmittelbar mit dem Niedergang von Mittel-Java zusammen. Vom 10. Jahrhundert an übernimmt Ost-Java die führende Rolle in der Kunst, und Mittel-Java tritt vollkommen in den Hintergrund. Obwohl in Mittel-Java nach dem Untergang des Reiches Mataram ein großer Teil der Tempelbauten nicht vollendet wurde, machte sich dort auch weiterhin eine rege Bautätigkeit bemerkbar; eine künstlerische Erschöpfung gab es keinesfalls.

In der Frühzeit der ostjavanischen Kunst lassen sich Spuren der mitteljavanischen Kultur noch erkennen, zum Beispiel am *Candi Derma*, doch in diesen Einflüssen dürfen wir nicht die Grundlage der ostjavanischen Kultur suchen. Zwischen beiden Kunstkreisen besteht ein krasser Gegensatz. In dieser Zeit setzte auch eine neuartige Strömung in der Literatur ein. Zur Regierungszeit Airlanggas entstanden freie Nachdichtungen mythischer indischer, mit einheimischen Vorstellungen vermischter Dichtungen, zu denen die Bearbeitung des Mahabharata-Epos gehört. Geschichten aus diesen Epen finden ihren Niederschlag in der bildenden Kunst, in zahlreichen Reliefs an den Tempeln Ost-Javas.

Besonders mit drei Reichen ist die ostjavanische Kultur aufs engste verbunden: mit dem Reich Daha, dem Reich Tumapel-Singasari und dem Reich Majapahit. Zur Zeit des Reiches Daha entstanden die meisten Bauten von *Kediri*, in dessen Nähe die Tempelgrotten von *Sela Maleng* liegen, und das sogenannte *Penampihan*, eine Terrassenanlage in 1000 m Höhe am Osthang des Wilis-Gebirges. Der Charakter dieses Reiches war stark vishnuitisch. Der Fürst Jayabhaya galt geradezu als die Personifikation der indischen Kultur in ihrer vollen Blüte. Die Verehrer Vishnus genossen bei ihm

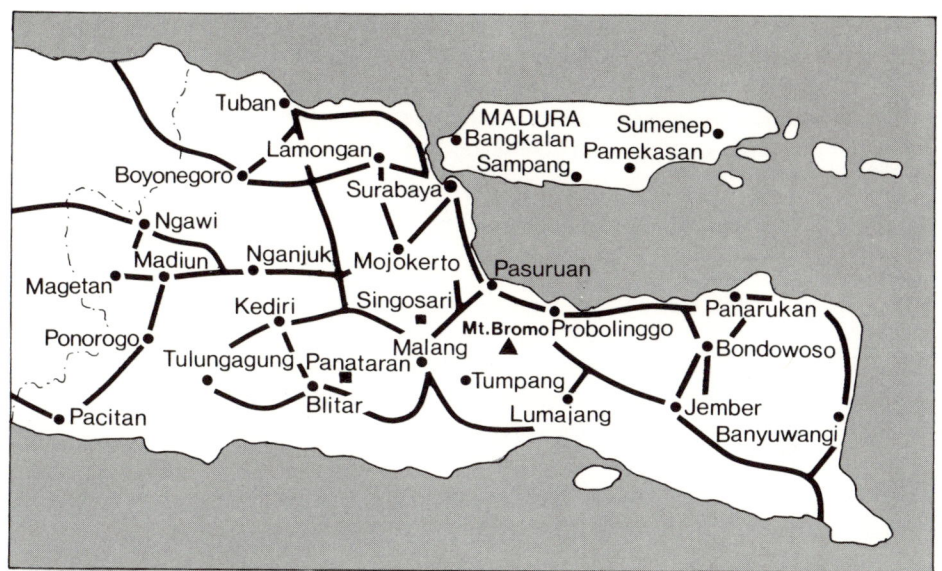

Karte von Ost-Java

besondere Privilegien, und sein Siegel trug den *mahasinga*, den ›Mannlöwen‹, der als 4. Inkarnation Vishnus gilt. Unter seiner Regierung entstand eine freie Bearbeitung des Bharata Juddha, des 5. bis 10. Buches des Mahabharata. Hier wird der Schauplatz der Handlung von Indien nach Java verlegt.

Im Reich Tumapel-Singasari, das sich in der Gegend der heutigen Stadt Malang entfaltete, entstanden die Tempel *Jago, Singasari* und *Kidal.* In dieser Zeit machte sich eine starke neubuddhistische Strömung bemerkbar, gleichzeitig trat aber auch das javanische Volkstum mehr in den Vordergrund. Es ist nachgewiesen worden, daß um diese Zeit wieder eine starke Einwanderungswelle von Indien erfolgte und daß die Einwanderer die hochentwickelte Form des nördlichen Buddhismus mitbrachten. Außerdem sind auch Einflüsse aus China nicht verkennbar.

Mit dem Reich Majapahit begann in Ost-Java eine universelle Periode der ostjavanischen Kunst, die im Grenzgebiet von Surabaya und Pasuruan ihren Schwerpunkt hatte. Von hier aus laufen Strömungen bis nach Kediri und Mittel-Java. Das javanische Urelement, das Volkstum, tritt immer mehr in den Vordergrund, und nunmehr kommt es zu einer vollkommenen Verschmelzung der buddhistischen und brahmanischen Elemente. Hiervon zeugt das wichtigste literarische Werk ›Sutasoma‹ des Dichters Tantular. Diese Kultur der Majapahit-Epoche hat sich bis heute auf Bali, und auf den Inseln Lombok und Sumba in geringerem Maße als auf Bali, erhalten; sprachlich gilt diese Epoche als die Übergangszeit vom Altjavanischen zum Neujavanischen.

Vom 13. bis zum 15. Jahrhundert entwickelte sich in Java eine neue Blütezeit der Architektur und der bildenden Künste. Die Baugestalt der Tempel wurde schlanker, das Gesims griff weit über die Cella hinaus. Demzufolge änderte sich auch das Dach. Die Schein-Etagen wurden durch bandartige Gesimse ersetzt, die sich nach oben zu weiterhin verjüngen und in einem kubusartigen Aufsatz ihren Abschluß finden.

Die Tempel

Kidal, Jago und Singasari

Diese drei Tempel liegen in unmittelbarer Nähe von *Malang* und sind von dort aus leicht zu erreichen. Über die geschichtlichen Daten der ostjavanischen Bauten sind wir nun schon besser unterrichtet dank vieler aufgefundener Schriften. So wissen wir, daß

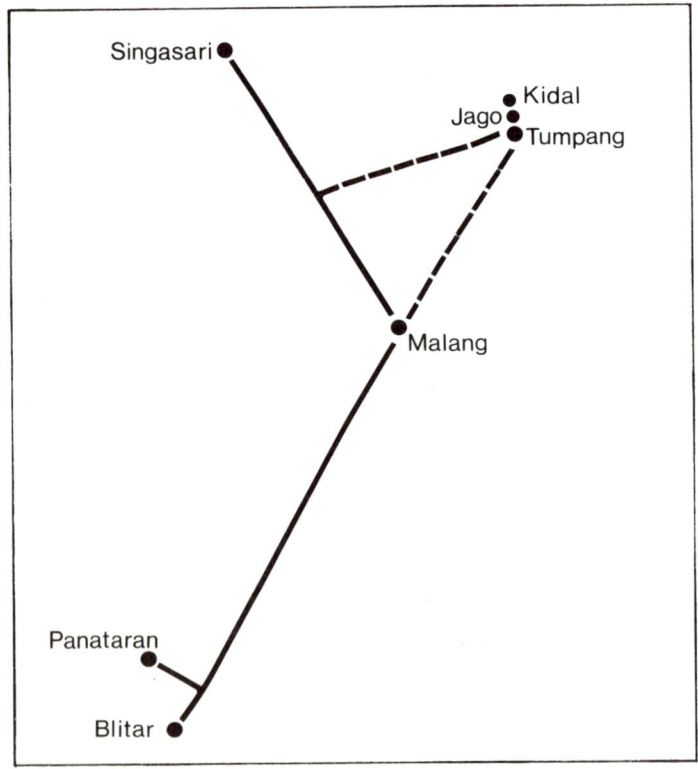

*Lageskizze
der Tempel Kidal,
Jago und Singasari*

der Candi Kidal ein Grabmonument für den zweiten Fürsten der Singasari-Dynastie, König Anusapati, ist, der 1240 starb. Hier haben wir schon die typische ostjavanische Tempelkonstruktion. Dadurch, daß der Unterbau sehr hoch ist und der Tempelkern pyramidenartig aufsteigt, wirkt die Gesamtform des Baues sehr schlank. Die Ornamentik ist außerordentlich reich, besonders auffallend das Tumpal-Motiv, das ja schon lange in Indonesien, sowohl in der Webkunst als auch bei den Hausbemalungen der Altvölker, im Gebrauch war. Sehr schön plastisch sind die *kala*-Köpfe über den Türeingängen und über den Nischen. Solche *kala*-Köpfe über den Türöffnungen werden jetzt zu einem Hauptmotiv der bauplastischen Dekoration in Ost-Java. Im Gegensatz zum Candi Kalasan sind die Köpfe direkt auf den Türrahmen aufgesetzt.

Noch deutlicher treten ostjavanische Stilelemente beim Candi Jago als Neuformen hervor: einmal die breiten eingekerbten Lotosblätter, dann die Ober- und Unterränder an den Reliefs, die Erde und Himmel darstellen. Emporklimmende Rankenspiralen mit Medaillonfüllungen treten als Umrahmungen der Türrahmen auf. Der Jago-Tempel ist ein Grabmal über der Asche des Vishnuvardhana, des Vaters von Kirtanagara, dem bedeutendsten Fürsten der Singasari-Dynastie.

Der Tempel besteht aus einem Unterbau in Form eines länglichen Rechtecks mit zurückspringendem Mittelsockel und einem nach hinten gerückten quadratischen Tempelkern. Je zwei Treppen führen zur ersten Terrasse und dann wieder zur zweiten Terrasse. Auf der dritten Terrasse ruht der eigentliche Tempel mit einem hohen Fußstück. Die Nische an der Westseite dient als Durchgang zur Hauptcella. Hier waren drei Bildwerke aufgestellt. Besonders interessant am Jago-Tempel sind aber die Reliefserien, die fast durchweg zyklische Bedeutung haben (Abb. 65, 66).

Im ganzen sind vier Serien zu unterscheiden: die erste am Sockel, die zweite am Bügel oberhalb der ersten Terrasse, die dritte am zweiten Sockel und die vierte am dritten Sockel. Außerdem befinden sich noch Reliefs in den großen Paneelen am Tempelkern, die Vorgänge aus dem Krishnayana schildern.

Die Reliefs der ostjavanischen Tempel stellen im allgemeinen monumentale Bilderbücher mit Illustrationen zu den berühmten Legenden und Epen dar. Auf diese Weise wird den Gläubigen und Pilgern, die ja meist der Schrift unkundig sind, das Geschehen der großen Literatur eingängig gemacht, und zwar so lebendig wie möglich. Es werden nicht nur die Helden und Heldinnen der Epen dargestellt, sondern besonders auch ihre Gefährten und Diener, die Panakawans und Ingas, die gewissermaßen als Reflex die Heldentaten der Hauptpersonen darstellen. Diese Panakawans sind typisch javanisch, sie spielen auch im *Wayang*-Spiel eine bedeutende Rolle, ebenso wie bei den ostjavanischen Reliefs. Ihre Ähnlichkeit mit den *Wayang*-Figuren ist auffallend. Der *Wayang*-Stil kommt nicht nur in der »expressiven Beweglichkeit der Silhouettenwirkung« zum Ausdruck, sondern auch im Gestus und in der Kostümierung der Figuren.

Die Anlehnung an den *Wayang*-Stil geht so weit, daß sich der Einfluß des *Wayang*-Spiels selbst bei der Trennung der einzelnen Reliefszenen durch einen »schiefen Balken«

oder ein dreieckiges Stück bemerkbar macht. Hierdurch wird der *kekajon* oder *gunungan* angedeutet, eine Soffitte in Form eines Himmelsbaumes, den der Dalan als Pausenzeichen setzt (s. *Wayang*-Spiel, S. 165).

Die Erklärungen der Relieffreihen am Jago-Tempel sind nur zum kleinen Teil gelungen, da manches zerstört ist. »Im allgemeinen ist anzugeben, daß in der vorderen Hälfte der ersten Terrasse Fabeln dargestellt sind, in der dritten Terrasse Szenen aus dem Arjuna-wiwaha und in der zweiten Terrasse vielleicht Begebenheiten aus dem Ramayana in der Form, wie man es im Rama-Kling findet. Stil und Qualität wechseln sogar in denselben Reihen stark.«[43] Auf alle Fälle handelt es sich hier gegenüber den mitteljavanischen Reliefs um eine Neubildung, die in der Formgebung und Bildstimmung ihren Ausdruck findet.

Die Ähnlichkeit zwischen dem Candi Jago und dem Candi Singasari (auch Singosari geschrieben) läßt auf die gleiche Bauepoche schließen, doch ist der Singasari-Tempel nie vollendet worden (Abb. 62). Die Archäologen haben den Candi Singasari mit dem König Kirtanagara in Verbindung gebracht, dem letzten König der Singasari-Dynastie, der 1292 von Rebellen getötet wurde. Eine Steininschrift von 1351 ist eine ›hommage‹ auf die Seelen der Priester, die zusammen mit dem König getötet wurden.

Aus anderer historischer Quelle erfahren wir, daß die Asche des Königs an verschiedenen Plätzen beigesetzt wurde und daß Singasari einer dieser Plätze gewesen ist.

Der Candi Singasari war in erster Linie Shiva geweiht. Sehr wahrscheinlich wurde der ganze Tempelbezirk, zu dem wenigstens sieben, vielleicht neun Tempel gehörten, in der ersten Hälfte des 14. Jahrhunderts zum Staatstempel der Könige von Majapahit erklärt, in dem ihr illustrer Ahne, König Kirtanagara, als Reïnkarnation von Shiva verehrt wurde. Doch nur ein Tempel ist von dem ganzen Komplex erhalten geblieben. Dieser Tempel ist, ebenso wie der Jago, ein Terrassenbau. Der Sockel ist ein niedriger und einfach profilierter Vierkant. Auf diesem steht der Tempel-Kubus mit angebauten Flügeln, so daß die Form eines griechischen Kreuzes entsteht. Der Tempelkern besteht aus zwei Stockwerken. Im Innern des Baues befinden sich eine Haupt-Cella, die die Möglichkeit zur Aufstellung von sechs Standbildern bot, und zwei Seiten-Cella mit je einem kleinen Gang.

Die Ornamentierung ist unvollendet, am ausgeprägtesten ist sie in den oberen Teilen, während weiter unten überall glatte große Steine zu sehen sind, die zur Reliefbearbeitung bestimmt waren, so daß man daraus schließen kann, daß die Bearbeitung der Ornamente, oben beim Dach beginnend, von oben nach unten erfolgte. Auch die *kala*-Köpfe über den Türen sind unvollendet, nur ihre kubisch-plastischen Grundformen sind erkennbar (Abb. 64). Im übrigen sind die *kala*-Köpfe an den ostjavanischen Tempeln wesentlich verschieden von denen in Mittel-Java, sie sind gewaltiger und gedrungener mit dicker Nase, hervorstehenden Augen und weitgeöffnetem Mund. Beim Tempel Singasari blickt von jedem Portal und von jeder Nische solch ein mächtiger *kala*-Kopf herab. Von den Bildwerken im Innern des Tempels ist nur eins erhalten, es soll Agastya, der ›göttliche Lehrer‹ und Mentor Shivas sein.

Westlich vom Candi Singasari liegt ein großer freier Platz, von den Javanern *alun-alun* genannt. Hier befinden sich, etwa 200 m vom Tempel entfernt, zwei mächtige drei Meter hohe steinerne Figuren, *raksasa* oder *dvarapala* genannt (Abb. 63). Die eine steht unter einem mächtigen Warangin-Baum, die andere ragt, bis zum Nabel versunken, aus der Erde heraus. *Raksasa*, ein Sanskrit-Wort, bedeutet ›Riese‹ und *dvarapala* ›Wächter‹. Ähnliche Steinfiguren, die ja auch vielfach in Mittel-Java zu finden sind, stehen gewöhnlich als Wächter bei einem Tempelbezirk oder einer königlichen Residenz.

Die besonders eindrucksvollen *dvarapalas* von Singasari zeigen die typischen Merkmale eines Riesen in der hindu-javanischen Kunstdarstellung: dicke, gebogene Augenbrauen, hervorstehende Augen, wulstige Lippen und Fangzähne. Die linke Hand ruht auf einer Keule, während die rechte Hand zu einer drohenden Geste erhoben ist. Der Schmuck besteht aus Schlangen und Schädeln. Die ostjavanischen *dvarapalas* sind naturalistischer im Ausdruck als die Zentral-Javas, sie machen einen furchterregenderen Eindruck als jene.

Panataran

Panataran heißt der nach dem Borobudur größte und merkwürdigste Tempel Javas. Er liegt 11 km nördlich von *Blitar* an dem südwestlichen Hang des Kelud in ungefähr 450 m Höhe. Die Tempelanlage besteht aus drei hintereinanderliegenden Tempelhöfen, auf denen ehemals mehr Bauten standen als heute, von manchen sind jedoch zum Teil noch die Grundmauern erhalten geblieben. Die ganze Anlage erinnert sehr an die heutigen balinesischen Tempel. Auch die asymmetrische Verteilung der Bauten auf die drei einst von Mauern getrennten Höfe finden wir heute ebenso beim Tempelbau in Bali. Die Konstruktion des Haupttempels entspricht etwa der des balinesischen *balé agung;* sie besteht aus einem konkreten Unterbau und einem Tempelkörper, über dem sich ehemals der Tempelaufbau aus vergänglichem Material erhob.

Begonnen wurde mit dem Bau vom Panataran wahrscheinlich schon zur Zeit der Singasari-Dynastie, beendet wurde er aber erst in der Zeit des Majapahit-Reiches, so daß man annehmen kann, daß sich sein Aufbau über eine Periode von 250 Jahren erstreckte.

Auf dem ersten Hof, dessen Eingang von zwei *raksakas* bewacht wird, standen früher zwei Versammlungshallen. Erhalten und gut restauriert ist auf diesem Hof der kleine ganz aus Stein konstruierte ›Jahreszahlentempel‹, so genannt nach dem gefundenen Datum aus dem *Shaka*-Jahr 1291, nach unserer Zeitrechnung 1369; ein schönes Beispiel für den ostjavanischen Tempelbau (Abb. 67).

Der Jahreszahlentempel wurde ebenso wie der Naga-Tempel 1917–18 restauriert. Zwei *raksakas* flankieren den Eingang zum zweiten Hof, an dessen linker Seite der Naga-Tempel steht. Der terrassierte Bau im Hintergrund ist der Haupttempel. Am

Lageplan der Tempel von Panataran

A Eingang mit Wächter-Statuen B, D Terrassen C Skulptierte Terrasse E Tempel von 1369 F Naga-Tempel G Großer Tempel, datiert 1347 H Wiedererrichteter Kernbau des großen Tempels I Bäder, 1415 K Umfassungsmauer

Sockel des Naga-Tempels befindet sich als Schmuckband das Relief einer riesigen Schlange, *naga*. Von Priestern getragen, ringelt sie sich am oberen Rand der Relieftafeln entlang. An den beiden Treppenflügeln ist ebenso wie am Jahreszahlentempel des ersten Hofes und am Haupttempel des dritten Hofes das Tumpal-Motiv plastisch dargestellt.

Der Haupttempel (Abb. 68), der sich ursprünglich über drei Terrassen erhob, ist, so gut es ging, restauriert worden, das heißt: der Unterbau mit seinen drei stark verjüngten Sockelterrassen ist wiederhergestellt. Die unterste Terrasse mißt 24 m im Quadrat mit Vorsprüngen von 16 m Breite. An der Westseite, der Hauptfront des Tempels, sind in die beiden Flügel je eine schmale Treppe eingebaut. Die mittlere Terrasse hat nur eine Treppe in der Mitte der Westseite zwischen den Vorsprüngen. Die oberste Terrasse hat keine Vorsprünge. Alle Aufgänge sind von freistehenden Shiva-Statuen als *Mahakala* flankiert.

Die stark vertiefte Paneelreihe mit weit überragender Kronleiste an der Basis des Heiligtums zeigt in hervorragenden Reliefs einen Teil der Ramayana-Sage (Abb. 69,

70). An den Ecken sind die vorspringenden Pfeiler ebenfalls reich ornamentiert. Hier wechseln Szenen des Ramayana-Epos mit Rundmedaillons, auf denen Tiere in Laubwerk dargestellt sind. Die Reliefs schildern Hanumans Auszug zu Ravanas Palast auf der Insel Langka (Ceylon), seine Gefangennahme, seine Flucht und schließlich die wilde Schlacht, die mit dem Tod des Riesen Kumbhakarna endet.

Der Wayang-Stil dieser Reliefdarstellungen unterscheidet sich stark von dem naturalistischen Stil der Reliefs der zweiten Terrasse, die Szenen aus dem Krishnayana veranschaulichen (Abb. 71, 72). Da sehen wir zum Beispiel einen Wagen mit einem hintenüberstürzenden Mann, der von einem Pfeil getroffen ist. Die Pferde bäumen sich auf, der Wagenlenker stürzt mit dem Kopf nach unten vom Wagen, Menschen geraten unter Pferdehufe, und der Kampf geht weiter mit aufregenden Episoden. So realistische und lebendige Darstellungen hat es in der Reliefkunst Mittel-Javas noch nicht gegeben.

Die Wand der dritten Terrasse schmücken merkwürdige Fabeltiere, wie geflügelte Löwen oder Greifen und Garudas, die sich plastisch vom Hintergrund abheben.

Etwa 100 m südöstlich vom Haupttempel entfernt befindet sich ein Badeplatz, zu dem steinerne Stufen hinabführen. Das rektangulare Bassin besteht aus Ziegeln und einem Wall von vulkanischen Steinen, der mit Darstellungen von Tierfabeln geschmückt ist. Einige von ihnen konnte man nicht deuten, andere wiederum sind bekannt, wie die Geschichte der Schildkröten, die ihre erste Reise durch die Luft machen, oder die Fabel vom Büffel und vom Krokodil. Die Pfeiler dieses hufeisenförmigen, mit den Fabel-Reliefs verzierten Walles zeigen Darstellungen menschlicher Figuren.

IV Die neuindonesische Kunst in Java

In kaum einem anderen Land der Welt ist das Leben so von der Religion durchdrungen, wie in Indonesien. Buddhismus und Hinduismus haben sich gegenseitig befruchtet und viele Elemente früherer Glaubensrichtungen aufgenommen. Der Islam kam schon im 13. Jahrhundert über die Handelswege nach Indonesien, zunächst nach Nord-Sumatra, wo schon Marco Polo im Jahre 1292 die mohammedanische Stadt *Perlak* vorfand. In Java hatten sich zu Beginn des 15. Jahrhunderts kleinere und größere Gruppen von Mohammedanern zusammengeschlossen, besonders in den Hafenorten, und im Ausgang des 15. Jahrhunderts gab es an den Küstenstrichen auch der anderen Inseln schon selbständige mohammedanische Staaten. Dem immer stärker werdenden Ansturm des Islam konnte sich das Reich Majapahit auf die Dauer nicht erwehren. Es erlag ihm schließlich und zerfiel in verschiedene, meist von Muslim-Fürsten regierte Kleinreiche.

Mit dem Auftreten des Islam war eine neue Situation geschaffen, die jedoch keineswegs einheitlich war. In Sumatra und auf anderen indonesischen Inseln vermischten sich die durch den Islam neu hinzugekommenen Elemente mit dem Kulturgut der Altvölker, und auf Java dominierte bis in unser Jahrhundert hinein die hinduistisch-indonesische Kultur, die besonders in der Architektur, in der Folklore und in den Themen und Motiven des Kunstgewerbes ihren Ausdruck fand.

Der Islam schränkte zwar durch das Verbot, Menschen und Tiere darzustellen, die schöpferischen Möglichkeiten ein, doch waren verschiedene Zweige der Kunst von diesem Verbot nicht betroffen, und gerade bei diesen Kunstgattungen, wie der Waffenschmiede-Kunst, den Batikarbeiten und vor allem der Anfertigung der Wayang-Figuren kam es zu einer außerordentlichen Verfeinerung in der Technik und in der Kombination von alten und neuen Motiven.

1 Die angewandte Kunst

Der Kris

Der Kris gehört zu den besonders charakteristischen Elementen der javanischen Kultur, aber nicht nur in Java, auch überhaupt in Indonesien spielen Dolche und Schwerter eine so ausgeprägte traditionelle Rolle. Ohne den Kris ist die einheimische Kleidung eines Javaners oder Balinesen unvollständig. Der Kris ist das Abzeichen des Mannes. Bei festlichen Gelegenheiten begnügt sich der Javaner jedoch nicht nur mit *einem* Kris; zur Ehrung der Ahnen trägt er den vom Vater ererbten Kris neben seinem eigenen rechts hinten am Gürtel. Ein Verheirateter trägt außerdem noch links hinten den Kris, den er vom Schwiegervater zur Hochzeit bekommen hat. Befindet sich der Javaner in Gesellschaft höhergestellter Persönlichkeiten, trägt er den Kris so, daß ihm der Griff unter seiner rechten Schulter hervorragt. Der Kris ist ihm nicht nur Zeichen der Würde, in gefährlichen Situationen trägt er beide Krise an der linken Seite griffbereit.

Der Kris ist Waffe und Zierat, er hat aber auch kultische Bedeutung. Früher mußte jeder erwachsene Javaner im Besitz eines Kris sein. »Er verband den Eigentümer mit den Ahnen, selbst wenn der Vater den Kris für einen erwachsenen Sohn neu anfertigen ließ. Die festgelegte Form, das Opfer anläßlich der Anfertigung und die Beachtung der Vorschriften während der Arbeit, sicherten dem Kris die ›Seele‹, und verbanden den jungen Mann mit der unendlichen Reihe der Ahnen.«[44]

Die Kunst des Schmiedens wurde nach alter Überlieferung einst den Menschen von den Göttern anvertraut. Und ebendadurch, daß der javanische Waffenschmied, der *empu*, mit fast religiöser Hingabe an seine Arbeit ging, und der Kris durch ihn ›beseelt‹ wurde, entstanden oft so außerordentlich schöne Kunstwerke. Ja, man schrieb so manchem Kris magische Kräfte zu. Das waren dann sakrale Erbstücke, *pusakas*, meist im Besitz eines Fürstenhauses. Solchen geweihten Krisen wurden oft Räucherwerk und Speisen als Opfer dargebracht. Auch in unserer Zeit genießt der Kris immer noch eine aufrichtige Verehrung. So wird behauptet, daß der ehemalige Präsident Indonesiens, Sukarno, zu seinem Kris gebetet habe.

Wie lange der Kris schon in Indonesien im Gebrauch ist, ist ungewiß. Von Heine-Geldern führt ihn auf die hinterindische Bronzezeit zurück. Auf jeden Fall ist er heute »ein organischer Teil der indonesischen Kultur und, soviel wir aufgrund von Tatsachen wissen, ausschließlich dieser Kultur«[45].

Der älteste Kris ist auf »1264 *Shaka*«, nach unserer Zeitrechnung 1342, datiert, doch ist damit nicht bewiesen, daß der Kris nicht schon lange vorher in Indonesien in Gebrauch war. An den Reliefs des Borobudur ist kein Kris abgebildet, wohl aber fand man unter der Hauptkuppel einen Kris; man weiß jedoch nicht, wann dieser dort hineingelegt wurde. Dagegen finden wir am Panataran einen ›krisartigen Dolch‹ an einem Relief. Das wäre also die Zeit des Reiches Majapahit (Beginn 1292), denn später sind dort keine Reliefs mehr entstanden.

Von der Beschaffenheit des Materials aus gesehen, kann man die aus Indonesien stammenden Krise in zwei Gruppen einteilen. Zu der einen Gruppe gehören die Klingen aus glattem Stahl oder Eisen, zur anderen die Klingen, die aus Eisenstäben verschiedener Qualität zusammengeschmiedet und bei den kostbaren Exemplaren mit nickelhaltigem Meteoreisen eingelegt sind. Tatsächlich sind auf Java einige Meteoriten gefunden worden, doch der Vorrat ist nun erschöpft, und seit Ende des 19. Jahrhunderts verwendet man statt dessen Nickeleisen aus Sulawesi. Eine besondere Technik gehört dazu, das gewöhnliche Eisen mit nickelhaltigem Eisen zu verbinden. Hierzu werden Stäbe aus gewöhnlichem Eisen und Stäbe aus Nickeleisen nach bestimmten Systemen aufeinandergelegt und dann zusammengeschmiedet. Das Muster, das man der Klinge geben will, muß vorher auf dem Nickelstahl bestimmt werden; damit es deutlich hervortritt, wird das Metall später mit Arsen oder Essigsäure übergossen, wodurch der Nickelstahl geätzt wird und die vorbereitete Zeichnung blank hervortritt. Daneben ist aber auch die Technik bekannt, die Klinge aus *einem* Stück Metall zu schmieden. Das ist dann der ›gewöhnliche‹ Kris. Als Grundform gilt der sogenannte Majapahit-Kris. Der Name besagt jedoch nicht, daß der Kris erst zur Zeit des Majapahit-Reiches Eingang in Java fand; sicherlich hat er aber zu dieser Zeit an Bedeutung gewonnen und besonders zur kulturellen Ausstrahlung Javas beigetragen.

Die Klingen sind entweder gerade oder wellig gezogen. Beide Formen gehen auf das Vorbild der mythischen Schlange, *naga*, zurück. Die gerade Klinge soll die Schlange im »Zustand der Ruhe und des Nachdenkens« symbolisieren, die gewellte Form die Schlange in ihrer Bewegung. Besonders in Java ist heute noch eine starke Beziehung zwischen dem Kris und der Schlange als Symbol lebendig. Um die magischen Kräfte seines Kris zu verstärken, bringt der Javaner die Klinge mit dem Gehirn und den Eingeweiden einer Schlange in Berührung.

Bleibt die Grundform der Waffe eines bestimmten Gebietes auch unverändert, so ist die Ausführung in den Einzelheiten, besonders am Griff, unendlich vielgestaltig. Ihre häufigsten Formen sind Krise mit einem Menschen-, Tier- oder Vogelknauf. Hierbei geht man häufig auf die indische Mythologie zurück und stellt Menschengestalten mit Tierköpfen dar. Auf Java kommen heute noch vielfach Löwenkopf-Knäufe vor. Andererseits gibt es aber auch sehr einfache Grifformen ohne Menschen- oder Tiergestalten. Man nimmt an, daß eine solche Vereinfachung unter dem Einfluß des Islam erfolgt ist. In Bali kommen vereinfachte Grifformen überhaupt nicht vor. Dort hat sich die Kunst ohne jeglichen Einfluß des Islam weiterentwickelt.

Als sehr wichtiges Zubehör zu dem Kris muß auch die Scheide angesehen werden. Hier finden wir unendlich viele Varianten vor, von der einfachen Holzscheide bis zu der polychromen und ziselierten Metallscheide. Oft setzen sich die Muster der Verzierungen der Scheide am Griff des Kris fort. Schwungvoll gestaltet ist oft auch der sogenannte ›Schuh‹, der obere Abschluß der Scheide. Besonders schön sind die Scheiden mit einem getriebenen Silberblechbezug, auf denen Pflanzenornamente dargestellt sind. Und wenn man einmal Gelegenheit hat, einer festlichen Veranstaltung der oberen javanischen Gesellschaft beizuwohnen, so wird man Rassers beistimmen: »Java ohne Kris wäre nicht mehr Java.«

Das Batiken

Neben der Dolch-Schmiedekunst ist das Batiken von Stoffen das zweite Kunsthandwerk der javanischen Hochkulturen. Das Batiken kennt man in Sumatra, in Zentral-Sulawesi und in Mittel- und Ost-Java. In Bali ist es dagegen unbekannt. Doch nirgends hat sich diese Technik zu einer solchen Feinheit entwickelt wie in Java. Ob und wann die Technik des Batikens in Indonesien aufkam, ist ungewiß. In Indien kommt zwar eine Variante vor, aber man möchte doch annehmen, daß das Batiken eine indonesische Erfindung ist. Auf jeden Fall erreichte es in der indonesisch-hinduistischen Zeit, erst nach 1500, ihre Blütezeit.

Die gebatikten Stoffe wurden bei den Javanern sowohl für den Alltag als auch, wie heute noch, bei festlichen Gelegenheiten getragen, und zwar als Hüfttuch, Sarong bei Männern wie bei Frauen, als Schultertuch, *slendang*, sowie als Kopftuch, *kain kepala*. Außerdem kennt man noch das besondere Festgewand des Mannes, *dodot*, und das der Frau, *sampur*, das aus einem vier bis fünf Meter langen, prachtvoll gemusterten Stoff besteht. Gebatikte Stoffe wurden auch zu kultischen Zwecken als Opfergaben oder Grabbeilagen in Fürstengräbern verwendet.

Früher verwandte man für die Batikarbeiten ein aus Indien eingeführtes sehr feines Baumwollgewebe, *mori* genannt, später jedoch, seit dem vorigen Jahrhundert, hauptsächlich aus Europa eingeführten Kattun und seltener auch Seide. Das Batiken ist eine Färbetechnik mit pflanzlichen Farben, wobei die Tücher ganz in einen Farbbottich eingetaucht werden und längere Zeit darin verbleiben müssen, damit die Farben auch kräftig zur Wirkung kommen. Um eine Musterung zu erzielen, werden die Motive zuerst auf den vor dem Färben präparierten Stoff aufgezeichnet. Hierauf gießt man mittels eines kleinen kupfernen Tiegels, *tjanting*, der auf einem Stück Bambus als Griff befestigt ist, flüssiges Bienenwachs auf die Zeichnung.

Auf diese Weise kann man Wachslinien und Figuren in verschiedener Breite auf den Stoff auftragen. Nach dem Erkalten des Wachses wird der Stoff in den Farbtopf getaucht, meist mit Indigo als erster Farbe. Danach wird der Stoff getrocknet, und nun kann man das Wachs dort wieder abkratzen, wo man bei der nächsten Färbung eine andere Farbe haben will. Nun werden die Teile des mit Indigo gefärbten Stoffes, die die Farbe beibehalten sollen, wieder mit Wachs belegt, worauf die nächste Färbung auf die gleiche Weise erfolgen kann.

Das Auftragen des Wachses ist ausschließlich Frauenarbeit, das Färben dagegen die des Mannes. Neben dieser Wachstechnik gibt es auch noch ein, aber erst nach 1850 aufgekommenes, Verfahren, wobei das Wachs mit vorher hergestellten Druckstöcken aufgetragen wird. Und das ist wiederum Männerarbeit. Die ältesten Batikstoffe zeigen neben der Grundfarbe des Stoffes nur eine Farbe: Indigoblau. Für die bei Hofe getragenen Gewänder verwandte man später gern eine Farbzusammenstellung von Indigo, Weiß und Soga-Braun. Soga wird aus dem Bast eines bestimmten Baumes hergestellt. Daneben wird ein Rot angewendet, das aus den Wurzeln einer anderen Baumart gewonnen wird; ein Gelb und eine grüne und eine schwarze Farbe vervollständigen die Palette.

Von ganz bestimmter Bedeutung sind die Batik-Muster. So gibt es ein Muster mit dem sogenannten *parang-rusak*-Motiv, eine diagonal angeordnete verschlungene S-Form, die früher nur den Gewändern der Prinzen an den Fürstenhöfen in Zentral-Java vorbehalten war, ein Muster, das heute jedoch besonders gern für die in den Handel kommenden Batik-Stoffe verwendet wird. Es ist eins der schönsten Batikmuster. Ein anderes, auch sehr altes Motiv ist die Swastika, *bandji*, das ebenfalls diagonal angeordnet in verschiedenen Kombinationen auftritt.

Im Grunde genommen kann man die Batikmuster mit geometrischen Motiven in zwei Gruppen einteilen: die eine Gruppe mit Mustern, deren geometrische Einteilung horizontal-vertikal verläuft, und die andere, mit diagonal verlaufender geometrischer Einteilung, die den Sammelnamen *garis-miring* trägt. Zur ersten Gruppe gehört ein rosettenartiges Motiv, *cjeplokkan*, ein stern- und rautenförmiges Motiv, *ganggong*, ein Motiv, das durch sich schneidende Kreise bestimmt wird, *kawung*, und ein Schachbrettmuster, *poleng*, das nur bei bestimmten Wayang-Figuren auftritt.

Dann gibt es noch Muster nach freier Auffassung. Zu ihnen gehören die *semen*-Muster, die aus Blattranken- und Blütenmotiven bestehen; in ihre rhythmische Gliederung werden manchmal auch Tierdarstellungen eingefügt.

Ferner finden wir das *mirong*-Ornament, das aus einem einfachen oder doppelten Flügel besteht, sowie das *sawat*-Ornament, ein Doppelflügel mit gespreiztem Vogelschwanz, wahrscheinlich in Anlehnung an den Garuda-Adler, das Reittier Vishnus. Auch die mythische Schlange *naga* taucht wieder auf, und an den Rändern bestimmter Batikmuster der Sarongs kommt das *tumpal*-Motiv mit gegenübergestellten Spitzen vor.

Sawat-Motiv, Garuda-Adler, stilisiert. Javanisches Batik-Muster

In Ost-Java, auf Bali und Lombok kennt man auch noch eine andere Technik, *langi* genannt, die jedoch mehr dem *ikatten* nahesteht. Dabei werden zunächst auch die Motive auf den Stoff gezeichnet. Danach werden die Umrisse der Zeichnungen mit Reihgarn nachgezogen. Durch Straffziehen des Fadens entstehen jetzt kleine Schlingen, die man mit Bast umwickelt. Beim Eintauchen in den Farbtopf bleiben die umwickelten Stellen ohne Farbe.

Am schönsten sind jedoch immer noch Batiken, deren Muster durch das Abdecken mit Wachs erzielt wurden, jene Technik, mit der die Javaner durch jahrhundertelange Erfahrung eine so hohe künstlerische Fertigkeit erlangt haben.

Naga-Motiv, mythische Schlange. Javanisches Batik-muster

2 Das Wayang-Spiel

»*Mit dem Wayangstil, dem Stil einer ver-klingenden Kulturepoche, ist uns eine künstle-rische Formulierung erhalten geblieben, die längst untergegangen wäre, wenn sie sich nicht in die Sphäre des ewig lebendigen Volkskunst-schaffens eingegliedert hätte.*«

Bedřich Forman

Eine außerordentliche Verfeinerung des Kunstschaffens haben wir in Java bei der Herstellung der Wayang-Figuren erlebt und ihre Anwendung bei den Schattenspielen. Das *Wayang-Spiel* ist nicht nur eine Theateraufführung, sondern ein Symbol des Kosmos, es verbindet uns, die Zuschauer mit den Ahnen, nicht nur mit den echten Ahnen, sondern auch mit den ›Adoptivahnen‹, den großen Helden der alten indischen Epen. Während des Spiels erscheinen die Figuren als wirklich lebendige Wesen, selbst als Götter treten sie auf. So ist das Schattenspiel mehr noch als bloßes Theater, es ist eine kultische Handlung, die über die Jahrhunderte hinweg die Wandlungen aller Religionen überstehen konnte.

Wayang-Spiel, Devi Sinta

Das javanische Wayang-Spiel ist ein Theaterspiel mit flachen Puppen aus Leder, wobei die Puppe als Bild sowie ihr Schatten gleich wichtig bei der Vorführung sind.
Wayang bedeutet Schatten. Nun werden aber verschiedene Theaterformen unter dem
Begriff *wayang* zusammengefaßt, auch solche, bei denen der Schatten überhaupt keine
Rolle spielt, sondern nur die Figur. Die wichtigsten mögen hier genannt werden, sie
unterscheiden sich dem Material der Figuren nach und innerhalb der ersten Gruppe
wiederum durch den Stoff, der zur Aufführung gelangt:

1. *Wayang-Kulit.* Dies ist der Name des eigentlichen Schattenspiels mit den Leder-
figuren: *wayang* = Schatten, *kulit* = Leder. An erster Stelle steht das *wayang-purwa*,
das Spiel, das Legenden aus den beiden großen indischen Epen, dem Ramayana und
dem Mahabharata, entnimmt, die abgewandelt zum Volksgut der Indonesier geworden
sind, und die heute fast jeder Javaner noch kennt. Beim *wayang-gedog* sind die Figuren anders gekleidet als beim *wayang-purva*. Die Hauptrolle spielt der ostjavanische
Prinz Pandji, der späteren Hindu-Zeit auf Java. Beim *wayang-maja*, das ebenfalls

zum Wayang-Kult gehört, werden Texte des Dichters Rang-gawarsita aufgeführt, die Episoden aus dem Leben eines legendären Fürsten namens Jayabhaya schildern.

2. *Wayang-Klitik.* Dies sind flache bemalte Holzfiguren mit beweglichen Lederarmen, wie beim *wyang-kulit*, doch werden hierbei nicht die Schatten der Puppen, sondern die Puppen selbst vorgeführt. Das Repertoire besteht hauptsächlich aus den Abenteuern des Prinzen Damar Wulan.

3. *Wayang-Golek. Golek* bedeutet ›rund‹, es sind damit also die dreidimensionalen und mit Stoff bekleideten Holzpuppen gemeint, deren Köpfe mittels einer Holzspindel, und die Arme mit an den Händen befestigten Holzstäbchen, wie bei den anderen Wayang-Spielen, bewegt werden können. Diese Gattung ist wahrscheinlich erst nach Einführung des Islam auf Java entstanden, denn in Mittel-Java bewegt sich die Handlung des Spiels um die Erlebnisse des Arabers Amir Hamza, eines Oheims des Propheten Mohammed, und in West-Java, wo es besonders volkstümlich geworden ist, dreht sich das Geschehen um die Eroberungen des Fürsten Menak und die Bekehrungen der Einwohner zum Islam; aber auch das *wayang-purva*-Repertoire wird hier durch *golek*-Figuren aufgeführt. In Bali, wo das Schattenspiel, *wayang-kulit*, von Java übernommen wurde, gibt es keine *wayang-golek*-Vorführungen, da die Balinesen ja bis heute den Hinduismus beibehalten haben.

4. *Wayang-Beber.* Hier gibt es keine beweglichen Figuren, sondern der ganze Verlauf der Handlung ist auf lange Papier- oder Stoffbahnen gemalt, die während der Vorführung aufgerollt und laufend vom Dalan erklärt werden, ähnlich wie früher bei der Moritat; *beber* bedeutet ›ausgebreitet‹. Diese Art des *wayang* wird heute kaum noch gepflegt.

5. *Wayang-Topeng. Topeng* bedeutet ›Maske‹. Maskierte Tänzer führen Pantomimen auf, und die Texte werden vom Dalang gesprochen.

6. *Wayang-Wong. Wong* bedeutet ›Mensch‹. Hier tragen die Darsteller keine Masken, sie tanzen und sprechen ihre Dialoge selbst, während der Dalang nur noch verbindende Erklärungen gibt. Das Repertoire ist dem Ramayana und dem Mahabharata entlehnt. Diese Art des *wayang* ist erst im letzten Jahrhundert entstanden.

Das Alter des indonesischen Schattentheaters ist ungewiß, doch werden in der javanischen Literatur um 1000 n. Chr. die *wayang-purva*-Darstellungen als allgemein bekanntes Spiel mehrfach erwähnt. Auf jeden Fall ist das *wayang-kulit* das wirkliche Schattenspiel, die interessanteste und differenzierteste Kunstübung aller Wayang-Spiele, das wiederum anderen Kunstzweigen so manche Anregung gegeben hat. Mit dem *wayang-kulit* wollen wir uns hier noch etwas näher beschäftigen, denn gerade in Java bedeutet dieses das Zentrum des ganzen Wayang-Komplexes.

Eine Kunstrichtung wie das Wayang-Spiel, das im 11. Jahrhundert schon als allgemein vorausgesetzt wurde, ist nicht von heute auf morgen entstanden, es muß sehr viel früher geschaffen sein. »Wie tief die Wurzeln des *wayang* in die Vergangenheit der javanischen Geschichte zurückreichen, ist auch heute noch nicht geklärt ... Woher könnte das Spiel denn überhaupt gekommen sein? Zentren der Schattenspielkunst

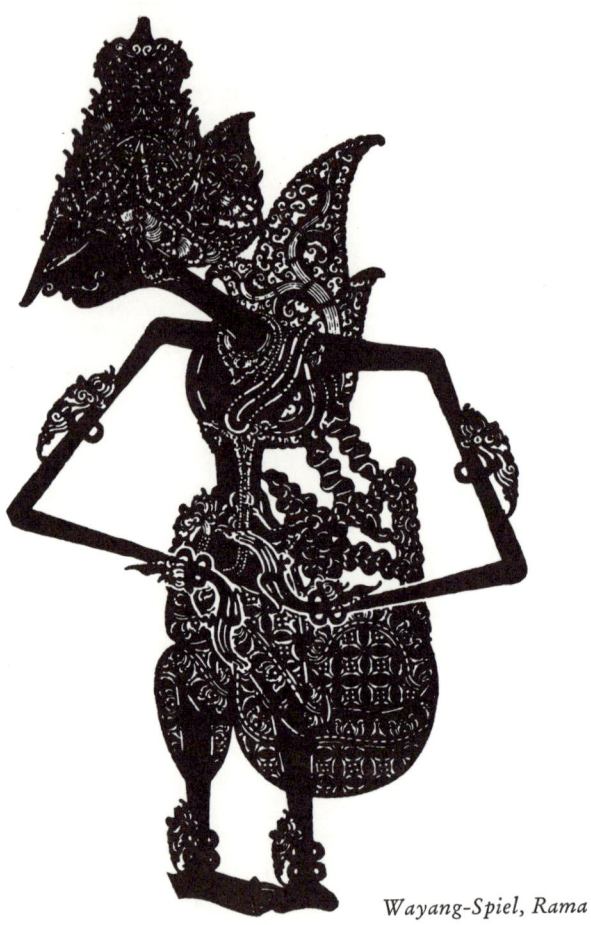

Wayang-Spiel, Rama

sind neben Java im süd- und ostasiatischen Raum China, Thailand und Indien. Bei
näherer Betrachtung scheint jedoch kaum eines dieser Gebiete als Ursprungsland für
das javanische Theater in Frage zu kommen.«[46]

Doch nirgendwo in Südostasien hat die Kunst des Schattenspiels eine solche Vollendung erreicht wie in Java. Und wenn sonst noch auf irgendeiner der indonesischen
Inseln Wayang-Spiele aufgeführt werden, so sind sie von javanischen Kolonisten dorthin gebracht worden, wie in Bali, in Süd-Sumatra und Süd-Borneo.

Zunächst müssen wir uns über die Bedeutung der Schattenspiele im klaren sein. Sie
werden nicht einfach zur Belustigung der Zuschauer aufgeführt; auch wenn sie komische

Szenen enthalten, haben sie von Anfang an religiöse Bedeutung. Sie sind ein magisches Zeremoniell, bei dem der Puppenspieler zum Priester erhoben wird, und in den Puppen und Schattenbildern sieht der Javaner »die materialisierte Silhouette des Geistes eines Ahnen«[47]. So werden auch die Schattenspiele nicht irgendwann aufgeführt, sondern bei ganz bestimmten Ereignissen, bei Hochzeiten und anderen Familienfesten, und auch, um ein drohendes Unheil, wie einen Vulkanausbruch, abzuwehren.

Der Dalang, der Puppenspieler, wird zum Mittler zwischen den Menschen und der übersinnlichen Welt, er zieht gewissermaßen einen Bannkreis, in dem die Zuschauer während der Vorführung vor unheilvollen Einflüssen sicher sind.

Ebenso, wie der Ablauf des Schattenspiels nach ganz bestimmten Vorschriften erfolgt, ist auch die Herstellung der Figuren festen Regeln unterworfen. Die *wayang-kulit*-Figuren werden aus Büffelleder geschnitten. Alle Figuren sind stilisiert, so daß bei den feststehenden Typen jede Einzelheit wieder ihre Bedeutung hat, und sie auch in vorgeschriebener Weise ausgeschnitten werden müssen. Man beginnt mit dem Ausschneiden der äußeren Form. Beim Herausschneiden der inneren Muster wird mit dem Ohr begonnen, und zuletzt wird mit ganz besonderer Sorgfalt das Gesicht gestaltet, die Nase, der Mund und ganz zuletzt das Auge; dann erst, wenn die Figur das Auge bekommen hat, kann sie in den Händen des Dalang zum Leben erweckt werden. Jetzt erst bekommt die Figur symbolisches Leben.

Dann kommt die Bemalung; nachdem das Pergament abgeschmirgelt ist, wird die Figur mit einer weißen Grundfarbe bestrichen. Die weitere Bemalung erfolgt auch wieder nach bestimmten Regeln. Als Hauptfarben werden Blau, Schwarz, Gelb und Rot aufgetragen, aus denen man wiederum durch Mischungen verschiedene Abwandlungen erzielen kann. Bei manchen Figuren wird dann noch ein sehr feines Blattgold aufgetragen.

Alle Farben haben symbolische Bedeutung, besonders wenn sie bei der Färbung des Gesichts angewandt werden. So zeigt eine Figur mit schwarzem Gesicht Reife und Besinnlichkeit, es ist ein schwerfälliger Typ. Eine rote Hautfarbe bedeutet einen aggressiven Typ, und Gold betont die Würde der dargestellten Person. Oft erscheinen die gleichen Figuren, die während des Wayang-Spiels auftreten, nacheinander mit wechselnden Farben. So erscheint Kresna zunächst als jugendlicher Held mit goldenem Gesicht. Später, aber erst nach Mitternacht, kommt er dann als älterer Mann mit schwarzem Profil.

Aber nicht nur die Farben drücken Charakterzüge aus, auch die Haltung des Kopfes. Bei allen Figuren wird das Gesicht im Profil gezeigt, wobei der Körper meist frontal gedreht ist. Die Füße sind immer zur Seite gestellt, und zwar so, daß man fünf Zehen sieht. Die Männer sind meist weitausschreitend dargestellt, die Frauengestalten immer mit eng geschlossenen Beinen. Sehr wichtig ist die Gesichtsform, an ihr ist vom Zuschauer sofort der Typ erkennbar. Dämonische Typen haben kugelrunde Augen und große Nasen, die mit der Stirn einen Winkel bilden. Edle Typen zeigen dagegen Stirn und Nase in einer Linie. Besonders wichtig sind die Augen und die Richtung des

Wayang-Spiel, Kresna

Blickes. Höfliche Personen haben mandelförmige Augen, deren Blick nach unten gerichtet ist; bei Frauen ist das meistens der Fall. Könige, deren Würde zum Ausdruck
gebracht werden soll, haben ebenfalls Mandelaugen, den Blick aber nach vorwärts
gerichtet. Grobe Typen zeigen knotenförmige Nasen und große, weit aufgerissene
runde Augen. Riesen und Affen erkennt man an ihren Hauerzähnen. Hoch erhobene
Köpfe, selbstverständlich auch mit Mandelaugen und geradliniger Stirn, haben nur
hochgestellte Personen und Götterfiguren.

In Bali, wo das Wayang-Spiel von Java übernommen wurde und heute ebenfalls
noch sehr gepflegt wird, zeigen sich zwar die gleichen Züge und die gleichen Herstel-
lungstechniken. Doch die Figuren sind realistischer und gedrungener als in Java, so

Wayang-Spiel, Berg und Baum
(gunungan/kekajon)

daß man den Unterschied leicht erkennen kann. Zwei Abwandlungen von den javani-schen Puppen finden wir in Bali: das Gesicht Hanumans wird im Halbprofil mit zwei Augen dargestellt, und Semar, der Diener des jeweiligen Helden, auch Spaßmacher, hat einen beweglichen Unterkiefer, was in Java nicht vorkommt.

Von ganz besonderer Bedeutung ist beim *wayang-kulit* der javanische *gunungan* (*gunung* = Berg) oder der balinesische *kekajon* (*kajon* = Baum). Berg und Baum sind in Idonesien ein magisches Symbol, das die Weltachse versinnbildlicht. Der javanische *gunungan* ist blattförmig mit einer Spitze. Der balinesische *kekajon* hat die Form eines Schirmes mit flachgebogenem Rand. Beide zeigen in der Mitte einen stilisierten Baum, der mit Blumen und Vögeln geschmückt ist, einen ›Himmelsbaum‹ oder ›Lebensbaum‹, wie wir ihn von den Reliefs am Prambanan her kennen. Auf dem javanischen *gunun-gan* ist unten ein Tor zu sehen, das wahrscheinlich als Himmelstor zu einem schönen Garten gedacht ist. Links und rechts davon stehen Tempelwächter, *butas* genannt, die Dämonen abwehren sollen, und unter dem Baum ein Löwe und ein Stier. Auf dem balinesischen *kekajon* fehlt das Tor, dafür sind dort ineinander verschlungene *nagas*, Schlangen, dargestellt. Der *gunungan* wird vor Beginn der Aufführung, in der Pause, und am Ende der Vorstellung in die Mitte der Bildfläche gestellt. Wird er im Laufe der Aufführung benutzt, so stellt er das Feuer dar.

Wie schon gesagt, ist die Aufführung des Schattenspieles eine kultische Handlung, und jeder Zuschauer glaubt an die ambivalente Kraft der Figuren, an die »Manifestation der vergöttlichten Ahnen«. Doch erst der *Dalang* kann die Figuren zum Leben erwecken. Ein guter Dalang besitzt eine große persönliche Ausstrahlung, die ihn befähigt, die Zuschauer in seinen Bann zu ziehen. Auf Java gibt es besondere Dalang-Schulen. Ein langes Studium muß er durchmachen, gewöhnlich sieben Jahre lang. In Bali, wo er aus der Brahmanenkaste kommt, muß er sich den Einweisungen des *pe-danda*, eines Priesters, unterwerfen und darf sich nach dem Studium *amangku dalang* nennen, wodurch er die Priesterfunktion erhält.

Der Dalang muß nun nicht nur die Wayang-Figuren mit allen möglichen Raffinessen handhaben, er muß auch den Text einer jeden Figur mit entsprechend verstellter Stimme sprechen, manchmal auch singen, und er muß das *gamelan*-Orchester dirigieren. Die *lakons*, so heißen die Texte, muß er alle auswendig beherrschen, bei dem umfangreichen Repertoire eine riesige Anforderung an das Gedächtnis.

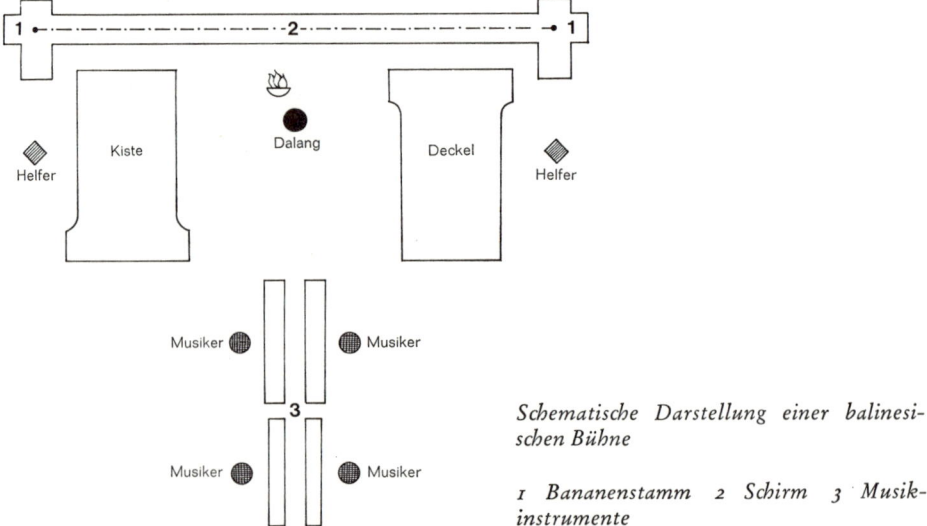

Schematische Darstellung einer balinesischen Bühne

1 Bananenstamm 2 Schirm 3 Musikinstrumente

In Bali wird in besonders seltenen Fällen das *janolarang* gespielt, und das bedeutet, daß der Dalang, wenn er in Trance gerät, ein bestimmtes Haus oder bestimmte Personen als verhext bezeichnet. Das Volk hat große Furcht vor diesem Spiel, aber trotzdem finden sich schon allein aus Neugierde viele Zuschauer ein, die dann selber auch in Trance geraten können, wobei die Gefahr des Amoklaufens besteht.

In Java ist der Ablauf einer *wayang-kulit*-Vorstellung ganz bestimmten Regeln unterworfen. Im Fürstenpalast, *kraton*, findet sie in einem Festsaal oder in einem speziellen Wayang-Raum statt, und außerhalb des *kraton* in einem entsprechend großen Raum oder Pavillon. In der Mitte des Raumes wird der *kelir*, der Schirm für die Projektion aufgebaut und zu beiden Seiten werden die Zuschauer Platz nehmen. An der einen Seite hinter dem Dalang die Männer, die dann die beleuchteten Figuren sehen, und an der anderen Seite die Frauen, so daß das Schauspiel nur für die Frauen ein echtes Schatten-Theater ist, wodurch ihnen aber der Anblick der Farbe mit der großen symbolischen Bedeutung entgeht.

Hoch oben, in der Mitte des Schirmes, ist die Lampe, *belenjong*, oft in der Gestalt des *garuda*-Vogels, etwa 20 cm von der Leinwand entfernt. In einer links vom Dalang stehenden Kiste, *kotak*, befinden sich alle Figuren, und was der Dalang sonst noch für die Aufführung braucht. Auf zwei dicht vor dem Bildschirm liegende Bananenstämme steckt der Dalang die Figuren mit ihren spitzen Haltestäben, die er für die Vorführung braucht, auf, rechts von ihm die Guten und links die Bösen. Der *kotak* steht links von ihm, und rechts liegt der Deckel, auf den er die *wayangs* legt, die er während der Aufführung nicht weiter braucht. Hinter dem Dalang sitzt das *gamelan*-Orchester, das die ganze Vorstellung begleitet. Mit einem Holzhämmerchen, das er sich zwischen die Zehen klemmt, gibt er den Musikern ihre Einsätze, indem er damit an die Kiste klopft. Der Dalang ist Dirigent, Regisseur und Schauspieler in einer Person. Besonders kunstvoll ist das Handhaben der *wayangs,* die er durch ihre vorgeschriebenen Schicksale führt. Die Schatten fangen an zu leben, je nachdem wie nahe und in welcher Neigung er die Puppen zur Leinwand hält. Diese Wirkung kann er noch verstärken, wenn er die Lampe plötzlich in Schaukelbewegung versetzt.

Die Vorstellung beginnt um 19.30 Uhr; schon lange vorher haben die Musiker vor ihren Instrumenten Platz genommen (über die *gamelan*-Musik siehe den entsprechenden Abschnitt unter Bali). Wenn die Öllampe angezündet ist, läßt sich der Dalang in der herkömmlichen javanischen Tracht, den Kris auf dem Rücken, kreuzbeinig vor dem Bildschirm nieder, entzündet Räucherwerk, stellt den *gunungan* in die Mitte des Bildschirms und gibt mit seinem Hämmerchen das Zeichen zum Einsatz der *gamelan*-Musik. Der Verlauf der Vorführung spielt sich nun nach folgendem festgelegten Schema ab:

Der Dalang beginnt mit der Erzählung, die in drei Abteilungen eingeteilt ist und durch Pausen zwischen dem 1. und 2., und dem 2. und 3. Abschnitt unterbrochen wird. Das erste Stück ist gewissermaßen die Einführung. Der Dalang macht uns mit den Lokalitäten bekannt, wo das Stück spielt, und hält eine Lobrede auf den Fürsten, in

Wayang-Spiel, der Garuda-Vogel

dessen Reich wir uns befinden. Probleme treten auf, wie eine Heirat mit Komplikationen, die Argumente der beiden Parteien werden erörtert, prallen aufeinander, und der erste Kampf beginnt, jedoch ergebnislos. Gegen Mitternacht endet der erste Teil.

Von 24 Uhr bis 3 Uhr morgens dauert der zweite Teil, er zeigt die Entwicklung der Handlung, in der der Haupthelheld stets als Sieger aus den Kämpfen, die durch Verwechslungen und Mißverständnisse entstehen, hervorgeht. Aber immer noch scheint der Knoten unentwirrbar.

Von 3 bis 6 Uhr früh kommt es dann zu einer Lösung des Konfliktes, nach meistens einer Riesenschlacht, in der das Böse dem Guten unterliegt.

In Bali sind die Schattenspiele ebenfalls bei festlichen Gelegenheiten, bei einer Hauseinweihung, bei Hochzeiten und Geburtstagen sehr beliebt, aber es gibt dort auch Wayang-Spiele, die zur Erbauung der Götter bestimmt sind, und diese finden dann in der Nacht im Freien in einem Tempelhof statt. Da die Götter auch im Dunkeln oder bei Mondschein gut sehen können, braucht man keine Lampe und keine Leinwand. Es wird nur eine Schnur gespannt, an der der Dalang die Figuren auftreten läßt. Auch zu einer solchen kultischen Veranstaltung finden sich dann Zuschauer ein.

Das volkstümlichste und am meisten gespielte *wayang* ist das *wayang-purwa*. Der Stoff zu diesen Stücken ist den Erzählungen des Ramayana und Mahabharata entnommen, und aus ihnen wiederum die bedeutendsten Zyklen der Arjuna-sasra-Bau-Zyklus, der Rama-Zyklus und der Pandava-Zyklus. In diesen Stücken spielen nicht nur Menschen, sondern auch Dämonen, Götter und Halbgötter ihre Rollen. Ganz besonders beliebt ist die Figur Arjunas, einer Inkarnation Vishnus.

Der Text dieser Stücke, der *lakons*, ist nicht bis in alle Einzelheiten niedergelegt, die Schüler eines Dalang machen sich aber Notizen und benutzen sie später als Leitfaden, wenn sie selbst ein Schattenspiel vorführen. Eine ganze Reihe berühmter Gestalten, die beim Publikum allgemein bekannt sind, dürfen bei keiner Aufführung fehlen. Es sind javanische Helden mit javanischen Namen, obwohl der Stoff ja überwiegend indischen Epen entnommen ist. Eine Hauptperson der beiden erstgenannten Zyklen ist der Dämon Dasamuka – im indischen Epos heißt er Ravana –, der stets mit einem roten Gesicht auftritt. Er wird voller Spannung und Furcht vom Publikum erwartet.

Auch Hanuman, der Affenkönig, der im Rama-Zyklus eine Hauptrolle spielt, ist beim Publikum sehr beliebt, als Verteidiger des Guten. Sein Gesicht ist immer weiß; auch in dem von Menschen aufgeführten Ramayana-Tanzspiel trägt er eine weiße Maske (vgl. Fig. S. 2).

Als ›Prototyp des javanischen Helden‹ gilt Arjuna, einer der fünf *pandavas*. Sein edler Charakter kommt in seinem feingeschnittenen Profil mit den mandelförmigen Augen und dem aus Bescheidenheit leicht geneigten Kopf zum Ausdruck.

Das Schattenspiel wayang-purwa: Semar und seine Söhne Nalagareng und Petruk

Ganz anders, und nicht minder beliebt, ist sein Bruder Bima oder Werkodara, von athletischem Körperbau mit dämonischen Zügen. Als Spion weilt er oft unter den Dämonen, immer ist er jedoch, der ›Ritter ohne Furcht und Tadel‹, treu und ehrlich.

Einen selbstsicheren Charakter zeigt Kresna. Er trägt eine Krone und gilt als Familienberater der *pandavas*. Sein Gesicht ist schwarz. In keiner Wayang-Vorstellung dürfen ferner die *panakawans* fehlen: Semar und seine beiden Söhne Petruk und Nalagareng. Semar ist der Diener und Ratgeber des jeweiligen Helden. In seiner dummdreisten Art und mit seinem bäuerlichen Humor trägt er zwischendurch immer wieder zur Belustigung des Publikums bei. Da er über magische Kräfte verfügt, bringt er zuweilen Dämonen zu Fall. Alle Zuhörer kennen die Stücke sicherlich auswendig, auch die Zaungäste, jung und alt, denen nicht verwehrt ist, an der nächtlichen Veranstaltung der Großen teilzunehmen.

Trotz der vielen heutigen Arten von Unterhaltungen hat die javanische Bevölkerung immer noch Lust und Freude am Schattenspiel. Das *wayang-kulit* ist nicht tot. In jüngster Zeit werden sogar Geschichten im *wayang-kulit* behandelt, die Ereignisse der Weltgeschichte mit den lebenden politischen Führern zum Vorwurf haben.

V Bali und seine hinduistisch-indonesische Kultur

1 Die Gesellschaft

Bali ist die westlichste der Kleinen Sunda-Inseln (s. Karte in der hinteren Umschlagklappe), von Java durch eine schmale Wasserstraße getrennt. Diese Meerenge zwischen
den beiden Inseln Java und Bali ist bekannt für eine relativ stark verwirbelte Strömung. Mit ihren über 2000 m hohen Vulkanen bildet die Insel Bali ein Glied des größten vulkanischen Gürtels unserer Erde. Bali ist 5396 km² groß und zählt 2,5 Millionen
Einwohner. Ihre hinduistisch-indonesische Kultur haben sie bewahrt. Die Balinesen
sind den Göttern dankbar, daß sie ihnen diese traumhaft schöne Insel geschenkt haben,
jene Insel mit ihren grünen Bergen, mit ihrem Blütenreichtum, ihrer gleißenden Bran-
dung an den Küsten und dem unvorstellbar grünen Schelfwasser hinter den Korallen-
riffen.
    Es gibt Landschaften, die ohne den Menschen großartig sind, auch wenn Menschen
in ihnen leben. Es gibt auch Landschaften, die von den Menschen ausgesogen sind,
Landschaften, die ohne den Menschen wie entleerte Scheunen wirken würden, »aber
auch solche Landschaften gibt es, die ersterben, wenn der Mensch fehlt, die ihre Schönheit aus ihm nehmen, wo der Mensch diese Natur erst im tiefsten Sinne entfaltet, wo
Mensch und Natur ineinander verwoben sind, in einem blendend unergründlichen
Muster«[47]. So ist es auf Bali.
    Bali ist die einzige Insel, auf die der Islam keinen Einfluß ausüben konnte. Hier hat
sich die hinduistische Kultur, die auf der Insel wieder eine besondere Note annahm,
bis auf den heutigen Tagen erhalten. Wann der indische Einfluß auf Bali stattfand, ist
ungewiß. Aus dem 9. Jahrhundert stammt eine in altbalinesischer Sprache abgefaßte
Inschrift, aus der hervorgeht, daß es zu dieser Zeit dort schon eine hinduistische Kultur
gab. Aber erst im 11. Jahrhundert, als das ostjavanische Herrscherhaus mit den Fürstenfamilien Balis durch Eheschließung in enge Verbindung trat, erfaßte der Hinduismus die ganze Insel. Im Jahre 991 n. Chr. wurde in Bali ein Kind eines balinesischen
Königs und einer javanischen Prinzessin geboren. Sein Name war Erlangga. Als der
Knabe herangewachsen war, wurde er nach Java geschickt, um dort eine Prinzessin
zu heiraten. Als sein Schwiegervater, der Fürst Dhamawansa, ermordet wurde, über-

nahm Erlangga die Herrschaft über das Königreich, das nun in noch engere Verbindung mit Bali trat. Im Namen des Königs regierte von nun an der Bruder Erlanggas in Bali. Erlangga selbst regierte dreißig Jahre lang unter den schwierigsten Verhältnissen. Doch plötzlich verzichtete er auf den Thron und wurde Eremit. Und jetzt verliert sich die Geschichte wieder einmal im Mythos. Erlanggas Königreich wurde von einer unheilvollen Plage durch die Hexe oder Zauberin Rangda heimgesucht, die, wie es in der Sage heißt, die Mutter Erlanggas gewesen sein soll.

Auf dem Mythos vom Kampf der Zauberin gegen die Macht des großen Königs basiert das berühmteste balinesische Tanzspiel ›Calon Arang‹.

In den nächsten Jahren konnten die Könige von Bali ihre Selbständigkeit behaupten, bis der König von Singhasari das Land im Jahre 1284 wieder unter seine Botmäßigkeit zwang, doch acht Jahre später, als die neue Dynastie von Majapahit zur Macht kam, wurde Bali wieder frei. Im Jahre 1343 eroberte Gaja Mada, der General des Königs Rajasanagara erneut Bali, die Insel wurde wieder von Java abhängig, und Vasallen von Majapahit regierten. Trotz dieses eigentlich immerwährenden Kontaktes mit Java haben die Balinesen doch ihre eigene Note in ihren alltäglichen Bräuchen, ihrer Kunst und ihrer Religion bis auf den heutigen Tag bewahrt.

Als im 15. Jahrhundert der Islam sich auf Java immer mehr ausbreitete, ging Bali seine eigenen Wege und gelangte schließlich zu jener eigenartigen Prägung, die von den Überlieferungen am Hofe ausgingen, wo altjavanische Literatur und vor allem die Musik und der Tanz sich zu einer so hohen Kunst entwickelten, wie wir sie auf keiner der anderen indonesischen Inseln antreffen. Beim Zauber der Musik und des Tanzes erfüllt sich das Leben der Balinesen. Und so rühren wir hier, wenn wir versuchen, das Leben dieser zauberhaften Insel zu erfassen, an die Grenzen eines Reiches, das nicht unser Reich ist, dessen Wirklichkeit wir nur mit leisem Schauer spüren.

Die Kasten

Von den Hindus haben die Balinesen das Kastenwesen übernommen, doch unterscheidet es sich in vielfacher Beziehung von dem in Vorderindien. Parias, die ›Verachteten‹, gibt es auf Bali nicht. Schon vor der javanischen Invasion kannte das balinesische Volk eine gewisse Klasseneinteilung, die auch heute noch in entlegenen Berggemeinschaften Gültigkeit besitzt, denn nicht alle Gebiete wurden von den neuen Herrschern erfaßt, und so gibt es heute noch Dörfer, die das Hindu-Kastenwesen nicht anerkennen. In den anderen Gegenden aber paßte die Bevölkerung ihre altüberlieferte Klasseneinteilung der der Vasallen-Fürsten an, wobei die niedrigste Hindu-Kaste, die Sudra, etwa 93 % der Bevölkerung Balis ausmacht.

Der hindu-balinesische Adel gliedert sich in drei Kasten: die oberste ist die der *Brahmanen*, der Priester. Dann folgt die Kaste des herrschenden Adels, also der Mitglieder der ehemaligen Königshäuser, deren Nachkommen heute noch in Bali leben, sie heißen *Ksatriyas* oder *Satrys*. Die dritte Kaste ist die der *Vesiya,* der Nachkommen des aus Java geflohenen niederen Adels und auch die Kaste der Krieger. Diese Kaste ist wieder in eine Reihe von Untergruppen geteilt, ebenso wie die Kaste der *Ksatriyas*. Die *Brahmanen* dagegen rühmen sich, Nachkommen eines hohen Priesters namens Wau Rauh zu sein, der vor sagenhaften Zeiten durch ganz Bali wanderte und mit Frauen aller Klassen Kinder gezeugt haben soll.

Die Mitglieder der drei Adelskasten werden mit bestimmten Titeln angeredet. Die priesterlichen Brahmanen mit dem Titel *ida bagus,* ›ehrenwert‹ oder ›großartig‹, für Männer, und *ida ayu* für Frauen, die *Ksatriyas,* zu denen die Mitglieder der alten Königshäuser gehören, mit *anak agung,* ›Königskind‹, oder mit *ratu,* ›königlich‹, und mit *tokorde,* und schließlich die *Vesiyas* mit dem Titel *gusti.* Der Großgrundbesitz ist in Bali durchweg in Händen der *Ksatriyas*-Kaste. Mit dem Kastenwesen hängen auch manche Unterschiede in der Sprache zusammen.

Die Sprache

Die ursprüngliche Volkssprache wird heute noch im Alltag, zu Hause, auf dem Markt und auf dem Lande gesprochen. Doch die Sache wird kompliziert, wenn nicht Gleichrangige miteinander Gespräche führen. So unterscheiden sich stark voneinander die ›Hochsprache‹, also die Sprache, die an den Fürstenhöfen und von den Angehörigen der oberen Kasten gesprochen wird, und die ›niedere Sprache‹ der einfachen Bevölkerung, beim Handwerk und auf dem Markt. Dabei handelt es sich nicht einfach um zwei verschiedene Dialekte derselben Sprache, nein, es sind zwei ganz verschiedene Sprachen. Die ›Hochsprache‹ hat Ähnlichkeit mit dem Javanischen, während die Sprache der Eingeborenen zu der großen malaiisch-polynesischen Sprachgruppe gehört. In der ›Hochsprache‹ gibt es manchmal zehn verschiedene Wörter, die dieselbe Idee ausdrücken können. Es gibt nur wenige Balinesen, die diese Sprache wirklich gut beherrschen. Wenn Leute verschiedenen Ranges miteinander sprechen, und wenn sich der eine nicht im klaren ist, welchen Rang der andere angehört, dann unterhält man sich in der ›mittleren Sprache‹, eine Mischung zwischen der Hochsprache und der gewöhnlichen. Diese ›mittlere Sprache‹ lernten die einfachen Leute wahrscheinlich unter der hindu-javanischen Feudalherrschaft, als die Fürsten verlangten, daß man sie in der ›Hochsprache‹ anredete. Sie selbst dagegen sprachen zu den Bauern in der ›niederen Sprache‹. Außerdem gibt es noch eine vierte Sprache in Bali, das *kawi,* doch wird diese Sprache, die auf das Altjavanische zurückgeht, nur von den Priestern im Kult, in der Literatur und Poesie gebraucht (Abb. 97). Noch komplizierter wurde der Sprachgebrauch in Bali, als nach der holländischen Besetzung das Malaiische von den Behörden eingeführt wurde, und nach 1945 gilt das ›Bahasa Indonesia‹ auf den Ämtern auch hier als Landessprache.

Die Dorfgemeinschaft

Das wirkliche Leben Balis konzentriert sich in den unzähligen kleinen Dörfern und Weilern, die versteckt im Grünen unter tropischen Bäumen und inmitten von Pflanzungen und Gärten liegen, unter herrlichen Bäumen, die die Menschen mit ihren Früchten versorgen, mit Mangos, Papayas, Brotfrüchten, Bananen und Kokosnüssen. Alle Gehöfte sind von dicken Lehmmauern eingeschlossen, nicht etwa, um gegen Diebe sicher zu sein, nein: vor den Quälgeistern, den *butas,* will man sich schützen. Man ist ihnen nicht böse, sie sind ja nun einmal da, man muß sie nur gutstimmen. Deshalb legt die Hausfrau abends, wenn es dunkel wird, ein Bananenblatt, mit einem Häufchen Reis und ein paar Blumen bestreut, auf den Weg vor dem Toreingang und womöglich auch noch einen Krug mit Wasser und ein Öllämpchen. Auf diese Weise hält man sich die Quälgeister vom Hause fern.

Die mannshohe Lehmmauer, die den Bauernhof umschließt, ist mit geflochtenen Palmblättern oder Reisstroh gedeckt, und bald ist sie auch von den schnellwachsenden tropischen Kletterpflanzen überwuchert. Jedes Gehöft hat einen Toreingang, der immer gleich ist. Zwei Lehmpfeiler tragen ein kleines, mit Reisstroh oder Palmblättern belegtes Dach, zwei Geisterschreine flankieren den Eingang. Der Weg durch das Tor in das Gehöft führt über hohe steinerne Stufen, vor denen gewöhnlich noch eine kleine Brücke, ein Steg, über den Graben neben der Straße führt. Die Hauptstraße eines Dorfes folgt der Richtung von den Bergen zum Meer, was für die Balinesen ungefähr der Richtung nach den Kardinalpunkten Nord und Süd entspricht.

In einem so angelegten Familiengehöft ist vor allem der Familientempel wichtig, der Tempel mit den Schreinen für die vergöttlichten Ahnen; er steht in demjenigen Teil des Gehöftes, der dem heiligen Berg Gunung Agung zugewendet ist. Daneben befindet sich das Wohn- und Schlafhaus, ein Haus für Gäste, Hütten für die Kinder, für die Webstühle und eine Reisscheune, *lumbung* (Abb. 81). Die Küche ist wieder ein besonderer Raum, der sich in dem Teil befindet, der der Meeresküste zugewendet ist.

In der Mitte eines jeden Dorfes liegt der Dorfplatz mit einem großen Waringin-Baum, mit dem Dorftempel, *pura desa,* mit der Versammlungshalle, *balé agung,* und mit dem Palast, *puri,* des lokalen Fürsten oder Prinzen.

Dieser Komplex besitzt im Innern einen nach allen Seiten hin offenen Pavillon mit einem gewaltigen Rieddach, dem *balé gedeh,* der als Speisesaal und Empfangsraum dient. Am Dorfplatz befinden sich auch der Markt und der Turm mit der hölzernen Glocke, *kulkul,* mit der die Mitglieder der Dorfgemeinschaft zu Versammlungen gerufen werden (vgl. Abb. 91), sowie eine Versammlungshalle der *banjars,* einer korporativen Gesellschaft, deren Mitglieder sich um alle familiären Angelegenheiten, wie Hochzeiten, Totenverbrennungen, und vor allem um die *gamelan*-Orchester und Tanzgruppen kümmern. Die Instrumente, Masken und Kostüme sind Eigentum des *banjar* und werden in einem sicheren Haus aus Lehmziegeln aufbewahrt.

Außerhalb des Dorfes liegt der Friedhof mit dem Tempel für die Todesgöttin, *pura dalam*, und in einiger Entfernung weiter der Badeplatz, entweder an einem Fluß oder bei einem Wasserfall.

Das Zusammenleben ist in jedem Dorf durch das *adat* bestimmt, das Gewohnheitsrecht, das ursprünglich, wie auch bei den Bataks oder Torajas, mündlich überliefert wurde. Erst als die Hindus ins Land kamen, wurden die uralten Bestimmungen in Büchern aus Lontarpalmblättern aufgeschrieben (vgl. Abb. 97). Aus ihnen holen sich die Dorfältesten Rat, wenn sie bei Vollmond im *balé agung* ihre Ratssitzungen abhalten. Diese Versammlungshalle ist über einem erhöhten, aus Erde festgestampften Fundament aus Bambus errichtet, eine 5 m breite und bis zu 25 m lange Halle, die nach drei Seiten zu offen ist; die vierte besteht aus einer hölzernen Wand, die oft reich verziert ist. Die Mitglieder einer Ratsversammlung beschränken sich auf die Familienväter, die ja gewöhnlich Abkömmlinge der früheren Dorfgründer sind. Um Mitternacht werden diese bei Vollmond durch einen lauten Schlag auf das *kulkul* zur Versammlung gerufen. Wer nicht kommen kann, etwa aus Krankheitsgründen, schickt seinen Kris und sein Oberkleid. Beides liegt dann auf seinem Platz in der Ratshalle.

Bei solchen allmonatlichen Ratsversammlungen werden allerlei Dinge behandelt, die den einzelnen oder auch die ganze Dorfgemeinschaft angehen. Auch Rechtsstreitigkeiten werden bei der Versammlung erledigt. Meist einigen sich die Parteien und versöhnen sich. Nur sehr selten wurde früher der Fürst oder sein Stellvertreter geholt, um als Schiedsrichter aufzutreten. Nach dem Glauben der Balinesen ist der Mensch gut, und aus dem Gefühl der Hilfsbereitschaft sind auch die Dorfgemeinschaften hervorgegangen. Jeder hilft seinem Nächsten, wenn es not tut, und jeder ist bei noch so einfachem Leben glücklich. Verhungern muß niemand, dafür sorgen schon die nächsten Dorfgenossen. Treue zu dieser schönen Insel, Treue zum Dorf und Treue zur Familie kennt jeder Balinese. Ein Balinese erlangt überhaupt erst Ansehen in seinem Dorf, wenn er eine Familie gründet. Die Frau wird hier nicht, wie in so vielen östlichen Ländern, in den Hintergrund gedrückt, sie spielt ja nicht nur in den landwirtschaftlichen Betrieben, vor allem im Reisbau, eine wichtige Rolle, sie muß besonders als Mutter für ihre Nachkommen sorgen, die wiederum unerläßlich für die Seelsorge der Eltern nach ihrem Tode sind. Und wer sollte sonst alle die Opfergaben bereiten, die frühmorgens zu den Tempeln gebracht werden, wenn das nicht die Frauen und Mädchen täten.

Die Reisbau-Vereinigung

Der sichere Urgrund, auf dem Bali ruht, ist seine bäuerliche Tradition. Seit Jahrhunderten hat der Balinese seine Freude am Acker behalten, und diese Freude bestimmt seine Lebensform. Das gilt vor allem für die Reisbaukultur, die einzigartig auf der Welt ist. Dieser Höchststand ist nur zu erreichen, wenn einer dem andern hilft, beim Pflügen, beim Pflanzen, bei der Ernte. Hierzu sind die Reisbau-Vereinigungen, *subak*,

gegründet worden. Diese Vereinigungen haben in Bali den Reisbau mit ihren Bewässerungsanlagen zu einer solchen Höhe entwickelt, daß diese Anlagen selbst die beste
europäische Wasserbaukunst in den Schatten stellen.

Tanam Bali, den ›Garten Eden‹, nennen die Balinesen ihre Insel. Und wenn man im
Gebirge von oben herab auf die Tausende von glitzernden Reisfeldern blickt, die
auf kunstvoll angelegten Terrassen die Hänge voll einnehmen und jenseits tiefer
Schluchten wieder emporklettern, so glaubt man, den Garten Eden betreten zu haben.
Doch das alles ist nur durch den Fleiß unzähliger Menschenhände geschaffen worden.

Der Reis braucht zum Gedeihen reichlich Feuchtigkeit. Auf den fruchtbaren vulkanischen Böden der Inseln Indonesiens nimmt der Reisanbau das gesamte Kulturland ein.
Wo genügend Wasser vorhanden ist, und das ist auf Bali der Fall, ermöglicht der Boden
zwei bis drei Ernten jährlich. Die *sawahs*, die künstlich überfluteten Reisfelder, werden
in Terrassen angelegt, wobei besonders auf die Nivellierung geachtet werden muß
(Abb. 82). Jedes Fleckchen Erde wird ausgenutzt, und so bauen die Balinesen oft winzig kleine, von einem Damm umgebene *sawahs*, so klein, daß nur drei Reispflänzchen
darauf Platz haben. Diese Reispflänzchen werden aus Samen vorgezogen und dann
Pflanze für Pflanze mit der Hand in die überfluteten *sawahs* gesetzt. In Bali herrscht
durch die zahlreichen Flüsse und Bäche kein Mangel an Wasser, aber mit dem Wasser
muß man umzugehen verstehen, denn oft muß es viele Kilometer weit von den Flüssen
abgeleitet und dann auf die sparsamste Weise an die unzähligen *sawahs* verteilt
werden. Das ist die Kunst der Balinesen, in der sie unübertreffbar sind. Selbst von
Java, wo es einen nicht minder intensiven Terrassen-Reisbau gibt, kommen Abgeord-
nete nach Bali, um dort die Wasserbaukunst zu erlernen. Da man in der Kultivierung
des Reisbaus von den Jahreszeiten unabhängig ist, kann man auf Bali auf den Reisfeldern, die zu einer Dorfgemeinschaft gehören, alle Stadien des Anbaus, vom Pflügen
der Erde über das Bepflanzen bis zur Ernte auf den bereits abgetrockneten *sawahs*
gleichzeitig erleben. In der *subak*, der Reisbau-Vereinigung, wird genau festgelegt,
wann jeder Bauer sein Land bearbeiten kann, wann seine *sawah* überflutet wird, und
wann die Ernte dann stattfinden wird.

Dieser intensive Ackerbau gibt der dichten Bevölkerung auf Bali und Java über-
haupt erst eine Lebensmöglichkeit. Manche Gegenden von Java haben es auf diese
Weise zu einer Bevölkerung von 1500 Menschen pro km² gebracht, die durchschnittliche
Bevölkerungsdichte auf Java ist 704 Einwohner pro km² (1983). Nur dadurch, daß
durch diese intensive Ausnutzung des Bodens für die Ernährung einer zahlreichen
Bevölkerung gesorgt werden konnte, hat sich eine so hohe Kultur an den Fürstenhöfen
in Mittel- und Ost-Java entwickeln können, die sich dann auch nach der javanischen
Invasion in Bali auswirkte.

Wie alles, was der Balinese in Angriff nimmt, ist auch der Reisanbau eng mit dem
Kult verbunden. Bevor überhaupt irgend etwas unternommen wird, z. B. ein neues

48 Eingang des Shiva-Tempels Lara Jonggrang, Prambanan. Über dem Tor das Relief eines ▷
kala-Kopfes. Rechts das Dach der als Vorraum dienenden Cella

49 Einer der beiden kleineren Tempel, deren Bestimmung unklar ist. Alle Tempel des Lara Jonggrang sind nach einem einzigen Modell konstruiert

50 Aufgang zum Shiva-Tempel, Lara Jonggrang. Die Brustwehr des Umgangs ist von gerippten Stupas gekrönt

51, 52 Lara Jonggrang. Reliefs von der Innenseite der Brustwehr mit Darstellungen aus dem Ramayana-Epos

53 Das ›Prambanan-Motiv‹, der frontal gestellte Löwe, an der Außenmauer der Basis des Shiva-Tempels. Zu beiden Seiten Himmelsbäume mit je zwei Kinnaris

54 Lara Jonggrang. Nandi, das Reittier Shivas, in dem kleinen, dem Shiva-Tempel gegenüberliegenden Heiligtum

55 Raksasa oder dvarapala, mit Keule bewaffnete Wächterfigur der umfangreichen Tempelanlage Sewu
56 Die Tempel Puntadewa (vorn links) und Sembadra auf dem Dieng-Plateau

57 Naga-Schlangen als Treppengeländer am
Tempel Puntadewa. Im Hintergrund der
Candi Sembadra

58 Darstellung Vishnus in einem Scheinfenster
an der Nordseite des Candi Srikandi, Dieng-
Plateau

61 Der Candi Bima, Dieng-Plateau, ist einzigartig in der Kunst Indonesiens. Die kudus, Nischen, sind ▷
hier mit menschlichen Köpfen geschmückt

59, 60 Das kala-makara-Motiv als Schmuck einer Nische am Candi Arjuna. Auf dem rechten Bild dasselbe Motiv am Tempel Puntadewa. Dieng-Plateau

62 Candi Singhasari, Tempelmausoleum des 1292 verstorbenen Königs Kirtanagara. Über dem mit vier Vorbauten versehenen Baukörper ragt der eigentliche Tempel empor

63 Einer der mächtigen raksasas, Tempelwächter, von Singasari ▷
64 Kala-Kopf des in seiner Ausschmückung unvollendet gebliebenen Candi Singasari ▷

63

64

65, 66 Relief am Candi Jago. Die Figuren, im Wayang-Stil modelliert, sind Illustrationen zur Geschichte Arjunas. Die Konstruktion der Merus ist kennzeichnend für die balinesische Architektur;
vielleicht chinesischer Einfluß

67 Der vollständig restaurierte ›Jahreszahlentempel‹ im Panataran-Tempelkomplex. Rechts ein raksasa

68 Panataran, Teilansicht des Haupttempels. Der Kernbau hat drei Terrassen, das Dach fehlt; möglicherweise bestand es aus Merus

69, 70 Panataran. Die stark vertiefte Paneelreihe der Basis des Haupttempels zeigt Tiere in Rundmedaillons im Wechsel mit Szenen aus dem Ramayana-Epos

71, 72 Die Reliefs im naturalistischen Stil der zweiten Terrasse des Panataran veranschaulichen Szenen
aus dem Krishnayana

74 Ein elfstöckiger, Shiva geweihter Meru in Besakih. Im Hintergrund der Vulkan Gunung Agung

◁ 73 Mengwi, Bali. Dächer und Schreine der Merus aus Holz und Stroh, Basis aus Tuffstein und Ziegeln. Rechts ein Ahnensitz

75 Altar der Trimurti in Besakih während des Tempelfestes

76 Besakih. Das padu raksa, durch das man vom ersten zum zweiten Tempelhof gelangt

77 Das padu raksa im Tempelbezirk von Sangeh mit seinem heiligen Affen

Reisfeld anzulegen, wird eine Abordnung, die sich aus einem Priester und fünf *subak*-Mitgliedern zusammensetzt, zu einer heiligen Quelle oder zu den heiligen Wassern des Batur-Sees mit Opfergaben geschickt, die die Wassergottheiten gnädig stimmen sollen. In einem geschmückten Bambusbehälter wird heiliges Wasser in das Dorf gebracht und auf einem Altar im *subak*-Tempel aufgestellt, in dem Glauben, die Gottheit der heiligen Quelle wäre in dem Behälter eingeschlossen, und ihr zu Ehren wird nun ein Fest gegeben, wobei das heilige Wasser über die Felder gesprengt wird, die jetzt für den Reisbau hergerichtet werden sollen. Im Norden Balis werden bei solcher Gelegenheit auch Stierrennen veranstaltet. In Bali bearbeiten nur Männer das Reisfeld, sie pflanzen den Reis, während Frauen und Kinder bei der Ernte helfen.

2 Die Religion

Das Leben der Balinesen fußt bis heute in allen Einzelheiten auf der hinduistischen Weltanschauung, und ihre Religion ist eine Mischung von hinduistischen und buddhistischen Elementen, in die noch Vorstellungen aus vorhinduistischer Zeit übernommen wurden. So hat sich in Bali ein dualistisches Weltbild entwickelt, das sich in Gegenüberstellungen von Himmel und Erde, Sonne und Mond, Tag und Nacht, Göttern und Dämonen offenbart. Eins ist so wichtig wie das andere. Auch das Gute und das Böse ist ein Gegensatzpaar. Man muß zwar das Böse bekämpfen, aus der Welt schaffen kann man es aber nicht, man kann es nur in Schranken halten. Dasselbe gilt für die Dämonen. Man muß auch ihnen Opfer bringen, damit sie kein Unheil anrichten (Abb. 84). Im Grunde genommen sind es die magischen Riten der altbalinesischen Religion, die vom Hinduismus und Buddhismus überlagert wurden. In Wirklichkeit ist die balinesische Religion ein Ahnenkult, und der verstorbene Gründer eines Dorfes wurde als Gott der Dorfgemeinschaft verehrt. Als dann die Eroberer ihre eigenen verstorbenen Könige als ›Ahnengötter‹ verehrten, kamen sie der balinesischen Auffassung ihres Ahnenkultes sehr nahe, und es war leicht, die Religion der Hindufürsten mit den altbalinesischen Kulten in Einklang zu bringen. So entstand ein Konglomerat von hinduistischen und buddhistischen Prinzipien auf dem Fundament des Ahnenkultes und den Göttern der Erde, des Wassers, des Feuers und der Fruchtbarkeit.

Auch tantrische Blutopfer, schwarze Magie und Totenverbrennungen kamen hinzu. Alle diese Praktiken absorbierte das balinesische Volk, formte sie um, so daß sich schließlich daraus ein ganz eigenartiger Kult gebildet hat, den es nur in Bali gibt und in gewissem Grade noch auf der Insel Lombok, die die Riten von Bali übernommen hat. Und da die Balinesen in religiösen Dingen äußerst liberal sind, griffen sie jede neue Idee auf, die ihnen begegnete, anstatt sie zurückzuweisen. So ist es nicht verwunderlich, daß Buddha für die Balinesen als der jüngere Bruder von Shiva gilt, und wenn die Anstrengungen christlicher Missionare in Bali Erfolg haben sollten (was zwar nicht der Fall ist), dann würde in Zukunft »*sanghyanwidi*, der exaltierte Name, den die Missionare Jesus gegeben haben, ein Vetter von Shiva und Buddha sein, und ihm würden Opfer dargebracht, und man würde ihm einen Schrein errichten, wo er sich ausruhen kann, wenn er Bali besucht«[48].

Die Tempel und die Götter

Die Götter sind in Bali überall gegenwärtig. Kein Gesetz, keine Pflicht, die nicht von den Göttern den Menschen vorgeschrieben, und keine Freude, die nicht göttlichen Ursprungs ist. Von Anfang an waren sie da, die Götter, in den Quellen und in den Bäumen; sie thronen auf den höchsten Bergen der Insel und kommen auch herab von ihren Thronen, um sich um das Wohlergehen der Menschen zu kümmern. Deshalb ist es auch die erste Pflicht einer *subak* oder Dorfvereinigung, einen Tempel für die Gottheit zu bauen, unter deren Schutz sich die neue Gesellschaft von nun an stellt. Bei dem Haustempel eines jeden Baues werden die schönsten Bäume und Sträucher gepflanzt, die dann ewig die herrlichsten Blumen für die nötigen Opfergaben spenden. So zahlreich auch die Götter sind, unter deren Schutz man sich gestellt hat, in Wahrheit sind sie nur verschiedene Formen der *trimurti,* der hinduistischen Dreieinigkeit, in der Brahma und Vishnu die bewahrenden und schöpferischen Gottheiten sind, während Shiva, in Sanskrit der ›Gnädige‹, die materielle Form des Seins wieder vernichtet.

Nirgendwo gibt es so viele Tempel wie auf Bali, und nicht zu Unrecht hat man Bali die »Insel der 10 000 Tempel« genannt. Der Tempel ist die wichtigste Institution auf der Insel. Zunächst einmal besitzt jedes Dorf gewöhnlich drei Tempel: den *pura desa,* den Dorftempel, in dem die Feste stattfinden, den *pura puseh,* der den Gottheiten des Weltalls offensteht, und den *pura dalem,* der Tempel für die Todesgöttin Durga und die Totenseelen. Hier beginnen auch die Riten zu den Totenverbrennungen. Tempel gibt es überall, auf den Bergen und in den Tälern, in den Reisfeldern für die Reisgöttin und am Meer für die Meeresgottheiten (s. vordere Umschlagklappe), und kein Tempel gleicht dem anderen.

Wie der Tempel Panataran in Ost-Java ist auch der balinesische Tempel ein Terrassenbau. Ihm fehlt die einheitliche Linie, dafür gibt es eine Überfülle von Verzierungen und Ornamenten aus Stein, unter denen die verschiedenen Einzelbauten des Tempelkomplexes fast ersticken. Hier gibt es keine Gebetshalle, in der die Gläubigen vor ihren Götterbildern andächtig ihre Riten vollführen, der balinesische Tempel ist ein Andachtsplatz in freier Natur, der aus einem, aus zwei oder drei Tempelhöfen besteht. Da gibt es Schreine und Pavillons, überdachte Podeste und die pagodenartigen *Merus* (Farbt. XVIII), aber keine Bildnisse oder Idole irgendeiner Gottheit, die angebetet werden könnte. In einigen Tempeln kann man noch Statuen aus alten Zeiten finden, die aber dann lediglich ein Geschenk für die Gottheit oder ein Erbstück der Ahnen sind. Die Götter selbst sind unsichtbar und unfaßbar.

Miguel Covarrubias und Walter Spies, die zusammen Hunderte von Tempeln auf Bali besucht haben, entdeckten in jedem Tempelbezirk immer wieder etwas Neues,

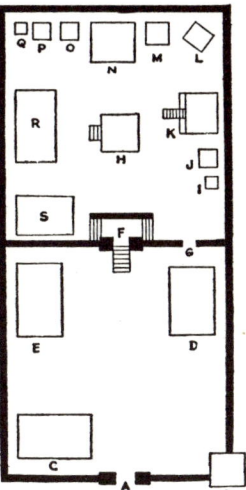

Balinesisches Tempelschema, nach M. Covarrubias

A Gespaltenes Tor, candi bentar   B Turm mit hölzerner Glocke, kulkul   C Küchenplattform, paon   D Platz für das Gamelan-Orchester,   balé   gong   E   Plattform   für   Opfergaben,   balé F Überdachtes Tor, padú raksa   G Seitentor   H Pavillon, pepelik   I, J Schreine für die ›Sekretäre der Götter‹, ngrurah alit und ngrurah gedéh   K Schrein der lokalen Gottheit, gedong pesimpangan   L Steinerner Thron, padma-sana   M Schrein für den Vulkan Gunung Agung   N Meru   O Schrein für den Vulkan Gunung Batur   P Schrein Maospait   Q Nische für den Interpreten, taksu   R, S Platz für die Göttergaben, balé piasan

und doch kamen sie zu dem Ergebnis, daß ein Grundplan für den balinesischen Tempel besteht, der hauptsächlich in der Anlage von zwei Höfen oder Terrassenbauten besteht. Ich lasse hier die Aufstellung eines solchen Grundplans von Covarrubias folgen (siehe Anm. 48).

Der erste Hof, den man durch das ›gespaltene Tor‹, *candi bentar* (A), betritt, heißt *jaban*, ›innen‹, der zweite Hof, in den man wieder durch ein Tor, *padú raksa* (F), gelangt, heißt *dalam* oder ›innen‹. Das *candi bentar* ist für die balinesische Architektur typisch (Abb. 88, 89). Es besteht aus zwei auseinandergerückten Hälften eines Monuments, eines kleinen *candi*. Es symbolisiert zwei zusammengehörige und doch voneinander getrennte Grundelemente. So wird einem schon beim Betreten des Heiligtums vor Augen geführt, daß Licht und Dunkel, Gut und Böse nebeneinander bestehen, und daß nichts auf dieser Welt vollkommen ist.

In der rechten Ecke des ersten Hofes steht der Turm mit der hölzernen Glocke, *kulkul* (B), manchmal dient auch ein altehrwürdiger Waringin-Baum als Glockenturm (Abb. 91). Im selben Hof befinden sich auch noch einige überdachte Plattformen, die eine wird als Küche, *paon* (C), bei den Festlichkeiten benutzt, eine andere dient als Platz für das *gamelan*-Orchester, *balé gong* (D), und wieder eine andere *balé* (E) ist für die Herrichtung der Opfergaben bestimmt. In diesem Hof finden auch zu bestimmten Gelegenheiten Hahnenkämpfe statt. Hahnenkämpfe sind in Bali sehr beliebt. Sie sind nicht etwa nur eine Volksbelustigung, bei der oft hohe Einsätze gewettet werden, man muß sie, wie Dr. Goris meint, als eine Reminiszenz früherer Blutopfer altbalinesischer Kulte betrachten. Bei bestimmten Tempelfesten sind Hahnenkämpfe obligatorisch.

Auch sonst wird man in Bali nicht selten Hahnenkämpfe zu sehen bekommen, obwohl sie heute offiziell verboten sind. Nur mit besonderer Erlaubnis dürfen sie stattfinden.

Durch ein überdachtes Tor, *padú raksa* (F), gelangt man vom ersten in den zweiten Hof (Abb. 76, 77, 90). Dieses Tor hat auch die Form eines *candi* und ist gewöhnlich das am reichsten verzierte Monument des Tempels. An jeder Seite steht die steinerne Figur eines *raksaka*. Gleich hinter dem Tor befindet sich eine Steinwand, *aling aling*, auf der im Relief Dämonen dargestellt sind, die man hier gewissermaßen gebannt hat. Auf diese Weise glaubt man, das Böse vom Tempel fernhalten zu können.

Während der erste Hof lediglich zur Vorbereitung für den Ritus und die Tempelfeste dient, ist der zweite Hof das eigentliche Heiligtum, in dem es keine Götterbilder gibt, wohl aber Altäre und Schreine, auf denen die Götter sich aufhalten, wenn sie von den Gipfeln der Vulkane zu den Tempeln herabsteigen, wobei die Anordnung der Schreine genau nach den Orientierungsregeln der ›balinesischen Windrose‹, *nawa sanggah*, getroffen werden muß, dem Richtungskreuz, das nicht von Nord nach Süd ausgerichtet ist, sondern von den Bergen zum Meer:

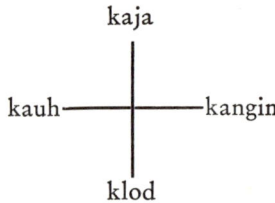

Die Hauptaltäre und -schreine sind in zwei Reihen angeordnet, die eine an der äußersten Mauer gegen die Berge zu, *kaja,* und die andere rechts von dieser an der *kangin*-Mauer. Der wichtigste Schrein steht in der Mitte der *kangin*-Seite, er kann mit hölzernen Türen verschlossen werden und heißt *gedong pesimpangan* (K), und in ihm werden gewöhnlich irgendwelche Weihgaben aufbewahrt. Dieser Schrein ist der lokalen Gottheit, dem vergöttlichten Ahnen des Gründers der Dorfgemeinschaft, geweiht.

Besonders eindrucksvoll und typisch für die balinesischen Tempel sind die *merus* (N), hohe hölzerne Pagoden auf einem steinernen Podest mit stockwerkartig übereinandergetürmten Dächern aus *ijuk*, den kostbaren und sehr haltbaren Fibern der Zuckerpalme (Farbt. XVIII; Abb. 74). Sie sind Symbole für den ›Himmelsberg‹, den Sitz der großen Hindu-Götter, sie repräsentieren den Berg Mahameru. Die Anzahl der Dächer läßt erkennen, welchen Rang die Gottheit einnimmt, für die der *meru* bestimmt ist. Elf Dächer stehen allein Shiva zu, dem Maha-Deva, der höchsten Gottheit, die auf dem Gunung Agung wohnt. Die *merus* für Brahma und Vishnu haben neun Dächer. Die Anzahl der Dächer ist immer ungerade; je kleiner sie ist, desto niedriger stehen die Götter, für die sie bestimmt sind, im Rang. Im obersten Dachgeschoß des *meru* steht eine Urne, die neun kostbare Steine und Metallplatten mit magischen Formeln enthält.

Niemals fehlen zwei Schreine, der eine für den Vulkan Gunung Agung (M) und der andere für den Batur (O). Ganz besonders wichtig ist der *padma-sana* (*padma* = Lotos) (L), ein steinerner Thron, der dem Sonnengott Surya geweiht ist. Er befindet sich in der äußersten rechten Ecke des Hofes, und seine Rückwand ist stets dem Gunung Agung zugewendet. Dieser Thron soll ebenfalls den Kosmos repräsentieren. Das Fundament hat die Form der mythischen Schildkröte, *bedawang*, um die sich zwei Steinschlangen winden. Über ihm sind drei Plattformen stufenförmig angeordnet, gekrönt von einem steinernen Sessel mit einer hohen Rückenlehne.

Auch die ›Sekretäre‹ der Götter bekommen Schreine, *ngrurah alit* (I) und *ngrurah gedéh* (J); sie sollen darauf achten, daß die richtigen Opferungen gemacht werden. Eine steinerne Nische ist für *taksu* (Q) bestimmt, den Interpreten der Gottheiten. *Taksu* spricht durch das Medium, wenn es im Trance ist, für die Gottheit, nicht die Gottheit selbst.

In der Mitte des Tempelhofes steht ein Pavillon, *pepelik* (H), der ein gemeinschaftlicher Aufenthaltsplatz für die Götter ist, und die *balé piasan* (R, S) mit einfachen Plätzen für die Opfergaben. Die Opfergaben nimmt nicht der hohe Brahmanen-Priester, *pedanda*, entgegen, der sich ebensowenig um das Zeremoniell im Gemeindetempel kümmert, dafür ist der Laienpriester, *pemangku*, zuständig. Der *pemangku*, der zugleich Hausmeister des Tempels ist, ist ein Mann des Volkes aus der niedrigen Kaste. Sein Amt kann erblich sein, er kann aber auch durch ein Medium von irgendeinem Ahnengeist zu seinem Amt gerufen werden. Nur bei den Tempelfesten und den Feierlichkeiten, die alljährlich zur Reinigung des Dorfes von den Dämonen stattfinden, erscheint der *pedanda* und segnet die Opfer mit geweihtem Wasser. Dies ist der Tag der ›himmlischen Auskehr‹, *njepi*, an dem die Götter den Himmel von allen schlechten Einflüssen rein fegen. Dabei fallen nach dem Glauben der Balinesen schrecklich viele böse Geister auf Bali herab. Um sie sich fernzuhalten, müssen viele Opfer gebracht werden: Blumen, Früchte und allerlei Speisen, an denen sich die Geister gütlich tun können. Danach wird ein großes Feuer angezündet, um sie zu verjagen. Früher durfte sich am Tage darauf niemand aus dem Haus wagen. Die Geister sollten glauben, die Insel sei ausgestorben.

Die Feste

> »Eine Frau macht mit derselben Selbstver-
> ständlichkeit die phantastischen Kunstwerke
> an Opfern für den Tempel oder webt die
> herrlichsten Goldbrokate, wie sie Kinder ge-
> biert, kocht oder sich mit der Nachbarin
> zankt.«
>
> Walter Spies

Nahezu zweihundert Feste werden nach dem balinesischen Kalender, *wuku*, der 210
Tage umfaßt, in den Tempeln gefeiert. Der Höhepunkt des Jahres ist das große Tempelfest, *odalan*, das in jedem Dorf zur Erinnerung an die Gründung des Heiligtums
mit großem Enthusiasmus gefeiert wird. Schon vier Tage vor dem Fest beginnt man
mit den Vorbereitungen. Besonders Bambusaltäre werden für die unzähligen Opfergaben aufgestellt, denn der *balé piasan* im Tempel kann die Unmenge von ihnen gar
nicht fassen. Und alle diese Opfergaben und der Schmuck, in den die ganze Tempelanlage gekleidet wird, sind von einer solchen Vielfalt und mit unendlichem Fleiß so
künstlerisch geordnet und zusammengebaut, daß wahrhafte Monumente entstehen,
Skulpturen, nicht aus Stein oder Bronze, sondern aus Bambus, geflochtenen Palmblättern und Reiskuchen, verschieden geformt und bemalt. Und alle diese Kunstwerke
werden nur einmal gebraucht.

Die großen Aufbauten werden von den Männern hergestellt, während die vielen
Dekorationen aus Palmblättern und die Reiskuchen, *jaja*, von den Frauen gemacht
werden. Zur Herstellung des Palmblattschmucks in endlosen Variationen gehört nicht
nur ein unerschöpflicher Erfindungsreichtum, sondern auch eine außerordentliche Fingerfertigkeit. Als Material werden hierzu die jungen grüngelben Blätter der Kokospalme und die festen Palmblattrippen benutzt. Auch die Blätter der Zucker- und der
Lontarpalme finden Verwendung.

Drei besonders typische Beispiele für Palmblattdekorationen mögen hier beschrieben
werden: *sampian*, *lamak* und *penjor*. Zualleroberst bei Opfergabenaufbauten ist der
sampian angebracht. So einfach dieses Gebilde erscheinen mag, erfordert es doch eine
unglaublich künstlerische Fingerfertigkeit. Unendlich reich sind auch die Motive, die
verwendet werden: Schiffe, Segel, Windmühlen und lang herabreichende Gehänge.

»Etwas, was hängen muß«, bedeutet *lamak*, ein Streifen, der aus Palmblättern ge-
flochten ist, und manchmal auch aus Stoff besteht. Man läßt ihn bei den Festen aus
Opfernischen heraushängen. *Lamak* hat eine Länge von einem halben bis zu mehreren Metern. Auch hierbei überrascht uns die immer neue Formgebung altherkömm-
licher Motive, die alle von symbolischer Bedeutung sind. Sehr oft ist auf dem *lamak*
als Zentralfigur ein *cili* dargestellt, ein Symbol für die Erde und die Fruchtbarkeit in Gestalt der ›Reis-Mutter‹, *niní panturn*, die wieder mit der Dewi Sri oder Me-
lanting identisch ist. Sehr oft hat der *sampian* oben auf den hohen Aufbauten aus

Früchten und Reiskuchen auch die Form des *cili,* doch ist dieses, was ›klein‹ und ›hübsch‹ bedeutet, für die Balinesen nicht mehr als ein abstraktes feminines Motiv.

Zu beiden Seiten des Tempeleingangs werden bei den Festen *penjors* aufgepflanzt. Sie bestehen aus besonders hohen Bambusstämmen, an die an der oberen Spitze aus Palmblättern geflochtene Girlanden mit besonders kunstfertigen Dekorationen befestigt sind, die dann an dem elastischen Bambus im Winde schaukeln. Manchmal hängt auch eine winzig kleine Flöte daran, die durch den Luftzug leise summt, ähnlich wie man sie den Tauben unter die Flügel bindet. Diese Art von Musik gefällt Vishnu, heißt es.

Der *penjor* ist ebenfalls ein Symbol für Dewi Sri, aber auch ein Symbol für Ganesha, den elefantenköpfigen Sohn Shivas, der Gott, der bei den Festen alle Hindernisse aus dem Wege schafft. Auch die beiden steinernen Dämonen werden geschmückt. Sie bekommen schwarz-weiß-karierte Tücher – die Farbe von Vishnu und Shiva – vorgebunden und Hibiskusblüten ans Ohr gesteckt.

Frauen und Mädchen aller Familien bringen die Opfergaben zum Tempel, wo diese vom *pemangku* in Empfang genommen werden. Jeden Tag sieht man in Bali irgendwo kleine oder große Gruppen von Frauen und Mädchen mit den Gaben zu irgendeinem Heiligtum gehen (Farbt. I, XXI); an den Festen ist der *pemangku* schon vom frühen Morgen an im Tempel. Ununterbrochen werden Opfergaben gebracht. Immer mehr Menschen beteiligen sich an den Gängen zum Tempel (Abb. 86), jetzt auch Männer mit weißen und roten Fahnen. Auch Musikanten kommen mit dem *gamelan angklung* (Abb. 85, 92), die Instrumente, an Bambusstangen aufgehängt, werden während der Prozession gespielt.

Eine besondere Note erhält das Tempelfest *odalan,* bei dem aus dem mit hölzernen Türen verschlossenen Schrein die *arjas* herausgeholt werden, zwei schön geschnitzte kleine Figuren aus Sandelholz, eine männliche und eine weibliche. Diese Figuren können an einem solchen Tag durch besondere Meditationen des Priesters »zum Leben gerufen« werden, wenn der Geist der lokalen Gottheiten sie vorübergehend ›beseelt‹. Oft repräsentieren diese Figuren auch Rama und Sita, die Reïnkarnationen von Vishnu und Sri. Diese beiden Figuren werden nun in einer großartigen Prozession zum Meer, oder wenn dies zu weit entfernt ist, zum nächsten Fluß oder zu einer heiligen Quelle getragen. Voran gehen die Fahnenträger, dann folgt eine lange Reihe von jungen Frauen und Mädchen mit den Opfergaben, und dann die kleinen schön geschmückten Figuren, auf Kissen von zwei Mädchen auf dem Kopf getragen, beschattet von zwei großen Sonnenschirmen (Farbt. II). Es folgt wieder eine Reihe von Frauen, und eine Gruppe von Männern mit dem *gamelan angklung* beschließt dann die Prozession. Am Wasser angelangt, betet der Priester zu den *arjas,* denen die Opfer dargebracht werden, und die Teilnehmer der Prozession singen und tanzen, um die *arjas* zu erfreuen. Dann geht es wieder in langer Prozession zurück zu dem Tempel, wo das Fest noch die ganze Nacht hindurch gefeiert wird.

Geister und Dämonen

Opfer müssen gebracht werden, nicht nur zu den Festen, sondern jeden Tag. Oft genügt schon ein Bananenblatt mit einem winzigen Reisberg, das man vor die Tür legt, denn der Balinese hat Angst vor den Naturgeistern und Zauberkräften. Er schämt sich seiner Angst auch nicht. So sah ich in Den Pasar jeden Morgen vor der Tür einer ganz modernen Apotheke auf dem Fußsteig ein frisches kleines Opfer liegen, und jeder Passant ging andachtsvoll darum herum. Auch an jeder wichtigen Straßenkreuzung wird man, nicht nur auf dem Lande, sondern auch mitten im verkehrsreichen Zentrum von Den Pasar mehrere steinerne Figuren von *butas* und *kalas* finden, dämonische Wesen, Unglück und Verderben spendend, die in einsamen Gegenden hausen, in den Wäldern und an verlassenen Küsten, aber auch in den Dörfern als ›gefährlich‹ geltende Plätze, wie Wegkreuzungen und Friedhöfe bewohnen. Ihre Aufgabe ist es, die Menschen zu quälen, sie mit Krankheiten zu belasten, mit körperlichen und geistigen, und wenn man die Geister nicht in Schranken hält, können sie Krankheitsepidemien verbreiten.

Aus einem Restaurant sah ich einmal einen Kellner, wie er sich andächtig zu dem Standbild eines Dämons inmitten einer Straßenkreuzung begab. Auf seinem Tablett trug er nicht die Speisen für die Gäste, sondern ein Schälchen mit Opfergaben für den Dämon (vgl. Abb. 84).

Über zwei Dinge macht sich der Balinese ständig Gedanken: den vergöttlichten Ahnen zu huldigen und die dämonischen Mächte in Schranken zu halten. Vernichten kann man sie nicht, denn das Gute wie das Böse ist nun einmal auf der Welt, es gehört als Ganzes zusammen, aber durch Opfer kann man das Böse beschwichtigen. Und wird gar ein Balinese hingerichtet, so bittet der Henker ihn vorher um Verzeihung, denn zwischen seiner Seele und der Seele des Verbrechers besteht keine Feindschaft. Selbst das Tier, das er tötet, mag es zum Opfer oder zu seinem Lebensunterhalt sein, bittet der Balinese vorher um Verzeihung.

Gefährlicher noch als die *butas* und *kalas* sind die *leyaks*. Das sind Menschen, die sich nachts in Tiere verwandeln und als solche allerlei Unheil anstiften. Jeder Dorfbewohner glaubt, schon einmal eine *leyak* gesehen zu haben; und zwar handelt es sich dann immer um ein Tier, das ihm nachts begegnet ist und das sich auf ungewöhnliche Weise benahm. Die *leyaks* halten sich des Nachts auf den Friedhöfen auf, um dort ihre magischen Kräfte auszuüben. Als *leyaks* verdächtigt werden Personen mit ungewöhnlichen Merkmalen im Gesicht, wenn zum Beispiel die Furche auf der Oberlippe fehlt oder das Spiegelbild im Auge verkehrt herum ist, doch niemand wird denjenigen, den er verdächtigt, mit Namen nennen. Betroffen werden von den dunklen Kräften der *leyaks* nur schwache und kranke Menschen. Gesunde haben von ihnen nichts zu befürchten. Geschützt werden können anfällige Menschen durch den Medizinmann, den *balian,* der im Trancezustand das Übel erkennt und ein Heilmittel dagegen findet. Besonders gefährdet ist eine Frau im Augenblick der Geburt, wenn sie eine besonders große Menge an Lebenskraft erzeugen muß.

Die Leichenverbrennung

Das größte religiöse Ereignis sehen die Balinesen nicht in den Tempelfesten, sondern in dem umfangreichen Zeremoniell der Leichenverbrennung, *ngabén*. Durch die Verbrennung wird die Seele endlich von dem Körper befreit, sie geht in eine höhere Welt ein und ist bereit, durch Reinkarnation ein besseres Leben zu beginnen. So ist die Verbrennungszeremonie für die Balinesen kein Anlaß zur Trauer, sondern zu größter Freude.

Die Totenverbrennungsriten sind in Bali erst unter hinduistischem Einfluß entstanden, wahrscheinlich zur Zeit Majapahits, etwa im 13. Jahrhundert; doch vorher glaubte man schon nach animistischer Vorstellung, daß der ›Seelenstoff‹ unsterblich ist und nach dem Tode in anderen Lebewesen wiederkehrt. Das glauben auch die Bali-Aga, die abgesondert in den Bergen leben und ihren Glauben aus mythisch-vorchristlicher Zeit beibehalten haben. Sie verbrennen die Toten nicht, sondern setzen sie auf einem Felsen oder in Bäumen aus und überlassen sie dem Fraß der wilden Tiere, denn erst, wenn die Knochen restlos vom Fleisch befreit sind, so glauben sie, wird auch die Seele frei, um wieder in einem anderen Körper ein neues Leben zu beginnen.

Bei keiner Festlichkeit wird in Bali ein solcher Prunk entfaltet wie bei dem Ritus der Totenverbrennung, besonders wenn es sich dabei um die sterblichen Reste eines Fürsten oder eines Angehörigen der *triwangsa*, der Mitglieder der drei Kasten des Adels handelt, denn der Prunk richtet sich nach der Klasse, der der Verstorbene angehörte. Das kann die Familie ein ganzes Vermögen kosten. So werden bisweilen Hunderte, ja Tausende von Dollar an einem Nachmittag von einer jubelnden Menge verbrannt, in der doch der einzelne für seinen Lebensunterhalt mit dem Pfennig rechnen muß. Es kommt vor, daß der Sohn ein ganzes Leben lang spart, um seinen Eltern eine würdige Einäscherung zukommen zu lassen. Schon die Vorbereitungen zur Verbrennung erfordern viel Zeit und Geld, oft Monate oder Jahre. Wollte man alle Einzelheiten des Zeremoniells aufzählen, so würden sie allein ein Buch ergeben. So mögen hier nur die wichtigsten Momente beschrieben werden.

Sind die Ersparnisse der Familie nicht ausreichend, so wird die Verbrennung der Leiche auf spätere Zeit verschoben, und der Tote wird noch am selben Tag auf dem Friedhof begraben. Eine Bambusröhre wird über seinem Mund in die Erde gesteckt, damit seine Seele einen Ausgang hat, und auf einem Bambusaltar mit einem Dach darüber werden noch zweiundvierzig Tage nach seinem Tode Opfergaben niedergelegt. Manchmal läßt man auch Speisen durch eine offengelassene Spalte in das Grab hinab. Müssen Angehörige der höheren Kasten aus anderen Gründen auf ihre Einäscherung warten, so werden sie einbalsamiert und in einem bestimmten Pavillon, *balé lagon*, aufgebahrt, bis der für die Verbrennung günstige Tag gekommen ist. Diesen Tag bestimmt der Priester »als berufener Ausleger der geheimnisvollen kosmischen Ordnung«. Liegt ein solcher Tag zur Verbrennung einer hochgestellten Persönlichkeit fest, so schließen sich Angehörige aus der ärmeren Bevölkerung dem Zeremoniell an, die provisorisch begrabenen Verwandten werden exhumiert, doch jeder von ihnen trägt dann zu den Kosten bei, während einer immer der Festgeber ist.

Die Verbrennungszeremonien finden in drei Etappen statt. Die erste Etappe beginnt mit der Aufbahrung der Leiche in einem abgeschlossenen oder umfriedeten Raum. Schon drei Tage vor dem Fest werden die Knochen von den Toten, die schon begraben waren, exhumiert und gesäubert. Man hatte, wie ich es einmal erlebte, in der Nähe des Friedhofes einen großen Platz mit einem Zaun aus Bambus und Palmblättern umfriedet und hier mehrere Reihen von hohen überdachten Tischen aus Bambus aufgestellt, auf denen dann die Knochen, eingewickelt in weiße Tücher, mit Blumen und allerlei Gegenständen geschmückt, und mit magischen Zeichen versehen, lagen. In einer offenen Hütte saß ein *gamelan*-Orchester und spielte immer in Abständen an den drei Tagen bis zum Tag der Verbrennung. Auch in den Nächten brachen die Feierlichkeiten mit Schattenspielen und Musik nicht ab. Und wenn man dicht an den Tischen mit den Totenpaketen vorüberging, so konnte man hier und da ein leises Piepen hören, denn mit den Knochen zusammen hatte man Küken in die Tücher verpackt, damit sie noch etwas Lebendes in ihrer Nähe hätten.

Bei den wohlhabenderen Leuten und den Mitgliedern der *triwangsa* findet die Aufbahrung der Leiche im *balé bandung*, einem abgeschlossenen Raum, statt. Hier wird große Sorgfalt auf die Ausstattung des Totenraumes verwendet. Dinge, die dem Toten zu Lebzeiten besonders lieb waren, werden aufgebaut, herrliche Stoffe, Schmuck, ein Kris und viele Blumen und bunte Bänder, aber auch Dinge, die ihn nach dem Tode vor bösen Geistern schützen sollen: Lotosblumen, *padma*, und ein Bambusschößling als magisches Symbol zur Förderung der Wiedergeburt. Über dem aufgebahrten Toten wird eine Figur aus Garn und *kepengs* gelegt, den alten chinesischen Münzen, die früher als kleinstes Zahlungsmittel in Bali galten. Diese Figur heißt *ukur* und wird später mit in den Sarg gelegt. Zur Vorbereitung der eigentlichen Verbrennung gehören noch allerlei Feierlichkeiten, die wiederum zu einer vom Priester für günstig bestimmten Zeit stattfinden, zum Beispiel das Holen des Weihwassers aus einer heiligen Quelle.

Die zweite Phase des komplizierten Zeremoniells besteht im Transport des Toten zum Verbrennungsplatz, der sich entweder auf dem Friedhof selbst oder in seiner Nähe befindet. Dies geschieht unter großer Anteilnahme des Volkes, das sich schon früh am Morgen beim Sterbehaus einfindet. Dort kann man nun der Reihe nach eine Anzahl seltsamer Aufbauten sehen, im Mittelpunkt ein symbolhaftes, kunstvoll zusammengefügtes Gestell, das auf einem aus Bambus zusammengebundenen Gitterwerk befestigt ist. Diese Haltevorrichtung ermöglicht es, daß viele Menschen gleichzeitig den Turm zum Verbrennungsplatz tragen können. Und um einen Verbrennungsturm, *badé*, handelt es sich hier (Farbt. XII–XIV). Seine Gestalt richtet sich je nach der Kaste, der der Verstorbene angehört hat. Bei einem kastenlosen Balinesen ist dieser Turm eine abgestumpfte Pyramide, die bis zu 10 m hoch sein kann. Bei einem Adligen trägt der Leichenturm, der auf der Nachbildung einer Schildkröte ruht, über den beiden Würfeln und der Nische, in die der Tote gelegt wird, noch ein mehrfach gestaffeltes

Pagodendach, wie bei den Merus. So befindet sich der Tote also, wenn er zwischen dem Weltberg (auf den Würfeln des Turmes) und dem Himmelsberg (dem Pagodendach) thront, symbolisch zwischen Himmel und Erde, ehe er verbrannt wird.

Nun ist ein solcher *badé* außerdem noch überreich geschmückt mit Blumensträußen, die den Himmelsbaum symbolisieren, mit Dämonenköpfen, die böse Geister fernhalten sollen, und mit dem Himmelsadler *garuda*, der die geläuterte Seele zu den himmlischen Gefilden tragen soll. Die Totentürme, die mit unendlicher Liebe und Mühe hergerichtet sind, erscheinen oft als bedeutungsvollere Kunstwerke als die steinernen Bildwerke in den Tempeln, doch auch sie werden mitverbrannt. Der *badé* eines Fürsten kann die Höhe von 30 m erreichen. Ein Brahmanenpriester wird auf einem Obelisken in Form eines *padmasana*, eines Altars, wie wir ihn schon von dem Tempel her kennen, zum Verbrennungsplatz gebracht. Der Obelisk endet oben in einer Plattform, die an drei Seiten von einem Geländer umgeben ist. Die ärmeren Leute, die nicht die Kosten für eine prunkvolle Verbrennung aufbringen können, tragen die sterblichen Reste ihrer Angehörigen in einer Art Thronsessel, der auch geschmückt und mit magischen und symbolischen Zeichen, wie das *bandji*-Motiv (Swastika), verziert ist. Zur Einäscherung halten sie dann einfache Holzsärge bereit. Hochgestellte Persönlichkeiten werden dagegen in prächtigen Särgen verbrannt. Die feierlichsten sind die in Gestalt eines Stieres, sie stehen den Brahmanenpriestern zu (Abb. 99). Danach kommen dann dem Rang nach die Sargformen in Gestalt eines Löwen und eines *garuda*-Adlers (Farbt. XXI).

Setzt sich der Leichenzug mit den zahlreichen Türmen und Tragsesseln in Bewegung, so wird er begleitet von prunkvoll gekleideten Mädchen und Frauen, die auf dem Haupt Gefäße mit Weihwasser, mit Blumen und Früchten als Opfergaben für die Toten tragen. Auch das tragbare *gamelan-angklung* und die Fahnenträger fehlen nicht. Vorher haben einige Jungen den *badé* erklommen, einer von ihnen hält einen lebenden Vogel in der Hand, um »die Seele das Fliegen zu lehren«.

Um alle Beziehungen zwischen der Seele des Verstorbenen und den Hinterbliebenen unmöglich zu machen, dreht man schon auf dem Wege zum Verbrennungsplatz den *badé* einige Male im Kreise herum. Das wiederholt sich in schnellem Lauf nach rechts und nach links auf dem Verbrennungsplatz. Die Richtung wird von einem Priester angegeben, der das eine Ende eines langen weißen Tuches in der Hand hält. Das andere Ende ist oben am *badé* befestigt. Bei fürstlichen Verbrennungen ist dieses Tuch oder Tau, das die Schlange *naga* versinnbildlicht, reich verziert und kann bis zu 50 m lang sein. Das Kopfende wird ebenfalls von einem Priester getragen, und das Mittelstück der *naga* wird von Trägern gestützt. Ist der Turm endgültig zum Stehen gekommen, so ›tötet‹ der Priester die Schlange, indem er vier *jempaka*-Blumenpfeile auf den ›Kopf‹ der Schlange aus allen vier Windrichtungen abschießt. Das Tuch, die ›Schlange‹, wird dann um den Sarg gewickelt und mit ihm zusammen verbrannt.

Dieser Brauch führt sich auf folgende Legende zurück: »Ein balinesischer Fürst verspottete einst einen weisen und frommen Priester und versuchte ihn lächerlich zu machen. Er ließ eine Gans in einen leeren Brunnen setzen und fragte den *pedanda* danach, was wohl in dem Brunnen wäre. Als dieser antwortete, es wäre eine Schlange – *naga* –, lachte der Fürst laut über die Dummheit des Priesters. Er ließ den Brunnen öffnen, und sofort stürzte eine gewaltige *naga* heraus, die den entsetzten Fürsten zu verschlingen drohte. Der Priester verzieh jedoch dem Fürsten und tötete die Schlange; von nun ab mußte jeder Abkömmling des Fürsten von einer *naga* zum Brandstapel geleitet werden.«[49]

Die dritte Phase der Zeremonie vollzieht sich auf dem Verbrennungsplatz, *sema*, wohin inzwischen auch die prunkvollen Särge in Tiergestalt gebracht wurden: das weiße Rind für einen *pedanda*, ein schwarzes Rind für den *kshatryas* oder ein geflügelter Löwe für den *vaishya*. Auch die schlichten Särge der einfachen Leute sind manchmal mit einem Tierkopf geschmückt.

Inzwischen ist auch die Bambusleiter, *tratag*, mit der Prozession eingetroffen, über die der Leichnam von dem *badé* zum Sarg herabgetragen wird. Zur gleichen Zeit finden Speertänze, *baris gedéh*, statt. Der Rücken des Tiersarges ist inzwischen geöffnet, und der Leichnam wird in ihn hineingelegt, mit magischem Weihwasser begossen, und jetzt erfolgt die wichtigste rituelle Handlung: der *pedanda* rezitiert Sanskrit-Verse, *mantras* (Abb. 100), worauf der Sarg geschlossen und mit der *naga-banda,* dem langen weißen oder bunt geschmückten Tuch umwunden wird. Jetzt legt man Feuer an das vorher unter dem Sarg aufgeschichtete Holz und Reisig und übergibt so den Körper und alle dazugehörigen Beigaben den Flammen.

Früher stürzte sich noch die Witwe des Verstorbenen in die Flammen und folgte freiwillig ihrem Gatten in den Tod. Auch der *badé* und alle Aufbauten, an denen viele Hände oft monatelang gearbeitet haben, werden angezündet, denn nur für diesen einen Tag sind sie bestimmt, an dem die Seele des Verstorbenen endlich frei geworden ist und in den Himmel von Bali einzieht.

Noch bis in die Nacht hinein sieht man dann die Verwandten überall bei den zum Teil noch schwelenden Resten die Asche in Kokosnußschalen sammeln, um sie dann am nächsten Tag in feierlicher Prozession den Fluten des Meeres oder den Wassern eines Flusses zu übergeben.

Kein Fest wird in Bali so prunkvoll gefeiert wie das Fest der Totenverbrennung, bei dem die Seele durch das Feuer geläutert und durch das Wasser gereinigt wird. Und keinen größeren Wunsch kennt der Balinese, als so schnell wie möglich im Tau des Morgens wieder auf seine herrliche Insel herabzusteigen und ein neues Leben zu beginnen.

3 Die Musik und das Tanzdrama

Der Gamelan

An den bildenden Künsten, die zur Zeit der Hochkulturen in Java und Bali auf malaiischer Grundlage erwuchsen, macht sich immer wieder der Einfluß der Hindu-Kultur deutlich bemerkbar. Anders ist es bei der Musik, deren Ursprung auf wiederholte Einströmungen aus Ostasien zurückzuführen ist. Die Instrumente, die musikalischen Skalen und Systeme kamen vom asiatischen Kontinent und haben ihre Formen bis auf den heutigen Tag beibehalten. Daß man sich gerade in der Musik, die ja in Indonesien neben dem Tanz die feinste und komplizierteste Kunstübung ist, bei aller Bewegungsfreiheit so konsequent an die alten Formen gehalten hat, ist, wie Jaap Kunst nachgewiesen hat und immer wieder betont, auf die »Furcht vor magischen Folgen« zurückzuführen, denn Musik ist ursprünglich reine Magie. Und die magische Formel in Gestalt einer Melodie wird genau das Gegenteil bewirken, wozu sie angewendet wird, wenn sie nicht genau in der vorgeschriebenen Weise und nur zu ganz bestimmten Gelegenheiten gesungen wird. Der bedeutende Musikwissenschaftler Curt Sachs hat einmal gesagt: »Zeit und Raum sind außerhalb der menschlichen Kontrolle. Doch den Ton erzeugt er selbst; in der Musik hat er die Verantwortlichkeit für das Gleichgewicht in der Welt übernommen. Und seine Verantwortlichkeit schließt der Welt aufrichtigstes Bild ein, die Dynastie und das Land; das Wohlergehen eines Reiches hängt von der Genauigkeit der Tonhöhe und der Tonskalen ab.« So war es in China, jede Dynastie legte großen Wert darauf, daß die Länge der Tonreihe eines Musikinstrumentes, *huang chong* genannt, auf einem metereologischen System fußend, genau den Grundton erzeugte, der für das Tonsystem stimmte, das zum Wohlergehen der neuen Dynastie erforderlich war, also auch wieder eine magische Formel, geheiligte Töne, die nur bei bestimmten Gelegenheiten gespielt werden durften.

Genau dasselbe konnte man in Java feststellen. Die Tonfolgen bestimmter *gamelans* waren und werden auch heute noch ängstlich gehütet. Sie dürfen nicht auf andere *gamelans* übertragen werden. Eins der ältesten dieser Art, vielleicht das älteste, das *gamelan mungan* des Fürsten von Solo in Java, das eine Skala von nur drei Tönen besitzt, versuchte der seiner Zeit berühmteste Tänzer und Musiker Raden Mas Avia Tondakusuma nachzubilden, und es gelang ihm auch. Doch bald darauf wurde er blind, als göttliche Strafe für sein frevelhaftes Handeln, wie man glaubte.

Es gibt noch ein anderes Dreiton-*gamelan, kodok ngorek*, das ebenso alt ist, das aber nur bei bestimmten Gelegenheiten gespielt werden darf. Die Bezeichnung *gamelan* ist ähnlich unserer westlichen Bezeichnung ›Orchester‹, es ist also der Name eines Ensembles einer Anzahl von Instrumenten, die, je nach ihrer Zusammenstellung, von drei bis zu vierzig Spielern gespielt werden können. Das größte Ensemble finden wir in Bali, es heißt *pelegongon*. In Java konzentrierte sich früher das *gamelan*-Musizieren an den Fürstenhöfen von Yogyakarta und Surakarta. In Bali basiert *gamelan*-Spiel auf dem Interesse und der Musikalität des gesamten Volkes. So gut wie jeder kann irgendein Instrument spielen. Das Leben der Reisfarmer in den Dörfern ist ohne *gamelan* nicht zu denken, gibt es doch in Bali etwa 6 000 *gamelan* und in Java mehr als 17 000. Selbst in den Großstädten ist es durchaus nicht von dem Ansturm der westlichen Kultur verdrängt worden. Am Rundfunk von Jakarta zum Beispiel ist nur 10 % aller musikalischen Sendungen westliche Musik. In Bali spielten bei den Verbrennungszeremonien des Fürsten von Ubud 150 *gamelans*.

Es gibt sehr viele verschiedene *gamelans*, deren Instrumente sich immer wieder ähneln, die sich dann aber im Spiel und im Klang doch oft wesentlich unterscheiden. Auch die javanischen Instrumente unterscheiden sich nur wenig von denen Balis, doch ist hier nicht nur das Instrumentarium reichhaltiger – in Java längst ausgestorbene Instrumente sind in Bali noch in Gebrauch –, auch die musikalischen Formen, Melodien und Rhythmen sind hier noch mannigfaltiger, vor allem aber überrascht immer wieder die raffinierte Klangfarbenmischung und die differenzierte Abschattierung in der Klangstärke. Wohl nirgends in der außereuropäischen (und amerikanischen) Musik hat diese eine so urwüchsige Lebenskraft wie in Bali, wo jeder einzelne eine hohe künstlerische Begabung besitzt. Das Eigentümliche der indonesischen Musik beruht, mehr als auf der Stimmung und Orchestrierung, auf ihrem objektiven und expressiven Charakter.

»Sie ist nicht da, um etwas auszudrücken, etwas zu vermitteln; ihre Existenz wird nicht getragen von dem sich bedingenden Verhältnis zwischen Darsteller und Empfänger; sie dient nicht dem Subjekt, sie bildet ein Element des Lebens selbst, eine geistige Ordnung klingender Art. Ihr Ziel liegt nicht in der Wirkung, in der Ergänzung von Zuständen, sondern sie selbst bedeutet einen Daseinszustand.«[50]

In Bali klingt kein *gamelan* genauso wie das andere, nicht nur, daß jedes Ensemble sein bestimmtes Repertoire hat, das immer wieder durch neue Kompositionen erweitert wird, denn jedes *bonang* etc. ist handgearbeitet. Die Instrumente sind dann nicht Eigentum eines einzelnen, sondern gehören der Dorfgemeinschaft. Wenn ein neues Instrumentarium bestellt wird, so liegt zwar die Tonfolge je nach der Bestellung fest, die Töne richten sich entweder nach der Fünfstufenleiter, *slendro*, oder nach der javanischen Siebenstufenleiter, *pelog*; nicht genau liegt jedoch die absolute Tonhöhe eines *gamelan* fest. Zunächst muß einmal die genaue Tonhöhe des Anfangstones der Tonskala gefunden werden, auf die der *gamelan* eingestimmt werden soll, und dieses ist der höchste Ton, den der Hersteller des *gamelan* mit seiner eigenen Stimme, ohne zu forcieren, erreichen kann. Diese Methode führt zu recht verschiedenen Stimmungen innerhalb der gleichen Gattungen. So kann schon im nächsten Dorf der *gamelan* ganz anders gestimmt sein, sowohl der Tonhöhe wie der Skala nach.

Ihrer Funktion nach kann man die verschiedenen Instrumente des *gamelan*-Instrumentariums in folgende Gruppen einteilen:

1. *Freimelodische Instrumente,* die weder rhythmisch noch tonal gebunden sind und die über der schweren Hauptmasse des Orchesters schweben: Spaltflöte und *rebab* (zweisaitige Geige).

Gambang

Gender

Rebab

Ketuk

Kendang

Saron

Bonang

Gong

Die wichtigsten Begleitinstrumente des javanischen Schattentheaters

2. *Melodieführende Instrumente,* die die Kernmelodie in ihrer einfachen, streng rhythmischen Gestalt bringen: *gendér* (Abb. 93–95), Metallophone mit Bambus-Resonatoren, über die die Metallstäbe schwebend aufgehängt sind, *bonang,* ein lang ausklingendes Kesselgongspiel.

3. *Umspielende Instrumente,* die die Melodie in ein Rankenwerk von kleinen Zeitwerten auflösen: *saron,* kurztönende Metallophone ohne Resonatoren, und *gambang,* Xylophone.

4. *Interpunktierende Instrumente,* die durch kräftige Schläge auf die Schlußtöne der einzelnen Abschnitte die Gliederung der Melodie unterstreichen: Gong und Kesselgongs.

5. *Rhythmisierende Instrumente: kendangs,* Trommeln, die rhythmisch kontrapunktieren; *kendang gending,* die Haupttrommel, und *kendang ciblon,* eine kleinere Trommel. Sie werden mit den Fingern gespielt. Der 1. Kendangspieler ist gleichzeitig der Leiter des *gamelans* (Abb. 94).

Die Tonarten und Tonskalen der balinesischen *gamelans* sind äußerst labil, und es gibt wohl keinen Balinesen, der alle *gamelan*-Zusammenstellungen und Tonarten seiner Heimat wirklich kennt, aber gerade durch seine besondere Stimmung, seine absolute Tonhöhe und seine Tonartenstruktur zeigt jedes *gamelan* einen spezifischen Charakter, einen Spannungsgehalt.

Unseren Ohren erscheint diese Musik zunächst sehr fremdartig. Die beiden Haupttonarten, die auf Java und Bali vorkommen, heißen *pelog* und *slendro*. Beide Tonarten entstammen dem alten China. Beim *slendro* hat man die chinesische halbtonlose Fünfstufenleiter temperiert, das heißt, man hat die Ganzton- und Kleinterzintervalle gegeneinander ausgeglichen, so daß alle Schrittgrößen gleich $^5/_4$-Töne wurden. Im melodischen Zusammenhang glauben wir aber dennoch die uns gewohnten Intervalle, nur etwas verstimmt, zu hören.

Pelog ist ein siebenstufiges Tonsystem mit Ganz- und Halbtönen, *pelog* ist aber keine heptatonische Tonart. Sie teilt die Oktave zwar in ungleiche Intervalle, wobei der Unterschied zwischen den großen und kleinen ziemlich erheblich ist. In Wirklichkeit ist *pelog* eine Zusammenfassung einer Anzahl von fünftönigen Tonarten mit verschiedenen Intervallen, zu denen sich manchmal noch ein sechster und ein siebenter Ton gesellen. Auf Bali ist die vollständige siebentönige Tonart selten. Es gibt sogar eine *gamelan*-Stimmung, bei welcher sich jede Oktave nach oben hin derartig verschiebt, daß am Ende hierdurch eine völlig neue Tonart entsteht. Den besonderen Reiz, den

Westliches und javanisches Tonsystem

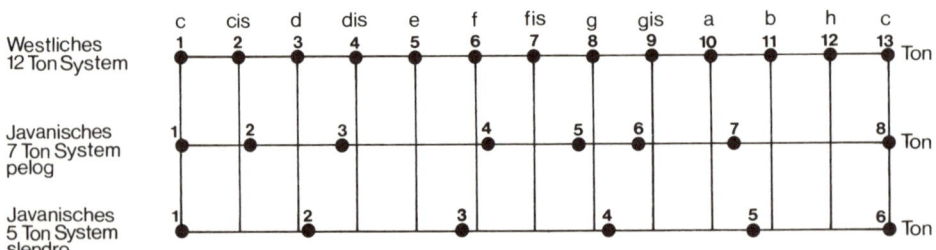

diese schwebenden Tonarten erzeugen, werden vorurteilslose Hörer empfinden. Wenn der Balinese eine Melodie besonders hervortreten läßt, so läßt er sie gern von zwei Instrumenten spielen, zum Beispiel zwei *gendèr*, deren Stimmung er jedoch beinah um ¹/₈-Ton voneinander abweichen läßt. So gewinnt die Melodie durch ihren Reichtum an Schwingungen und Obertönen etwas Flimmerndes-Unbestimmtes, eine bewegliche Kontur.

Ein vollständiges *gamelan*-Instrumentarium besteht aus dreißig bis fünfundsiebzig Instrumenten. Im *gamelan*-Spiel gibt es keine Harmonien. »Die Melodie wird von den interpunktierenden Instrumenten in größere und kleinere Teile zergliedert«, etwa in gleicher Weise, wie der geschriebene Satz durch Punkt, Semikolon und Komma unterteilt wird. Die größte Einheit reicht von einem Gongschlag zum anderen und heißt *gongan* (Jaap Kunst). Die *gendèr*, Metallophone mit schwebenden Tasten, die über Bambusröhren als Resonanzkörper hängen, bilden die Gruppe der paraphrasierenden Instrumente. In Bali gibt es viele Arten von *gendèr*.

Die Musik, der wir in Indonesien begegnen, ist ein so ungeheuer großes musikalisches Gebiet, daß wir seinen ganzen Umfang und Wert noch gar nicht einschätzen können, und das, was ich eben darzulegen versuchte, ist ja nur ein kleiner Teil von der großen musikalischen Vielfalt, die wir in dem indonesischen Inselreich antreffen. In den abgelegenen Bergdörfern Balis haben sich ganz eigenartige Musikstile entwickelt, so daß oft ein und dieselbe Form zu verschiedenen Varianten heranwächst.

Eine vollzählige Aufzählung sämtlicher balinesischer Orchester ist unmöglich, doch die wichtigsten mögen hier noch zum Schluß genannt werden, und zwar nach der Aufstellung und mit den Erläuterungen von Walter Spies, dem leider viel zu früh verstorbenen Maler und Musiker, der neben Jaap Kunst der beste Kenner der balinesischen Musik und des balinesischen Tanzes war:[51]

1. *Gamelan-gong*, fünftönig, das größte balinesische Orchester, so genannt, weil hier die größten Gongs mitspielen. Dieser *gamelan* spielt bei Tempelzeremonien und bei Festlichkeiten die klassischen Melodien, die sogenannten *lambatans*.

2. *Gamelan kebiyar*, fünftönig, ein aus dem vorigen *gamelan* hervorgegangenes Orchester. Dieser *gamelan* spielt beim *kebiyar*-Tanz, dem Tanz, der etwa 1920 entstand und durch den Tänzer Mario berühmt wurde. Es fehlen die größten Gongs, hingegen sind einige *gendèr*, die sich zur schnellen Figuration eignen, hinzugezogen.

3. *Gamelan semar pegulingan*, sieben- oder sechstönig, sonst aber fast identisch mit dem *gamelan kebiyar*. Die Musik wirkt leicht und fließend und spielt in der Hauptsache zu Liebesszenen, zum Beispiel in den *legong*-Tänzen.

4. *Gamelan legong*, identisch mit dem *gamelan semar pegulingan* (vgl. Abb. 96).

5. *Gamelan jogéd*, fünftönig, ein Ensemble von sechs bis zehn Spielern. Alle Instrumente sind aus Bambusholz. Dieser *gamelan* spielt zum *jogéd*-Tanz.

6. *Gamelan angklung*, viertönig, sehr *slendro*-ähnlich, ein kleines ländliches Ensemble von zehn bis zwölf Spielern, das oft bei Prozessionen spielt. Die Instrumente werden dann an Bambusstangen getragen (Abb. 92).

7. *Gamelan gambuh*, sieben- oder fünftönig, ein kleines ländliches Ensemble, das zu den gleichnamigen Tänzen sowie bei verschiedenen anderen Anlässen spielt.

8. *Gamelan arja*, identisch mit dem *gamelan gambuh*. Die *arja*-Tänzerinnen tragen eine Krone, die einem Diadem ähnlich sieht.

Der *gamelan kebiyar* hat dieselbe Zusammensetzung wie der *gamelan semar peguling-gan*, nur sind die Instrumente lauter. Heute sind die meisten *gamelans* in Bali, die zu den Tänzen gespielt werden, dieser Instrumentengruppe angepaßt. Um eine größere Geschlossenheit im Zusammenspiel zu erreichen, ist der *gamelan kebiyar* im Quadrat angeordnet.

In Tenganan, jenem Dorf an der Ostküste Balis, das noch heute ziemlich abgeschlossen nach seinen eigenen Gesetzen lebt, gibt es ein selten gewordenes *gamelan*, das *gamelan selunding* mit großen eisernen Platten von siebentöniger *slendro*-Stimmung. Außerdem gibt es dort aber auch die originellste Kammermusikvereinigung Balis: das *genggong*-Orchester, dessen Instrumente kaum größer als eine Hand sind. Das Instrument besteht aus einem Bambusstäbchen, aus dem an drei Seiten eine Zunge ausgeschnitten ist. Durch geschicktes Zupfen an einem an ihm befestigten Hanffaden gerät die Zunge in Schwingung und gibt einen leisen Ton. Beim Spielen wird es zusammen mit einem Lontarblatt als Schallbecher mit dem Mund gehalten. Alle Spieler dieses Ensembles, zu dem sich auch noch zwei Flöten gesellen, gehören der Brahmanenkaste an.

In Bangli kennt man ein besonderes *gamelan*, das *gamelan gambang*, das sich aus vier Xylophonen mit Spielblättern aus Bambus und zwei Metallophonen in der Art der *saron* zusammensetzt. Dieser *gamelan* wird nur bei den Verbrennungszeremonien in Bangli und Badung gespielt. Die durchlaufende Melodie, zu der die Xylophone einen weichen Klangteppich bilden, wird auf einem oder auf zwei Metallophonen gespielt. Die Balinesen sagen, der *gamelan gambang* wäre außerordentlich schwer zu spielen. Der Spieler der Hauptmelodie »muß an einen poetischen Text, *kidung*, denken, um die Themen zu erlernen. Die Gedichte suggerieren ihm die Melodie, und die Maße und Einteilungen des Textes dienen ihm als Vorbild für die Rhythmen und Pausen in der Musik, so denkt der Spieler also an die Worte, während er spielt.«[52]

Schließlich soll hier noch erwähnt werden, daß eins der Instrumente des javanischen und balinesischen *gamelan* weltweit berühmt geworden ist, in Afrika und in Amerika: das in ihrer Heimat hochentwickelte *gendèr*, das Metallophon oder Xylophon mit seinen Resonanzröhren unter den Spieltasten (Abb. 93). Hier haben wir einen der seltenen Fälle, daß Indonesien, hauptsächlich Java, der gebende Teil in der Verbreitung eines Kulturgutes ist. Von hier kam das Instrument zunächst nach Ostafrika, nach Mozambique, nach Senegambia und später auch nach verschiedenen westafrikanischen Ländern, wo es als Xylophon mit Kalebassen als Schallkasten unter dem Namen *balafon* bekannt ist. Die Tatsache, daß sowohl die Tonhöhe wie die Intervalle zwischen den einzelnen Tönen absolut die gleichen sind wie in Indonesien, beweist, daß wirklich enge Beziehungen zwischen den javanischen und afrikanischen Instrumenten bestanden haben müssen. Als dann zur Zeit des Sklavenhandels die Neger das *balafon* oder die Marimba, wie das Instrument auch genannt wurde, nach Zentralamerika kam, hat es dort so großen Anklang gefunden, besonders in Guatemala, daß es dort auch heute noch das beliebteste Musikinstrument ist. Und als wiederum viel später die Nordamerikaner die Marimba in Guatemala entdeckten, imitierten sie das Instrument, wobei sie die Schallröhren aus Kupfer und Nickel machten. Eine Firma in Chicago stellte Hunderte dieser Instrumente her und verkaufte sie unter dem Namen Vibraharp oder Vibraphone an die Jazzbands. Ein Katalog dieser Firma erreichte eines Tages einen der herrschenden Prinzen in Solo, Mangku Nagara VII., worauf der Prinz sofort ein solches Instrument bestellte, jedoch wieder in der alten javanischen Stimmung, denn die Chicagoer Firma stellte serienweise ihre Instrumente in temperierter Stimmung her. Auf diese Weise hatte das *gendèr* seine tausendjährige Reise um die Welt beendet.

Mit diesen Beschreibungen ist, wie schon erwähnt, nur ein bestimmter Zweig der Musik des indonesischen Archipels erfaßt. Selbstverständlich haben jene Volksstämme, wie die Altmalaien und die Stämme papua-australischer Abstammung, die sich spirituell und in ihrer Lebensweise weitgehend von den Javanern und Balinesen unterscheiden, eine ganz andere Musikauffassung und Musikpflege, doch ist das wiederum ein Gebiet, das nicht im Rahmen unserer Betrachtungen liegt. Man kann also auf keinen Fall von einer ›indonesischen Musik‹ im allgemeinen sprechen, eine allgemein gültige Charakteristik gibt es nicht, doch die javanisch-balinesische Musik ist entschieden die bedeutendste.

Tanz und Theaterspiel

> *»Das balinesische Theater ist Tanz, Gesang, Pantomime und ganz am Rande auch ein bißchen Theater, wie wir es verstehen: Theater voll Sinnenfreudigkeit mit erprobten und Jahrtausende alten Effekten.«*
> Antonin Artaud

Balis Tänzer gehen als Auserwählte im Reich der Geister ein und aus. Man glaubt, daß diese Menschen tanzend auf die Welt gekommen sind. Wie von unsichtbarer Hand geleitet, bewegen sie sich im Raum nach einer uns fremden Gesetzmäßigkeit, in magischer Verkettung urweltlicher Spannungen. Die Tänzer gebieten über eine verzaubernde, beschwörende Kraft, die uns in keiner Weise vertraut ist. Die Eigenschaften des Lebens sind in ihnen verkörpert, sie reißen plötzlich ab, um in Sanftmut und demutvoller Grazie zu verstummen.

Der Tänzer ist von seiner Rolle besessen, und sein Erfolg hängt von seiner Besessenheit ab. Das balinesische Theater ist Tanz, Gesang und Pantomime zugleich. Der Inhalt des Stückes, in seiner logischen Folge, regt den Balinesen überhaupt nicht auf. Die Stücke kennt er ja. Er kennt auch die traditionelle Kleidung der Darsteller und ihre traditionelle Mimik. Deshalb ist es auch nicht unbedingt nötig, daß die Vorstellung mit dem Anfang des Dramas oder des dramatisierten Epos beginnt, während uns die Handlung nicht minder denn die Personen interessiert.

Der Tanz auf Bali und Java (Farbt. XXIII–XXV u. Umschlagvorderseite) ist eine exakte Wissenschaft. Die Technik des Tänzers muß von höchster Genauigkeit sein. Jede Person, die die Bühne betritt, hat ihre persönlich abgestufte Dynamik von Schritten und Gebärden. Es gibt viele verschiedene Gebärden und Bewegungen, die ihren eigenen Namen haben, und jeder Zuschauer kennt ihre Bedeutung. Zu den zahlreichen Ausdrucksmöglichkeiten gehören ganz bestimmte Fußbewegungen, die Art, wie man sein Kleid rafft oder auch nur berührt, wie man am Boden kauert, wie man den Kopf hält oder die Hüften wiegt; jede Bewegung spricht eine eigene Sprache. Von ganz besonderer Bedeutung ist die Sprache der Augen. Ein stechender Blick mit weit geöffneten Augen kann einen Feind erschrecken und ein besonderer Augenaufschlag ein trauriges Gesicht vortäuschen. Alle Darsteller halten sich genau an die Tradition, nur die Spaßmacher sind an keine bestimmten Vorschriften gebunden. Sie spielen die Rollen von Höflingen und Dienern und improvisieren auf witzige Weise.

Kein Fest in Bali würde ein wirkliches Fest sein, wenn dabei nicht irgendeine Aufführung stattfände, ob es nun ein Tempelfest, eine Totenverbrennung, ein Geburtstag oder eine Hochzeit ist, immer wird der Gastgeber ein Schattenspiel, eine Tanzvorführung oder einen *wayang topeng*, eine Maskentanzgruppe, auftreten lassen. Eine solche Veranstaltung dauert dann die ganze Nacht hindurch und zieht sich oft auf Tage hinaus hin. Keiner der Gäste wird eine solche Gelegenheit versäumen, auch wenn er vielleicht den ganzen Tag über auf dem Reisfeld gearbeitet hat, den Schlaf kann er schon irgendwann einmal nachholen.

Obwohl der Tanz ursprünglich auch in Bali zum Ritus religiöser Handlungen gehörte, bekam er später immer mehr profanen Charakter. Damit ist aber nicht gesagt, daß es nicht auch weiterhin religiöse oder magische Tänze gibt. In manchen alten Dorfgemeinschaften gibt es heute noch feierliche Tempel- und Trancetänze. Die Art der Veranstaltung ist ausschlaggebend, man gibt nicht, wie bei uns einen ›Tanzabend‹, ein ›Theaterstück‹ oder ein ›Konzert‹; der Balinese klassifiziert seine Veranstaltungen nach dem Stoff: das Ramayana-Epos gibt den Stoff für die Schattenspiele und für den *wayang wong*, historische Stücke werden im *wayang topeng*, dem Maskenspiel (Farbtafel XXV), behandelt und so fort.

Bei keinem Tanz-Drama fehlt der *gamelan;* dirigiert wird er durch den Trommler mit seiner zylinderförmigen Trommel, *kendang*, deren Klang er bis zu fünfundzwanzig Arten im Anschlag variieren kann. Der Trommler verständigt sich mit den anderen

Spielern nicht nur durch sein Instrument; durch Kopfbewegung oder Augenaufschlag gibt er das Zeichen zum Einsatz oder zum Wechsel eines Rhythmus.

Der Balinese kennt die Stoffe und die Geschichten alle, er erwartet den Auftritt der ihm gewohnten Gestalten, ganz gleich, in welchem Stück sie auftreten. Jemand hat einmal gesagt, die balinesischen Tanzdramen seien nicht dazu geschaffen, gesehen zu werden, und die Musik nicht, gehört zu werden, vielmehr müsse beides gesehen und gehört werden wie Bäume und Bäche eines Waldes. So kann sich jeder auf verschiedene Weise erfreuen.

Alle Geschichten, die in den zahlreichen Tanzdramen behandelt werden, kommen immer wieder in neuen Variationen zur Aufführung. Keine Theatergruppe spielt das Stück genauso, wie man es im Nachbardorf spielt. Immer werden neue Episoden dazuerfunden. Aber gerade dadurch wird auch das Interesse und die Begeisterung der Schauspieler wachgehalten. Neben dem Alten, das weiterhin gepflegt wird, ruht niemals die Erfindungsgabe der Balinesen, und die Tradition verliert sich nicht im Sterilen, weder bei der Musik noch bei Tanz und Drama.

Die Vorstellung eines Tanzdramas findet gewöhnlich vor einem Tempel oder im ersten Tempelhof mit dem Abschluß des geschlossenen Tempeltors, des *padu raksa*, statt. Das ist das Bühnenbild, das nie zu wechseln braucht. Die Künstler, für die es im Balinesischen keinen besonderen Namen gibt, denn alle Balinesen sind ja ›Künstler‹, stellen die ›andere Welt‹, in der sie auftreten, mit den Mitteln ihres Leibes dar; sie brauchen keine Requisiten. Die Kraft ihrer Verzauberung, ihrer Macht, läßt jene ›andere Welt‹ in Geist und Gebärde jeweils aufleuchten. Doch zwei *pajongs*, zwei Hoheitsschirme grenzen die magische Fläche, auf der sich das kommende Geschehen abspielen soll, ab. Aber auch hier hat das irdische Tagewerk Vorrang. Kommt vielleicht zufällig bei einer Barong-Vorstellung, die am Tage stattfindet, ein Gänsejunge mit seinen watschelnden Tieren des Weges, so wird die Schranke geöffnet: die beiden *pajongs* beugen sich, der magische Kreis wird unterbrochen, der Junge zieht mit seinen Gänsen vorbei, die Schirme heben sich wieder, und das Spiel wird fortgesetzt.

Barong

> »Die es am besten wissen, sind im Zweifel
> über den Ausgang des Spiels vom Kampf
> zwischen Gut und Böse, zwischen dem schüt-
> zenden Drachen und der unheilbringenden
> Hexe, es bleibt unsicher, wer gewinnt.«
> Walter Spies

In Bali gibt es kein Tanzspiel, das nicht sozialen und religiösen Hintergrund hätte. Das Barong-Drama gilt als klassisches Beispiel hierfür. Seine Masken und Kostüme sind voller Symbolik. Der Barong ist ein Zauberstück, und Zauberstücke finden bildlich auf dem Friedhof statt, denn die Masken des Barong und der Rangda, der Zauberin-Witwe, müssen *tenget* sein, d. h. mit magischen Kräften aufgeladen, und diese Kräfte erhalten sie auf dem Friedhof, wohin man sie am Abend vor dem Tag der Aufführung bringt.

»Barong ist zugleich die vertrauteste und dunkelste, konkreteste und abstrakteste Gestalt der balinesischen Bühne.«[53] Sein Name bezeichnet das ›wilde Tier im weitesten Sinne. Die Balinesen sehen in ihm ein Schutztier. Der Barong-Kopf hat sehr viel Ähnlichkeit mit dem eines Löwen. Der *boma*- oder Löwenkopf über den Tempelpforten, der dem javanischen *kala*-Kopf entspricht, ist ja auch ein Schutz-Symbol. Vielleicht stammt der Barong sogar von einem ›Schutztier‹ der vorhinduistischen Epoche ab, er wäre dann ein Freund des Ahnherrn, ein Menschenlöwe, eine Reinkarnation Vishnus als Schutzgott des Lebens.

Die Figur des Barong wird bei dem Zaubertheater von zwei Männern dargestellt, ähnlich wie bei uns im Zirkus zwei Männer in die Hülle eines Pferdes kriechen. Bei einer Aufführung des Barong geriet einmal ein Spieler derart in Trance, daß er aus der Maske des mythischen Tieres entfernt werden mußte. Der Geist des mächtigen Tieres hatte sich gerächt, denn dieser Mann stammte aus dem Nachbardorf, was eigentlich nicht zulässig ist.

Der Barong gilt als Beschützer des Menschen, er ist der Vertreter der weißen Magie, und Rangda vertritt die schwarze Magie. Rangda ist im Balinesischen schlechtweg das Wort für Witwe. Die Witwe, von der hier die Rede ist, ist die Witwe eines Mannes, dessen Geist nicht zur Ruhe gekommen ist, da ihm seine Frau nicht freiwillig in den Tod folgte, wie es nach altbalinesischem Brauch hätte sein müssen. So wird sie zur Hexe, zur Zauberin, und unter diesem Namen ist nun im Volksmund Rangda allgemein die Zauberin-Witwe, als Symbol für die schreckenerregende zürnende Gottheit zu verstehen.

In dem Zauberstück ist Rangda die Gegenspielerin des Barong, sie herrscht über die bösen Geister mit Hilfe der schwarzen Magie. Beide Figuren sind irdische Wesen, mit magischen Kräften. Im Mythos steht Barong auf der Seite der Menschen, er will ihnen gegen die todbringenden Kräfte der Rangda helfen.

»Barong wurde also zum Schutztier. Aber gegen was schützt es? In welcher Beziehung steht er zu Rangda, dem anderen Wächter des Friedhofes? Diese Frage können wir mit unserem herkömmlichen christlichen Dualismus von Gut und Böse nicht lösen. Barong und Rangda gehören zur dunklen, irdischen Seite der Dinge. Der Himmelsgott Shiva selbst spielt auch in der schwärzesten Magie eine Rolle, und seine Gattin Parvati, die Göttin der Fruchtbarkeit, ist gleichzeitig auch Durga, die Göttin des Todes ... Es wäre falsch, den Kampf zwischen Barong und Rangda mit den Begriffen Gut und Böse erklären zu wollen. Der Barong ist kein Ritter Georg, der gegen den Drachen kämpft. Der Barong ist ebenfalls ein Ungeheuer, das der gleichen Ordnung wie Rangda angehört«[54]; denn ursprünglich war Barong den Menschen feindlich gesinnt.

Rangda erscheint in einer weißen Maske mit großen Stielaugen und riesigen Hauern. Bei manchen Aufführungen tritt sie im Verlauf des Stückes in zwei bis fünf verschiedenen Masken auf, die die unterschiedlichen Stufen ihrer Wesensverwandlung zum Ausdruck bringen sollen. Sowohl die Maske des Barong wie die der Rangda werden, wenn sie nicht im Zaubertheater gebraucht werden, im Tempel auf besonderen Gestellen aufbewahrt; hier ›leben‹ die Masken, sie müssen aber immer wieder neu mit magischen Kräften aufgeladen werden.

Das Drama hat drei Versionen. Nach der ersten ist der Sieg des Barong, der als Vorkämpfer der Menschen gegen die dunkle Macht der Rangda kämpft, einen Augenblick in Frage gestellt; die Kris-Tänzer (Abb. 98) kommen dem Barong zu Hilfe und greifen die Zauberin an. Auch ihre Rolle wird verschieden gedeutet. Nach der einen Auffassung sollen sie von den *butas,* den Dämonen, besessen sein. Nach einer anderen Version sollen die Kris-Tänzer die *butas* selbst darstellen, die im Gefolge von Banapasti Raja bereit sind, für ihren Herrn zu sterben. Da sie Rangda jedoch nicht töten können, weil deren Macht stärker ist, richten sie in ihrer Wut die Waffen gegen sich selbst. Doch jetzt zeigt Barong seine Stärke und macht die Kris-Tänzer unverletzlich. Nach einer dritten Version rächt sich Rangda dadurch, daß sie die Kris-Tänzer mit Vergessen schlägt, so daß sie besinnungslos zu Boden stürzen. Barong, der sie für tot hält, erweckt sie wieder zum Leben. Jetzt wenden sich die Kris-Tänzer gegen Rangda. Da sie aber gegen die Macht der Zauberin-Witwe machtlos sind, richten sie den Kris gegen sich selbst. Man versucht, ihnen den Kris zu entreißen, das geht aber nicht, wenn sie ihn gegen Brust, Arm, Wange oder Mund richten. Bei derartigen Vorstellungen geraten oft nicht nur die Kris-Tänzer, die geweihte Medien sind, in Trance, sondern auch einige unter den Zuschauern. Der Barong hat schließlich gesiegt, als Symbol für das ›Überleben‹ in einer feindlichen Umwelt. Die schwarze Magie dagegen ist nicht vernichtet, sie wird nun an ihren Platz, auf den Friedhof, verwiesen. Der Dorfpriester erscheint, besprengt die am Boden liegenden Kris-Tänzer mit Weihwasser und versucht, sie so aus ihrem Trancezustand zu befreien. Barong wird triumphierend zum Tempel geführt und ebenso die Maske der Rangda; ihr Körper aber wird in einem zugedeckten Korb vom Schauplatz getragen.
   Die kostbaren Masken sind ebenso wie die Instrumente des *gamelan* Eigentum der *banjar*-Vereinigung, die hierfür eine besondere Organisation geschaffen hat, *sekeha* genannt, in der jedes Mitglied die gleichen Rechte hat.

Jalon Arang

Jalon Arang ist das andere große Zauberdrama, das gern in der ersten Vollmondnacht nahe beim Totentempel aufgeführt wird. Auch hier tritt wieder die Zauberin-Witwe in der Hauptrolle als Jalon Arang auf. Das Stück spielt zur Zeit des Königs Airlangga. Jalon Arang gebiert eine Tochter fernab im Urwald. Das Kind, Ratna Menggali, entwickelt sich zu einer Schönheit. Jalon Arang will die Tochter an einen Prinzen vom

Hofe Airlanggas verheiraten, doch das gelingt ihr nicht. Aus Wut rächt sie sich mit
Hilfe der schwarzen Magie an ihrem Dorf Girah; eine Epidemie bricht aus, und viele
Menschen sterben. Als Airlangga davon erfährt, zieht er den Hohen Priester Mpu
Bharadha zu Rate, der darauf für seinen eigenen Sohn um die Hand der Ratna Mang-
gali bittet. Die Hochzeit findet statt, und die Epidemie geht zu Ende. Doch Ratna
Menggali besitzt ein Lontarblatt mit einer Formel der schwarzen Magie; ihr Mann
findet es und gibt es seinem Vater, der es entziffert und somit die finsteren Absichten
der Jalon Arang erkennt. Als die Zauberin-Witwe davon erfährt, daß ihr Geheimnis
preisgegeben wurde, sagt sie dem Priester den Kampf an. Ein heftiger Streit zwischen
beiden, der schwarzen und der weißen Magie, endet mit dem Tod der Jalon Arang,
doch bevor sie stirbt, bittet sie Mpu Bharadha um Verzeihung, die ihr auch gewährt
wird.

Diese Geschichte bildet in zahlreichen Variationen den Stoff zu der Handlung des
Jalon Arang-Dramas, in dem es Tanzszenen, gesprochene und gesungene Dialoge gibt,
ein Drama, in dem mit Exorzismus und Magie nicht gespart wird.

Kejak

Kein anderes Tanzspiel ist in Bali so fesselnd wie der mit atemberaubender Intensivi-
tät und fanatischer Hingabe gespielte Kejak oder Kecak (Farbt. XV). Ursprünglich
war er eine Art chorisch-pantomimischer Beschwörungstanz, um Epidemien und Katastrophen abzuwenden. Bis zur völligen Erschöpfung der Teilnehmer füllt er ganze
Nächte aus.

Beim Kejak spielt kein *gamelan*. Die musikalische Rolle übernimmt der Chor, und
mit ihren trommelnden, flüsternden, knatternden und zischenden Lauten ist diese
Musik nicht weniger eindrucksvoll als die *gamelan*-Musik.

Der Kejak war ursprünglich ein exorzistischer Tanz zur Austreibung böser Geister;
er ist aus dem Sanghjang-Dedari-Tanz hervorgegangen, in dem geschildert wird, wie
die beiden *Widadaris,* Himmelsnymphen, die von den Göttern auf Anrufung zweier
Trance-Tänzerinnen zur Erde geschickt werden, sich zur irdischen Reise bereitmachen
und wie sie über einen Regenbogen und über die hohen *meru*-Dächer zu den Sangh-
jang-Dedari-Tänzerinnen gelangen und sich in ihnen verkörpern. Die Tänzerinnen
fungieren dann als Medium und geben dem Priester, der stets beim Sanghjang-Dedari
zugegen ist, die Antwort der Götter und teilen ihm mit, was zur Sühne und Rettung
des vom Unglück betroffenen Dorfes nötig ist. Zum Schluß schildert der Chor, wie die
Widadaris Abschied nehmen und wie ihre Rückkehr zum Himmel abläuft.

Walter Spies, der an dem bereits erwähnten klassischen Buch von Beryl de Zoete
›Dance and Drama in Bali‹ (s. Anm. 53) mitarbeitete, berichtet, daß sich der Chor
schon damals, in den dreißiger Jahren, von seinem ursprünglichen Charakter emanzipiert hatte und sich nicht länger auf die Schilderung der Handlungen der *Widadaris*

beschränkte, sondern auch ganz andere Episoden aus der balinesischen Literatur rezitierte. »Einige Jahre später hat sich der Männerchor noch weiter emanzipiert; er löste sich ganz von dem sanghjang Dedari-Tanz und wurde selbständiger Kejak, so wie ihn alle, die Bali in den dreißiger Jahren besuchten, noch unvergeßlich in Erinnerung haben.«[55]

Der direkte Anlaß zu den selbständigen Kejak-Aufführungen war der unvergeßliche Film ›Die Insel der Dämonen‹ von Dahlsheim und Victor Baron von Plessen, an dem Walter Spies als künstlerischer Berater und Verbindungsmann mitarbeitete. Gewiß, die Europäer gaben den Anlaß zu der Umgestaltung des Tanzes, doch der Kejak war eine reine balinesische Inspiration des damals berühmten Baris-Tänzers Limbak. Zunächst wurde einmal die Zahl der Chorteilnehmer beträchtlich erhöht, auf über hundert Mann. In die Mitte der konzentrischen Kreise des Chores stellte man einen barocken Kandelaber mit Öllämpchen. In die Handlung, in die einige Episoden des Ramayana übernommen wurden, stellte man als Hauptfiguren Rama, Sita, Garuda und Hanuman, den Affenkönig; doch die Hauptaktion fällt dem Chor zu, der mit seinen wilden ekstatischen Bewegungen und dem äußerst differenzierten Sprechgesang den Kampf zwischen dem Affenheer und den Dämonen heraufbeschwört. Nach den scharf skandierten rhythmischen *kejak-ejak-ejak*-Rufen des Chores erhielt das Tanzdrama seinen Namen. Unter den aufgepeitschten *kejak*-Rufen werden die nur mit einem Lendenschurz bekleideten Männer, wie vom Sturmgott gejagt, flach zu Boden gefegt, wieder hoch gerissen, mal rechts und mal nach links gewirbelt in einem mit größter Spannung vorwärts drängenden Crescendo des eigenwilligen Sprechgesanges.

Der Kejak, der auch unter dem Spitznamen ›Affentanz‹ bekannt ist, ist wohl in Bali für die Touristen die größte Attraktion. Auch bei den ›bestellten‹ Aufführungen hat er nichts an Spannung und Begeisterung unter den Mitspielenden verloren, denn es gibt in Bali Tanzgruppen, bei denen in jeder Vorführung das kleinste Detail mit der größten Perfektion dargestellt wird. Auch wenn der Tanz im Laufe der Zeit beträchtliche Wandlungen erlebt hat, hat er seinen Charakter als ekstatischer Ritualtanz nicht verloren.

Legong

Von allen balinesischen Tänzen ist wohl das Legong-Tanzspiel der Inbegriff aller Grazie (Abb. 96). Dieser Tanz, der von kleinen Mädchen ausgeführt wird, ist auch aus einem Tempeltanz hervorgegangen. In der Legende bedeutet *legong* den »himmlischen Tanz göttlicher Nymphen«. Legong wird auch in Sanghyang von den Mädchen in Trance getanzt. Es gibt viele Versionen des Legong mit immer wieder neu eingeflochtenen Legenden. Der bekannteste und am meisten aufgeführte ist der *legong kraton*, der an den Fürstenhöfen aufgeführt wurde. Früher unterhielt so gut wie jeder Raja eine Legong-Tanzgruppe, und Vorführungen fanden im *puri*, in der Residenz der königlichen Familien, einer Dorfgemeinschaft statt. Die hübschesten kleinen Mädchen wurden schon mit fünf Jahren im Dorf ausgesucht und mußten eine harte Schule in ihrer Ausbildung durchmachen, aber schon mit dreizehn oder vierzehn Jahren ist ihre Laufbahn als Legong-Tänzerinnen beendet. Obwohl der Legong-Tanz auch für sich, als reiner Tanz, bestehen kann, ist er doch von einer höchst abstrakten, dramatischen Handlung umrahmt. Die Story kann viele verschiedene Formen annehmen, jedoch die Rollen der drei jugendlichen Tänzerinnen bleiben bestehen: *jondong*, die Dienerin bei Hof, und die beiden, stets ganz gleich gekleideten *legongs* als königliche Figuren. Sie treten in den kostbarsten Goldbrokat-Kleidern auf, und ihre Gesten und Bewegungen sind auf das feinste und sorgfältigste abgestimmt, mit einer bis ins kleinste abgewogenen Dynamik. Jede zarteste Bewegung, das Zittern zweier Finger oder ein plötzlicher Augenaufschlag, haben symbolische Bedeutung. Mit unglaublicher Sicherheit führen sie gemeinsam die gleichen Schritte und Bewegungen aus, als wäre die eine das Spiegelbild der anderen, um sich plötzlich wieder zu trennen, jede ihre eigene Rolle spielend.

Wenn auch der Tanz das wichtigste Moment im Legong ist, so ist dieser doch, wie alle balinesischen Tänze, ein Tanz-Drama. Als Sujet besonders bevorzugt gilt die Erzählung vom König Lasem, eine Geschichte aus dem 12. oder 13. Jahrhundert, die von Ost-Java übernommen wurde. Dabei dreht es sich um folgendes: König Lasem findet im Wald ein verlassenes Mädchen namens Rang Kesari. Er nimmt es mit in seinen Palast und schließt es ein. Als der Prinz von Daha, Rang Kesaris Bruder, davon erfährt, droht er König Lasem den Krieg an, wenn er seine Schwester nicht freilasse, doch der König gibt nicht nach, er zieht es vor zu kämpfen. Auf dem Wege zum Schlachtfeld sagt ihm ein schlechtes Omen seinen nahen Tod voraus: ein schwarzer Vogel kommt von Nordosten geflogen und schwebt über dem König. Doch dieser läßt sich nicht abhalten, er geht in den Kampf und wird getötet.

Wie geht nun der Unterricht im Legong-Tanz vor sich? Wie können diese kleinen zarten Geschöpfe alle jene komplizierten Schritte und Gesten behalten? Es hat in Bali immer berühmte Legong-Lehrer gegeben. Zunächst geht der Unterricht ohne *gamelan* vonstatten, und der Lehrer macht ihnen nicht etwa die Bewegungen und Figuren vor, sondern er steht hinter der kleinen Schülerin und tanzt mit ihr zusammen eine Phase nach der anderen gemeinsam, indem er sie bei den Armen hält, ihr auch mal mit der Hand den Kopf in die richtige Stellung dreht, oder den Fuß stellt, wie er es haben will. Dabei imitiert er singend und summend die einzelnen Instrumente des *gamelan*. Auf diese Weise ›fühlen‹ die Kinder ihren Weg in die Schritte und Stellungen. Und dabei scheinen die kleinen Mädchen ihrem Lehrer gar nicht einmal so große Aufmerksamkeit zu schenken. Mehr traumhaft als bewußt machen sie sich schließlich alle die vielen komplizierten Bewegungen zu eigen. Später wird dann auch zusammen mit dem Orchester geprobt, und zum Legong gehört der große *gamelang-gong*. Auch hier steht der Trommler, wie bei allen Tanzspielen, in unmittelbarem Kontakt zu den

Tänzern oder Tänzerinnen. Der Trommler gilt gewissermaßen als Souffleur, er gibt den Instrumenten jeden wichtigen Einsatz oder zeigt den Tänzern den Moment ihres Auftritts. Ohne den Trommler würde das ganze Ensemble auseinanderfallen. Die balinesische Musik wird zwar auch vom Tänzer interpretiert, aber in einer ganz anderen Weise als man es in westlichen Ländern versteht. Beide, Musik und Tanz, bewegen sich in zwei zeitlich verschiedenen Ebenen, und sie sind trotzdem unzertrennlich. Der balinesische Tanz folgt nicht den kontinuierlich fortlaufenden Melodien, sondern hält sich ganz an die rhythmische Struktur. Die Verbindung von Musik und Tanz, als Ganzes gesehen, bewegt sich in drei Ebenen; diese sind: die reguläre Grundstruktur, die Melodie, die dauernd variiert, und die rhythmische Struktur, die getanzt wird. Beryl de Zoete macht dieses Phänomen durch folgenden Vergleich plausibel: »Stellen wir uns einen Zirkusreiter vor, der allerlei Kunststücke auf dem laufenden Pferd vollführt, Luftsprünge, im Vorbeireiten einen Ring ergreift und in Abständen unter dem Bauch des Pferdes hängt, während das Pferd seinen Lauf nicht verändert; nur für einen Moment wird hin und wieder der regelmäßige Hufschlag unterbrochen, um gleich wieder in Fluß zu kommen. Und das ist, was sich manchmal in der immens komplizierten Synkopierung der balinesischen Musik ereignet.«[56]

Baris

So, wie der Legong ein ausgesprochen femininer Tanz ist, so stellt Baris die Quintessenz des männlichen Tanzes dar. Baris ist ein Kriegstanz, das Wort bedeutet Linie oder Reihe, gemeint ist damit die Reihe von Kriegern, die für den König kämpfen. Baris ist also ein Kriegstanz, der früher bei keinem Ritualfest fehlen durfte. Er wird heute noch bei Totenverbrennungen aufgeführt. Aus diesem Tanz, dem *baris gedé*, bei dem zehn oder zwölf mit Speeren bewaffnete Tänzer einen Kriegstanz aufführten, entstand dann später der *baris pendét*, ein dramatisch-herrisches Schauspiel mit Dialogen, in dem die Rolle eines Solotänzers dominierte.

Ein guter Baris-Tänzer muß sich einem sehr strengen Training unterziehen, und ein wirklich guter Baris-Tänzer ist selten. Jeden Körperteil muß er vollständig in seiner Gewalt haben, von den Zehenspitzen bis zu den Fingern, und sein Gesicht muß jede innerliche Regung zum Ausdruck bringen können; jeden Muskel seines Gesichts muß er beherrschen, Bewunderung und Furcht, Grausamkeit und Sanftmut im plötzlichen Wechsel zeigen können. Und der große *gamelan gong*, der auch bei diesem Tanz spielt, muß urplötzlich auf jeden Wechsel des tänzerischen Ausdrucks reagieren, denn hier zwingt der kriegerische Tänzer das Orchester absolut in seine Gewalt.

Charakteristisch für das Kostüm der Baris-Tänzer ist die Kopfbedeckung: ein weißes, nach hinten herabhängendes, Tuch, wie zu einer spitzen Tüte geformt und ein Diadem von frischen jempaka-Blumen. Bei Hofe gehörte es früher zur guten Erziehung eines jeden Prinzen, daß er den Baris-Tanz erlernte, das war ein gutes Training zur vollständigen Beherrschung seines Körpers.

Kebiyar

Dies ist ein Tanz, der erst in den dreißiger Jahren aufkam und die Schöpfung des seinerzeit berühmtesten Tänzers war, ein Tanz, der ausnahmsweise nur von einer Person getanzt wird. Wenn Mario – so hieß der Tänzer – den Kebiyar tanzte, versetzte er die ganze Insel in einen Taumel der Begeisterung, denn nahezu jeder Balinese hatte einmal Mario tanzen gesehen. Das Außergewöhnliche dieses Tanzes ist, daß er mit gekreuzten Beinen im Sitzen ausgeführt wird, doch damit ist nicht gesagt, daß der Tänzer sich nicht vom Platze bewegen darf; mit außerordentlicher Geschicklichkeit rutscht und hüpft er während des Tanzes von einem Platz zum anderen. Die Hauptbewegungen führt der Tänzer durch den Oberkörper und die Arme aus; außerdem sind seine Gesichtszüge von außerordentlicher Beweglichkeit und Ausdruckskraft. Der ganze Tanz wird mit der Geschmeidigkeit eines Reptils oder einer Wildkatze ausgeführt. Eine andere Eigenart des Kebiyar ist die, daß hier nicht der Tänzer den *gamelan* beherrscht, wie beim Baris, sondern er selbst setzt jede Stimmung, jede Nuance, jeden Rhythmus in Bewegung um. Den Kebiyar kann nur ein Tänzer tanzen, der jedes Instrument des *gamelan* auch spielen kann, wie Mario einmal sagte, und nur ein guter Musiker kann ein guter Kebiyar-Tänzer werden.

Der Kebiyar-Tänzer sitzt in der Mitte des Quadrates, das von den Instrumenten des *gamelan* gebildet wird. Besondere Sorgfalt wird auf seine Kleidung gelegt; sie besteht aus einem langen golddurchwirkten Stoff, der fest um seine Taille geschlungen ist und in einer langen Schleppe endet. Die Manipulation mit dem Stoff spielt im Verlauf des Tanzes eine bedeutende Rolle. Doch den Höhepunkt hat der Tanz erreicht, wenn der Kebiyar-Tänzer plötzlich seinen Fächer fallen läßt, zwei Stäbe ergreift und selbst spielend in die Orchestermusik eingreift, indem er zwischen den Tönen mit den Stäben bestrickende Handbewegungen vollführt. Das Instrument, das er jetzt spielt, heißt *trompong*, dem *bonang* ähnlich besteht es aus einer Reihe kleiner Buckelgongs. Das Instrument findet sonst nur in der kultischen Musik Verwendung, mit einer Ausnahme: eben dem Kebiyar-Tanz.

Im Gegensatz zu Java, wo die Tanzkunst sich an die jahrhundertealte Tradition hält und sich wenig verändert hat, entstehen in Bali immer wieder neue Tänze und Tanzdramen. Erst vor wenigen Jahren wurde das Ramayana-Ballett gegründet, eine Neuschöpfung, die sowohl bei Balinesen wie bei Touristen eine begeisterte Aufnahme fand und einen ständigen Platz in den Veranstaltungen für die Touristen einnimmt.

Einige tausend Tänzer und Tänzerinnen treten allabendlich in Bali auf, nur wenige von ihnen sind wirklich erstklassig, denn die Ausbildung, zu welchem Tanz es auch sein mag, erfordert tägliche Übungen und eine lange Lehrzeit. Berühmte Tänzer haben stets in frühester Jugend mit der Ausbildung begonnen. Ein wirklich erfolgreicher Tänzer kennt aber auch alle balinesischen Tänze und beherrscht sie auch. So hat sich in Bali der Tanz zu einer raffinierten Kunstform entwickelt, die von der Lebensfreude des balinesischen Volkes getragen wird.

Die Maskentänze

Jauk

Wie im Baris-Tanz dirigiert der Tänzer und Mime im Jauk den Wandel und die Akzente im Orchester, das heißt, jede ruckartige, schlagartige Bewegung muß durch einen Schlag auf die Trommel markiert werden. Der Tänzer, der an keine Handlung gebunden ist, trägt eine weiße Dämonenmaske mit herausstehenden Glotzaugen und Handschuhe mit extrem langen Fingernägeln. Im Jauk wird nichts gesprochen oder gesungen, er ist ein rein pantomimischer Tanz, bei welchem dem Tänzer ein breiter Spielraum zur Improvisation offensteht, eine unheimliche Erscheinung, die den Zuschauern Furcht und Schrecken einjagen kann.

Topeng

Nur zwei oder drei Mann treten in dem sehr beliebten Unterhaltungsspiel, dem Topeng, auf (Farbt. XXV), meistens ältere Männer, von denen einer, der Hauptdarsteller, immer wieder mit einer neuen Maske erscheint und somit die verschiedenen Charaktere, vom jugendlichen Prinzen bis zum alten, gebrechlichen Mann, darstellen kann. Der Name *topeng* bedeutet »etwas, was man gegen das Gesicht preßt«, also eine Maske. Den Stoff für die Topeng-Pantomimen lieferten Episoden aus der balinesischen Geschichte, *badad*, die familiäre Angelegenheiten der Fürsten und Kriege zwischen den Königreichen behandeln. Dabei schlüpft der Hauptdarsteller immer wieder in eine neue Maske, während die anderen beiden Darsteller Clowns darstellen. Sie tragen Halbmasken, die den Mund freilassen, denn sie sprechen und singen auch, während der Hauptdarsteller stets als reiner Mime auftritt.

Das Maskenspiel ist in Bali eine große Kunst, es erfordert absolute Konzentration, besonders bei den statischen Tänzen, bei denen es manchmal nur auf die leise Bewegung eines Fingers ankommt.

Besonders spannend ist immer der Anfang, wenn sich der zweiteilige Vorhang vor dem Maskenspiel zunächst nur leise bewegt, und plötzlich zwischen dem Spalt der Vorhänge der Kopf des Tänzers mit der Maske erscheint, dann öffnet sich der Vorhang ein wenig mehr, und der Tänzer wird in seiner ganzen Gestalt sichtbar. So verharrt er minutenlang, um plötzlich vor den Vorhang zu springen und mit seiner Aktion zu beginnen. Wenn der Tänzer dann plötzlich wieder hinter dem Vorhang verschwindet, spielt der *gamelan* weiter, doch dann ist auf einmal der Tänzer in einer anderen Maske wieder da, als völlig veränderte Persönlichkeit. Nicht das Geschehen der Handlung ist wichtig, sondern die Treffsicherheit der verschiedenen Charaktere. Im *topeng padjagan,* das wahrscheinlich das älteste Maskenspiel ist, tritt der Schauspieler in dreißig bis vierzig verschiedenen Masken auf, die alle sein persönliches Eigentum sind.

Diese Masken, die, jede in ein Tuch eingewickelt, in einem Korb liegen, sind für ihn heilige Masken, die mit magischen Kräften aufgeladen sind. Bei dieser alten Form des Topeng gibt es gewöhnlich keinen Vorhang. Die ganze Veranstaltung trägt dann den Charakter eines Ritus, bei dem der Mime gewissermaßen als Priester erscheint. Der Korb ist vor dem *gamelan* aufgestellt, und ihm zu beiden Seiten liegen Opfergaben. Wenn der Topeng-Spieler jetzt vor dem Korb niederkniet und eine Maske nach der anderen herausnimmt, sie sich aufsetzt und halb in Trance die entsprechenden Bewegungen ausführt, hat er die Geister der Ahnen heraufbeschworen, deren Verkörperung er in seinen Maskentänzen, einen nach dem anderen, darstellt.

4   Die angewandte Kunst

Jeder Mann, jede Frau, jedes Kind in Bali ist ein Künstler, ob Prinz oder Bauer, Goldschmied oder einfacher Schreiner, sie alle können sich irgendwie künstlerisch betätigen, entweder sie spielen ein Instrument, sie können tanzen, sie bildhauern in Stein oder Holz oder sie malen. Aber ein Wort für ›Kunst‹ oder ›Künstler‹ in unserem Sinne gibt es im Balinesischen nicht. Das, was der Balinese außer seinem Beruf kann, macht er für seine Gemeinde und zu seiner Freude, und er legt keinen Wert darauf, daß sein Name der Nachwelt erhalten bleibe. Wenn der Dorftempel ein neues Tor oder einen neuen Schrein braucht, so ist der Balinese sofort bereit, ohne Entgelt die nötige Arbeit hierzu zu übernehmen. Damit ist nun nicht gesagt, daß auch in jedem Dorf in gleichem Maße gemalt, geschnitzt oder gebildhauert wird. Es gibt zum Beispiel Familien, die im Holzschnitzen eine große Tradition verfolgen, wie in *Mas* eine Brahmanenfamilie. Auch *Badung* und *Ubud* sind Zentren der Holzschnitzerei. Andererseits ist es gar nicht selten, daß eine Person Talent für mehrere Zweige der Kunst besitzt, und diese Talente auch pflegt. So gehörte es früher absolut zur Erziehung eines Prinzen, daß er nicht nur mit der Geschichte und der Dichtkunst in Kawi vertraut gemacht wurde, sondern daß er mindestens ein Instrument spielen und daß er malen und schnitzen konnte.

Die Steinmetzkunst

Kein Tempel, kein Monument ist in Bali für die Ewigkeit geschaffen, dafür sorgt schon das Material, das dem Bildhauer auf der Insel zur Verfügung steht: ein weicher Sandstein, ein Konglomerat vulkanischer Aschen, der hauptsächlich an den Flußufern gefunden wird. Dieses Material ist zwar leicht zu bearbeiten, aber nach wenigen Jahren schon bröckelt der Stein ab und zerfällt. So ist es erklärlich, daß von den wirklich alten Bauwerken auf Bali kaum etwas erhalten geblieben ist. Auf diese Weise ist aber der Balinese darauf angewiesen, seine Tempel ständig auszubessern und vieles, was inzwischen eingefallen ist, wiederherzustellen und Neues zu schaffen.

So bleibt diese Kunst in ständigem Fluß, sie erstarrt nicht, sie ist immer lebendig. Das mag vielleicht auch zu einem gewissen Schwelgen in Ornamenten geführt haben, denn die Bauwerke sind vielfach mit dekorativem Schmuck so überladen, daß die architektonische Linie kaum mehr zu erkennen ist.

In den balinesischen Tempeln kennt man keine Götterbilder, wohl aber steinerne Dämonenfiguren, die *togog-batu*, zum Schutz der Tempel, der Wegkreuzungen und Gehöfte (Abb. 84). Wenn der Balinese trotzdem Götterbilder anfertigt, dann sind sie aus Holz und nicht für den Tempel bestimmt. Früher gab es auf Java auch steinerne Götterbilder. Zu jener Zeit, als Bali von Java in seiner Kultur stark beeinflußt wurde, und zwar vom 11. bis 15. Jahrhundert. Aus dieser Zeit stammen die Felsen-Candis von *Tampaksiring* und die wundervolle Statue der Mahendradatta, der Mutter Erlanggas, als Todesgöttin Durga im Heiligtum *Bukit Darma*, von dem die Archäologen annehmen, daß hier die Mutter Erlanggas beigesetzt worden ist. Auch das Standbild Ganeshas in der ›Elefantenhöhle‹ *Goa Gaja* stammt aus dieser Zeit.

Die wichtigsten und am kunstvollsten ausgeschmückten Bauwerke sind beim Tempelbau die Tore. Das Material sind Sandsteinblöcke, *paras*, sie werden ohne Mörtel aufeinander- und ineinandergefügt. Wenn der Sandstein noch frisch geschlagen ist, ist er weich und läßt sich vom Bildhauer leicht bearbeiten. Es kommt aber auch vor, daß nicht gleich mit den Skulpturen begonnen wird, ja daß man erst nach Jahren die Ausschmückung vornimmt.

Ein deutlicher Stilunterschied besteht in der Architektur Nord- und Süd-Balis. In *Badung, Gianyar, Tabanan, Bangli* und *Klungkung* besteht bei den Tempelanlagen der königlichen Familien oft das Baumaterial aus roten Ziegeln, besonders bei den Toren, während die Mauern, die die Höfe einschließen, aus Naturstein, *paras*, ausgeführt sind. Der Dekorationsstil der südlichen Tempel erscheint geschlossener, während der des Nordens in der Gegend von *Buleleng* überschäumend ist, die Tore sind schlanker und schmächtiger. An manchen Bauwerken sind die Dekorationen auch noch weiß, blau oder rot bemalt, so daß sie noch aufdringlicher wirken. Auch in der Thematik der Dekorationen ist man im Norden freier, Szenen aus dem täglichen Leben mit Dingen, die die moderne Zeit den Balinesen gebracht hat, werden mit eingeflochten.

Die Holzschnitzkunst

Sie ist wohl diejenige Kunstübung, die sich neben der Malerei in den letzten dreißig bis vierzig Jahren vor allem durch den Einfluß des immer mehr zunehmenden Tourismus gewandelt hat, aber trotzdem typisch balinesisch geblieben ist. Inzwischen hat sich herausgestellt, daß ganz bestimmte Figuren besonders gern von den Reisenden gekauft werden, und da die Nachfrage groß ist, muß schnell gearbeitet werden; ein stereotyper Stil entsteht, und die Figuren, die nun zum Verkauf auf den Markt kommen, bringen plötzlich dem Holzschnitzer ein gutes Einkommen. Das Resultat sind mittelmäßige Figuren, die nicht mehr ›beseelt‹ sind, wie die schönen früheren Arbeiten. Dasselbe gilt auch von den Masken. Die Masken, die ein berühmter Topeng-Tänzer besitzt, hat er vielleicht noch selber geschnitzt und bemalt, sie haben eine große Ausstrahlungskraft und sind wirklich ›beseelt‹, wenn der Tänzer sie trägt. Die rein zum Verkauf hergestellten Masken mögen zwar auch auf den ersten Blick bestechen, ihnen fehlt jedoch das Fluidum. Natürlich gibt es Ausnahmen. Hin und wieder kann man unter den Holzschnitzarbeiten, die zum Verkauf angeboten werden, noch wirklich echte kleine Kunstwerke finden.

Als Material für die Masken werden harte Hölzer benutzt, Teakholz, *jati,* das Holz des Jackfruchtbaumes, *nangka,* und ein schönes dunkelrotes Holz, das *sawo* genannt wird.

Ein guter Holzschnitzer besitzt eine jahrelange Erfahrung, doch es ist wiederum erstaunlich, mit welcher Sicherheit und Geschicklichkeit oft schon die Kinder schnitzen können. Für die Arbeit werden bis zu dreißig Instrumente benutzt. Früher, vor 1930, wurden alle holzgeschnitzten Figuren bemalt und lackiert, oder auch mit Blattgold belegt. Nur ausnahmsweise blieben sie ohne Bemalung. Erst durch den Kontakt mit den Fremden fanden unbemalte, blankpolierte Stücke besonderen Anklang.

Die Malerei

Die Malerei hat im täglichen Leben der Balinesen noch bis zu Anfang dieses Jahrhunderts eine lange nicht so wichtige Rolle gespielt wie das Theater, der Tanz und die Musik. Man bemalte wohl schon lange selbstgewebte Baumwollstreifen, die bei den Festen in den Tempeln und auch in den Häusern aufgehängt wurden; man malte balinesische Kalender mit symbolischen Zeichen, *pelelintangan* genannt, nach denen man Horoskope stellen konnte, aber die Malerei selbst blieb eine rein traditionelle Kunst. Die Gemälde zeigten mythologische Episoden, Götter, Dämonen, Könige, Prinzen und Prinzessinnen im Kostüm der hindu-javanischen Zeit nach festliegenden Regeln.

Die Malerei war erstarrt in ihrem Ausdruck, alle Bilder waren zweidimensional, und jeder Flecken auf der Leinwand mußte ausgefüllt werden. Bei den Darstellungen epischer Geschehnisse wurde dieselbe Person in verschiedenen Situationen gezeigt; dabei durften die Gesichter nie im Profil, selten en face, meistens zu drei Vierteln sichtbar gezeichnet werden. Es gab ›feine‹ Charaktere, *alas,* zu ihnen gehörten Götter, Prinzen und Prinzessinnen, und ›grobe‹ Charaktere, *kasar,* Dämonen und Riesen. Ihr Charakter kam durch die Farben und vor allem durch die Augen zum Ausdruck. Die der edlen Typen sind mandelförmig, die der Dämonen rund. Auch die Augenform von Mann und Frau sind verschieden. In der Komposition und in der Anwendung der Farben gab es strikte Vorschriften.

79, 80 Die erst vor wenigen Jahren entdeckten Brunnen und Bäder von Goa Gaja aus dem 11. Jahrhundert (?), Bali

◁ 78 Mit traditionellen Motiven (Naga, Garuda, Dämonen) überladene Basis eines Meru

81 Wirtschaftsraum, darüber Reisscheuer in einem Bauerngehöft auf Bali ▷

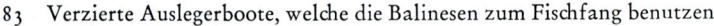

82 Reisfelder, sawahs, mit Pflanzungen in unterschiedlichen Entwicklungsstadien

83 Verzierte Auslegerboote, welche die Balinesen zum Fischfang benutzen

84 Togog-batu, Dämonenfiguren, stehen, zum Schutz der Wegkreuzungen, selbst im Zentrum von Den Pasar. Ihnen werden ständig Opfergaben gebracht

85 Tragbares gamelan-Spiel bei einer Tempelfest-Prozession

86 Prozessionszug zum Tempelfest mit Opfergaben, Bali
88 Reich verziertes ›gespaltenes Tor‹, candi bentar, durch das man in den ersten Tempelhof gelangt, ▷
mit dämonischen Wächterfiguren
87 Priester bei einer kultischen Handlung im Tempel, Bali

89 Candi bentar (links) und Ahnensitz im Tempelbezirk von Mengwi
91 Zum balinesischen Tempel gehört der kulkul, der Glockenturm. Hier in Bangli befinden sich die höl- ▷
zernen Glocken in einem Waringin-Baum
90 Padu raksa des Pura Beji von Sangsit als typisches Beispiel für die Tempelbauart des Nordens von
Bali

92 Gamelan anklung. Kécer, kleines Beckenspiel, und Xylophone mit Spieltafeln aus gespaltenem Bambus

93 Gendèr-Spieler eines gamelan. Die Spielblätter des gendèr sind aus Metall, die Schallbecher aus Bambus

94 Kendang-Spieler mit zylindrischer Trommel und kécer-Spieler. Im Hintergrund gendèr-Spieler

96 Legong-Tänzerinnen. Zu beiden Seiten Dämonenfiguren mit schwarzweiß karierten Tüchern, den ▷ symbolischen Farben Vishnus

95 Die Gehäuse der gendèr sind oft mit reichem Schnitzwerk verziert

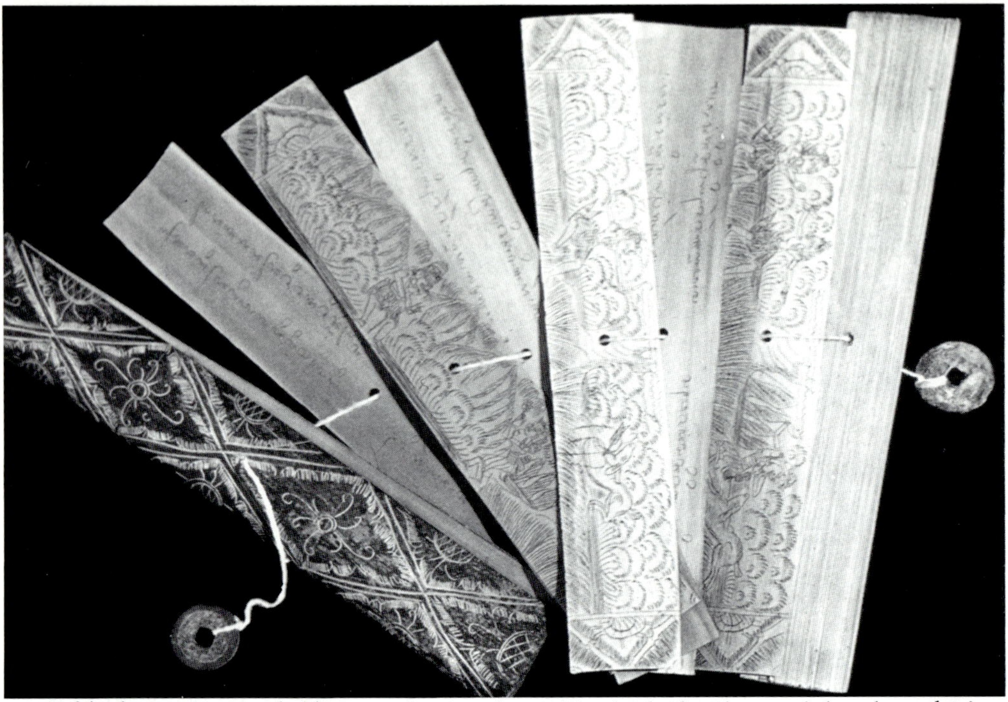

97 Faltbuch aus Lontarpalmblättern mit eingeritzten Kawi-Schriftzeichen und den dazugehörigen Illustrationen

99 Sarg in Form eines weißen Stieres, der für die Verbrennung der Leiche eines Priesters, pedanda, ▷ bestimmt ist

98 Kris-Tänzer beim Barong-Tanz

100   Zelebrierender Priester bei einer Totenverbrennung in Bali

Fünf Grundfarben durften benutzt werden: Schwarz, Weiß, Rot, Indigoblau und Gelb. Außerdem bekam man durch Mischungen Grün und Braun. Die Farben gewann man aus Mineralien und Pflanzen.

Neben der Malerei entwickelten die Balinesen bei der Abfassung ihrer Manuskripte eine besondere graphische Kunst. Aus den Blättern der *Lontar*-Palme werden schmale rechteckige Blätter ausgeschnitten, und auf ihnen werden dann zuerst der Text in *Kawi* und die Miniaturillustrationen mit einem eisernen Griffel eingeritzt, worauf man eine Mixtur aus Öl und Ruß über die Blätter streicht, die in den Einritzungen haften bleibt, auf den glatten Blättern aber wieder abgewischt werden kann. Die Blätter bekommen dann, wenn man sie aufeinandergeschichtet hat, an beiden Seiten einen dünnen, verzierten Deckel aus Sandelholz. Durch die Mitte der Deckel und der Blätter wird ein Loch gebohrt und ein Faden hindurchgezogen, wodurch das Buch zusammengehalten wird (Abb. 97). In Singaraja gibt es eine berühmte Bibliothek, in der viele alte *Lontar*-Manuskripte aufbewahrt werden. Unter ihnen befinden sich wahre Kostbarkeiten der Miniaturgraphik.

Zur selben Zeit, als in der Holzschnitzkunst eine neue Ära begann, also um 1930, gab es auch in der balinesischen Malerei einen Umschwung. In der Nähe von Ubud kamen ein paar junge Leute auf die Idee, Szenen aus dem täglichen Leben zu malen, Landschaften, Tempelfeste und allerlei Dorfszenen, also nicht mehr die stereotypen Götter und Prinzen, sondern ihre Mitmenschen auf dem Markt, bei den Hahnenkämpfen oder beim Tanz. Auf diese Weise entwickelte sich ein ganz neuer Stil, eine Mischung von Realismus und Formalismus, bei dem immer noch der Symbolismus eine große Rolle spielt.

In Bali lebten zu jener Zeit zwei Maler, der Deutsche Walter Spies und der Niederländer Rudolf Bonnet. Beide haben Bali zu ihrer zweiten Heimat gemacht und waren bemüht, den Balinesen beim Bewahren ihrer hohen Kultur und der Förderung der vielen Talente behilflich zu sein. Beide Maler kauften den jungen Künstlern ihre Bilder ab, machten Ausstellungen im Museum von Den Pasar, versorgten sie mit importierten Malutensilien und ermutigten sie, in der neuen Art weiterzumalen, ohne sie in ihrer Auffassung zu beeinflussen. Jetzt begannen die modernen balinesischen Maler, auch die alten Themen wieder aufzugreifen, sie malten dieselben alten Götter und Prinzen, erfanden dazu neue phantastische Gestalten, ohne die alten Regeln zu beachten. Vor allem stellten sie die Figuren in eine ganz anders erfaßte Umwelt. Der Mensch fing plötzlich an zu leben, jeder Baum, jedes Blatt und alle Tiere des Dschungels wurden bis in alle Einzelheiten gezeichnet und gemalt, aber jetzt dreidimensional gesehen, und doch blieb die neue Kunst eine balinesische Kunst. Man hat diese neuen balinesischen Malereien fälschlicherweise mit Rousseau verglichen, doch sie scheinen mehr den Zeichnungen Beardsleys und den persischen oder indischen Miniaturen ähnlich zu sein, die den »balinesischen Malern völlig unbekannt waren«, wie Covarrubias meint. Neben dieser neuen individualistischen Kunst wurde die traditionelle Malerei weiter gepflegt,

und es gibt auch heute noch Maler, die im alten Stil nach den von der Religion vorgeschriebenen Gesetzen die *ider-ider*, die Tempelvorhänge, und die balinesischen Ka-
lenderbilder, *pelelin tangan*, weitermalen.

Die Balinesen sind frühreif. Mit fünf Jahren beginnen sie zu tanzen und mit zwölf
Jahren zu bildhauern oder zu malen, und es dauert gar nicht lange, so sind die kleinen
Mal- und Bildhauerschüler schon perfekte Künstler. Es ist ein Glück, daß die balinesische Kunst ihre eigenen Wege gegangen ist und nicht, wie das in manchen anderen
Ländern der Fall war, sklavisch das Neue, das aus dem Westen kam, kopierte. Daß
es so gekommen ist, ist wohl nicht zuletzt Walter Spies zu verdanken, dem Universal-
genie und Inspirator balinesischer Künstler. Wie kein anderer ist er in die balinesische
Geisteswelt eingedrungen, vor allem auch in die Musik. Er selber war ja ein ausgezeich-
neter Musiker. Keiner hat diese Insel und diese braunen Menschen so geliebt, und kein
Fremder ist von den Balinesen so verehrt worden wie Walter Spies. Wie gut er das
Leben und die Kunst dieses kleinen Volkes verstanden hat, und wie tief er in sie eingedrungen ist, mögen einige Abschnitte aus einem seiner letzten Briefe vor seinem
tragischen Tod zeigen:[57] »Für einen Balinesen, und dies durch seine Primitivität, Un-
verdorbenheit und Naturnähe, ist das Leben die herrliche, heilige Tatsache: die Religion ist lebendig und ist da, um das Leben lieben und leben zu lehren, und die Kunst
ist lebendig und ist da, um die Heiligkeit des Lebens zu preisen. Kunst ist hier nicht
außerhalb des Lebens oder des Glaubens ... Darum ist auch die Musik nicht da, um
sie anzuhören, sondern nur, um da zu sein, um das Heilige, Lebendige auch durch Töne
existieren zu lassen. Der Tanz ist nicht da, weil man ihn ansehen will, sondern weil
Bewegung auch eine der Möglichkeiten ist, um das Heilige, Lebendige der Dynamik
und Rhythmik zu beweisen. Man hört Musik nicht zu, man sieht den Tanz nicht an,
man freut sich nur des Lebens mit all den herrlichen Möglichkeiten. Oder man freut
sich und genießt das Mitspielen, ein Werkzeug zu sein im Leben, im großen, heiligen
Geschehen. Der Gang des Lebens ist ein Schauspiel, in dem alle Schauspieler zugleich
die Zuschauer und Zuhörer sind, und Kunst ist nur eine der vielen Rollen, die man zu
spielen hat.«[58]

5 Kultische Denkmäler Balis von besonderer Bedeutung

Über die Kunst aus der vorhinduistischen Zeit in Bali ist wenig bekannt, doch allem
Anschein nach muß auch in Bali die megalithische Kultur mit der von Sumatra und
Nias parallel gelaufen sein. Die Steinsarkophage, die auf Bali gefunden wurden, müs-
sen jedoch aus späterer Zeit stammen, denn sie zeigen deutlich Spuren hinduistischen
Einflusses. Am deutlichsten läßt sich jedoch der Einfluß der Kunst aus prähinduistischer
Zeit an den Arten und Mustern der Textilien und der geflochtenen Opfergaben er-
kennen.

Frühzeitliche Denkmäler

Der Mond von Bali

Das bedeutungsvollste Kunstwerk aus wahrscheinlich prähinduistischer Zeit ist die monumentale Bronzetrommel, die im Pura Panataran Sasih in Pejeng aufbewahrt wird und die allgemein unter dem Namen ›Der Mond von Bali‹ bekannt ist. Diese Trommel, die auf einem hohen Aufbau in einem überdachten Pavillon des Tempels aufbewahrt wird, weicht von der Form der sogenannten ›chinesischen Trommeln‹ der Han-Dynastie insofern ab, als sie mit drei Henkeln versehen ist, ähnlich den Bronzetrommeln, die man auf Alor in der Nähe von Timor gefunden hat. Ähnliche Trommeln sind dort auch heute noch im Gebrauch. Auf jeden Fall ist die Herkunft des ›Mondes von Bali‹ problematisch. Hierzu bemerkt Prof. Th. P. Galestin folgendes: »Bei einigen Trommeln steht es fest, daß sie eingeführt wurden, bei einigen wenigen könnte man – so versucht man zu beweisen – wenigstens annehmen, daß sie in Indonesien gegossen worden sind, nach dem à-cire-perdue-Verfahren oder mit Steinformen. In der Nähe des genannten Ortes (Pejeng) haben sich nämlich Stücke einer solchen Form aus Tuffstein gefunden, die dem Ornament und dem ganzen Modell nach für eine ähnliche Trommel bestimmt waren, wie sie in Pejeng gefunden worden ist, nur für ein kleineres Exemplar. Eines ist jedoch gewiß: die Trommel von Pejeng ist die größte von allen Kesseltrommeln der Welt, sie gehört zu den prachtvollsten Schöpfungen der Menschheit. Ob dieses Juwel ursprünglich nach Bali gehört, das zu beweisen, ist freilich ganz unmöglich.«[59]

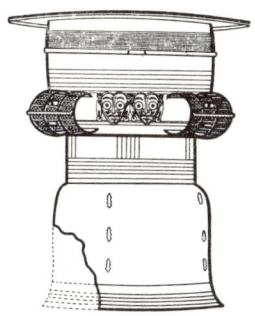

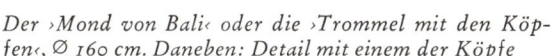

Der ›Mond von Bali‹ oder die ›Trommel mit den Köpfen‹, ⌀ 160 cm. Daneben: Detail mit einem der Köpfe

Die Trommel von Pejeng ist auf ihrer Schlagfläche mit einem Stern und einer Einfassung aus einem in Bali beliebten Ornament, dem Speerornament, *tumbak*, dekoriert.

Ferner befinden sich an den Seiten stilisierte menschliche Gesichter im Tiefrelief, die nicht in der chinesischen Art dargestellt sind, sondern ganz indonesische Stilelemente zeigen. Fremdartig wirken dabei die Ohrgehänge in den gespaltenen Ohrläppchen, während der allgemeine Stil, die Motive und Arbeitstechnik in engster Beziehung zu den zu den Bronzeäxten von der Insel Roti, ebenfalls in der Nähe von Timor, stehen. Auch in Nord-Annam und in Tongking wurden ähnliche Äxte und Trommeln gefunden, in der Heimat des Dong-son-Stils also.

Dem ›Mond von Bali‹ wird vom balinesischen Volk große Ehrfurcht entgegengebracht. Oft werden Opfergaben vor der Trommel niedergelegt. Die Bezeichnung ›Mond von Bali‹ verdankt die Trommel einer Legende: Einst gab es dreizehn Monde im Jahr am Himmel anstatt zwölf. In einer Nacht fiel ein Mond herab und blieb in einem Baum hängen. Er schien so hell, daß er die Diebe an ihren nächtlichen Raubzügen hinderte. Da beschloß der kühnste der Diebe, das Licht auszulöschen, kletterte hinauf auf den Baum und urinierte über dem Mond. Der Mond barst und fiel zu Boden in Form einer Trommel, wobei der Dieb getötet wurde.

Tampaksiring

Von Legenden umwoben ist auch die Heilige Quelle *Tirta Empul* in Tampaksiring. In einem alten Manuskript, dem *Catur Yoga,* wird folgendes berichtet: »Die Götter wurden von dem Dämon Maya Danawa angegriffen und im Kampf zu einer Quelle mit vergiftetem Wasser getrieben, die der Dämon erschaffen hatte. Die durstigen tranken alle von der Quelle und starben, mit Ausnahme von Indra, der mit einem Stab in die Erde stieß. Das Wasser, das darauf aus dem Boden hervorsprudelte, *amreta,* war ein Elixier der Unsterblichkeit. Mit ihm erweckte Indra die Götter wieder zum Leben.«

Eine Inschrift, die erst kürzlich gefunden wurde, besagt, daß das Heiligtum bei der Quelle im Jahre 962 n. Chr. gegründet wurde. 1969 wurde der Tempel vollständig renoviert, und viele neue bunt bemalte Schreine wurden hinzugefügt. Das heilige Wasser fließt in zwei gefaßte Bassins, eins für die Männer und eins für die Frauen. Dem Wasser werden heilende Kräfte zugeschrieben. Auch *Tirta Empul* hat sein Tempelfest, das Fest des Wasserholens, das jedes Jahr mit großartigem Pomp gefeiert wird.

Gunung Kawi

Nicht weit von Tampaksiring befinden sich in einer tiefen Schlucht des Pakrisan-Flusses an einer steilen Felswand 7 m über dem Flußbett Monumente in Form von Candis, die zum Gedächtnis des Königs Udayana und seiner Familie aus dem gewachsenen Fels herausgemeißelt wurden. Von links nach rechts gesehen sind sie der Erinnerung folgender Persönlichkeiten zugedacht: der erste Candi dem König Udayana, der zweite der Königin Gunapriya, der dritte der Hauptkonkubine Udayanas, der vierte und der fünfte seinen beiden Söhnen Marakata und Anak Wungsu. Auch auf der gegenüberliegenden Seite befinden sich vier ähnliche Candis, sie sind den Konkubinen Anak Wungsus zugedacht und sollen kurz nach seinem Tod im Jahre 1077 n. Chr. entstanden sein. Rechts von der Hauptgruppe steht ein kleiner Tempel mit aus dem Fels geschlagenen Höhlen, die eine Eremitage gewesen sein sollen. Die gesamte Anlage von *Gunung Kawi*, die inmitten der schönsten Reis-Terrassen liegt, wurde erst 1920 entdeckt, doch den Balinesen war dieser Platz schon vorher bekannt, sie nannten ihn früher Jalú, und man fand auch hierfür im Mythos eine Erklärung: der Riese Kbo Iwá soll alle Felsen-Candis mit seinen Fingernägeln aus dem Felsen herausgekratzt haben.

Goa Gaja

Ebenfalls aus dem 11. Jahrhundert stammen die 1923 wiederentdeckte Höhle *Goa Gaja* und die erst 1954 ausgegrabenen Badebassins mit sechs weiblichen steinernen Figuren, Nymphen, aus deren Krügen das Wasser in die Bassins sprudelt (Abb. 79, 80). *Goa Gaja* oder die ›Elefantenhöhle‹ führt ihren Namen nach dem Fluß mit dem alten hinduistischen Namen *Iwa Gaja*, dem ›Elefantenfluß‹. Die natürliche und später in T-Form umgestaltete Höhle war früher eine Mönchsklause. In einer der Nischen befindet sich eine Statue Ganeshas. Über dem Eingang zur Höhle ist eine große Figur des Riesen Pasupati aus dem Felsen modelliert, so daß man glaubt, er spaltet mit seinen mächtigen Pranken den Felsen. Der Legende nach soll dieses Monstrum mit seiner enormen Kraft den Berg Mahumeru in zwei Teile zerrissen und so die beiden Vulkane Gunung Agung und Batur geschaffen haben.

Die Höhle *Goa Gaja*, die ganz in der Nähe von *Bedulu* liegt, gilt neben *Gunung Kawi* als das interessanteste und imposanteste Denkmal altbalinesischer Kunst. In der Umgebung von *Bedulu* wurden auch noch weitere Funde gemacht, zerbrochene Basreliefs, die von Felswänden herabgefallen waren, und Fragmente von steinernen Figuren. Dazu gehört die wundervolle, aber leider stark beschädigte Statue Mahendradattas, der Mutter Erlanggas, die sich heute im Heiligtum von *Bukit Darma* befindet.

Yeh Pulu

Inmitten von Reisfeldern gibt es eine Ruinenstätte neben einem Tempel, *Yeh Pulu* genannt. Hier wurde im Jahre 1925 ein Reliefband an einer Felswand, die vollständig überwuchert war, entdeckt. Außer Ganesha, dem Sohn Shivas, sind keine Götter abgebildet. Die dargestellten Szenen hat man nicht deuten können. Man nimmt an, daß die Reliefs aus dem 14. Jh. stammen und daß auch hier eine Eremitage gewesen ist.

Denkmäler aus hinduistischer Zeit

In Bali gibt es kaum einen Platz, der nicht mit einer Legende in Verbindung gebracht wird. Solche Legenden enthalten oft Dinge, die dem Inhalt einer anderen Legende widersprechen. Wir haben zuvor die Legende von dem Ungeheuer Pasupati gehört, das den Mahumeru, den kosmischen Berg, in zwei Stücke zerrissen und so die beiden Vulkane Batur und Gunung Agung geschaffen hat. Eine andere Legende berichtet über die Entstehung der beiden Vulkane folgendes: Bali ist ursprünglich eine flache Insel gewesen. Als in Java der Islam den Hinduismus verdrängte, verließen die beleidigten Hindu-Götter Java und beschlossen, sich auf Bali niederzulassen, doch im flachen Land konnten sie nicht bleiben, so schufen sie sich an den vier Kardinalpunkten hohe Berge als ihre Ruheplätze. Der höchste von ihnen ist der Gunung Agung im Osten, ihm folgen der Batur im Norden, der Batukau im Westen, und da die Götter auch einen Ruheplatz im Süden brauchten, schufen sie das sogenannte ›Tafelland‹, wo heute auf einem Kliff der Tempel *Ulu Watu* steht. Die Sitze der Götter sind für die Balinesen heilige Berge. Den höchsten und heiligsten Berg, den Gunung Agung mit seinen 3 142 m, hält man auch für den ›Nabel der Welt‹.

Besakih

Kein Wunder, daß man gerade hier am südlichen Hang des Gunung Agung das größte Heiligtum von Bali, den ›Muttertempel‹ aller zehntausend Tempel der Insel in 1 000 m Höhe errichtet hat (Farbt. XVII; Abb. 76). Aus einer alten balinesischen Schrift geht hervor, daß hier schon im 11. Jahrhundert Tempelfeste veranstaltet wurden, und es ist sehr wahrscheinlich, daß hier in der vorhinduistischen Zeit eine Opferstätte für den Berggeist des mächtigen Vulkans gestanden hat. Den heutigen Tempelkomplex, der sich in einer großen Steigerung den Hang des Vulkans hinauf erstreckt, ersteigt man über zahlreiche Stufen, immer den regelmäßigen Vulkankegel vor sich. Je höher man steigt, desto mehr schwarze *Merus* erscheinen im Bild (Abb. 74).

Besakih ist nicht nur der Muttertempel Balis, hier im *Pura Panataran Agung Besakih* werden ganz besonders die Götter der *trimurti* verehrt (Abb. 75), und für jeden steht ein besonderer Schrein bereit: der schwarze, nördliche ist Shiva geweiht, der weiße, mittlere Vishnu und der rote, südliche Brahma. Aber Besakih ist nicht nur Tempel der *trimurti*, er ist seit dem 15. Jahrhundert auch der Tempel der vergöttlichten Ahnen der königlichen Dynastie von Gelgel und Klungkung, die außerdem noch bei ihren fürstlichen Niederlassungen einen Staatstempel, *pura penataran,* besaßen.

Am 17. März 1963 beging *Besakih* sein größtes und heiligstes Tempelfest *eka dasa rudra*, das nur alle hundert Jahre nach dem balinesischen Kalender gefeiert wird. Tausende von Pilgern hatten sich aus allen Gegenden der Insel eingefunden, als plötzlich die Erde bebte. Eine dicke schwarze Rauchwolke schoß aus dem Krater des Gunung

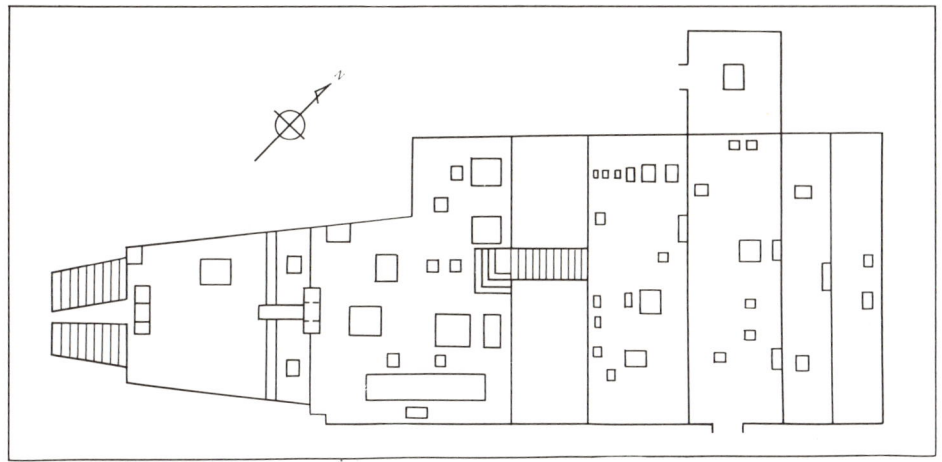

Der Tempel von Besakih, der ›Muttertempel‹ von Bali, Grundriß der Anlage

Agung empor, und ein mächtiger Aschenregen ergoß sich über die betende Menge. Ein schmaler roter Lavastrom wurde am Hang des Vulkans sichtbar. Die Priester fragten die Menge, ob sie Angst hätten. »Wir haben keine Furcht«, war die Antwort. Die Zeremonie wurde fortgesetzt, und der Vulkan schien sich zu beruhigen. Doch das war eine Täuschung. Die Katastrophe blieb nicht aus. Plötzlich explodierte der Vulkan und machte aus dem Paradies der Kleinen Sunda-Inseln eine Wildnis. Mehr als 1 500 Menschen dieses liebevollen und talentierten Volkes verloren ihr Leben. Die meisten kamen durch die explosiven Gase gemischt mit pulverisierter Asche und Lava um, die als glühende Wolke mit ungeheurer Geschwindigkeit den Hang des Vulkans hinabrollte und alles vernichtete, was ihr im Wege stand. Viele Dörfer wurden dabei halb verschüttet. Besonders im Tempel von Besakih hatte der Vulkanausbruch großen Schaden angerichtet. Es war nicht so schwer, die Leute zu überreden, ihre Dörfer zu verlassen, doch ihre Tempel, besonders den Tempel von Besakih, wollten sie um keinen Preis aufgeben, und so wurde, allen Warnungen der Regierung zum Trotz, der Muttertempel von Besakih wieder aufgebaut.

Batur

Auch am Gunung Batur befindet sich ein Heiligtum, *Pura Ulun Danu,* das von der Bevölkerung der umliegenden Dörfer besonders verehrt wird. Der Batur hat die Bevölkerung schon mehrmals in Schrecken versetzt. Zwischen 1921 und 1926 ist er allein sechsmal ausgebrochen. Doch seinen größten Ausbruch hatte der Vulkan im Jahre 1917. Damals soll es 1371 Tote gegeben haben, ferner wurden 65 000 Häuser und 2 500 Tempel zerstört. Das ganze Dorf Batur wurde verschüttet, nur der Tempel *Pura Ulun Danu* blieb wie durch ein Wunder verschont, und das bedeutete für die Bevölkerung ein gutes Omen. Sie siedelte sich wieder auf dem Vulkan an und baute ein neues Dorf. Doch 1926 wurde der Tempel, bei einer neuen Eruption des Vulkans, vollständig unter der Lava begraben, nur ein Schrein, der der Gottheit des Wassers und der Seen, Dewi Danu, geweiht war, sah noch aus der erstarrten Lava heraus. Von nun an siedelte sich die Bevölkerung auf dem hohen dem Vulkankegel gegenüber- liegendem Kliff am Rande des Batur-Sees an. Den erhaltengebliebenen Schrein nahmen sie mit und bauten den Tempel bei ihrem neuen Dorf ganz wieder auf. 285 Schreine waren für den neuen Tempel geplant, und die meisten sind auch inzwischen fertiggestellt. Die Anlage dieses Tempels weicht von der üblichen Tempelkonstruk- tion Süd-Balis etwas ab. Zwei majestätische Tore aus schwarzer Lava in der Form von Candis, aber nicht gespalten, führen zu geräumigen Tempelhöfen und machen zusammen mit den zahlreichen Merus einen düsteren Eindruck. In *Kintamani*, dem kleinen neuen Dorf mit seinen Häusern aus Holz und Bambus, versammeln sich ein- mal im Monat zu Vollmond die Dorfältesten im *balé agung* und wohnen den Trance- Tänzen, *sanghyang,* bei, von denen wir an anderer Stelle berichtet haben.

Die Tempel von *Besakih* und von *Batur* gehören zu einer Gruppe, die ›Pura Sad Kayangans‹ genannt wird. Zu dieser Gruppe der heiligsten Tempel Balis rechnet man auch den Tempel *Watu Kaooh* in der Nähe von Tabanan und den Tempel *Ulu Watu* auf dem ›Tafelhoek‹ oder Bukit Pejatu.

Klungkung

Noch in den letzten Tagen vor der Übernahme Balis durch die Holländer war *Klungkung* die Hauptstadt des bedeutendsten Kleinfürstentums der Insel. Klungkung war der Sitz des Dewa Agung. Über dreihundert Jahre lang hat dieser Platz nicht nur politisch, sondern auch kulturell eine bedeutende Rolle gespielt. Der fürstliche Palast ist immer ein künstlerisches Zentrum gewesen, doch bei dem Aufstand gegen die Holländer im Jahre 1908 wurden der Palast und die meisten Bauten Klungkungs schwer beschädigt. Manches wurde später wieder aufgebaut und restauriert, auch die Gerichtshalle, *Kerta Gosa,* eine der vielen Sehenswürdigkeiten Balis. Sie steht auf einem zwei Meter hohen Steinsockel; eine Treppe mit steinernen Geländern in Form von Schlangen führt zu ihr hinauf. Am eindrucksvollsten aber sind die Deckenbema- lungen, ein besonders gutes Beispiel der traditionellen balinesischen Malerei. Die figür- liche Darstellung ist in der Art der javanischen *wayang*-Figuren ausgeführt. Alle möglichen Schreckensszenen bilden den Stoff dieser Gemälde. So wurden dem Delin- quenten, wenn er vor Gericht stand, alle Schrecken vor Augen geführt, die ihn nach seinem Tode erwarteten, wenn er für schuldig erklärt wurde. Und wenn er dann seinen Blick noch weiter nach oben in die Mitte der Decke richtete, so wurde da gezeigt, wie es den guten Seelen ergehen wird, wenn sie schuldlos in den Himmel kommen. Noch bis vor kurzem konnte man in der Gerichtshalle einen wunderschönen Tisch und holzgeschnitzte Lehnsessel sehen, die aber inzwischen entfernt sind. In gleicher Art und mit Deckengemälden im selben Stil ist der Thronsaal, *balé kambang*, als Wasserschlößchen im Palastbezirk von Klungkung gebaut.

Tenganan

Die Bewohner dieses eigenartigen, völlig von einer Mauer eingeschlossenen Dorfes, das in der Nähe von *Karangasem* in einer hügeligen Landschaft Ost-Balis liegt, nennen sich Bali-Aga oder Bali-Mula, die ›originalen‹ Balinesen, und das sind sie ihrer Abstammung nach auch. Ihre Vorfahren lebten in kleinen Gemeinschaften abgeschlossen in schwer zugänglichen Berglandschaften. Auch heute noch gibt es Bali-Aga-Dörfer zwischen den Vulkanen Batur, Bratan und Gunung Agung. Wie alle Bali-Aga sind auch die Bewohner von *Tenganan* äußerst konservativ. Sie leben in einer streng kommunistischen oder ›patriarchalkommunistischen‹ Gemeinschaft, ein stolzes kleines Volk, das auf den vom Hinduismus geprägten balinesischen Adel mit einer gewissen Reservation blickt. Individuelles Besitztum gibt es in Tenganan nicht, alles ist Gemeingut. Ihr Land zählt mit zu den ertragsreichsten und am besten kultivierten Landstrichen Balis, aber den Bewohnern von Tenganan ist es nicht gestattet, ihr Land selbst zu bearbeiten. Früher hielten sie sich Sklaven, und heute bestellen Balinesen, die nicht zu ihrem Stamm gehören für sie die Äcker.

In Tenganan sind alle Häuser nach demselben Plan gebaut. Mitten durch das Dorf führt eine breite gepflasterte ›Avenue‹, an der auch die große Versammlungshalle liegt. Das Dorf besitzt vier nach den balinesischen Kardinalspunkten ausgerichtete Tore, von denen drei zu den Gärten und Pflanzungen des Dorfes führen. In mancher Hinsicht haben sich die Bewohner von Tenganan den Bräuchen der näheren Umgebung angepaßt, so daß man Tenganan nicht als ein typisches Beispiel für die Bali-Aga-Dorfgemeinschaften betrachten kann. So setzen sie auch nicht ihre Toten in der Wildnis aus und überlassen sie dem Fraß wilder Tiere, wie das die Bewohner von *Trunyan* einem Dorf am Rande des Batur-Sees tun. E. V. Korn, der eingehend Tenganan und seine Bewohner studiert hat, hält ihr religiöses Konzept für unklar. Der Gunung Agung scheint für sie der Leiter ihres Geschickes zu sein. Nun steht zwar nicht weit von Tenganan, außerhalb des Dorfes, ein hinduistischer Tempel, aber im Dorf selbst genießen unbearbeitete Steine, *batú menurun*, besondere Verehrung.

In Tenganan gibt es einige Riten und Bräuche, die sonst nirgendwo auf der Insel existieren, wie zum Beispiel die *rejang*-Tanzzeremonie, bei der die Mädchen goldene Kronen und an den Fingern lange vergoldete künstliche Fingernägel tragen. Es handelt sich hier um eine Initial-Zeremonie, die einmal im Jahre stattfindet. Hierzu spielt das sogenannte *gamelan selunding*, ein selten zu hörendes Orchester, dessen Instrumente aus großen, in einem Rahmen aufgehängten eisernen Platten bestehen, die mit hölzernen Hämmern gespielt werden.

Zahlreiche Tabus müssen in Tenganan beachtet werden, deren Übertretung mit der Ausweisung aus dem Dorf bestraft wird. So darf in Tenganan nur innerhalb des Dorfes geheiratet werden. Da sich jedoch im Dorf nicht immer genügend Partner für die heiratsfähigen jungen Mädchen, oder auch umgekehrt, finden, haben diejenigen, die das Heiratstabu gebrochen haben, außerhalb von Tenganan ein kleines Dorf gegründet. Von ihrem Heimatdorf sind sie ausgeschlossen.

Zu den uralten Überlieferungen aus vorhinduistischer Zeit gehört die Kunst des Ketten-*ikat*. Hier hat sich eine Technik behauptet, die wir auf keinen anderen Platz in Indonesien antreffen. Diese Technik beruht auf der Kombination von Ketten- mit dem Einschlag-*ikat*, wobei sowohl die Kette wie der Einschlag vor dem Weben gefärbt werden muß. Das Schwierige ist dann das Abbinden, denn um die gewünschten Muster zu bekommen, muß die Übereinstimmung der durch Abbinden erzielten Farben vorher genau festgelegt werden. Die Farben, die verwendet werden, sind ein rostfarbenes Rot, Schwarz und Beige gegen einen gelblichen Untergrund. Damit die Farben gut in die Gewebe eindringen, müssen die Fäden in jeder Farbe monatelang liegen und dann wieder monatelang in der Sonne getrocknet werden. Die Herstellung eines *kamben gringsing* – so heißen diese *ikat*-Gewebe – kann bis zu fünf Jahre dauern. *gring* bedeutet ›Krankheit‹ und *sing* heißt ›nicht‹, einem *gringsing* werden magische Kräfte zur Abwehr von Krankheiten zugeschrieben. Diese Gewebe sind außerordentlich kostbar, sie werden nur bei besonderen Anlässen gebraucht und um keinen Preis werden sie verkauft. Sie spielen eine wichtige Rolle bei der Zahnfeilzeremonie und bei der Zeremonie des ersten Haarschnittes eines Kindes. Bei Hochzeiten umschließt ein *gringsing*-Schal das junge Paar. Auch als Totentücher werden *gringsings* benutzt und bei den Verbrennungszeremonien werden sie an langen Stangen in der Prozession zum Verbrennungsplatz getragen.

Bangli

Bangli war einst der Sitz eines Königs, der einen Nebenzweig der Gelgel-Dynastie vertrat. Besonders berühmt ist dieser Ort durch seinen heiligen Staatstempel *Pura Kehen*, der sich auf drei Terrassen in der üblichen balinesischen Tempelform erhebt. Am Fuße der großen steinernen Treppe, die zur ersten Terrasse führt, steht ein kleiner alter Tempel, in dem eine Anzahl von Bronzeplatten mit Inschriften über die balinesische Geschichte aufbewahrt wird. Aus einer dieser Inschriften geht hervor, daß hier im Jahre 1204 gelegentlich des großen Tempelfestes ein schwarzer Stier geopfert wurde. Der erste Tempelhof wird von einem mächtigen Waringin-Baum beschattet (Abb. 91). Zu dem zweiten Hof gelangt man durch ein reich verziertes

Tor, *padú raksa,* mit einem mächtigen *kala-makara*-Kopf. Die ganze Anlage wird von einem elfstufigen *meru* gekrönt, neben dem ein Thronsitz für die höchste Gottheit steht. Seine überladenen Dekorationen sind aus *paras,* dem vulkanischen Naturstein, modelliert. An seiner Frontseite sind folgende Figuren dargestellt: Shiva und Vishnu, flankiert von Ganesha und Durga, Garuda und Arjuna. Diese Darstellungen sind auch hier lediglich als dekoratives Moment gedacht. In die Mauer des untersten Tempelhofes sind als Schmuck altchinesische Porzellanteller eingelassen. Einen guten Überblick über die Gesamtanlage des *Pura Kehen* von Bangli gewinnt man von dem Hügel oberhalb des dritten Tempelhofes.

Sangeh

Mitten zwischen Reis-Terrassen liegt etwa 25 km von *Den Pasar* entfernt ein kleines Stück unberührten Urwaldes, ein heiliger Hain, in dem, von Urwaldbäumen beschattet, zwei Tempel liegen (Umschlagrückseite; Abb. 77). Hier führen nicht Menschen, sondern Scharen von heiligen Affen ein freies Leben. Dem Besuch der vielen Fremden sind die heiligen Affen vom *Bukit Sari,* so heißt der Urwald, nicht abgeneigt, denn sie bringen ihnen Erdnüsse und andere Leckerbissen, die man am Eingang des heiligen Haines für ein paar kleine Münzen kaufen kann.

Im Ramayana-Epos finden wir eine Erklärung für das Dasein des Affenvolkes im heiligen Hain von Bukit Sari: Der Dämon Ravana konnte weder auf Erden noch im Himmel sterben. Um ihm den Garaus zu machen, beschloß der Affenkönig Hanuman, die beiden Hälften des *Mahamerus,* des Weltenberges, aufeinander zu pressen und Rawana mit ihnen zu erdrücken. Als das geschah, brach jedoch ein Stück des *Mahameru,* auf dem sich gerade ein Teil des Affenvolkes Hamumans befand, ab und fiel mitsamt den Affen bei Sangeh auf die Erde. Die Affen blieben dort, und ihre Nachkommen leben weiter bis auf den heutigen Tag.

Mengwi

Etwa 15 km von Sangeh entfernt liegt *Mengwi,* ehemals ein mächtiges Königreich, das ebenfalls aus der Gelgel-Dynastie hervorgegangen war und noch bis 1891 bestanden hat. Hier befindet sich der zweitgrößte Tempelkomplex Balis, der Staatstempel *Pura Taman Ajun* (Farbt. XVI; Abb. 73, 89). Diese großartige Anlage mit ihren reich verzierten Toren, den zahlreichen *Merus* (Farbt. XVIII) und nicht zuletzt mit ihrem ›Garten im Teich‹, *taman,* einem künstlich angelegten Wassergraben, der den ganzen Komplex umgibt, gehört zu den schönsten und gepflegtesten Tempelbauten Balis. Der Tempel ist für die Ahnen der früheren Könige der Gelgel-Dynastie bestimmt. Ein dreifacher Altar für die *trimurti* und zahlreiche Pavillons aus roten Ziegeln, die bildhauerisch ausgeschmückt sind, beleben das Gesamtbild dieser großzügigen Anlage.

Tanah Lot

Entlang der Südküste Balis gibt es eine Reihe von Tempeln direkt an der Küste, die den Schutzgeistern des Meeres geweiht sind, wie die Tempel *Ulu Wat, Rambut Siwi, Petitenget* und *Tanah Lot,* von denen seiner Lage nach der Pura Tanah Lot der eindrucksvollste ist (s. Abb. auf der vorderen Umschlagklappe). Da seit einiger Zeit der Weg dorthin auch für Fahrzeuge passierbar ist, gehört der Besuch von Tanah Lot zu den landschaftlich schönsten Ausflügen, die man auf der Insel machen kann. Von *Den Pasar* aus fährt man zunächst auf der Straße nach *Tabanan* und biegt in *Kediri* auf der jetzt befestigten Straße nach dem Meer zu ab. Der Weg endet auf einem grünen Hügel. Von hier aus hat man einen wundervollen Blick auf das Meer und die felsige Küste. Hier steht auf einem mächtigen Felsblock der *Pura Tanah Lot.* Bei Flut bildet der Fels eine Insel im Meer und bei Ebbe eine Halbinsel, so daß man dann trockenen Fußes zum Tempel gelangen kann.

Goa Lawah

Bali besitzt an der Südostküste eine Bucht, *Padang Bai,* in der gewöhnlich die großen Passagierdampfer ankern, die die Insel auf ihren Welt- und Kreuzfahrten anlaufen. Der Weg dorthin führt von *Den Pasar* aus über *Gianyar* und *Klungkung* zunächst nach *Kusambe,* einem Fischerdorf, das der Insel Nusa Penida direkt gegenüber liegt. Das Dorf liegt wie die meisten Küstenorte nicht direkt am Meer, um den Geistern des Meeres nicht allzu nahe zu sein. Die Meeresstraße zwischen Bali, Nusa Penida und Lombok ist außerordentlich fischreich und stets belebt von den schönen bunt bemalten Auslegerbooten der Fischer (Abb. 83). Der Fischfang ist jedoch nicht die einzige Beschäftigung der Küstenbewohner dieser Gegend, viele von ihnen beschäftigen sich mit der Salzgewinnung. Die feuchten Sandbänke längs der Küste mit ihrem schwarzen Lavasand sind außerordentlich salzhaltig. Aus diesem Sand wird zunächst eine Lauge gefiltert, die, in Bambuströgen der Sonne ausgesetzt, zu Salzkristallen auskristallisiert.

Direkt an der Straße nach Padang Bai steht zwischen den primitiven Salzfaktoreien und dem Hinterland vor einer Höhle, der *Goa Lawah,* ein kleiner Tempel, ein den Fledermäusen geweihtes Heiligtum, die zu Tausenden die Höhle bevölkern.

Singaraja

Singaraja, die Hauptstadt des Buleleng-Distriktes im Norden der Insel, war schon früher, im 14. Jahrhundert, von den Königen der Gelgel-Dynastie abhängig, doch später machten sich die dort lebenden Fürsten selbständig und übten ihren Machteinfluß zeitweilig bis nach Kintamani aus. Die Holländer begannen von hier aus im Jahre

1882 mit der Eroberung Nord-Balis und Singaraja wurde die Hauptstadt des niederländischen Kolonialbesitzes und Sitz des Gouverneurs von Bali. Auch später noch blieb Singaraja bis 1953 das indonesische Verwaltungszentrum von ›Nusa Tenggara‹, der Provinz der ›Kleinen Sunda-Inseln‹. Heute liegt das Schwergewicht des Handels und des Tourismus in Den Pasar, doch pulsiert in Singaraja, einer Stadt mit 15 000 Einwohnern, immer noch ein gewisses kosmopolitisches Leben. In historischer und künstlerischer Hinsicht ist die früher schon erwähnte Bibliothek mit ihren alten Manuskripten auf Lontarpalmblättern zu nennen. Sie enthalten historische und mythologische Berichte aus früheren Jahrhunderten, während die sogenannten *prasastis*, beschriebene Metallplatten in altbalinesischer Sprache, königliche Verordnungen aus der frühen Zeit der Pajeng-Bedulu-Dynastie enthalten. Sie gehören zu den frühesten schriftlichen Überlieferungen, die wir aus Bali kennen.

Auch hier gibt es einige sehenswerte Tempel, die sich sowohl in der Anlage wie im Stil etwas von den Tempeln Süd-Balis unterscheiden. Hier fehlen die *merus*, doch sind die Baulichkeiten bei den Tempeln Nord-Balis noch reichhaltiger mit Skulpturen und Reliefs überladen, mit Tier- und Götterdarstellungen, mit Arabesken und Spiralen, so daß das Dekor die architektonischen Linien kaum noch erkennen läßt.

Sangsit

Ein gutes Beispiel für den Stil des Nordens ist der *Pura Beji* in Sangsit, ein *subak*-Tempel, der der Reis- und Fruchtbarkeitsgöttin Dewi Sri geweiht ist (Abb. 90). Hier bedecken nicht endend wollende Skulpturen von Fabeltieren und tropischen Pflanzen jede Ecke und jeden Winkel des Mauerwerkes und bilden so ein wirres Durcheinander von plastischen Linien und Kurven. Unter den Darstellungen an den Tempeln des Nordens findet man bisweilen drastisch humorvolle Szenen aus dem täglichen Leben der Balinesen, die den Einfluß der modernen Zeit erkennen lassen, wie etwa ein Flugzeug, das ins Meer stürzt, ein holländischer Dampfer, der von einem Seeungeheuer angegriffen wird, oder ein Raubüberfall, der sich in Bali eigentlich nur auf der Leinwand im Kino ereignet. Im *Pura Medrue Karang* von Kubutambahan, einem *subak*-Tempel, in dessen Nähe Kokos-, Mais- und Kaffeepflanzungen liegen, befindet sich mitten zwischen religiösen Motiven das Relief eines Radfahrers, dessen Fahrzeug Blumen als Räder hat. Den Besuch dieser Tempel kann man gut in ein Ausflugsprogramm des nördlichen Teils mit einschließen. Den Hinweg sollte man dann von *Den Pasar* aus über die Straße am Bratan-See entlang nach *Singaraja* einschlagen und den Rückweg über *Kintamani* und *Penelokan* am Batur-See vorbei. Nur zum Tempel von *Jagaraja* ist ein Abstecher auf dem Wege nach *Sawan* zwischen *Sangsit* und *Kubutambahan* erforderlich.

Glossar *zusammengestellt von Gudrun Merkle*

(Kursiv gekennzeichnete Begriffe werden im Glossar unter dem entsprechenden Stichwort erläutert.)

Adat
das strenge Sittenrecht (Gewohnheitsrecht) im malaiischen Kulturkreis. Es ist das ungeschriebene Dorfrecht, welches die Verhaltensweise traditioneller, religiöser und sozialer Art regelt.

Adu zatua
holzgeschnitzte Ahnenfiguren, die man auf der Insel Nias findet. Über sie bleiben die Seelen der Verstorbenen mit denen der Lebenden weiterhin in Kontakt. Den Adu zatua werden regelmäßig Opfergaben dargebracht. Die quadratischen Figuren sind grob aus Holz geschnitzt.

Alun-Alun
Jede Stadt hat einen großen Platz im Zentrum, den Alun-Alun. An ihm liegen Regierungsgebäude und häufig auch der *Kraton.*

Amreta
das Elixier der Unsterblichkeit, das der Sage nach aus dem Boden von Tampaksiring sprudelte und mit dem die Göttin Indra die vergifteten Götter wieder zum Leben erweckte.

Badé
der Verbrennungsturm, der auf einem Bambusgitter aufgebaut wird, damit er von vielen Leuten zum Verbrennungsplatz getragen werden kann. Seine Gestalt richtet sich ganz nach der Kaste, der der Verstorbene entstammt.
Bekannt sind diese Verbrennungstürme aus Bali.

Balian
Medizinmänner, die gegen dämonische Wesen (*Leyak, Kala,* Buta) anfällige Menschen schützen. Im Trancezustand erkennen die Baliane das Übel und finden dagegen ein Hilfsmittel.

Baris gedéh
Speertanz, der während der Leichenverbrennung auf Bali stattfindet.

Batak
Stamm, der im Inland von Sumatra lebt.

Banjar
der Rat in einem balinesischen Dorf, dem alle verheirateten Männer angehören.

Barong
ein mythisches Tier. Bekannter ist es als klassisches Beispiel für Tanzspiele mit religiösem Hintergrund (= Zauberdrama).
  Barong gilt als Behüter der Menschen, Vertreter der weißen Magie. Man sagt, daß Barong zugleich die vertrauteste und dunkelste, konkreteste und abstrakteste Gestalt der balinesischen Bühne sei.

Batik
malaiisch, frei übersetzt: gesprenkelt. Es wird damit eine Färbetechnik von Stoffen bezeichnet. Die Muster werden durch das Auftragen von Wachs (entweder mit dem Pinsel oder einem Stempel) gebildet. Es ist eine sehr alte Verfahrensweise zur Herstellung von gemusterten Stoffen.

Begus
werden die Geister der Verstorbenen bei den *Toraja* im Inneren der Insel Sulawesi genannt.

Bedawang
die mythische Schildkröte. Man findet sie als Fundament des Thrones, der den Kosmos repräsentiert. Um den Bedawang winden sich meist zwei steinerne Schlangen (Naga).

Bodhi
wird jemand genannt, der nach der buddhistischen Lehre seine Erlösung erreicht hat und auf der Schwelle zum Nirvana steht.

Bombo
sind böse Geister, an deren Existenz die *Toraja* glauben. Um sich vor ihnen zu hüten, werden Opfer gebracht und zahlreiche Tabus eingehalten.

Calon Arong
ein sehr berühmtes balinesisches Tanzspiel. Es beruht auf dem Mythos vom Kampf der Zauberin gegen die Macht des großen Königs.

Dayak
Stamm, der im Inneren Borneos lebt.

Debatu idup
holzgeschnitzte Ahnenfiguren der *Batak*. Sie stellen die Stammväter des Menschengeschlechts dar. Im Hause des Stammeshäuptlings werden sie aufbewahrt.
Früher versah man sie künstlich mit einem *Tondi*.

Dodot
ein besonderes Festgewand des Mannes. Der aus gebatiktem Stoff bestehende Dodot ist besonders auf Java bekannt.

Dong-Son-Kultur
der Ausstrahlungsherd der Metallschmiedekunst. Durch Ausgrabungen in dem Ort Dong-Son in Annam, bei der man viele Bronzegeräte fand, stellte man fest, daß sich die Bronzekultur von diesem Ort aus nicht nur nach Indonesien, sondern nach ganz Südostasien ausgebreitet hat. Bestimmte Motive dieses Dong-Son-Stils fanden sich später in Indonesien wieder.
Auch der dem Dong-Son-Stil verwandte Chou-Stil, der sich später entwickelte, ist in Indonesien zu finden.

Eka dasa rudra
größtes und heiligstes Tempelfest von Bali in Besakih, am Fuße des Gunung Agung.

Empu
Waffenschmied auf Java. Diese Schmiede stellen den *Kris* her. Die Kunst wird von Generation zu Generation weitergegeben. Mit fast religiöser Hingabe verleiht der Empu dem Kris magische Kräfte.

Gamelan
Gattungsname für Musik und Orchester. Es besteht aus drei bis 40 Spielern. Die vorwiegend auf Bali und Java bekannte Gamelanmusik, die auch die bedeutendste des Landes ist, kann sehr unterschiedlich gestaltet sein.

Garuda
ein Vogel, das Reittier des Vishnu (Gottheit). Er ist heute auch das Zeichen der indonesischen Fluggesellschaft mit gleichem Namen.

Hînayâna
Teil der buddhistischen Lehre, das ›Kleine Fahrzeug‹. Der Begriff kommt aus dem Sanskrit. Es ist die Richtung des Buddhismus, die heute noch in Ceylon, Burma, Thailand, Laos und

Kambodscha verbreitet ist und daher in neuerer Zeit auch als der südliche Buddhismus bezeichnet wird.

Vom *Mâhâjana* unterscheidet sich das H. dadurch, daß es den nach eigener Erlösung strebenden Arhat als Ideal ansieht, und nicht den für das Heil der ganzen Welt eintretenden Bodhisattwa.

Ikat

eine Farb-Webe-Methode, die bei den Altindonesiern noch für sakrales Gewebe Verwendung findet. Das Ikatten ist mit der *Dong-Son-Kultur* nach Indonesien gekommen. Bei diesem Verfahren werden die Stränge vor dem Verarbeiten – nicht wie bei anderen Techniken erst nach dem Weben – gefärbt.

Jati

Teakholz, eines der drei harten Hölzer, die zum Schnitzen für Masken benutzt werden (s. a. *Nanka, Sawo).*

Jalon Arang

ein Zauberdrama mit Tanzszenen, in dem gesprochene und gesungene Dialoge vorkommen. Es ist ein Kampf zwischen weißer und schwarzer Magie.

Kain Kepala

Kopftuch aus gebatiktem Stoff.

Kala

ein Dämon. Er erinnert an einen stilisierten Löwenkopf, der Unglück und Verderben spendet, in einsamen Gegenden haust oder an gefährlichen Stellen und Plätzen sein Unwesen treibt. Menschen zu quälen, sie mit körperlichen und geistigen Krankheiten zu belasten, ist seine Aufgabe.

Kampong

einstöckige Hütte der Javaner. Kampong steht aber auch für Dorf.

Kebiyar

balinesischer Tanz, der mit gekreuzten Beinen von nur einer Person getanzt wird. Er ist die Schöpfung eines begabten und berühmten Tänzers der 30er Jahre, der Balinesen wie fremde Besucher faszinierte.

Kejak (auch: Kecak)

ein fesselnder Tanz, der mit atemberaubender Intensität und fanatischer Hingabe gespielt wird. Es spielt kein *Gamelan.* Der Chor übernimmt die Lautuntermalung; durch Trommeln, Flüstern, Knattern und Zischen werden Laute erzeugt.

Kinnaris

Darstellungen, die Figuren – Mensch-Vogel-Wesen – zeigen. Sie sind in Tempeln zu finden, wie z. B. im Candi Pawon auf Java.

Kraton

der Palast des Sultan. (Ein bekannter Kraton ist der von Yogyakarta auf Java.)

Kris

ein Dolch oder Schwert, häufig mit gewellter Klinge. Der Kris ist charakteristisches Element der javanischen Kultur. Er ist Zeichen des Mannes, der Würde, aber wird auch als Waffe und Zierat benutzt. Der Kris stellt eine Verbindung mit den männlichen Ahnen her.

Ladang

Wanderfeldbau mit Fruchtwechsel, der besonders auf weniger dicht besiedelten Inseln praktiziert wird.

Legong

balinesischer Tanz, der Inbegriff aller Grazie. Der Legong wird meist von Mädchen im Alter zwischen 5 und 14 Jahren aufgeführt.

Leyak

eine Hexe. Leyaks sind Menschen, die sich nachts in Tiere verwandeln und auf diese Weise Unheil anstiften. Als Leyaks werden meist nur Personen mit ungewöhnlichen Merkmalen im Gesicht bezeichnet. Sie befallen mit ihren dunklen Kräften nur schwache und kranke Menschen.

Liang

Felsengräber in Tana Toraja (im zentralen Sulawesi). Sie sind nur für die Angehörigen höherer Kasten bestimmt. Die »normalen« Menschen werden in der Erde oder in Schluchten begraben.

Mahâyâna

Teil der buddhistischen Lehre, das »Große Fahrzeug«. Der Begriff kommt aus dem Sanskrit. Diese Richtung des Buddhismus entstand in den ersten nachchristlichen Jahrhunderten und breitete sich in Nord-Indien (deshalb wird er auch nördlicher Buddhismus genannt), Tibet, Zentralasien und China aus. Von dort aus gelangte er auch nach Japan und Korea. In dieser Form kam der Buddhismus auch nach Indonesien.

Merus

eine auf einem steinernen Sockel ruhende hölzerne Pagode mit stockwerkartig übereinandergetürmten Dächern aus Ijuk (sehr kostbare und haltbare Fasern der Zuckerpalme).

Die Anzahl der Dächer ist immer ungerade. Je kleiner sie ist, desto niedriger stehen die Götter, für die die Pagode bestimmt ist, im Rang. Die höchste Anzahl der Dächer ist elf und der höchsten Gottheit – Shiva – vorbehalten. Neun Dächer sind für Brahma und Vishnu bestimmt. Im obersten Geschoß des Merus steht eine, mit kostbaren Steinen und Metallplatten gefüllte Urne. Diese Gegenstände enthalten magische Formeln.

Naga
die mythische Schlange. Sie ist häufig als Dekoration an Tempeln und Palästen zu finden.

Nangka
der Jackfruchtbaum. Sein Holz ist sehr hart und wird zum Schnitzen von Masken benutzt.

Nawa sanggah
diese »balinesische Windrose« dient als Orientierungsregel zur Anordnung der Schreine und Altäre im zweiten Hof, dem eigentlichen Heiligtum der Tempelanlagen. Das Richtungskreuz ist nicht von Nord nach Süd ausgerichtet, sondern von den Bergen zum Meer.

Ngabén
Leichenverbrennung mit umfangreichem Zeremoniell. Es ist das größte religiöse Ereignis für die Bevölkerung auf Bali.

Porhaláan
Zauberkalender des Datu (Zauberer/Magier bei den Batak). Nicht zur Zeitrechnung dient er, sondern dafür, die günstigen und ungünstigen Tage für jeweils wichtige Handlungen zu bestimmen. Das Schema für diese Zauberkalender wird meist in die Rinde eines zylindrischen Bambusstückes eingeritzt. Man findet es auch gelegentlich auf Knochen.

Pupuk
ein Brei aus der Asche von Gehirn, Leber und Herz eines als Opfergabe ermordeten Kindes. Dieser Brei wird vom Zauberdoktor benutzt, um die Debatu idup mit einem Tondi zu versehen.

Pustaha
Zauber- und Orakelbuch des Datu (Zauberer/Magier der Batak). Hergestellt wird es aus der Rinde einer Hanfpflanze (agalloch) als Faltbuch, das an beiden Enden mit einem Holzdeckel verziert ist. Es wird beidseitig mit unlöslicher Farbe beschrieben und bemalt.

Dieses Zauber- und Orakelbuch enthält neben den Bestimmungen günstiger und ungünstiger Tage auch Verhaltensweisen für bestimmte Situationen.

Puya
Gefilde der Seligen, zu dem sich alle Seelen nach dem Tode aufmachen. Puya liegt für die

Toraja, die an diese Seelenreise glauben, hinter dem südlichen Horizont. Nur unter bestimmten Voraussetzungen wird der Seele der Einlaß in Puya gewährt.

Sampur

Festgewand der Frau, das aus einem vier bis fünf Meter langen, prachtvollen, nach Batik-technik gemusterten Stoff besteht.

Sawahs

Bewässerungsfelder, auf denen Reis angebaut wird. Meist sind sie in Terrassen angelegt.

Sarong

das meistgetragene Kleidungsstück in Südostasien. Es besteht aus gebatikten Stoffbahnen und wird nach verschiedenen Techniken als Hüfttuch geschlungen oder geknotet. Es wird sowohl von Männern als auch von Frauen getragen.

Sawo

dunkelrotes, hartes Holz. Es gehört zu den Hölzern, aus denen Masken geschnitzt werden.

Simbuang

sind Menhire, die sich bei dem Festplatz (Rante) in der Nähe des Dorfes befinden, auf dem die Totenfeiern der *Toraja* stattfinden. An diesen Simbuang werden die für die Opfer bestimmten Wasserbüffel angebunden. Die stolzen Tiere sind für die Toraja Symbol des Todes.

Sledang

ein Schultertuch aus gebatiktem Stoff.

Stupa

wörtlich übersetzt der obere Teil des Kopfes.

In der Baukunst wird damit der obere Teil des buddhistischen Tempels bezeichnet. In die Stupa ist häufig eine Reliquie eingemauert.

Tanam Bali

»der Garten Eden« – so nennen die Balinesen ihre Insel.

Tau-Tau

eine holzgeschnitzte, lebensgroße menschliche Figur. Sie wird beim Gang zur letzten Ruhe-stätte dem Toten hinterhergetragen. Ein Tau-Tau folgt nur Angehörigen der höheren Ka-sten.

Diese Figuren tragen meist charakteristische Züge und Attribute des Toten (Körperform, Haltung, Brille, etc.). Ihre Augen wirken durch die Verwendung von weißen und schwarzen

Steinen oder Muscheln sehr lebhaft. Die Tau-Tau werden mit Kleidern und Kopfbedeckung des Toten angezogen und haben die Aufgabe eines Grabwächters, der die bösen Geister fernhalten soll.

Es wird auch berichtet, daß sie den Ahnen, die sie auch darstellen, zeitweilig als Aufenthaltsort für ihre Seele dienen.

Togog-Batu

eine steinerne Dämonenfigur. Man findet sie hauptsächlich auf Bali an Tempeln, Wegkreuzungen und Gehöften, sie gewähren Schutz.

Tomembali puang

zu Halbgöttern gewordene Seelen. Ihnen wurden zur Totenfeier besonders viele Tiere geopfert. Dafür, so glaubt man, schützen sie die Angehörigen auf Erden.

Tondi oder Mana

ein Glaubensbegriff der *Batak*, der Lebenskraft darstellt. Dem Tondi verdankt der Batak sein geistiges und körperliches Wohlbefinden.

Der Tondi ist körperlos und kann den Menschen – zum Beispiel, wenn dieser schläft – verlassen.

Tongkonan-Haus

es fällt als schönstes Haus in einem *Toraja*-Dorf auf und ist der Sitz des Dorfvorstehers. Dort wohnt seine Familie; außerdem dient das Tongkonan-Haus auch als Kulturzentrum des Dorfes.

Wie alle Häuser in einem Toraja-Dorf ist auch das Tongkonan-Haus nach Norden ausgerichtet und ganz aus Naturprodukten von Bäumen, Bambus und Palmen aufgebaut. Schmuckmotive, die symbolische Bedeutung haben und unterschiedliche Naturfarben tragen, zieren das Äußere.

Toraja

Stamm, der im Inland von Sulawesi lebt.

Trimurti

die hinduistische Dreieinigkeit: Brahma – der Schöpfer –, Vishnu – der die Welt erhält – und Shiva, der Heilbringer und Zerstörer.

Durch verschiedene Merkmale kann man sie in den Tempeln erkennen. So sind Brahma und Vishnu die *Meri* mit neun Dächern in den Tempeln vorbehalten. Durch den Merus mit elf Dächern wird nur Shiva verehrt. Die Tempel sind auch unterschiedlich geschmückt. Dekorationen in den Farben schwarz sind Shiva, weiß Vishnu, rot Brahma zugedacht.

In Indonesien wurden diese hinduistischen Götter in zahllosen Erscheinungsformen Gegenstand der Verehrung.

Tuak
ein gegorener Palmwein. Er schmeckt herb und wird in Bambusbechern oder -stangen aufbewahrt bzw. daraus getrunken. Tuak wird auf den Totenfeiern der *Toraja* gallonenweise angeboten.

Tumbak
ein Speerornament, das auf Bali sehr beliebt ist. Auch auf Trommeln ist es zu finden, z. B. auf der Trommel von Pejeng, auch »Mond von Bali« genannt.

Tunggal Panaluan
Zauberstab der *Batak*, der mittels einer magischen Salbe mit Lebenskraft versehen wurde. Die Salbe wird aus Körperteilen (meist dem Gehirn) eines eigens dafür getöteten Kindes hergestellt. Damit füllt man den reichlich verzierten Kopf des Zauberstabes aus.

Wayang
Schatten. Man bezeichnet so die Vorführungen des Schattenspieles. Häufig werden Legenden aus den großen indischen Epen – Ramayana und Mahabharata – dargestellt.

Wuku
balinesischer Kalender, der 210 Tage umfaßt. In ihm sind fast 200 Feste, die auf der Insel stattfinden, verzeichnet.

Anmerkungen

1 Herbert Schekatz, *Indonesia Raja*, Bad Salzuflen 1966
2 H. Loofs, *Südostasiens Fundamente*, Berlin 1964
3 H. Loofs, *Südostasiens Fundamente*, Berlin 1964
4 H. R. van Heekeren, *The Bronze-Iron Age of Indonesia*, Den Haag 1958
5 R. von Heine-Geldern, *Das Tocharerproblem und die Pontische Wanderung*, Saeculum II, Heft 2 (1951)
6 Frits A. Wagner, *Indonesien. Kunst eines Inselreiches*, Baden-Baden 1959
7 Harald Uhlig, *Indonesien*, Bern 1973
8 E. von Vietsch, *Die Weltreise*, München 1970
9 R. von Heine-Geldern, *Indonesian Art*, New York 1948
10 J. Warneck, *Die Religion der Batak*, Leipzig 1909
11 *Südostasien II*, Arbeitsgemeinschaft der Buchhandlungen, Frankfurt a. M.
12 Johann Winkler, *Die Toba-Batak auf Sumatra*, Stuttgart 1925
13 Tibor Bodrogi, *Kunst in Indonesien*, Wien/München 1972
14 Tibor Bodrogi, *Kunst in Indonesien*, Wien/München 1972
15 Johann Winkler, *Die Toba-Batak auf Sumatra*, Stuttgart 1925
16 *Zeitschrift für Ethnologie*, 45. Jg., Heft 3
17 J. Warneck, *Die Religion der Batak*, Leipzig 1909
18 J. Warneck, *Die Religion der Batak*, Leipzig 1909
19 J. Warneck, *Die Religion der Batak*, Leipzig 1909
20 Albert C. Kruyt, *Het animisme in den Indischen Archipel*, 1906
21 Helmut Uhlig, *Indonesien hat viele Gesichter*, Berlin 1971
22 P. W. van Milaan, *Indonesische Kunst*, Utrecht 1950
23 Frits A. Wagner, *Indonesien. Kunst eines Inselreiches*, Baden-Baden 1959
24 Helmut Uhlig, *Indonesien hat viele Gesichter*, Berlin 1971
25 Herbert Tichy, *Tau-Tau*, Wien 1973
26 Herbert Tichy, *Tau-Tau*, Wien 1973
27 R. von Heine-Geldern, *Das Tocharerproblem und die Pontische Wanderung*, Saeculum II, Heft 2, (1951)
28 Karl With, *Java. Geist, Kunst und Leben Asiens*, Bd. I, Hagen 1920
29 John Villiers, *Südostasien*, Fischer-Weltgeschichte, Bd. 18
30 Frits A. Wagner, *Indonesien. Kunst eines Inselreiches*, Baden-Baden 1959
31 H. Döbler, *Kultur- und Sittengeschichte der Welt*, Bertelsmann, 1972
32 A. K. Caomaraswamy, *Geschichte der indischen und indonesischen Kunst*, Leipzig 1927
33 Karl With, *Java. Geist, Kunst und Leben Asiens*, Bd. I, Hagen 1920
34 Helmuth von Glasenapp, *Indien*, München 1925
35 Dietrich Seckel, *Kunst des Buddhismus*, Baden-Baden 1962
36 Karl With, *Java. Geist, Kunst und Leben Asiens*, Bd. I., Hagen 1920
37 Karl With, *Java. Geist, Kunst und Leben Asiens*, Bd. I., Hagen 19290
38 S. Gronemann, *Ruins of buddhistic temples in the Praga Valley, Tjamli, Barabudur, Mendut, and Pawon*, Semarang 1912
39 Frits A. Wagner, *Indonesien. Kunst eines Inselreiches*, Baden-Baden 1959
40 Karl With, *Java. Geist, Kunst und Leben Asiens*, Bd. I, Hagen 1920
41 Frits A. Wagner, *Indonesien. Kunst eines Inselreiches*, Baden-Baden 1959
42 Havell, *Indian Sculpture and Painting*, London 1908
43 Karl With, *Java. Geist, Kunst und Leben Asiens*, Bd. I, Hagen 1920

44 Tibor Bodrogi, *Kunst in Indonesien*, Wien/ München 1972

45 W. H. Rassers, *On the javanese Kris*, Volkenkund van Nederlandsch Indie, Bd. 99, 1940

46 Gerd Höpfner, *Südostasiatische Schattenspiele*, Bilderhefte der Staatlichen Museen Berlin, Heft 2, 1967

47 Georg Krause, *Bali*, Hagen 1920

48 Miguel Covarrubias, *Island of Bali*, Oxford University Press/Indira, Jakarta 1974

49 Georg Krause, *Bali*, Bd. II., Hagen 1920

50 Julia Menz, *Maha djalan*, Hamburg 1940

51 Hans Rhodius, *Reichtum und Schönheit des Lebens: Walter Spies. Maler und Musiker auf Bali*. Den Haag 1963

52 Miguel Covarrubias, *Island of Bali*, Oxford University Press/Indira, Jakarta 1974

53 Beryl de Zoete und Walter Spies: *Dance and Drama in Bali*, Oxford University Press, London/New York ³1973

54 Beryl de Zoete und Walter Spies: *Dance and Drama in Bali*, Oxford University Press, London/New York ³1973

55 Hans Rhodius, *Reichtum und Schönheit des Lebens: Walter Spies. Maler und Musiker auf Bali*. Den Haag 1963

56 Beryl de Zoete und Walter Spies: *Dance and Drama in Bali*, Oxford University Press, London /New York ³1973

57 Walter Spies wurde im zweiten Weltkrieg als deutscher Staatsangehöriger von den Niederländern interniert. Kurz bevor die Japaner Indonesien besetzten, kam Walter Spies zusammen mit anderen Deutschen auf einem Schiff, das sie nach Ceylon bringen sollte, durch eine japanische Fliegerbombe ums Leben.

58 Hans Rhodius, *Reichtum und Schönheit des Lebens: Walter Spies. Maler und Musiker auf Bali*. Den Haag 1963

59 Th. P. Galestin, *Indonesie*. Algemene Kunstgeschiedenis, Utrecht 1951

Landeskundlicher Überblick

Geographische Lage und landschaftliche Gliederung

Der Inselstaat Indonesien nimmt zwischen dem asiatischen Festland, Australien und Ozeanien eine Brückenstellung ein. Der Indische und der Pazifische Ozean sind seine Randmeere. Mit einer Fläche von mehr als 1,9 Mio. km² ist der Archipel fast achtmal so groß wie die Bundesrepublik Deutschland und reicht in seiner Ausdehnung von Irland bis zum Ural und von Jugoslawien bis Finnland. 13 677 Inseln werden von 3,3 Mio. km² Territorialgewässer umspült. Auf rund 6000 Inseln hat man menschliche Siedlungen registriert.

Der vom Inselbogen Indonesiens eingeschlossene Sunda-Schelf, der einst die Verbindung zum asiatischen Festland war, ist heute mit einigen Nebenmeeren eher ein verbindender Verkehrsraum von Kultur und Wirtschaft als eine trennende Schranke.

Die Inseln haben eine recht junge und bewegte geologische Vergangenheit. Der jungtertiäre Faltenbogengürtel, der sich über die Großen und Kleinen Sunda-Inseln (Sumatra, Java und Bali bis Timor) erstreckt, bildet das Rückgrat der Inselwelt. Auf diesen geologisch sehr aktiven Inseln werden jährlich zwischen 500 und 1000 Erdbeben registriert; auf dem 5000 km langen Bogen ist Vulkan an Vulkan gereiht, in geschichtlicher Zeit haben mindestens 200 Glut und Asche gespien.

Das Inselreich läßt sich zu vier Hauptgruppen zusammenfassen: die *Großen Sunda-Inseln* mit Sumatra, Java, Kalimantan (Borneo) und Sulawesi (Celebes), die *Kleinen Sunda-Inseln* zwischen Bali und Timor, die *Molukken* (Maluku) und *West-Neuguinea* (Irian Jaya).

Sumatra

Sumatra wird von dem großen Barisangebirge durchzogen. Tektonische Bewegungen und Vulkanismus sind hier recht deutlich zu erkennen, wie zum Beispiel am Tobasee und dem 3805 m hohen Kerintji. Die Insel, doppelt so groß wie die Bundesrepublik Deutschland, fällt vom westlichen Hochland zur östlichen Küste in einer weiten Tiefebene ab, die von tropischen Regenwäldern bedeckt ist, wenn sie nicht landwirtschaftlich genutzt wird. Im Einzugsgebiet der Vulkane und auf alten vulkanischen Gesteinsschichten findet man fruchtbare Böden, auf denen riesige Plantagen angelegt sind. In den höheren Lagen baut man den weltbekannten Deckblattabak, aber auch guten Tee und Kakao an, im Tiefland hingegen Kautschuk, Sisal und Ölpalmen.

Kalimantan (Borneo)

Borneo, die drittgrößte Insel der Welt, ist äußerst dünn besiedelt. Die südlichen zwei Drittel gehören zu Indonesien und werden

Kalimantan genannt. Die zentrale Region ist stark reliefiert und läuft in ein weites Küstentiefland aus. Mangroven säumen weite Küstenabschnitte, hinter denen sich oft endlose Sümpfe erstrecken, die weite Gebiete so gut wie unbewohnbar machen. An dieses Tiefland schließt sich der schier endlos erscheinende tropische Regenwald an. Nur die träge dahinfließenden, mäandrierenden Flüsse bilden eine Verkehrsverbindung mit dem Inneren der Insel. Hier leben die Dayak, die auch heute noch autochthon (eigenständig) sind.

An den Küstenstreifen befinden sich Siedlungen, die meist aus Pfahlbauten bestehen. Kokospalmen und Kautschukbäume liefern einem großen Teil der hier lebenden Menschen eine Lebensgrundlage. Der Boden vieler Inseln ist im Gegensatz zu dem Javas und Teilen Balis wenig fruchtbar. Die riesigen Regenwälder gedeihen auf den nährstoffarmen und oft sauren Böden in einem bodenunabhängigen Zyklus: Bakterien und Pilze setzen lebenswichtige Stoffe aus den abgestorbenen Pflanzen frei, die gleich von den lebenden wieder aufgenommen werden. So erklärt sich der Waldreichtum unabhängig von der Qualität des Bodens.

Neben einem großen Holzreservoir ist besonders Kalimantan reich an Bodenschätzen. Wie auch auf Sumatra hat man hauptsächlich in den Küstenregionen umfangreiche Öl- und Kohlevorkommen angetroffen. Mit der Erschließung vieler Lagerstätten erhofft man sich für Kalimantan eine aufstrebende Entwicklung. Es ist daher zu erwarten, daß ein Zuzug aus den überaus dicht besiedelten Inseln nach dem fast menschenleeren Kalimantan einsetzen wird. Darüber hinaus werden folglich auch die infrastrukturellen Bedingungen verbessert werden.

Sulawesi (Celebes)

Sulawesi, früher Celebes, hat die Form einer Orchidee. Es streckt seine vier Halbinseln weit in den Sunda-Schelf hinaus. In weiten Regionen ist diese Insel sehr gebirgig und fällt steil zu den Küsten hin ab. Den Küstenbereichen sind häufig Korallenriffe vorgelagert.

Geologisch gesehen sind viele Rätsel dieser Insel noch nicht gelöst. Herrliche Vulkankrater überragen riesige verkarstete Kalkplatten. Viele Auffaltungen und geologische Formen hängen mit dem Zirkum-Sunda-System zusammen, dem Faltengebirgsbereich, in dem die ost- und die südostasiatischen Gebirgssysteme zusammentreffen. In den weniger dicht besiedelten Gebieten findet man auch heute noch ausgedehnte tropische Regenwälder. Doch in weiten Regionen haben Brandrodungen und intensive Nutzung zu starken Erosionserscheinungen geführt.

Java

Java, die kleinste der Großen Sunda-Inseln, ist auch zugleich die dichtest besiedelte Insel Indonesiens. Daß sie so viele Menschen – mehr als 90 Mio. – aufnehmen kann, verdankt sie ihrem Reichtum an Vulkanen (sie ist die vulkanreichste Insel der Erde). Die zum großen Teil noch aktiven Vulkane verursachen eine natürliche Düngung der Böden. Für den Ackerbau wichtige Mineralien scheinen schier unerschöpflich. So ist es möglich, daß in Mittel-Java an einigen Stellen die Bevölkerungsdichte bis zu 1500 Ew. pro km^2 beträgt. Deshalb wird dieses Gebiet auch das »Brautbett von Java« genannt. In Java ist Reis das wichtigste Grundnahrungsmittel. Hier erwirtschaftet man durch intensive Bearbeitung und Bewässerung hohe Erträge. Die Naßreiskulturen werden bis zu dreimal jährlich geerntet. Die weiten Reisfelder, die in den verschiedensten Grün-, Gelb- und Brauntönen erscheinen, sind typisch für das Landschaftsbild der Insel.

Die Javaner wohnen bevorzugt in Kleindörfern in einstöckigen Hütten, die auf einem erhöhten Boden aus Holz und Bambusstangen errichtet werden und mit Palmengeflechten abgedeckt sind.

In den Städten findet man im Zentrum den Alun-Alun, den großen Platz, um den sich die Regierungsgebäude und der Kraton (Palast des Sultans) befinden. Es schließen sich die gartenähnlichen Europäerviertel an und das vorwiegend von Chinesen bewohnte Geschäftsviertel. Dann erstrecken sich die endlosen Kampongs, die einstöckigen Hütten der Javaner. Durchsetzt sind die Siedlungen mit Kokospalmen und tropischen Fruchtbäumen, so daß auch schier endlose Wohngebiete eher einer Gartenlandschaft gleichen. Nur wenige Großstädte besitzen in ihren Zentren ein städtisches Gepräge im westlichen Sinne.

Kleine Sunda-Inseln/Bali

Im indonesischen Inselbogen schließen sich an die beiden Großen Sunda-Inseln Sumatra und Java die Kleinen Sunda-Inseln an. Die bekannteste von ihnen ist Bali. Sie wird häufig auch das »Letzte Paradies« genannt.

Durchzogen ist die Insel von einem vulkanischen Gebirgszug in Ost-West-Richtung. Der 3192 m hohe Gunung Agung galt lange als erloschen, bis er 1963 mit einer riesigen Eruption weite Teile des Ostens Balis umgestaltete und verwüstete.

Der bekannte, noch tätige Vulkan in der großen Caldera ist der Gunung Batur (1594 m), zu dessen Füßen sich der Kratersee Batur ausbreitet.

Die Insel Bali gehört zu den dichtest besiedelten Inseln Indonesiens. Was sie aber so liebenswert macht, sind nicht nur die landschaftlichen Schönheiten der tropischen Natur – die Kombination aus Vulkanen, Gebirge und Meer –, es ist auch die hochentwickelte balinesisch-hinduistische Kultur mit ihren zahllosen Tempeln, den reich verzierten Toren und Mauern sowie die prunkvollen Leichenverbrennungen, die weltweit bekannt sind; und nicht zuletzt tragen zum Charme Balis seine liebenswürdigen und immer freundlichen Bewohner bei.

Je weiter man nach Osten auf die Kleinen Sunda-Inseln reist, desto stärker nimmt der hinduistische Einfluß Balis und der islamische Javas ab, und die von den Einwohnern bewahrten Zeichen einer Megalithenkultur treten auch heute noch zum Vorschein.

Molukken

Die Molukken, eine Inselgruppe auf dem Sunda-Schelf zwischen Sulawesi und Irian Jaya, sind besonders als Gewürzinseln bekannt. Nelken und Muskatnuß wurden schon früh in den Orient und nach Europa exportiert. Heute werden diese Gewürze auch in anderen tropischen Ländern plantagenähnlich angebaut.

Geologisch gesehen sind die Molukken ebenso schwierig einzuordnen wie ihre Nachbarinsel Celebes. Vulkanismus wechselt sich mit mesozoischen und tertiären Sedimenten ab. Das zirkumpazifische Gebirgssystem sorgt für geologische Unruhe und beschert den Inseln immer wieder neue Erdbeben.

Neuguinea

Neuguinea, die zweitgrößte Insel der Welt, liegt im äußersten Osten Indonesiens und ist in das östliche Papua und das westliche, zu Indonesien gehörende Irian Barat (auch: Irian Jaya) geteilt. West-Neuguinea, doppelt so groß wie die Bundesrepublik, zählt nur rund 1 Mio. Einwohner und ist damit auch der am dünnsten besiedelte Teil Indonesiens. Die Kernlandschaft bildet das Maokegebirge mit der höchsten schneebedeckten Erhebung, dem Puntjak Djaja (5030 m). Fauna und Flora zeigen sich in einer starken Übergangsform zwischen Asien und Australien. Von den zerklüfteten Gebirgen dehnt sich ein Tiefland aus, das in weiten Bereichen stark mit Sümpfen durchsetzt ist. Die wichtigste Anbaupflanze und damit auch das Grundnahrungsmittel ist die Sagopalme. In primitiven Feldbauformen werden noch Jams, Taro und Bananen angebaut. Nur selten findet man einige Reisfelder, die von Siedlern aus Java bestellt werden. Der größte Teil des benötigten Reises wird eingeführt.

Klima

Indonesien wird entsprechend seiner Lage beiderseits des Äquators von innertropischen Klimabedingungen geprägt. Aufgrund der äquatorialen Lage unterliegt die Tageslänge während des Jahres auch nur ganz geringen Schwankungen; der Sonnenstand zur Mittagszeit ist nahezu gleichbleibend, und daraus resultiert eine ständig hohe Temperatur, die über das Jahresmittel selten einer Schwankung von mehr als 2–3 °C unterliegt. Die mittlere Tagesamplitude ist, wie in solchen Klimabereichen üblich, größer als das Jahresmittel und beträgt 5–6 °C, während der Trockenperiode bei klarem Himmel auch schon einmal 7 °C.

Ein hoher Niederschlag, eine hohe Verdunstungsrate und die Insellage bedingen eine hohe Luftfeuchtigkeit. Dadurch ist auch die geringe Temperaturabnahme in den Gebirgen zu erklären. In Gebieten, die vorübergehend eine höhere Verdunstungs- als Niederschlagsrate zeigen, trifft man auf Trockenperioden, die auf Java und den Kleinen Sunda-Inseln teilweise recht ausgeprägt sind.

Die Niederschlagsverteilung Indonesiens wird von den Windrichtungen bestimmt, die je nach Jahreszeiten durch die äquatoriale Lage unterschiedlich sind. Stark mitbestimmend sind die Winter- und Sommermonsune. Der Wintermonsun herrscht in Indonesien von Dezember bis März. Der aus Nordost kommende Wind dreht südlich des Äquators über Nord nach Nordwest und West, weshalb er zum Beispiel auf Java auch Westmonsun genannt wird. Zur Zeit des Sommermonsuns (von Juni bis September) treten gänzlich andere Windverhältnisse auf. Der vorwiegend aus Südost kommende Wind bekommt nördlich des Äquators eine deutlich Südwestkomponente. Im Gegensatz zum typischen Monsunklima – dem wechselfeuchten Tropenklima, das eine ausgeprägte Trockenzeit besitzt – stellt man fest, daß in Indonesien in vielen Gebieten diese Trockenzeiten fast ganz fehlen (Ausnahmen: einige der Kleinen Sunda-Inseln). Dieses Phänomen erklärt sich aus der extremen Insellage. Weiterhin beeinflussen be-

Mittlere monatliche und jährliche Anzahl der Regentage

Station	Jan.	Feb.	März	April	Mai	Juni	Juli	Aug.	Sept.	Okt.	Nov.	Dez.	Jahr
Jakarta	19	18	16	12	9	8	6	4	6	9	13	16	135
Den Pasar	16	13	10	6	5	5	4	3	3	5	8	13	91
Padang	16	13	16	17	14	11	12	14	17	20	21	20	191
Pontianak	17	13	15	16	16	13	10	12	13	19	21	14	183
Makassar	25	20	18	11	8	6	4	2	2	5	12	22	133

Monats- und Jahresmitteltemperaturen (in °C)

Station (Meereshöhe in m)	Jan.	Feb.	März	April	Mai	Juni	Juli	Aug.	Sept.	Okt.	Nov.	Dez.	Mittel
Medan (14)	25,1	25,7	26,1	26,4	26,7	26,4	26,3	26,0	25,7	25,4	25,3	25,2	25,9
Padang (7)	26,3	25,5	26,6	26,7	26,9	26,7	26,4	26,4	26,2	26,0	26,0	26,0	26,4
Pontianak (3)	26,2	26,6	26,8	26,9	27,1	27,2	26,9	27,0	26,8	26,5	26,2	26,2	26,7
Balikpapan (3)	26,0	25,8	25,7	25,7	25,9	25,7	25,7	26,1	26,2	26,1	25,7	25,7	25,8
Ambon (1)	27,2	27,2	27,1	26,4	26,0	25,2	24,8	24,9	25,5	26,1	26,7	27,1	26,2
Makassar (2)	26,0	26,2	26,2	26,6	26,6	26,1	25,6	25,8	26,2	26,7	26,6	25,9	26,2
Jakarta (8)	25,7	25,6	26,0	26,5	26,6	26,3	26,1	26,3	26,6	26,7	26,4	25,9	26,2
Merauke (20)	27,5	26,9	27,2	27,2	26,7	25,5	25,6	25,5	25,5	26,7	27,8	27,5	26,4
Kupang (2)	26,8	26,6	26,6	26,6	26,4	25,8	25,3	25,7	25,6	27,4	27,9	27,2	27,2
Bandung (715)	22,4	22,3	22,4	22,7	22,6	22,3	22,0	22,2	22,7	22,8	22,5	22,4	22,5
Gunung Pangrango (3022)	8,7	8,9	8,9	9,6	9,9	9,3	9,1	9,0	9,0	9,0	9,0	8,7	9,1
Dieng-Plateau	14,0	14,3	15,0	14,4	14,3	13,9	13,3	12,7	13,6	14,2	14,8	14,5	14,0

sonders auf den größeren Inseln ausgeprägte See- und Landwinde das Klima und damit auch den Wasserhaushalt. Auf den gebirgigen Inseln findet man ausgeprägte Luv- und Leeseiten. Auf den Luvseiten sind die Regenfälle durch die Steigungsregen deutlich höher.

Flora und Fauna

Beiderseits des Äquators erstrecken sich die Inseln Indonesiens im tropischen Regenwaldgürtel. Sumatra, Kalimantan und Irian Jaya sind auch heute noch in weiten Gebieten von primärem Regenwald bedeckt. In den dichter besiedelten Gebieten wurde die ursprüngliche Vegetation allerdings zurückgedrängt. Durch den Brandrodungsfeldbau (Shifting cultivation = Wanderfeldbau = ladang) werden auch heute noch weite Gebiete zerstört. Früher überließ man das Land nachdem es bebaut worden war für mehr als 20 Jahre sich selbst. So entstand meist ein gut ausgebildeter Sekundärwald. Aber

277

durch den ständig wachsenden Bevölkerungsdruck werden die Anbauzeiten länger und die Brachezeiten kürzer. Der Boden kann sich von der intensiven Nutzung nicht mehr erholen, und nach einer vorübergehenden Buschvegetation erobert sich das Alang-Alang-Gras immer weitere Flächen. Dieses Gras hat ein so dichtes Wurzelwerk, daß der Boden mit einfachen Geräten nicht mehr zu bearbeiten ist. Für die Beweidung eignet es sich ebensowenig.

In höheren Lagen schließt sich an den artenreichen tropischen Regenwald der montane Regenwald. Er bietet sehr schöne Baumfarne, die in diesen Regionen eine Höhe von 8 m erreichen können. Das Kondensationsniveau liegt zwischen 2000–2500 m, und in diesen Höhenlagen finden sich ausgedehnte Nebelwälder.

Die zentralen indonesischen Inseln liegen außerhalb des immerfeuchten tropischen Klimas. Hier schließen sich weite, wesentlich lichtere Monsunwälder an. Sie waren für ihr wertvolles Sandelholz bekannt, das schon in Kolonialzeiten exportiert wurde. Die reichen Vorkommen wurden so stark dezimiert, daß Sandelholz heute kaum noch zu finden ist.

Weite Küstenregionen und küstennahe Gebiete (vor allem auf Kalimantan und Ost-Sumatra) sind mit ausgedehnten Sumpfwäldern bedeckt. Die z. T. stark vermoorten und einem andauernden Grundwasserstau ausgesetzten Böden bringen nur einen artenarmen Wald hervor. Der wirtschaftliche Wert ist äußerst gering. Weiterhin erwähnenswert sind die Mangrovendickichte, die an den periodisch überschwemmten Küstenstreifen wachsen. Das Holz wird von den Einwohnern als Bauholz oder zur Herstellung von Holzkohle benutzt.

Von tropischer Schönheit sind auch die zahllosen Epiphyten. In den dichten Wäldern, zwischen den Kronendächern, siedeln sich Lianen- und Orchideenarten in den Astgabeln der Bäume an. Aber auch Flechten und Parasiten sind dort in einer Vielzahl zu finden. Die Wälder Sumatras beherbergen noch eine weitere Besonderheit. Hier wächst Rafflesia arnoldii, deren Blüte mit mehr als einem Meter Durchmesser als die größte der Welt gilt.

Ein deutlicher Unterschied in der Fauna Indonesiens ist zwischen der asiatischen und australischen Landmasse festzustellen. Dazwischen hat sich eine dritte Zone, eine Übergangszone, gebildet. Die westliche Zone mit Sumatra, Java, Bali und Kalimantan beherbergt vorwiegend eine asiatische Tierwelt. Große Säugetiere wie Elefanten, Tiger, wilde Büffel, Tapire und Rhinozerosse, eine Vielzahl von Affen und Wildschweine lebten hier. Die Verteilung war jedoch nicht gleichmäßig. So ist nicht bekannt, ob es Tapire oder Tiger auf Kalimantan gegeben hat. Elefanten sind nur auf Sumatra bekannt. Durch den menschlichen Eingriff sind die Bestände stark zurückgegangen. Elefanten gibt es nur noch in wenigen Exemplaren auf Sumatra. Das einhörnige Nashorn, Tapire, wilde Büffel und der Orang-Utan (deutsch: Mensch des Waldes) sind nur noch in wenigen Exemplaren auf Kalimantan bzw. Sumatra oder Java zu finden.

Da Sulawesi erdgeschichtlich schon sehr früh sowohl vom asiatischen wie auch vom australischen Kontinent getrennt war, ist es verständlich, daß diese Insel an höheren Tieren sehr artenarm ist.

Der Osten Indonesiens war lange Zeit über eine Landbrücke mit Australien verbunden. Deshalb ist es auch nicht verwunderlich, daß wir hier einen starken Einfluß der australischen Tierwelt finden. Kloakentiere (Monotremata) und Beuteltiere (Marsupialia) sind mit vielen Exemplaren vertreten: Beutelbär (Phalanger), Baum-Känguruh, Wallaby (kleine Känguruhart), Beutelratten, -katzen und -mäuse. Von den höheren Säugern findet man nur die Wildschweine neben eingeführtem Rotwild. Dafür ist aber die Vogelwelt sehr vielfältig. Besonders bekannt sind unter anderem die Paradiesvögel, die wegen ihrer Federn gejagt wurden, Laubenvögel, Kakadus und Wellensittiche.

Das Übergangsgebiet besteht vorwiegend aus den Kleinen Sunda-Inseln. Die Vertreter der Säugetiere haben sich hier auf Leoparden, Dschungelkatzen und Wildhunde reduziert. Besonders hervorzuheben sind die Komodowarane, Riesenechsen, die 3 m Länge und ein Gewicht von 170 kg erreichen können; sie leben heute noch auf der Insel Komodo.

In den Meeren rund um die Indonesischen Inseln findet sich ein kaum vorstellbarer Reichtum an Lebewesen. Zahlreiche Fischsorten, Riesenschildkröten, Seekühe, Krabben und Krebse bevölkern neben anderen die Meeresküsten. Hier liegt noch ein unausgeschöpftes Reservoir an proteinreicher Nahrung für die schnell wachsende Bevölkerung des Inselstaates.

Bevölkerung

Die Einwohnerzahl Indonesiens ist schon auf über 150 Mio. angewachsen. So rangiert dieses Land an fünfter Stelle in der Welt. Indonesien ist damit nach China und Indien das volkreichste Land Asiens.

Rund ⅔ der Bevölkerung leben auf *Java* bei einer durchschnittlichen Bevölkerungsdichte von 632 (1975) Ew./km^2, die aber in einigen Gegenden auf über 1500 Ew./km^2 ansteigt. Außer auf *Bali*, wo eine Dichte von 416 Ew./km^2 vorliegt, ist der Rest dieses Inselstaates äußerst dünn besiedelt. Diese ungleiche Verteilung ist eines der ganz großen Probleme des Landes. Dazu kommt, daß man in Indonesien auf über 360 Ethnien (Volksgruppen), von West-Neuguinea abgesehen, stößt. Zu diesem bunten Völkergemisch zählen genauso steinzeitliche Jäger- und Sammlergruppen, alt- bzw. protomalaiische Stämme, die vorwiegend in den weniger erschlossenen Binnenräumen der größeren Inseln, Kalimantan (Borneo), Sumatra und Sulawesi (Celebes) leben, wie auch die neuen städtischen Eliten, die vorwiegend aus den Stämmen der Deuteromalaien hervorgegangen sind und sich stark an westlichen Leitbildern orientieren. Aus letztgenannten Kreisen stammen auch vorwiegend diejenigen, die das Geschick des Landes in die Hand nehmen. Grund für diesen Vielvölkerstaat sind nicht zuletzt die vielen Völkerwanderungen, die im Laufe der Geschichte über die Inselwelt zogen, und so ist es verständlich, daß eines der wichtigsten Staatsmottos heute lautet: »Einheit in der Vielfalt«.

Sumatra, die zweitgrößte Insel Indonesiens mit einer Bevölkerungsdichte von 42 Ew./km^2, ist vorwiegend von Altmalaien besiedelt. Im Norden leben die als Kriegervolk bekannten Atjeher, im nördlichen Zentral-Sumatra und um den Tobasee die Batak. Auffallend sind ihre Häuser, die an den Stirnseiten überhängen und auf Pfählen stehen. Dieser Unterbau bietet den Haustieren wie Schweinen und Wasserbüffeln Unterschlupf. Im Hochland von Padang leben die Minangkabau auch heute noch im Matriarchat, was um so erstaunlicher ist, da sie, anders als die Batak und Atjeher, nicht christianisiert, sondern islamisiert sind.

Auf **Kalimantan** werden die Urwaldbewohner im Inselinneren immer stärker dem Einfluß der moslemischen Küstenbevölkerung ausgesetzt, die von der malaiischen Kultur geprägt ist. Die rund zwei Millionen Dayak teilen sich in rund 300 Stämme auf. Sie bewirtschaften das Land noch heute durch Brandrodung und Wanderfeldbau. Bemerkenswert sind ihre Siedlungsformen. Das Dorf besteht aus ein oder zwei Langhäusern, die auf Pfählen stehen. Jede Familie hat ihren abgeteilten Raum, auch für das Gemeinschaftsleben ist ausreichend Platz in diesem Langhaus. Im Stammesleben sind die Naturreligionen, die Tänze, Totenrituale und Trachten noch sehr bestimmend. Die nomadischen Jäger- und Sammlergruppen der Punan leben häufig in wirtschaftlicher Symbiose mit den Dayak. Punan ist nur ein Sammelname für sie, denn man weiß bis heute nicht, ob sie ein einheitliches Volk bilden.

Die Bevölkerung der Insel **Sulawesi** ist recht unterschiedlich zusammengesetzt. Durch Abgeschiedenheit und schlechte infrastrukturelle Erschließung haben die Stämme viele ihrer Eigenheiten bewahrt. Auf der östlichen Halbinsel leben die Loinang, Balantak, die Wana sowie die Banggi; auf der südöstlichen Halbinsel die Laki, Mori und Muna. Ihre Kultur ist mit der der Dayak zu vergleichen.

Im Südwesten von Zentral-Sulawesi wohnen die Seku und Ronkong. Im bergigen Inneren der Insel findet man Stämme, die mit

dem Sammelnamen Toraja zusammengefaßt werden, was soviel wie Bergleute heißt. Sie bauen wunderbar verzierte und geschnitzte Häuser auf Pfählen, die alle in Nord-Süd-Richtung aufgereiht sind. Die Ornamente bestehen meist aus geometrischen Motiven. Weiterhin verarbeiten sie Baumbast zu Stoffen, in die sie ebenfalls herrliche geometrische Muster einweben. Sie bauen Trockenreis an.

Das wichtigste kulturelle Ereignis ist bei den Toraja die Totenfeier. Bei den großen Festen spielen die Wasserbüffelopfer eine zentrale Rolle. Nach langer, sorgsamer Hege und Pflege werden die Büffel zusammen mit einer Anzahl Schweine geschlachtet, zubereitet und verspeist. Wasserbüffelfleisch wird nur zu diesen Totenfeiern gegessen. Die Toraja leben auch heute noch in einem Kastenwesen, welches im wesentlichen die Besitzenden von den Besitzlosen unterscheidet. Doch seit die Holländer diesen Teil der Insel erobert haben, sind viele Toraja zum Christentum und einige zum Islam übergetreten, was nicht unbedingt bedeutet, daß sie nicht an ihren großen Totenfeiern festhalten. Die Mitglieder der höheren adligen Kasten haben das Privileg, in Felsengräbern beigesetzt zu werden (s. auch S. 73–98).

Die nördliche Halbinsel bewohnen vorwiegend die zum Christentum übergetretenen Minahasa und die dem Islam anhängenden Gorontalo, und auf der südwestlichen Halbinsel, die auch am besten erschlossen ist und meist zuerst von den anderen Inseln aus angesteuert wird, leben die Buginesen und Makassaren, die ebenfalls weitgehend muselmanisch sind.

Seitdem die weltweit bekannten und begehrten Gewürze der **Molukken** auch in anderen Regionen angebaut werden, ist es ruhig um die Inselgruppe geworden, die heute nur noch rund eine Million Einwohner hat. Sie stammen meist von Altmalaien ab und haben einen starken melanesischen Einschlag, was man an ihrer dunklen Hautfarbe und den oft stark gekrausten Haaren sehen kann. Ihnen haben sich jungmalaiische Indonesier zugesellt. Noch oft begegnet man auf den Inseln dem Ahnenkult. Auf Ternate, Tidore und Batjan hat sich der Islam, auf Ambon und einigen kleineren Inseln das Christentum durchgesetzt.

Zahlreiche Volksstämme sind über **Neuguinea** verteilt. Im Innern und Westen der Inseln leben einige kleinwüchsige (1,50 m) Stämme, die durch ihre liebenswürdige Art auffallen. Diese Pygmäen haben eine fast schwarze Haut und wolliges Haar. Einige Forscher halten sie für die Urbevölkerung dieser Insel, andere sehen sie als Kümmerformen an. Die Eipo-Pygmäen zum Beispiel leben heute noch im kaum zugänglichen Bergland auf Jungsteinzeitniveau. Bis 1974 waren sie nahezu unbekannt. Weitaus die Hauptmasse der Bevölkerung stellen die Papua, die keinesfalls eine einheitliche Volksgruppe bilden. Papua mit schmalen Gesichtern und Hakennase sind genauso bekannt wie solche mit breiten Gesichtern und Nasen. Ihre Kleidung ist recht spärlich, wenn sie überhaupt vorhanden ist. Lendenschurz aus Blättern, Gräsern oder einem Tuch, zur Zierde eine Peniskapsel oder für die Frauen ein Blatt. Schmuck in jeder Art wird gerne von den Papua getragen. Die noch auf der Stufe der Steinzeit lebende Inselbevölkerung hängt dem Ahnenkult an; durch Opfer versucht man, die Ahnenseelen für sich geneigt zu machen. Ihre kunsthandwerkliche Fertigkeit zeigen die Papua durch herrliche Schnitzereien an ihren Booten und Häusern sowie in der Töpferei.

Fast jedes Dorf spricht seinen eigenen Dialekt. In ihren Häusern, die den äußeren Gegebenheiten angepaßt sind, leben sie meist mit Schweinen und Hühnern zusammen. Ihre Siedlungen wählen sie bevorzugt an Gewässern, da diese eine zusätzliche Nahrungsquelle bieten. Die Papua sind gute Seefahrer, beschränken sich aber meist auf die Flüsse. Ihre Einbäume, die am Meer mit Auslegern versehen sind, dienen ihnen zu Beutezügen, zum Fischfang und zum Handel.

Viele Stämme treiben Wanderfeldbau (Shifting Cultivation) und pflegen demzufolge ihre Siedlungen in entsprechenden Abständen zu verlassen, um an anderen Stellen neue Felder und damit auch neue Behausungen zu erstellen. Manche Stämme treiben auch schon Dauerfeldbau, was in fruchtbareren Gegenden möglich ist.

Zur Heterogenität der Bevölkerung Indonesiens tragen auch die chinesischen, arabischen, indischen und indo-europäischen Minderheiten bei. Besonders die Chinesen (etwa 3,5 Mio.), die hauptsächlich im 19. und 20. Jahrhundert mit dem Aufschwung der Plantagenwirtschaft und des Bergbaus einwanderten, werden wegen ihres Erfolges bewundert und gleichzeitig abgelehnt. Die ständig latent vorhandenen Spannungen haben sich immer wieder in blutigen Pogromen entladen. Die Ressentiments gegen die anderen Minderheiten sind lange nicht so stark ausgeprägt wie die gegen die Chinesen.

Ein weiteres Problem, das der Staat zu bewältigen sucht, ist das der sprachlichen Verständigung; über 250 traditionelle Regionalsprachen erschweren die Kommunikation. Nachdem aber 1945 die Staatssprache »Bahasa Indonesia« (s. S. 299) eingeführt wurde, ist die Entwicklung zur nationalen Einheit vorangeschritten und das Gefühl der Zusammengehörigkeit stark gewachsen.

Regierungssystem

Die Republik Indonesien ist eine zentralistisch geführte Präsidialrepublik auf der Grundlage der mehrfach geänderten Verfassung vom 18. August 1945. Die Unabhängigkeit wurde am 17. August 1945 proklamiert.

Indonesien ist in 26 Provinzen (Propinsi) oder Regionen I. Ordnung (Daerah Tingkat I) gegliedert, von denen drei als Spezialregionen Sonderrechte haben (Hauptstadt Jakarta, Yogyakarta, Atjeh). Die Provinzen sind in 49 Stadtkreise (Kota Pradja) und 225 Landkreise (Kabupaten) unterteilt (Regionen II. Ordnung – Daerah Tingkat II); diese sind in insgesamt 3164 Regionen III. Ordnung (Ketjamatan) aufgeteilt, in denen jeweils mehrere Dörfer zusammengefaßt sind.

Höchstes Staatsorgan ist die Beratende Volksversammlung (Madjelis Permusjawaraten Rakjat – MPR) mit 920 Mitgliedern, 460 von ihnen gehören dem engeren Parlament (Dewan Perwakilan Rakjat Gotong Rijong) an; weitere 112 Vertreter der Parteien und funktionellen Gruppen werden gewählt. Darüber hinaus werden viele Sitze von Abgeordneten der einzelnen Provinzen eingenommen.

Der Präsident ist sowohl Staatsoberhaupt als auch Regierungschef mit weitreichenden Vollmachten. Er und der Vizepräsident werden für fünf Jahre von der Volksversammlung (MPR) gewählt. Eine Wiederwahl ist zulässig.

In Indonesien besteht volle Religionsfreiheit, denn seit 1949 sind Staat und Kirche getrennt, obwohl 85 % der Bevölkerung dem sunnitischen Islam angehören.

Wirtschaft

Indonesien gehört zu den Staaten der »Dritten Welt« und besitzt ein dualistisches Wirtschaftssystem.

In einigen Zentren wird modern, marktorientiert produziert; in vielen Regionen, besonders an der Peripherie, sind noch traditionelle Wirtschaftsformen erhalten, und viele Zwischenformen haben sich herausgebildet.

Im landwirtschaftlichen Bereich – mehr als 60 % der Bevölkerung sind von der Landwirtschaft abhängig – reichen die Formen der Bodennutzung vom arbeitsintensiven, ganzjährigen Bewässerungsfeldbau (Java, Bali und andere Inseln) über permanenten Regenfeldbau sowie mit Brandrodung verbundene Formen der Landwechselwirtschaft und des Wanderfeldbaus bis hin zu einfachem Sammlertum, das besonders in den waldreichen Berg- und Küstentiefländern verbreitet ist, wie auf Kalimantan und Irian Jaya.

Durch die vorherrschende Realerbteilung, die besonders auf Java praktiziert wird, sind in vielen Gebieten die Betriebe auf weniger als 1 ha zusammengeschrumpft. Zwar wurden durch staatliche Förderungen große Erfolge erzielt, doch konnte die Verbesserung der Landwirtschaft in keiner

Weise mit der Zunahme der Bevölkerung Schritt halten.

Die Viehhaltung spielt in Indonesien nur eine geringe ökonomische Rolle. Das Großvieh (Rinder, Wasserbüffel, Pferde) wird vorwiegend als Arbeitskraft und als Düngerproduzent gehalten. Darüber hinaus spielen diese Tiere primär eine Rolle im kultisch-religiösen und sozialen Bereich als Statussymbol oder Opfertiere.

Die Fischerei ist von alters her fast auf allen Inseln bekannt. Doch sind die traditionellen Fangmethoden bei weitem nicht ausreichend, und die Ausrüstung bedarf dringend einer Modernisierung. 1978 waren erst 5 % der Fischereiflotte motorisiert.

Die Ausweitung der Waldwirtschaft in den riesigen Waldungen des Landes ist einerseits von großer Bedeutung für den Export, andererseits haben die Rodungen verheerende Erosionserscheinungen hervorgebracht, denen nur zögernd mit Wiederaufforstung entgegengetreten wird.

Die Plantagenwirtschaft, die vor allem bis ins letzte Jahrhundert hinein sehr kapitalintensive und exportierende Großbetriebe hervorbrachte, verlor seit der japanischen Besetzung (1942–1945) viel an Bedeutung.

Durch neuere Investitionen sind einige Betriebe in den letzten Jahren mit steigenden Produktionsergebnissen hervorgegangen. Besonders erfolgreich sind die Tee- und Palmölplantagen in Nord-Sumatra und Java. Weiterhin werden auch heute noch Kautschuk und Zuckerrohr auf Plantagen geerntet.

Indonesien ist reich an Bodenschätzen, aber nur schleppend geht die Industrialisierung vor sich. Besonders die Erdölförderung wurde ausgeweitet, und dieses Produkt steht heute an erster Stelle der indonesischen Exportgüter. Weiterhin sind Erdgas, Bauxit, Nickel, Kupfer und Zinn wichtige Devisenbringer des Landes.

Der Tourismus spielt nur auf Java und Bali eine marktwirtschaftliche Rolle. Jedoch bestehen Bemühungen, die Fremdenverkehrswirtschaft auch auf die anderen Inseln auszudehnen, um den rund 500 000 Besuchern jährlich neue Reiseziele anzubieten.

Aufgrund seines natürlichen Potentials hat Indonesien eine echte Chance, seine Entwicklung erfolgreich in die Hand zu nehmen, jedoch ist abzuwarten, ob das Land in der Lage ist, seine vielschichtigen Probleme in der Zukunft zu lösen.

Vor Reiseantritt

Touristeninformation

Das indonesische Fremdenverkehrsamt verschickt auf Anfrage kostenloses Informationsmaterial. Darunter befinden sich neben interessanten Gebietsbeschreibungen wichtige praktische Hinweise sowie Karten und Skizzenmaterial.

Indonesisches Fremdenverkehrsamt
Wiesenhüttenplatz 26/7.St.
6000 Frankfurt/M. 1
☏ 0611/233677/78
Weitere Informationen erteilen Botschaft und Konsulate

Bonn
Botschaft der Republik Indonesien
Bernkasteler Straße 2
5300 Bonn 2
☏ 0228/310091

Berlin
Konsulat der Republik Indonesien
Rudeloffweg 7
1000 Berlin 33
☏ 030/8315076

Bremen
Wahl-Konsulat der Republik Indonesien
Osterdeich 69
2800 Bremen 1
☏ 0421/325058

Frankfurt
Wahl-Konsulat der Republik Indonesien
Nordenstr. 44
6082 Walldorf bei Frankfurt
☏ 06105/5041
  06105/76003

Hamburg
Generalkonsulat der Republik Indonesien
Bebelallee 15
2000 Hamburg 60
☏ 040/5120 71/72/73

Hannover
Wahl-Konsulat der Republik Indonesien
Georgsplatz 1
3000 Hannover
☏ 0511/1032150

Kiel
Wahl-Konsulat der Republik Indonesien
Sophienblatt 13–17
2300 Kiel
☏ 0431/603425

München
Wahl-Konsulat der Republik Indonesien
Widenmeyerstraße 24
8000 München 22
☏ 089/294609

Stuttgart
Wahl-Generalkonsulat der Republik

Indonesien
Herdweg 62
7000 Stuttgart-Nord
✆ 0711/223729

In Österreich
Botschaft der Republik Indonesien
Gustav Tschermak Gasse 5–7
A-1180 Wien
✆ 0222/342533/34/35

In der Schweiz
Botschaft der Republik Indonesien
Elfenauweg 51
CH-3006 Bern
✆ 031/440983/84/85

Gepäck

Für den Gruppenreisenden ist ein stabiler, abschließbarer Koffer, der auch überlebt, wenn er einmal vom Bus fällt, ein geeignetes Gepäckstück. Individualreisende bevorzugen immer wieder Rucksäcke mit Metallrahmen. In ihnen kann man viel verstauen, und das Gepäck läßt sich so relativ leicht tragen. Diese Rucksäcke sind aber sehr sperrig und für Bus- und Zugreisen sowie beim Fliegen ungeeignet. Das Metallgestell ist meist nicht sehr stabil und geht häufig kaputt. Ein rahmenloser Rucksack oder ein Seesack, sowie eine stabile Reisetasche mit Umhängegurt sind leichter zu handhaben.

Gesundheitsvorsorge

Vor einer Reise sollte man den Hausarzt konsultieren; Impfungen werden zur Zeit keine verlangt, wenn man nicht aus einem Infektionsgebiet kommt. Über den neuesten Stand von Vorsorgemaßnahmen informieren erfahrene Ärzte, Gesundheitsämter oder Tropeninstitute. Viele Universitäten haben auch eine Informations- und Impfabteilung.

Prophylaxen sind gegen folgende Krankheiten zu empfehlen: Cholera, Typhus und Paratyphus (in Tablettenform möglich), Tetanus, Polio; ebenso ist Malariaschutz ratsam (s. auch S. 294).

Um leichtere Erkrankungen schnell in den Griff zu bekommen, sollte man eine Reiseapotheke mitführen, die die gängigen Hausmittel enthält. Neben Tabletten gegen Erkältungskrankheiten und eventuell Schlaflosigkeit sollte man Desinfektionsmittel zur Reinigung kleinerer Wunden und etwas gegen Pilzerkrankungen einpacken. Pilzinfektionen und Hautausschläge treten wegen des feuchten Klimas häufig auf. In diesem Zusammenhang sei auf die Vorteile von Kleidung aus Baumwolle oder anderen Naturfasern hingewiesen.

Im Krankheitsfall sind Arztkosten und Krankenhauskosten selbst zu tragen. Gegen Vorlage einer detaillierten Rechnung erstatten die Krankenversicherungen in Deutschland nach den hier üblichen Sätzen. Es ist in jedem Fall ratsam, eine Reisekrankenversicherung abzuschließen.

Kartenmaterial

Das Indonesische Fremdenverkehrsamt (s. S. 284) gibt eine einfache, aber brauchbare Übersichtskarte mit mehreren wichtigen Detailkarten heraus. Weiterhin publizieren verschiedene Kartenverlage gutes Material über Südostasien.

Kleidung

Das ganze Jahr über ist leichte Sommerbekleidung zu empfehlen. Dabei sind Naturfasern den Kunstfasern vorzuziehen. Bereist man auch die Gebirgsregionen im Inneren einiger Inseln, so ist das Mitführen eines wärmeren Kleidungsstückes ratsam. Regenschutz oder Regenschirm sind angebracht, jedoch trocknet man nach einem Schauer auch schnell wieder. Für das Baden im Meer sei bei empfindlichen Füßen ein Gummischuh empfohlen. Darüber hinaus sollte der Sonnenschutz nicht vergessen werden.

Reisepapiere

Für die Einreise benötigt man einen Reisepaß, der noch mindestens sechs Monate gültig ist, sowie ein Hin- und Rückflugticket nach Indonesien. Ist man nicht im Besitz eines Ausreisetickets, dann *muß* man dieses in Indonesien am Flughafen lösen, bevor man die Einreisegenehmigung erhält. Für eine reine Touristenreise von maximal 60 Tagen Dauer ist für Indonesien kein Visum mehr nötig. Eine Geschäftsreise kann nur mit einem Visum getätigt werden.

Reisezeit

Eine besondere Jahreszeit für diesen Bereich zu empfehlen, ist sehr schwierig. Das ganze Jahr über kann man mit Regenschauern rechnen (s. auch S. 277).

Während der Regenzeit (je nach Insel zu unterschiedlichen Zeiten) sind die Niederschläge regelmäßiger und meist auch heftiger, aber es heitert immer wieder auf.

Die Sommermonate sind auf Java angenehmer; außer Januar und Februar sind alle Monate für einen Besuch auf Bali empfehlenswert.

Zahlungsmittel

Landeswährung

Über die Ein- und Ausfuhr indonesischer Währung bestehen unterschiedliche Angaben. Von einem strikten Ein- und Ausfuhrverbot bis zu einer erlaubten Ein- oder Ausfuhr von bis zu 50 000 Rp. (Rupiah) sind Angaben von offiziellen Stellen zu bekommen. Um jeglicher Schwierigkeit aus dem Weg zu gehen, sollte man beim Grenzüberschreiten möglichst keine indonesische Währung mit sich führen (s. auch S. 294).

Fremdwährung

Die gängigste ausländische Währung in Indonesien ist immer noch der amerikanische Dollar. Auch die Reisechecks (Traveller Cheques) sollten in US-Dollar ausgestellt sein. Bei der Ein- und Ausreise bestehen für das Mitführen von Fremdwährungen sowie von Reisechecks keine Beschränkungen. Banken und internationale Hotels nehmen deutsche, österreichische und Schweizer Devisen in Zahlung.

Zollvorschriften

Gegenstände, die für den persönlichen Bedarf des Reisenden während der Fahrt und des Aufenthaltes bestimmt sind, können zollfrei eingeführt werden.

Bis zu 2 Kameras mit einer angemessenen Anzahl von Filmen, 1 Reiseschreibmaschine, 1 Fernglas, 1 Kofferradio sowie Bücher dürfen eingeführt werden, wenn sie bei der Einreise angegeben werden und bei der Ausreise wieder mitgenommen werden.

Darüber hinaus darf man 200 Zigaretten oder 50 Zigarren oder 100 Gramm Tabak, 2 Liter alkoholische Getränke sowie eine angemessene Menge an Parfum und Geschenke in vertretbarem Rahmen, die einen Gesamtwert von 100 US-Dollar nicht überschreiten, einführen. Opium und andere Narkotika dürfen keinesfalls nach Indonesien mitgebracht werden. Die Zollabfertigung geht bei Ein- und Ausreise gewöhnlich ohne größere Schwierigkeiten vor sich (s. auch S. 303).

Anreise

Der Inselstaat Indonesien ist entweder auf dem Seeweg oder auf dem Luftweg zu erreichen. Es besteht natürlich auch die Möglichkeit, einen kombinierten Reiseweg zu wählen.

Dem internationalen Verkehr öffnet Indonesien seine Pforten in Jakarta/Java, Den Pasar/Bali und Medan/Sumatra. Auf dem Seeweg stehen neben Jakarta auch Medan und Surabaya zur Verfügung.

Mit dem Flugzeug

Die internationalen Flughäfen Halim Perdanakusuma-Airport in Jakarta und Ngurah Rai-Airport auf Bali werden von den meisten großen Fluggesellschaften angeflogen. Zwischen allen wichtigen Städten des Landes bestehen inländische Flugverbindungen (s. S. 304).

Dem Flugnetz sind alle wichtigen internationalen Flughäfen Asiens, Australiens und Europas angeschlossen. Die indonesische Fluggesellschaft *Garuda Indonesian Airways* fliegt zwischen Jakarta und Amsterdam; Frankfurt; London; Paris; Rom und Zürich.

Der Flugpreis Frankfurt – Jakarta – Frankfurt richtet sich nach den IATA-Preislisten. Der Holiday-Tarif für dieselbe Strecke bei einem Mindestaufenthalt von 14 Tagen und einem Höchstaufenthalt von 3 Monaten (kein Stop möglich) ist schon günstiger zu bekommen. Fast alle großen Reiseunternehmen vermitteln Pauschalreisen nach Indonesien. Hauptaufenthaltsort ist Bali. Rundreisen auf der Insel sowie nach Java, Sulawesi, Sumatra und Irian Jaya werden ebenfalls von vielen Veranstaltern angeboten. Selten geht das Angebot darüber hinaus. Ihr Reisebüro berät Sie gerne. Weiterhin können Sie spezielle Fragen auch an das Indonesische Fremdenverkehrsbüro in Frankfurt richten (s. S. 284).

Beim Abflug wird eine Flughafengebühr fällig, die bei nationalen Flügen geringer ist als bei internationalen. Preiswerte Flüge für Studenten sind gelegentlich für einen begrenzten Zeitraum oder zu bestimmten Terminen zu bekommen. Auskunft erteilen die Büros der Garuda Indonesian Airways

Frankfurt
Poststraße 2–4
6000 Frankfurt / M. 1
✆ 06 11 / 2 38 06 88

Hamburg
Hermanstraße 40
2000 Hamburg
✆ 040 / 32 74 59

Zürich
Sumatrastraße 25
CH-8006 Zürich
℡ 01 / 2 21 20 77

Über günstige Charterflüge informieren die Reisebüros.

Ankunft in Indonesien

Nur selten gibt es Zubringerbusse der Airlines. Nimmt man ein Taxi, sollte man vor Antritt der Fahrt – wenn keine Taxometer vorhanden sind – den Fahrpreis aushandeln (s. auch S. 306).

Mit dem Schiff

Gelegentlich besteht die Möglichkeit, mit einem Frachter von London, Antwerpen oder Rotterdam nach Jakarta oder Surabaya zu reisen. Eine solche Fahrt dauert 1–2 Monate. Auskünfte sind bedingt zu erhalten von:
Polish Ocean Lines

2000 Hamburg Süd
Ost-West-Str. 59
℡ 040 / 3 00 51
In Jakarta wird diese Linie durch die Firma P. T. Trikora Lyod, 1 Jalan Malaka, vertreten.
    Außerdem gibt es mit der Ben Linie (London) die Möglichkeit, von England aus mit dem Frachter nach Jakarta zu reisen.

Kombinierte Reisewege

Auf dem Landweg ist Indonesien naturgemäß nicht zu erreichen. Auf dem Landweg von Europa nach Südostasien zu reisen ist dadurch, daß man bestimmte Länder nicht passieren kann, ebenfalls nicht möglich.
    Von Thailand aus – bis Bangkok gibt es von Europa aus preiswerte Charterflüge – kann man Singapur, Kuala Lumpur oder Penang mit Bus oder Eisenbahn erreichen. Zwischen Penang und Medan/Sumatra verkehren Fähren und Flugzeuge. Von Singapur und Kuala Lumpur gibt es preiswerte Flüge nach Jakarta und Bali.

Indonesien von A–Z

Auskunft

Die Zentrale des nationalen indonesischen Touristenbüros – Directorate General of Tourism (DGT) – befindet sich in Jakarta. Zehn weitere Büros sind über die wichtigsten Touristengebiete des Landes verteilt. In vielen Touristenorten gibt es noch zusätzlich Touristenbüros, die ein vielseitiges Programm anbieten.

Die staatlichen Touristenbüros – abgekürzt DIPARDA und BAPPARDA – erteilen kostenlos Ratschläge und halten Informationsmaterial über die jeweilige Region bereit. Diese Auskunftsbüros sind in allen wichtigen Touristenzentren zu finden.

Directorate General of Tourism (DGT)
Jalan Kramat Raya 81
Jakarta
P.O. Box 409
✆ 34 84 28 – 34 84 80 – 35 61 89 – 36 02 08

Außerdem erteilt die Deutsch-Indonesische Industrie- und Handelskammer Auskunft:
Wisma Metropolitan, 4. Etage
Jalan Jenderal Sudirman Kav. 29
Jakarta
P.O. Box 3151
✆ 58 49 04

Autofahren

In ganz Indonesien wird links gefahren. Die Straßen sind, von wenigen ausgenommen, für mitteleuropäische Verhältnisse sehr schmal. Es wird auch recht couragiert gefahren. Die Beleuchtung der Fahrzeuge nach Einsetzen der Dunkelheit ist meist unzureichend, und der technische Zustand der Automobile läßt ebenfalls zu wünschen übrig. Ähnlich wie in anderen tropischen Ländern (und nicht nur dort) bricht in den größeren Städten der Verkehr oft unter lauten Hupkonzerten zusammen. Die mit Auspuffgasen angereicherte Luft ist bei den hohen Temperaturen unerträglich. Wegen der recht unterschiedlichen Verkehrsbedingungen fährt man meist besser und sicherer, wenn man ein Taxi nimmt (auch für längere Strecken) und vorher einen Fixpreis ausmacht (s. auch S. 306).

Banken, Behörden

Die meisten Banken und amtlichen Stellen haben folgende Öffnungszeiten:
Montag bis Donnerstag 8.00–15.00 Uhr, Freitag 8.00–11.00 Uhr, Samstag 8.00 bis 12.00 Uhr, Sonntag geschlossen.

Öffnungszeiten der Büros:
Montag bis Samstag 8.00–15.00 Uhr, Sonntag geschlossen.

Botschaften und Konsulate

Bundesrepublik Deutschland

Botschaft
1, Jl. M.H. Thamrin
Jakarta
∅ 323908
Bürostunden: Montag bis Freitag
7.30–14.00 Uhr

Konsulate
25A, Jl. Pasteur
Bandung
∅ 82842

217, Jl. S. Parman
Medan
∅ 21073

Österreich

Botschaft
44, Jl. Diponegoro
Jakarta
∅ 345811 – 348568
Bürostunden: Montag bis Freitag
8.30–14.30 Uhr

Konsulat
2A, Jl. Prabu Dimuntur
Bandung
P.O. Box 150
∅ 59385

Schweiz

Botschaft
23, Jl. Latuharhary, SH
Jakarta
∅ 347921 – 347922
Bürostunden: Montag bis Freitag
8.00–14.00 Uhr

Einkäufe, Souvenirs

In allen großen Städten findet man Einkaufszentren, die normalerweise Montag bis Samstag von 9.00–20.00 Uhr geöffnet haben und oft auch sonntags vormittags. In kleineren Geschäften und auf Märkten wird gehandelt (s. S. 295). Manche Geschäfte schließen zur Mittagspause von 13.00 bis 17.00 Uhr, die Öffnungszeiten hängen jedoch sehr vom einzelnen Geschäftsinhaber ab.

Für den Reisenden ist es kaum möglich, ohne Souvenir das Land zu verlassen. Überall sieht man die bunten und oft recht hübschen kunstgewerblichen Gegenstände, sei es in den Hotelboutiquen, auf Märkten oder in den Körben und Taschen der fliegenden Händler. Typisch für die Inselwelt und besonders zu empfehlen sind handwerklich hergestellte Gegenstände wie: Holzschnitzereien, Silber- und Goldarbeiten (Kota Gede bei Yogyakarta und Celuk auf Bali sind Zentren), Batiken, handgewebte Sarongs, Leder- und Zinnarbeiten, Gemälde (besonders in Ubud auf Bali), Schattenspielfiguren, javanische und balinesische Masken, verschiedene Korbarbeiten aus Bambus- und Rotan sowie Muschelschmuck.

Sicherlich kauft man in den Souvenir- & Artshops Jakartas günstiger ein als in vielen anderen Touristenzentren. Die Auswahl ist in der Hauptstadt, mit wenigen Ausnahmen, am reichhaltigsten.

Wenn man in Gruppen reist, wird man bei Rundfahrten auch in Kunstgewerbeläden oder auch größere Touristengeschäfte geführt. Meist kauft man da nicht ganz so günstig, aber es bietet zwei Vorteile. Einmal hat man auf organisierten Reisen sonst selten Zeit, in Muße etwas einzukaufen, zum anderen führen diese Läden oft eine gute Qualität und bieten besonders dem unerfahrenen Einkäufer einen recht reellen Kauf.

Für die Ausfuhr von Kunstgegenständen und Antiquitäten jeder Art, die man als Reiseandenken erwirbt, benötigt man eine behördliche Ausfuhrgenehmigung (s. auch S. 303).

Essen und Trinken

In allen internationalen Hotels gibt es neben indonesischer und chinesischer auch europäische Küche. Kaffee und Tee sind ebenfalls überall zu bekommen. Die Preise sind hier häufig recht hoch.

Gebratene oder gekochte Gerichte kann man gut in kleinen Restaurants oder Garküchen essen. Das Grundnahrungsmittel ist der Reis, zu dem dann Fleisch, Fisch, Geflügel oder ein Eiergericht gereicht werden. In indonesischen Restaurants werden alle bestellten Gerichte gleichzeitig aufgetragen und nicht in einzelnen Gängen. Traditionell wird mit den Fingern der rechten Hand gegessen, doch ist fast überall Besteck zu bekommen.

Europäer sollten nicht abgekochtes Wasser, Eis, Früchte, die man nicht schälen kann, Salate und rohe Beilagen sowie Mayonnaisen meiden, da in tropischen Ländern eine Amöbenruhrinfektion nicht auszuschließen ist.

Die abwechslungsreiche Küche des Landes variiert nicht nur von Insel zu Insel, sondern auch von Region zu Region. Hier eine Auswahl von Gerichten aus der indonesischen Küche:

Rijstafel (Reistafel): Zum Reis wird Fleisch, Fisch und Gemüse, Curry und andere Gewürze gereicht.

Nasi Goreng: Reis wird mit Eiern, Fleisch, Zwiebeln, Pfeffer oder anderen Zutaten in Kokosöl gebraten.

Soto: Eine Suppe, die scharf gewürzt sein kann und mit Gemüse- oder Fleischeinlagen angereichert wird.

Saté: Kleine Fleischstückchen (Hammel, Hühnerfleisch, Rind, etc.) werden auf Bambusstäbchen gespießt und über dem Holzkohlenfeuer gegrillt.

Bami (Bakmi) Goreng: Gebratene chinesische Nudeln mit Krabben, Fleisch, Eiern, Pfeffer und Soya Sauce.

Ikan Assam Manis: Fisch süß-sauer; Fisch wird mit Salz, Pfeffer, Zitrone und Karotten in Öl gebraten. Dazu gibt man je nach Geschmack Ananas, Paprika, Zwiebeln oder Mandeln.

In den vorwiegend muslimischen Teilen Indonesiens werden keine Gerichte mit Schweinefleisch gegessen. Dafür sind diese bei den Hochlandstämmen, die meist christlich missioniert wurden, um so vorzüglicher. Auch auf Bali kann man köstliche

Schweinefleischgerichte bekommen. Außerdem ist der Fisch auf dieser Insel eine wichtige proteinhaltige Beilage. Langusten, Krabben und Krevetten sind ebenfalls vorzüglich.

Die javanische Küche ist gut gewürzt und süß, aber nicht sehr scharf. Anders auf Sumatra: so wie das bekannte Gericht dieser Insel, »Nasi Padang«, das sehr stark gewürzt und reich mit scharfem Chili versehen ist, sind auch die übrigen Speisen recht »hot« (scharf).

Feste und Feiertage

Feste in Indonesien sind immer ein Ereignis; in der Regel werden sie mit großen Umzügen, mit viel Prunk und in malerischen Trachten durchgeführt. Auf Bali vergeht kaum ein Tag, an dem nicht in irgendeinem Ort ein Fest gefeiert wird. Bestimmt von unterschiedlichen Religionen, Sitten und Einflüssen, haben sich unzählige Versionen von Festen und Feiern herauskristallisiert. Die nicht nationalen Feiertage und Feste richten sich nicht nach dem westlichen Kalender, sondern nach Mondphasen. Aus diesem Grunde fallen die Feiertage jedes Jahr auf einen anderen Tag.

Es ist deshalb ratsam, sich vor Antritt einer Reise den neuesten »Calendar of events« von der indonesischen Touristenzentrale zu besorgen. Diese Information ist auch bei den örtlichen Touristenämtern oder -büros (s. S. 290) zu bekommen.

Auf Bali bestimmt die enge Beziehung der Menschen zu den Naturkräften Riten und Zeremonien. Um den wichtigen Reisanbau zu sichern, werden Wachstum und Ernte von unzähligen zeremoniellen Handlungen begleitet, die der Reisgöttin Dewi Sri (Vertreterin des Guten), aber auch den Dämonen (sie vertreten das Schreckliche) gelten. Bei den großen Feiern pilgern Hunderte von Menschen mit Opfergaben zu den Tempeln. Die Frauen tragen wahre Pyramiden, aus Früchten und Blumen zusammengesteckt, auf ihren Köpfen. Jede einzelne ist ein Kunstwerk. Die Totenfeiern auf Bali gleichen eher einem Freudenfest als einer Trauerfeier. Diese Haltung ist religiös begründet: Die Toten haben das Ziel ihres Daseins erreicht.

Auch die Totenfeiern in Tana Toraja auf Celebes sind ein großes Volksfest. Wenn der Tod eingetreten ist, werden durch die Priester die Tage der Totenfeier festgelegt, die dann noch viele Wochen in der Zukunft liegen. Für das große Fest werden Hütten gebaut und Freunde und Verwandte aus nah und fern erwartet. Die Totenfeiern sind die gesellschaftlichen Ereignisse schlechthin. Darüber hinaus sind aber auch viele weitere Veranstaltungen interessant, wie die verschiedenen Wayang-Aufführungen, Gamelan-Musik und die Bullen-Rennen und Bullen-Kämpfe in den verschiedensten Landesteilen.

Staatsfeiertage:

1. 1.	Neujahrsfest
17. 8.	Unabhängigkeitstag (im ganzen Land werden Umzüge veranstaltet)
25.12.	Weihnachten (Heiligabend wird von den Christen des Landes gefeiert)

Als *Nationale Feiertage* gelten ebenfalls:

Idul Fitri	– Das Ende des Fastenmonats Ramadan
Maulud Nabi	– Der Geburtstag des Propheten Mohammed wird

in fast allen Landesteilen mit Prozessionen begangen.

Diese islamischen Festtage verschieben sich immer wieder auf dem Kalender.

Fotografieren

Das Fotografieren ist in Indonesien in den Touristengebieten kein Problem. Das Filmmaterial sollte nach Möglichkeit mitgenommen werden, da es nicht überall zu bekommen ist; die Preise sind meist höher als in Europa. Beim Fotografieren militärischer Anlagen und Flughäfen ist Vorsicht geboten, da in diesen Situationen schnell ein Film beschlagnahmt werden kann.

Man sollte sich vom Material und vom Objektiv her auf starke Sonneneinstrahlung einstellen.

Fremdenführer

Wenn Sie sich keiner organisierten Tour anschließen wollen, die von einem Führer geleitet wird, können Sie zu festgesetzten Preisen bei jedem Reisebüro einen Guide mieten. Außerdem sind häufig Englisch sprechende Taxifahrer recht gut informiert.

Weiterhin bieten sich an vielen Touristenattraktionen örtliche Führer an, die mehr oder weniger gut sein können. Preise sollte man vorher mit ihnen ausmachen.

Ähnliches gilt für Exkursionen in unbekanntes Gebiet. Hier ist es oft ratsam, einen Führer mitzunehmen, da man als Unkundiger die aufkommenden Gefahren nicht immer richtig einschätzen kann. Bei solchen Unternehmungen sollte man sich an offiziellen Stellen entsprechend erkundigen und sich eventuell einen geeigneten Führer zuweisen lassen. Aber auch hier ist es ratsam, den Preis vorher auszuhandeln.

Geld

Die indonesische Währung ist die Rupiah (Rp.). Münzen sind in den Werten 1, 2, 5, 10, 25, 50 und 100 Rp. im Umlauf und Banknoten im Wert von 100, 500, 1000, 5000 und 10000. Geld, das an offiziellen Stellen umgewechselt wurde, kann bei Ausreise gegen Vorlage des Tauschnachweises wieder zurückgetauscht werden.

Zu empfehlen ist, bei der Ankunft am Flughafen einen größeren Betrag zu wechseln. Erfahrungsgemäß (aber ohne Gewähr) sind hier die Wechselkurse um einige Rupien günstiger als in den Hotels, wo ebenfalls schnell und unkompliziert Geld getauscht wird. In Banken zu wechseln ist meist mit Gebühren und großem Zeitaufwand verbunden. Bei größeren Käufen kann man auch mit Devisen zahlen.

Gesundheit

Die medizinische Versorgung des Landes läßt noch sehr zu wünschen übrig. Der Kampf gegen viele tropische Krankheiten, aber auch alltägliche Infektionskrankheiten scheint an dem katastrophalen Mangel an Ärzten, Pflegepersonal und Krankenhäusern zu scheitern. Auf Bali ist es bis heute noch nicht gelungen, die Malaria auszurotten. Weiterhin bestehen Gefährdungen durch Typhus, Paratyphus, Amöbenruhr und bakterielle Ruhr. Europäer sollten bestimmte Speisen meiden (s. auch S. 292) und vor allem kein Wasser trinken, das nicht abgekocht oder desinfiziert wurde. Jedoch ist es nicht nötig, bei entsprechender Vorsicht zu übertriebener Ängstlichkeit zu neigen.

Eine Reise in das tropische Südostasien bedeutet für den Körper eine große Umstellung. Neben dem Rhythmuswechsel von Tag und Nacht ist er einem ungewohnten Klima und meist auch einer anderen Ernährung ausgesetzt. Der Körper ist häufig überfordert und reagiert neben Durchfallerscheinungen mit Kopfschmerzen, Übelkeit, rheumatischen Beschwerden und Erkältungen; denn durch die erhöhte Beanspruchung läßt auch die Widerstandskraft nach. Regelmäßiger und ausgiebiger Schlaf hilft oft über solches Unwohlsein hinweg oder läßt es gar nicht erst aufkommen. Außerdem sollte man sich vor Erkältungen hüten, die häufig beim Wechsel von gekühlten Räumen und den recht hohen Außentemperaturen auftreten. Ebenfalls sollte man sich der intensiven tropischen Sonne nicht zu lange aussetzen. Das Tragen einer Sonnenbrille und einer Kopfbedeckung ist besonders um die Mittagszeit zu empfehlen. Wegen des erhöhten Wasserverlusts in diesen Klimabereichen ist auch darauf zu achten, daß dem Körper genügend Salz zugeführt wird.

Falls man einen Arzt benötigt, so verlangen sie häufig erst ein recht hohes Honorar, bevor sie einen Dienst leisten (s. auch S. 285). Botschaft oder Konsulat vermitteln in schwierigen Fällen die Adresse eines Vertrauensarztes. (In diesem Zusammenhang sei noch darauf hingewiesen, daß in Singapur – mit dem Flugzeug schnell zu erreichen – eine ausgezeichnete medizinische Versorgung besteht.)

Goethe-Institute

Die Goethe-Institute besitzen Bibliotheken sowie Bild- und Filmmaterial in deutscher Sprache. Darüber hinaus werden auch kulturelle Veranstaltungen angeboten.
Goethe-Institut
(Pusat Kebudayaan Jerman)
Bandung
Jalan Martadinata 48
✆ 5 89 67

Goethe-Institut
(Pusat Kebudayaan Jerman)
Jakarta 320
Jalan Matraman Raya 23
P.O.B. 02 Jatinegara
✆ 88 27 98 / 88 41 39

Goethe-Institut
(Pusat Budaya German)
Surabaya
Taman A.I.S.
Nasution 15
Tromol Pos. 5235
✆ 4 37 35–36

Handeln

In Indonesien ist es üblich, um den Preis vieler Dinge zu handeln. Man bietet erst ungefähr den halben Preis des geforderten und geht dann so weit herauf, wie man es für angemessen hält. Vor allem auf Bali erwartet der Verkäufer, daß man das erste Gebot selbst macht.

Nicht angebracht ist Handeln in Hotels, Restaurants, öffentlichen Verkehrsmitteln und nur bedingt in Geschäften mit ausgezeichneten Preisen.

Günstigere Preise sind eher in kleineren, nicht so überlaufenen Geschäften zu bekommen als in größeren, die stark von Touristen frequentiert werden. Es ist ratsam, einen großen Gegenstand, den man vielleicht mit heimnehmen möchte, nach Möglichkeit erst gegen Ende des Urlaubs zu erwerben, da man dann schon etwas geübter im Handeln ist.

Hotels und andere Unterkünfte

Im allgemeinen Touristenbüro (Directorate General of Tourism, s. S. 290) kann man umfassende Hotellisten des Landes bekommen. In allen größeren Städten Javas und Balis gibt es Hotels, die dem internationalen Standard entsprechen. Darüber hinaus stehen in allen bekannten Touristengebieten gute Hotels zur Verfügung. Häufig sind diese aber durch Gruppenreisende stark belegt. Die von den Reiseveranstaltern hier gebuchten Hotels entsprechen in der Regel westlichen Vorstellungen.

Für den Individualreisenden, der nicht erster Klasse reisen kann oder möchte, sieht die Situation anders aus als in Europa oder Nordamerika. Im fernen Osten legt man auf Reisende, die möglichst preiswert viel von einem Gebiet kennenlernen möchten und deshalb auch nicht allzuviel Geld im Lande lassen, weniger Wert. Jugendherbergen und YMCA sind in Indonesien so gut wie gar nicht zu finden. Preiswerte Unterkünfte werden meist von Chinesen oder Indonesiern geführt und sind einfach, aber meist recht sauber. Sie werden »Losmen« genannt und haben häufig ein indonesisches Bad (s. unten). Diese Losmen sind oft schon für ein paar Mark zu bekommen. Besonders viele dieser Unterkünfte findet man in Jakarta, Yogyakarta und Kuta auf Bali.

Indonesisches Bad

Fast jede indonesische Familie hat ihr eigenes Bad – vom Lebensstandard hängt ab, wie es beschaffen ist.

In vielen Häusern steht ein gekachelter Bottich, der mit Wasser gefüllt ist. Mit einer Schöpfkelle übergießt man sich mit Wasser, seift sich ein und säubert sich dann erneut mit einigen Kellen Wasser. In privaten Häusern springt man zur Erfrischung nach der Reinigung auch mal in das Becken. Meist wird danach das Wasser ausgewechselt. In Hotels sollte man sich aber keinesfalls in den Bottich hineinsetzen. Lebt die indonesische Familie in einem einfachen Haus, so wird das gekachelte Bad meist durch einen tönernen Bottich vor der Haustür ersetzt, der das Regenwasser des Daches aufsammelt. Die Waschzeremonie ist ähnlich.

In den großen Städten und häufig auch in Erholungsorten findet man öffentliche Badehäuser.

Museen

Die angegebenen Öffnungszeiten können sich ändern, deshalb ist es ratsam, sich vor einem geplanten Besuch zu erkundigen.

Bandung
Hier ist das *Geologische Museum* zu empfehlen. Es erklärt unter anderem den geologischen Aufbau des Landes und zeigt auch in Modellen die Geschichte des bekannten Vulkans Krakatau.

Den Pasar
Das *Museum von Bali* liegt sehr zentral am Puputan Platz in Den Pasar. Geöffnet: Dienstag bis Sonntag von 7 bis 12 Uhr, montags geschlossen, Eintrittsgebühr.

Die Museumsanlage selbst vermittelt bereits einen guten Eindruck der balinesischen Baukunst. Sammlungsstücke aus den Bereichen Kunst und Religion reichen bis in die früheste Geschichte Balis zurück; es werden auch Gebrauchs- und Kunstgegenstände höherer Kasten gezeigt.

Jakarta
Das *National-Museum* liegt an der Westseite des Freiheitsplatzes (Merdeka Barat Nr. 12). Geöffnet: Dienstag bis Donnerstag 8.30 bis 14.30 Uhr, Freitag 8 bis 11 Uhr.

Gezeigt werden Ausstellungsstücke aus indonesischen wie ost- und südostasiatischen Gegenden. Die Sammlung umfaßt mehrere zehntausend Gegenstände und beinhaltet eine prähistorische Abteilung, eine Keramikabteilung, eine ethnographische Abteilung sowie Münz- und Manuskriptsammlungen. Eine Bibliothek ist ebenfalls angeschlossen.

Das *Historische Stadtmuseum* beschäftigt sich besonders mit der Geschichte der Stadt Jakarta. Es ist in der Altstadt unweit des Bahnhofs in der Jalan Pintu Besar Utara zu finden.

Ujung Padang (früher Makassar) beherbergt in seiner Altstadt das in der Kolonialzeit umkämpfte *Fort Rotterdam.* Hier sind auch noch Funde aus der historischen Zeit der Insel zu finden.

Nationalparks

Die Nationalparks (Nature Reserve) sind dem Nature Conservation Service (P.P.A.) unterstellt. Wenn man eine Tour in ein solches Gebiet plant, sollte man sich zuvor im Directorate of Nature Conservation in Bogor/Java erkundigen und sich auch dort die erforderlichen Permission besorgen.

Die Parks sind so gut wie gar nicht mit touristischen Einrichtungen versehen. Es ist ratsam, alles Lebensnotwendige (Konserven, Zelt, etc.) mitzunehmen.

Einige interessante Parks sind

Auf Java

Bromo – Tengger und Gunung Semeru
Diese beiden Parks bedecken eine Fläche von 8000 Hektar und erstrecken sich über die Höhenstufen von 1500–3676 m. Dieses landschaftlich aufregende Vulkangebiet bietet neben der großen Caldera schöne Seen, an denen kleine Rasthäuser liegen. Um hierher zu gelangen, benutzt man normalerweise die Straße von Pasuruan aus dem Norden.

Ujung Kulon und Krakatau

sind Nationalparks, die Besuchern mit echter Abenteuerlust vorbehalten sind. Nur mit einem in Labuan privat gemieteten Boot ist ein Tagesausflug zum Krakatau-Nationalpark zu machen. Der Nationalpark Ujung Kulon ist im äußersten Südwesten Javas. Mit einem Motorrad kann man an der Küstenstraße entlangfahren. Weniger anstrengend ist es, ein örtliches Fischerboot oder ein staatliches Boot für einen Ausflug zu mieten. Der Park erstreckt sich über eine Fläche von 51000 Hektar und beherbergt neben einer Anzahl wilder Tiere wie Panther, Schlangen, Krokodile und Rotwild noch rund 50 einhörnige Rhinozerosse.

Penanjung Pangandaran

liegt rund 90 km südöstlich von Bandung an der Küste. Der nur 530 Hektar umfassende Park enthält malerische Korallenriffe, herrliche Strände und Höhlen. Unterkünfte in einfacher Form und Lebensmittel sind zu bekommen.

Auf Sumatra

Gunung Leuser

ein 830500 Hektar großer Park, liegt in Nord-Sumatra. In dem Gebiet um den 3500 m hohen Leuser befinden sich zwei »Rehabilitationszentren für Orang-Utans«. Die vom Alas-Fluß durchzogene Region vermittelt einen einmaligen Eindruck vom tropischen und montanen Regenwald.

Wildreservat im Süden Sumatras; hier gibt es keine touristischen Einrichtungen. Wohl deshalb kann man in diesem Gebiet (Regenwald) auch noch mit Gibbons, Tapiren, Elephanten, Wildschweinen und gelegentlich einem Tiger rechnen.

Auf Sulawesi und Kalimantan

Weitere interessante Parks liegen auch auf Sulawesi und Kalimantan. Hier sollte man sich je nach Interesse beim P.P.A. in Bogor erkundigen.

Auf den Kleinen Sunda-Inseln

Komodo-Nationalpark. Hier leben heute noch die »Komodo-Drachen« (Varanus komodoensis), ungeheuerlich aussehende Echsen. Die Insel ist nur mit dem Schiff zu erreichen, und es ist ratsam, sich einer Gruppe anzuschließen, um Zeit und Geld zu sparen.

Post

Das Postamt in Indonesien heißt »Kantor Pos«. Postämter gibt es in allen größeren Städten meist an den zentralen Plätzen.

Die Postgebühren variieren und sind jeweils zu erfragen. Es ist ratsam, frankierte Postkarten oder Briefe am Schalter abstempeln zu lassen – damit ist die Wahrscheinlichkeit größer, daß die Nachricht ihre Reise wenigstens antritt, denn häufig werden Briefmarken wieder abgerissen und weiterverkauft.

Postlagernde Briefe kann man sich zwar an große Postämter schicken lassen; sie brauchen aber meist lange, um anzukommen. Beim Abholen postlagernder Sendungen sollte man auch unter seinem Vornamen oder F wie Frau und H wie Herr nachschauen lassen. Das Einsortieren der Briefe erfolgt nicht immer mit großer Sorgfalt.

Sprache

Durch die Vereinigung des großen Inselreiches, in dem es rund 250 Regionalsprachen gibt, wurde es dringend nötig, eine anerkannte, für alle Einwohner verständliche Sprache zur Kommunikation einzuführen. Bereits 1928 bekannte man sich auf dem »Zweiten Indonesischen Jugendkongreß« zu dem Vaterland Indonesien, zum indonesischen Volk und zur indonesischen Einheitssprache, dem »Bahasa Indonesia«, das auf dem Bahasa Melaya basiert.

In der Verfassung von 1945 wurde das Bahasa Indonesia zur Staatssprache erklärt und dient heute als Kommunikationsmedium in Politik, Wirtschaft, Presse und Armee sowie im Erziehungswesen und anderen öffentlichen Bereichen. Es wird inzwischen mehr oder weniger gut im ganzen Lande verstanden und gesprochen.

Im August 1972 wurde eine verbesserte und vereinfachte Rechtschreibung eingeführt. Ebenso wurde die Sprache in lateinische Buchstaben umgeschrieben.

Von seinem Aufbau her ist das Bahasa Indonesia recht überschaubar und für die einfache Konversation leicht erlernbar. Deklination von Substantiven und Konjugation von Verben sind unbekannt, die Pluralbildung erfolgt durch Aneinanderreihung von zwei Substantiven.

Beispiel: rumah – das Haus; rumah-rumah – die Häuser; normale Schreibweise rumah 2.

Auch die Zeitenbildung ist denkbar einfach: Die Infinitivform des Verbs wird mit »werden – akan« (Zukunft) oder »schon – sudah« (Vergangenheit) kombiniert.

Beispiele: cuci – waschen, saya (ich) akan cuci – ich werde waschen; kamu (du) sudah cuci – du hast gewaschen.

Einige Grundregeln:

Adjektive stehen immer nach dem Substantiv: minum (Getränk) dingin (kalt) – kaltes Getränk.

Um einen Besitz anzuzeigen, setzt man das Personalpronomen hinter das Substantiv: rumah saya (ich) – mein Zimmer.

Sprachführer

Einige Ausspracheregeln

w, f, ch, z	kommt nur in Lehnworten vor
ai, au	wird diphthongiert
h	am Wortanfang hörbar
s	stets stimmlos
k	wie im Deutschen; kann am Ende nach Vokal zur Betonung dienen, baik (baí) – gut
r	gerollt
sj	sch gesprochen
j	dj wie in Dschungel
c	tsch gesprochen

Wichtige Alltagsvokabeln

Guten Tag	selamat siang
Guten Morgen	selamat pagi
Guten Abend	selamat sore
Gute Nacht	selamat malam

Auf Wiedersehen	selamat jalan (zu Personen, die weggehen) selamat tinggal (zu Personen, die zurückbleiben)	Zeitung	surat khabar
		Bank	bank
		Post	kantor pos
		Karte	peta
		Briefmarke	prangko
		Luftpost	pos udara
willkommen	selamat datang		
Danke (sehr)	terima kasi (banyak)	**Essen und Trinken**	
Bitte	silahkan, kembali	Nahrungsmittel	makanan
Verzeihung	ma'af	Essen	
kommen Sie bitte herein	silahkan masuk	Getränke	minuman
		Frühstück	makan pagi
setzen Sie sich bitte	silahkan duduk	Mittagessen	makan siang
ich	saya	Abendessen	makan malam
du	kamu, saudara	Tee	teh
er, sie, es	dia	Kaffee	kopi
wir	kita	frischer Orangen-	air jeruk
ihr	saudara-saudara	saft	
sie	mereka	Milch	susu
ja	ya/ia	Brot	roti
nein	tidak, tak	Butter	mentega
sehr schön	bagus	Reis	nasi
mehr	lebih	Hühnchen	ayam
weniger	kurang	Fleisch	daging
gut, schon gut	baik	Fisch	ikan
groß	besar	Frucht	buah
klein	kecil	Banane	pisang
heiß	panas	Ananas	nanas
kalt	dingin	Ei	telur
geben	kasi, beri	Zucker	gula
kaufen	beli	Salz	garam
sprechen	bicara	Pfeffer	merica, lada
sehen	lihat	süß	manis
wünschen	mau	sauer	asam
was kostet es?	berapa harganya ini?	Teller	piring
wer	siapa	**Zeitangaben**	
was	apa	Tag	hari
wo	dimana	Nacht	malam

heute	hari ini	Freitag	Hari Jum'at/Juma'at
gestern	kemarin	Samstag	Hari Sabtu
morgen	besok		
jetzt	sekarang	**Reisen, Transport und Richtungsangaben**	
Stunde	jam	Auto	mobil
Woche	minggu	Bus	bis
Monat	bulan	Zug	kereta-api
Jahr	tahun	Flugzeug	kapal terbang
		Schiff	kapal laut
Zahlen		Fahrrad	sepeda
eins	satu	Straße	jalan
zwei	dua	Tankstelle	pompa bensin
drei	tiga	Bahnhof	stasiun kereta-api
vier	empat	Flugplatz	lapangan terbang
fünf	lima	Haltestelle	perhentian
sechs	enam	umsteigen	ganti
sieben	tujuh	rechts	kanan
acht	delapan	links	kiri
neun	sembilan	geradeaus	terus
zehn	sepuluh	weit	jauh
elf	sebelas	nahe	dekat
zwölf	duabelas	nach	ke
13	tigabelas	von	dari
14	empatbelas . . . usw.	hier	disini
20	duapuluh	dort	disana
21	duapuluh satu	ich möchte nach . . .	saya mau ke
30	tigapuluh	wie weit ist es	berapa kilometer
40	empathpuluh usw.		jauhnya
55	limapuluh lima	Tür	pintu
100	seratus	drücken	tolak
200	duaratus usw.	ziehen	tarik
tausend	seribu	offen	buka, dibuka
		geschlossen	tutup, dituput
Wochentage		Eingang	masuk
Sonntag	Hari Minggu	Ausgang	keluar
Montag	Hari Senin/Senen	Hotel	hotel
Dienstag	Hari Selasa	freies Zimmer	kamar kosong
Mittwoch	Hari Rabu	Restaurant	rumah makan
Donnerstag	Hari Kamis	Toilette	rumah kecil

Strom

In großen Hotels und neu erschlossenen Wohngebieten gibt es meist 220 Volt Wechselstrom, sonst 110–127 Volt Wechselstrom. Unabhängig von der Voltzahl passen Stecker europäischer Geräte häufig nicht in die Steckdosen. Adapter sind in großen Hotels meist auszuleihen.

Telephonieren

Bislang ist es noch nicht möglich, von Indonesien aus direkt nach Europa anzurufen. Die Vermittlung von Gesprächen kann recht lange dauern, von internationalen Hotels aus geht es meist etwas schneller.

Das Telephonieren innerhalb von Java und Bali ist problemlos, sofern die Leitungen nicht überlastet sind.

Toiletten

In größeren Hotels und Restaurants sowie in moderneren Wohnungen gibt es Sitztoiletten. In traditionellen Häusern stehen meist Hocktoiletten zur Verfügung. Sie werden mit Wasser nachgespült, das sich in dazu eigens zur Verfügung stehenden Eimern befindet. Toilettenpapier ist hier unbekannt. Es wird mit Wasser und der linken Hand nachgespült.

Trink- und Bedienungsgelder

In besseren Hotels und Restaurants sind Bedienungsgelder meist in der Rechnung aufgeführt. Wird kein Trinkgeld in Rechnung gestellt, sind 10–15 % üblich. Gepäckträger erhalten pro Stück 100–150 Rps. Taxifahrer bekommen in der Regel kein Trinkgeld.

Urlaubsaktivitäten

Wassersport

Badeurlaub
Indonesien bietet gute Bademöglichkeiten an den zahllosen Küsten seiner Inseln. Es ist jedoch nicht immer ungefährlich, in den starken Brandungen zu schwimmen.

Bali
Weitläufige Strände findet man auf der wohl bekanntesten Insel Indonesiens. *Sanur Beach* mit seinen großen Hotels ermöglicht es den Touristen, nicht nur an den Sandstränden zu schwimmen. Lange Strandwanderungen oder kleine Bootsfahrten in den bunten Auslegerbooten der Fischer sorgen für eine willkommene Abwechslung. Fliegende Händler bieten kleine Souvenirs und kühle Getränke feil. Ein ähnliches Bild zeigt auch *Kuta Beach* auf der Südseite der Insel. Hier sind besonders für den Individualreisenden auch teilweise recht preiswerte Unterkünfte vorhanden. Auch an der *Nordküste* gibt es weite Strände. Sie sind weniger besucht, da sie aus schwarzem Lavasand bestehen und nicht so ganz der Vorstellung der Reisenden entsprechen.

Java
Auch Java hat viele Bademöglichkeiten. Die attraktivsten Strände werden mehr von den Einheimischen frequentiert als von ausländischen Besuchern. So gibt es schöne Strände um *Labuan* an der Westküste, an der

Nordostküste um *Pasir Putih* und an einigen Stellen der *Südküste*. Jedoch sind die Touristenorte sehr schwach entwickelt.

Dies gilt auch für die vielen anderen Inseln.

Sporttauchen

Die an Meeresflora und -fauna reichen Gewässer Indonesiens sind ideal für Sporttaucher. An fast allen Küsten gibt es herrliche Riffe zu sehen. Auskünfte geben die Touristenbüros und die Hotels. Das Leihen von Tauchgeräten ist sehr schwierig. Man sollte sich vor starken Unterströmungen und Haien hüten.

Wer die herrlichen Unterwassergärten sehen möchte, aber keine Ambitionen zum Tauchen hat, kann dies auch von einem Glasbodenboot, die an den touristisch erschlossenen Stränden zu finden sind (z. B. *Pasir Putih, Sanur Beach*), aus tun.

Surfen

Sehr populär ist Surfen auf Java im Westen in der *Bucht von Jakarta*, im Süden in *Pelabuhan Ratu* (Harbour of the Queen, zwei Autostunden südlich von Bogor) und im Osten an der Küste von *Pasir Putih*. Während des Westmonsuns (Oktober bis März) eignen sich auf Bali die Strände von *Sanur* und *Nusa Dua*, in der Zeit von April bis September surft man besser am *Kuta* Strand.

Für Könner ist *Ulu Watu*, im Westen der Bali-Halbinsel, noch eine Herausforderung.

Bretter kann man u. a. in Kuta mieten.

Bergwandern und -steigen

Zahllose Berge verlocken zu interessanten Touren, die vielen Vulkane vermitteln grandiose Eindrücke. Mit etwas Spürsinn und Ausdauer kann man die schönsten Vulkantouren unternehmen (z. B. Batur/Bali; Bromo Merapi/Java). Auskünfte sind in Basisorten zu bekommen.

Reiten

Pferde sind in Indonesien vorwiegend Lastenträger in gebirgigen Regionen. In Berghotels werden sie gelegentlich an Besucher vermietet.

Tennis und Golf

Tennis und Golf kann man in großen Hotels spielen. Darüber hinaus gibt es in vielen Städten Tennis- und Golfvereine, denen Gäste willkommen sind.

Zeitunterschied

Die Zeitverschiebung zur MEZ beträgt zwischen 6 Stunden (Westindonesien mit Medan) und 8 Stunden (in Ostindonesien wie Neuguinea).

Zollbestimmungen

Bei der Ausreise darf man Andenken in unbeschränkter Menge mitführen.

Von der Ausfuhr ›nationaler Kostbarkeiten‹ (die ein geschätztes Alter von 50 Jahren und mehr haben) ist Abstand zu nehmen, wenn keine Exportlizenz vorliegt. Diese Regelung wird strikt eingehalten. Ebenso ist mit Waffen, alten Bildern und teuren Kunstgegenständen zu verfahren. (Einfuhrbestimmungen s. S. 286)

Reisen in Indonesien

Verkehrsmittel

Flugzeug

Der Indonesische Archipel wird durch ein gut ausgebautes Flugnetz erschlossen. Garuda Indonesian Airways, die nationale Fluggesellschaft, verbindet unter anderem alle Provinzhauptstädte mit Jakarta. Die wichtigsten Städte werden mehrmals täglich angeflogen.

Neben Garuda Airways gibt es eine Reihe privater Fluggesellschaften. Sie sind ungefähr 10 % billiger als Garuda Airways. Außerdem kann man, wenn die Maschinen nicht ausgebucht sind oder man einige Zeit im voraus planen kann, in den Hauptbüros handeln.

Wichtige Airlines und ihre Hauptbüros:

Garuda Domestic Offices:
Head Office
15, Jl. Ir. H. Juanda
Jakarta
Ø 370709

Merpati Domestic Office
Jl. Patrice Lumumba No. 2
P.O. Box 323
Jakarta
Ø 413608, 410908, 413114

Bouraq Office
Jl. Angkasa No. 1–3
Kemayoran – Jakarta
Ø 365710 (Hauptbüro)
354395–7 (Verkaufsbüro)

Mandala Airline Office
I/34 Jl. Veteran
Jakarta
Ø 368107

Sempati Airline Office
Jl. Merdeka Timur 7
Jakarta
Ø 348760 / 367743

Seulawah Airline Office
Jl. Patrice Lumumba 18 BD
Jakarta
Ø 354207

Pelita Air Service
Jl. Abdul Muis 52
Jakarta
Ø 275908

Falls man Schwierigkeiten haben sollte, den geeigneten Flug zu finden bzw. zu lange Wartezeiten in Kauf nehmen müßte, bietet es sich an, von der Möglichkeit Gebrauch zu machen, seine eigene Maschine zu chartern.

Bahn

Mit der Eisenbahn kann man auf Java (rund 6650 km) und auf Sumatra (rund 2000 km) reisen. Wenn man mit den sehr preiswerten Zügen fährt, muß man auch bereit sein, einige Unbequemlichkeiten auf sich zu nehmen.

Anders sieht es in den drei bekannten Expreßzügen aus, die Ost- mit West-Java verbinden. Allen voran steht der Bima-Expreß mit Schlafwagenabteil, Klimaanlage und Speisewagen. Er fährt vom Hauptbahnhof von Jakarta über Cirebon nach Surabaya. Die Fahrt dauert 16 Stunden.

Weiterhin verkehrt der Mutiara-Expreß, der keinen Schlafwagen mitführt, aber klimatisiert ist. Der Djaya-Expreß (auch Gaya Baru Malam) fährt über Yogyakarta nach Surabaya. Er hat ebenfalls keinen Schlafwagen und ist auch nicht klimatisiert. Alle drei Expreßzüge verkehren täglich. Man sollte die Karten einige Tage vorher kaufen.

Das Zugfahren auf den beiden großen Inseln ist ausgesprochen preiswert. Selbst der Bima-Expreß ist mehr als zwei Drittel billiger als ein Flug in der Touristenklasse. Die einfachen Züge sind äußerst billig. Eine Strecke von Jakarta nach Yogyakarta kostet kaum zehn Mark.
Auskünfte erteilen:
Jakarta Kota Station
Jl. Stasiun
∅ 2 0275/79
Außerdem informieren größere Reisebüros und natürlich die Auskunftsstellen in den Vorhallen der Bahnhöfe.

Bus

Das öffentliche Bussystem ist auf Java und Bali so gut ausgebaut, daß man jeden nennenswerten Ort mit dem Bus erreichen kann. Auch auf den anderen Inseln bestehen gute Busverbindungen, so daß man selbst entlegene Orte mit etwas Zeit und Geduld per Bus anfahren kann.

Verbindungen zwischen den großen Städten bestehen fast rund um die Uhr und meist in recht kurzen Zeitabständen. Bei entlegeneren Orten sollte man sich rechtzeitig nach den Fahrzeiten erkundigen. Darüber hinaus gibt es auf den wichtigsten Strecken wie Den Pasar–Yogyakarta oder Jakarta–Yogyakarta Schnellbusse, die von privaten Unternehmen eingesetzt werden. Diese Busse sind meist mit Klimaanlagen versehen und besser ausgestattet als die öffentlichen Busse. Sie sind auch etwas teurer, dafür aber meist recht pünktlich.

Außerdem verkehren in Indonesien noch Kleinbusse; sie fassen zehn Leute, sind aber häufig übersetzt. Sie sind sehr preiswert und zeugen häufig schon von einem gewissen Alter.

Man hört unterschiedliche Bezeichnungen für die verschiedenen Busarten. In und um Jakarta spricht man von »suburban«, wenn man die kleineren und schnelleren Busse meint. Die älteren Fahrzeuge nennt man häufig »opplettes«. Das ist die Verkleinerung von Opel.

Bemo

Bemos sind die Dreiräder; sie fahren häufig in den großen Städten und sind die Taxis des kleinen Mannes. Dieser Begriff wird aber auch schon für die privat geführten Kleinbusse benutzt, die oft Strecken bis zu 50 und 60 km zurücklegen. Die Preise sind meist festgelegt. Gelegentlich kann man auch noch etwas herunterhandeln.

Becak

Um kürzere Strecken zurückzulegen, eignen sich in den Städten (in Jakarta sind sie seit einigen Jahren verboten, da sie den motorisierten Verkehr zu sehr behindern) besonders die Becaks, rikschaähnliche Dreiräder. Besonders in Yogyakarta prägen sie das Straßenbild.

Unbedingt vorher den Preis aushandeln.

Mietwagen

Das Automieten für Selbstfahrer ist in Indonesien so gut wie unbekannt. Es ist darüber hinaus auch kaum zu empfehlen, da die Umstellung auf Linksverkehr, die unterschiedlichen Fahrgewohnheiten, andere Verkehrsteilnehmer wie Bemos oder Becaks und die schlechte rechtliche Situation des Ausländers bei Verkehrsunfällen Europäer in große Schwierigkeiten bringen kann.

Taxis

Taxis sind an den internationalen Flughäfen und Hotels sowie in Jakarta recht gut zu bekommen. Ansonsten kann man ein Taxi von Einheimischen (Hotelangestellten, Gastwirt etc.) bestellen lassen. Nicht alle besitzen ein Taxameter. Dann ist auf jeden Fall vorher ein Preis auszumachen. Die Tarife der Taxis mit Taxameter liegen in der Regel recht hoch.

Man kann für größere Fahrten oder Besichtigungen sehr gut einen Pauschalpreis mit dem Taxifahrer ausmachen. Es ist ratsam, einen englischsprechenden Fahrer zu wählen, um keine größeren Mißverständnisse aufkommen zu lassen. In den Städten

wie Bandung und Yogyakarta ist es oft viel angenehmer, ein »becak« zu mieten.

Motorrad

Wer das Motorradfahren beherrscht und kritische Situationen nicht scheut, kann in einigen touristischen Zentren Balis und Javas Motorräder mieten. Sie kosten je nach Verabredung etwa 10 DM pro Tag. Bei höheren Kilometerzahlen sollte man einen Pauschalbetrag ausmachen.

Fahrrad

Weiterhin bietet sich das Mieten von Fahrrädern an, das besonders auf Bali und in Yogyakarta möglich ist. Die Fahreigenschaften sind nicht immer die besten, ermöglichen einem aber Erkundungsfahrten auf eigene Faust. Preise hängen meist vom Verhandlungsgeschick ab.

Schiff

Für ein Inselreich wie Indonesien ist der Schiffsverkehr noch recht schwach ausgebaut. Selbst indonesische Touristenunternehmen raten davon ab, mit dem Schiff zu reisen. Es sei denn, man wagt sich auf die meist überfüllten Schiffe, die auch von der hygienischen Seite sehr zu wünschen übrig lassen. Zwei wichtige Fährverbindungen kann man jedoch guten Gewissens empfehlen:

Die Verbindung zwischen Banjuwangi/Java und Gilimanuk/Bali und diejenige zwischen Merak/Java und Teluk Betung/Sumatra. Letztere stellt auch außerdem noch die Eisenbahnverbindung zwischen Jakarta und Palembang/Sumatra her.

Neben dem interinsulären Verkehr ist auf manchen Inseln der Schiffsverkehr auf den Flüssen die einzige Möglichkeit, ins Landesinnere vorzudringen (Kalimantan und Sumatra). Die offiziellen »Flußbus«-Preise sind recht niedrig, doch ist es für den Fremden nicht immer ganz einfach, den richtigen Preis und das richtige Boot ausfindig zu machen.

Einige Anregungen, das Inselreich zu entdecken

Neben den meistbesuchten Zielen bietet die Inselwelt noch so manches Abenteuer.

Einige Beispiele mögen Neugierde und die Lust, Unbekanntes zu entdecken, wekken. Doch reisen Sie besonders hier mit Gelassenheit, Zeit und Freundlichkeit.

Irian Jaya

ist mit dem Flugzeug recht einfach zu erreichen. Privatreisende sollten sich zuvor in Jakarta nach den speziellen Formalitäten für Irian Jaya erkundigen bei:
Indonesisches Polizei-Hauptquartier
Direktorat Keselamatan Negara Mabak
Jalan Trunojoyo
Kebayoran Baru
Jakarta

Die großen indonesischen Fluggesellschaften fliegen täglich Jayapura via Biak an. Von dort aus sind Weiterflüge nach Wamena oder Merauke möglich. Dann sollte man sich auf harte, lange Fußmärsche über schmale Pfade zu den verschiedensten Dörfern einstellen. Man wird mit unberührter Natur und aufregender, bewundernswerter Landschaft belohnt.

Für Reisende, die sich lieber einer Gruppe anschließen, bieten mehrere Veranstalter (wie: Tunas Indonesia, Pacto, Lotos Tours) Fahrten unterschiedlicher Länge und Preisklasse an.

Lombok

Die Nachbarinsel Balis ist fast genauso groß und mindestens ebenso schön wie Bali selbst.

Die Anreise ist einmal mit dem Flugzeug möglich. In 10–15 Minuten ist man von Den Pasar nach Mataram (der Hauptstadt von Lombok) geflogen. Aber auch der Wasserweg ist recht günstig. Zwischen Padang Bay (Bali) und Mataram (Lombok) verkehrt täglich eine Fähre.

Konditionsstarke lockt der im Norden liegende Vulkan Rinjani mit seinen 3726 m Höhe, er ist einer der höchsten Berge Indonesiens. Für die Strapazen des Aufstiegs wird man mit einem atemberaubenden Blick in die herrliche Caldera mit dem smaragdgrünen Kratersee Segara Anak belohnt. Ein Besuch der fremdartigen Sasak, die im Osten der Insel in kleinen Bambushäusern wohnen, ist ebenfalls nicht uninteressant.

Molukken

Zu erreichen ist diese Inselgruppe, auch als Gewürzinseln bekannt, am günstigsten mit dem Flugzeug. Garuda Airways fliegt Ambon, die Hauptstadt der Inseln, täglich von Jakarta (Java), Den Pasar (Bali), Ujung Padang (Sulawesi) an. Die Fluggesellschaft Merpati Nusantara Airlines steuert neben Ambon auch kleinere Inseln an. Mit der Hauptstadt Jakarta sind die Molukken auch über den Seeweg verbunden.

Das Reisen verlangt auch hier von dem Besucher Ausdauer; ein paar Worte Bahasa Indonesia (s. S. 299) erleichtern das Leben. Man sollte auf den Molukken auch nicht etwas Außergewöhnliches erwarten. Die Inseln sind einfach schön durch ihre Andersartigkeit.

Die einzelnen Inseln des Archipels sind mit Fähren zu erreichen. Eine wichtige Verbindung besteht zwischen Tehubu, einer winzigen Stadt im Norden Ambons, und Ceram sowie Saparua. Auf den meist überfüllten Schiffen fahren neben den vielen freundlichen und neugierigen Menschen auch Ziegen und Schweine sowie anderes Getier mit.

Es lohnt sich auch ein Ausflug nach Waai zu den wunderbaren Quellen. Wenn man bereit ist, eine beschwerliche Tour auf sich zu nehmen, so ist sicherlich Hila mit den Ruinen des Alten Forts »Nieuw Amsterdam« ein eindrucksvolles Erlebnis. Nicht mehr als ein ausgefahrener Pfad mit einer rotbraunen Lehmmauer in der Mitte führt dorthin, vorbei an Muskatnuß- und Gewürznelkenbäumen.

Die Tourismusentwicklung geht auch auf diesen Inseln schnell voran. Besonders das Wassersportangebot wird stark ausgebaut, um den Besuchern Schwimmen, Angeln, Tauchen und Bootfahren zu ermöglichen.

Kalimantan

Borneo, die drittgrößte Insel der Welt, deren Nordteil von Malaysia regiert wird, ist für den Tourismus kaum erschlossen. Die Insel, die zum größten Teil noch mit tropischem und montanem Regenwald bedeckt ist, hält noch einige Überraschungen für Abenteurer bereit. Flug- und Schiffsverbindungen bestehen zwischen Borneo und den wichtigsten Inseln wie Java, Bali und Sulawesi.

Das Innere der Insel ist mit dem Flugtaxi und dem Hubschrauber recht gut und schnell zu erreichen. Das Flußtaxi ist auch sehr zu empfehlen, da man auf diese Weise sehr viel sehen kann. Ein lohnendes Ziel ist der Mahakam-Fluß in Ost-Kalimantan.

Im Hochland stößt man noch auf die Dajak, die in den oft 50–100 m langen Langhäusern wohnen und noch vor wenigen Generationen Kopfjäger waren.

Zeittafel

v. Chr.	
ca. 4000	Der vorhistorische Mensch, Homo Mojokertensis, lebt in den Flußtälern Javas
ca. 3500–3000	Wedda-Völker siedeln in Sumatra und Sulawesi. Steinzeitliche Proto-Malayen kommen von Tonking nach Indonesien
ca. 3000	Deutero-Malaien kommen ebenfalls von Südost-Asien
500	Bronze- und Eisenkultur, Dongson- und später Chou-Stil. Megalith-Kultur besteht weiter, Entwicklung der dekorativen Kunst
n. Chr.	
100	Beginn der indischen Kolonisation in Java
400	Inschriften des Königs Purnawarman des Königreiches Tarumanagara berichten von dessen Einfluß in West-Java
600–900	*Mitteljavanische Periode* Beginn eines hinduistischen Machtzentrums auf Mittel-Java
	Auf Sumatra das Reich von Srivijaya. Palembang wird Zentrum der buddhistischen Wissenschaft (Hînayâna-Buddhismus)
700	König Sanjaya, Gründer eines shivaitischen Reiches auf Java (um 732)
	Candis des Dieng-Plateaus
	Erste Spuren des Buddhismus auf Bali
	Sriwijaya entfaltet seine Macht bis zur malaiischen Halbinsel (775)
	Shailendra-Dynastie auf Java
	Der Mahâyâna-Buddhismus breitet sich aus: Candi Kalasan, Pawon, Mendut
800	Borobudur Candi Sewu
	Sailendras verlagern ihre Macht nach Sumatra. Srivijaya wird javanisches Protektorat

Mataram-Dynastie (864)

Prambanan-Komplex

900   *Ostjavanische Periode*

Die Hauptstadt wird nach Ost-Java verlegt (ca. 910), um dem Druck von Srivijaya zu entgehen und den Einfluß Javas auf andere Inseln auszubreiten. Könige Daksha (910–919), Tulodong (919–924), Wawa (924–929)

1000   Das goldene Zeitalter von Srivijaya (860 bis ca. 1000)

Enge Bindung zu China und Indien, besonders auf religiösem Gebiet (Buddhismus)

Das Reich von Pejeng (Bedulu-Pejeng, Bali)

Warmadewa regiert in Bali (914–1080)

Erste literarische Werke.

Das Mahabharata und Ramayana wird in die altjavanische Sprache übertragen und der indonesischen Auffassung angepaßt

Sriwijaya, unterstützt von Wurawari, greift Dharmavangsa's Königreich an. Wurawari fällt in der Schlacht

Erlangga wird König (1019–1042). Er teilt sein Königreich in zwei Hälften, für seine beiden Söhne (1041)

Felsen-Candis von Tampaksiring, Bali.

Anfang der klassischen Periode auf Bali, nach 1049 ist Bali wieder selbständig

1200   Singasari-Dynastie (1222–1292)

Herrschaft Kirtanagaras (1268–1292)

Bali von Kirtanagara unterworfen (1284).

Bali wieder selbständig (1292)

Beginn der islamischen Epoche.

Sumatra erster islamischer Staat

Tartarische Expedition unter Shih Pi und Kau Sing gegen Kirtanagara landet in Ost-Java

Marco Polo erreicht Ost-Atjeh, Sumatra

Wijaya gründet das Königreich Majapahit (1292)

1300   Panataran-Komplex

Gaja Mada, erster Minister (1331–1364) Majapahits, unterwirft Bali (1343). Bali wird javanische Kolonie

Gaja Mada unterwirft Ost-Atjeh (1351)

Hayam Wuruk regiert in Majapahit (1350–1389)

Javanischer Einfluß auf die Kultur Balis

	Größte Ausdehnung Majapahits: Indonesien, Malaysia, Teile der Philippinen. Blütezeit für alle bildenden und angewandten Künste, goldenes Zeitalter Majapahits
	Auf Bali Reich von Gelgel, Gründung des Heiligtums Besakih
1400	Verfall Majapahits
	Auf Bali selbständige Entwicklung der Kultur
	Starke Ausbreitung des Islam in Sumatra und Beginn der Islamisierung auf Java
1500	Die Portugiesen erobern Malakka (1511)
	Ende der Hindu-javanischen Periode auf Java (um 1520)
	Lombok wird von Bali aus erobert
	Das Reich Atjeh breitet seine Macht über ganz Sumatra aus
	Das islamische Reich von Mataram (1575)
	Gründung europäischer Faktoreien auf West-Java
1600	Die Makassaren und Buginesen auf Süd-Sulawesi islamisiert
	Gründung der ›Verenigde Oost-Indische Compagnieën‹ VOC (1602)
	Batavia entsteht
	Untergang des Reiches von Gelgel, Bali, Entstehung mehrerer kleiner autonomer Gebiete
	Rückgang der Macht von Atjeh
	Die VOC nehmen Celebes (Sulawesi) in Besitz (1669)
	Ende der Wali-Dynastie auf Ost-Java
1700	Mataram aufgeteilt in drei Vasallenstaaten: Surakarta, Yogyakarta und das Reich des Mangku Nagara (1755 und 1757). ›Batavische Republik‹ an Stelle der VOC (1799)
1800	Generalgouverneur H. Willem Daendels
	Vorübergehende englische Verwaltung (1811–1816) unter Thomas Stamford Raffles
	Übernahme durch das ›Königreich der Niederlande‹ (1816)
	Atjeh bleibt unabhängig
	Prinz Diponegoro erhebt sich in Java gegen die Holländer. Javanischer Krieg (1825–30)
	Holländische Expeditionen auf Bali
1900	Krieg in Lombok. Die Holländer benutzen die Uneinigkeit zwischen den balinesischen Königen und den Sasak, dem seßhaften Volksstamm Lomboks. Die Insel gerät unter holländischen Einfluß

311

Nachdem Nord-Bali schon um die Mitte des 19. Jh. unter holländischen Einfluß gelangte, besetzen die Holländer (1908) Badung und Klungkung. Nunmehr ist ganz Bali von ihnen besetzt

Indische Social Democratische Vereeniging (ISVD) (1914) unter H. Sneevlied in Semarang gebildet

Volksraad gebildet (1918); kein Parlament, nur eine beratende Institution

ISVD wird zur indonesischen kommunistischen Partei PKI (1920), nach 1926 verboten

Sukarno gründet die Partei National Indonesia, PNI, in Bandung (1927)

Holland weist das Gesuch nach der Unabhängigkeit Indonesiens im Zeitraum von 10 Jahren zurück (1936)

Holländisch-Ostindien erklärt Japan ein paar Stunden nach Pearl Harbour den Krieg (1941)

Indonesien gerät nach der Seeschlacht in der Java-See (27. 2. 1942) unter japanische Herrschaft

Japanische Okkupation Indonesiens (1942–1945)

Unabhängigkeitserklärung Indonesiens durch Sukarno und Hatta am 17. August 1945

Kommunistische Rebellion unter Muso Amir Sjarifudin, von der indonesischen Regierung unterdrückt (1948), holländische militärische Operationen. Die Holländer versuchen die gesamte indonesische Republik zu überrennen

United Nations Commission for Indonesia, UNCI (1949)

Separatistenbewegung auf den Molukken ›Republic of South Moluccas‹ RMS wird unterdrückt. Ihre Führer fliehen nach Holland (1950)

1950   West Irian wird offiziell der indonesischen Republik einverleibt (1963)

Präsident Sukarno gibt dem General Suharto das volle Mandat, »jede nötige Maßnahmen zu ergreifen, um Sicherheit und Ordnung zu bewahren« (1966)

Suharto wird Präsident von Indonesien (1968)

1970   Sukarno, Indonesiens erster Präsident nach der Selbständigkeitserklärung, stirbt

Indonesien annektiert das ehemals portugiesische Ost-Timor (1975)

1980   Suharto wird zum vierten Mal wiedergewählt (1983)

Literaturverzeichnis

Batiks in Indonesia. Jakarta 1952

Bodrogi, T.: *Kunst in Indonesien.* Wien 1972

Braasem, W. A. und Jahn, J.: *Reis und Hahnenschrei.* Heidelberg 1957

Bühler, A.: *Materialien zur Kenntnis der Ikattechnik.* Int. Arch. für Ethnographie Suppl. Bd. 43

Bührmann, M.: *Das farbige Schattenspiel.* Bern 1955

Cartier-Bresson, H.: *Bali.* Olten 1960

Covarrubias, M.: *Island of Bali,* New York 1937. Neuauflage Kuala Lumpur 1974

Döbler, H.: *Kultur- und Sittengeschichte der Welt.* Gütersloh 1972

Frédéric, Louis: *Südost-Asien, Tempel und Skulpturen.* Essen 1964

Gadjah der Elefant und andere indonesische Geschichten, nacherzählt von W. G. Picard. Kassel 1972

Heekeren, H. R. van: *The Bronze-Iron Age of Indonesia.* Den Haag 1958

Heine-Geldern, R. von: *Altjavanische Bronzen.* Wien, Leipzig 1925

Heine-Geldern, R. von: *Das Tocharerproblem und die Pontische Wanderung.* Saeculum 1951

Heine-Geldern, R. von: *Indonesien Art.* New York 1948

Heine-Geldern, R. von: *Urheimat und früheste Wanderungen der Austronesier.* Anthropos, Bd. XXVII, Wien 1932

Heine-Geldern, R. von: *Weltbild und Baumform in Südostasien. Wiener Beiträge zur Kunst und Kultur Asiens,* IV, 1930

Höpfner, G.: *Südostasiatische Schattenspiele.* Berlin 1967

Imber, W.: *Indonesien.* Bern 1973

Indonesia no iseki to bijutsu (Remains and Art of Indonesia) by Sawa (Ryuken), N.H.K., Tokyo 1973

Jones, A. M.: *Africa and Indonesia, The evidence of the Xylophone.* Leiden 1964

Kötter, H., Junghaus, K. H. und Roeder, R. O. G.: *Indonesien – eine Ländermonographie.* Tübingen 1979

Krause, G.: *Bali,* Bd. I, II. Hagen i. W. 1920

Kruyt, A. C.: *Het animisme in den Indischen Archipel.* 1906

Kunst, J.: *Hindu-Javanese Musical Instruments.* Den Haag 1968

Kunst, J.: *Kulturhistorische Beziehungen zwischen dem Balkan und Indonesien.* Konikl. Inst. voor de Troopen, Mededeling No. CIII, Amsterdam 1953

Kunst, J.: *Music in Java.* The Hague 1973

Kunst, J.: *The cultural background of Indonesian Music.* Amsterdam 1949

Langewis, L. und Wagner, F.: *Decorative Art in Indonesian Textiles.* Amsterdam 1964

Lentz, D. A.: *The gamelan Music of Java and Bali.* Nebrasca-Press 1965

Loofs, H. H.: *Südostasiens Fundamente.* Berlin 1964

Lucas, H.: *Java-Masken.* Kassel 1973

Lützeler, H.: *Die Kunst Asiens.* München 1965

Marzuki, Yazir und Awuy, Fred D.: *Namo Buddhaya. The monument of homage to Buddha-Chandi Borobudur.* Amsterdam

Milaan, P. W. van: *Indonesische Kunst.* Utrecht 1950

Moebirman: Wayang-Purwa, *The Shadow Play of Indonesia.* 1. engl. Ed. Jakarta 1967

Müller-Krüger, Th.: *Indonesia Raja, Antlitz einer großen Inselwelt.* Bad Salzuflen 1966

Naudou, J.: *Buddha.* Somogy-Paris, Lizensausgabe Bertelsmann, Gütersloh

Perlen im Reisfeld und andere indonesische Erzählungen. Redaktion und Übersetzung von I. Hilgers-Hesse, Erdmann Vlg. Tübingen 1971

Rhodius, H.: *Reichtum und Schönheit des Lebens: Walter Spies, Maler und Musiker auf Bali.* Den Haag, L. J. C. Boucher

Röll, H.: *Indonesien; Entwicklungsprobleme einer tropischen Inselwelt.* Stuttgart 1979

Sachs, C.: *Die Musikinstrumente Indiens und Indonesiens.* Berlin 1923

Schmeltz, J. D. E.: *Indonesische Prunkwaffen. Ethnologische Bedeutung des Kris.* Int. Arch. f. Ethnogr. III, 1890

Sell, H. J.: *Der schlimme Tod bei den Völkern Indonesiens.* 'S-Gravenhage 1955

Solyom, G. u. B.: *Textiles of the Indonesian Archipelago.* University Press of Hawaii, Asian Studies 10

Stöhr, W. und Zoetmulder, P.: *Die Religionen Indonesiens.* Stuttgart 1965

Stutterheim, W.: *Rama-Legenden und Rama-Reliefs in Indonesien.* München 1925

Suleiman, S.: *Concise Ancient History of Indonesia.* Jakarta 1974

Suzuki, P.: *Critical Survey of Studies on the Anthropology of Nias, Mentawei and Enggano.* 'S-Gravenhage 1958

Tichy, H.: *Tau-Tau.* Wien 1973

Uhlig, H.: *Indonesien hat viele Gesichter.* Berlin 1971

Villiers, J.: *Südostasien,* Fischer Weltgeschichte Bd. 18

Wagner, F. A.: *Indonesien, Kunst eines Inselreiches.* Baden-Baden 1959

Warneck, J.: *Die Religion der Batak.* Leipzig 1909

White, W. Ch.: *Bronze Culture of ancient China.* 1956

Wilpert, Clara B.: *Schattentheater.* Hamburg 1973 (Hamb. Mus. f. Völkerkunde)

Winkler, J.: *Die Toba-Batak auf Sumatra.* Stuttgart 1925

Wirz, P.: *Der Reisbau und die Reisbaukulte auf Bali und Lombok.* Supplement zu Bd. XXX von IAE 1929

Wirz, P.: *Die magischen Gewebe von Bali und Lombok.* Jahrb. d. Bernischen Historischen Museums XI, 1931

With, K.: *Java,* Bd. I, II. Hagen i. W. 1920

Wylick, C. van: *Bestattungsbrauch und Jenseitsglaube auf Celebes.* S'Gravenhage 1941

Zoete, B. de, und Spies, W.: *Dance and Drama in Bali.* London 1938, reprinted Oxford Un. Press 1973

Fotonachweis

Textabbildungen

Ärztliches Reise- & Kulturjournal, Lemke Verlagsgesellschaft m. b. H., Werne: S. 65

Miguel Covarrubias, *Island of Bali*, Kuala Lumpur 1974: S. 195

Louis Frédéric, *Südost-Asien. Tempel und Skulpturen*, Burkhard-Verlag Ernst Heyer, Essen 1964: S. 128, 152

Gerd Höpfner, *Südostasiatische Schattenspiele*, Bildhefte der Staatlichen Museen, Berlin, H. 2, 1967: S. 2, 160, 162, 164, 165, 168, 169

Jaap Kunst, *Kulturhistorische Beziehungen zwischen dem Balkan und Indonesien*, Amsterdam 1953: S. 21

A. T. Marampa' Ba, *Toraja. The tourist's friend – a guide to Tanatoraja*, Undang-Undang, 1974: S. 75

Yazir Maizuki und Fred D. Away, *Namo Buddhaya*, Amsterdam: S. 106, 108, 109 oben u. unten

Moebirman, *Wayang-Purwa*, Jakarta 1967: S. 60, 61 und 62, 68 rechts, 97, 98

Sawa (Ryuken), *Indonesia no iseki to bijutsu*, Tokyo 1973: S. 68 links, 115, 119, 120, 145, 247

Fritz A. Wagner, Indonesien. *Die Kunst eines Inselreiches*, Holle Verlag, Baden-Baden 1959: S. 16, 17, 158, 159, 243 links u. rechts

Clara B. Wilpert, *Schattentheater*, Hamburg 1973: S. 166, 207

Farbabbildungen

Gerold Jung, Ottobrunn   Farbt. III, V, X, XI, XII, XIII, XIV, XV, XXII, XXVII, XXXI, XXXIV

Stefan und Renate Loose, Berlin   XXXII, XXXIII, XXXIV

Alexander Matuschinski, Nürnberg   I, XIX, XX, XXI, XXX

Gudrun Merkle, Bochum   IV, VI, XXIII

Stefan Wiesner und Bettina Griepentrog-Wiesner, Berlin   II, VII, VIII, XIX

Alle übrigen Aufnahmen stammen vom Verfasser und wurden mit einer Leica M₃ der Firma Leitz, Wetzlar, aufgenommen, die Farbbilder auf Agfacolor CT 18.

Register

Raum für Reisenotizen

Anschriften neuer Freunde, Foto- u. Filmvermerke, neuentdeckte gute Restaurants, etc.

Raum für Reisenotizen

Anschriften neuer Freunde, Foto- u. Filmvermerke, neuentdeckte gute Restaurants, etc.

Bali

Tempel, Mythen und Volkskunst auf der tropischen Insel zwischen Indischem und Pazifischem Ozean
Von Günter Spitzing. 410 Seiten mit 53 farbigen und 101 einfarbigen Abbildungen, 125 Zeichnungen und Plänen, 19 Seiten praktischen Reisehinweisen, Register (DuMont Kunst-Reiseführer)
»Das vorliegende Buch befaßt sich nicht nur mit der historischen Entwicklung auf Bali, sondern z. B. auch mit dem Hinduismus, mit Tempelarchitektur, mit der Malerei, Bildhauerei, Masken- und Schattenspielkunst. Ein abschließender ›gelber Teil‹ bietet präzise Reiseinformation.« *Wiener Zeitung*

»Richtig reisen«: Von Bangkok nach Bali

Thailand – Malaysia – Singapur – Indonesien
Reise-Handbuch. Von Manfred Auer. Etwa 320 Seiten mit etwa 50 farbigen und etwa 120 einfarbigen Abbildungen und Karten, praktischen Reisehinweisen, Register

»Richtig reisen«: Bangkok

Von Stefan Loose und Renate Ramb. 326 Seiten mit 58 farbigen und 286 einfarbigen Abbildungen, Karten und Plänen, 50 Seiten praktischen Reisehinweisen, Register

Der Hindu-Tempel

Bauformen und Bedeutung
Von George Michell. 200 Seiten mit 161 einfarbigen Abbildungen und Zeichnungen, Literaturhinweisen, Register, Daten zur indischen Geschichte, Karten der wichtigsten hinduistischen Tempelstätten (DuMont Dokumente)
»George Michell faßt in seinem Buch die Geschichte des hinduistischen Tempelbaus von der Gupta-Zeit bis zur Gegenwart zusammen. Die wissenschaftlich fundierte, jedoch lesbar geschriebene Darstellung reicht vom indischen Subkontinent bis zum indonesischen Archipel und läßt sich auch als Kunst-Reiseführer benutzen – Fotos und Lagepläne sind dem Band reichlich beigegeben.«
Der Tagesspiegel, Berlin

Die Bildsprache des Hinduismus

Die Götterwelt und ihre Symbole
Von Anneliese und Peter Keilhauer. 259 Seiten mit 22 farbigen und 184 einfarbigen Abbildungen und Zeichnungen. Literaturhinweisen, Register (DuMont Taschenbücher, Band 131)

Das indonesische Schattenspiel

Bali – Java – Lombok
Von Günter Spitzing. 236 Seiten mit 8 farbigen und 115 einfarbigen Abbildungen und Zeichnungen, Literaturhinweisen, Glossar, Übersichtskarte über die Verbreitung des Schattenspiels sowie einer vergleichenden Karte über die Gemeinsamkeiten und Unterschiede der Figuren auf Bali, Java und Lombok; Register (DuMont Taschenbücher, Band 110)

Von Hans Helfritz erschienen in unserem Verlag:

Guatemala Honduras Belize

Die versunkene Welt der Maya
196 Seiten mit 17 farbigen und 82 einfarbigen Abbildungen, 47 Zeichnungen und Plänen, 12 Seiten praktischen Reisehinweisen, Register

»Der Kunst-Reiseführer vermittelt in glücklicher Verbindung einen ausführlichen Einblick in die Maya-Kultur von heute und von vor 2000 Jahren. Dazu gibt es einen sehr nützlichen Anhang mit Ratschlägen für Reisende, der durchaus den Gegebenheiten entspricht.« *Die Welt*

Marokko

Berberburgen und Königsstädte des Islam. Von der Küste über den Atlas zum Rand der Sahara
268 Seiten mit 47 farbigen und 86 einfarbigen Abbildungen, 58 Zeichnungen, Karten und Plänen, 51 Seiten praktischen Reisehinweisen, Übersichtskarte und Zeittafel, Register

»Hans Helfritz, ein genauer Kenner der arabischen Länder, hat einen Kunst-Reiseführer durch Marokko verfaßt, der ebensosehr ein gründlich informierendes und mittels Information anregendes Buch wie ein Führer durch die Landschaften des Königreichs ist. Marokko entsteht so für den Reisenden wie für den Kunstfreund aus Geschichte und Gegenwart zu einem Land, das aus vielfältigen Gründen zu einem Besuch verlockt.« *Frankfurter Allgemeine Zeitung*

Mexiko

Ein Reisebegleiter zu den Götterburgen und Kolonialbauten Mexikos
283 Seiten mit 37 farbigen und 106 einfarbigen Abbildungen, 79 Zeichnungen und Karten, 60 Seiten praktischen Reisehinweisen, Personen- und Ortsregister

Südamerika: präkolumbische Hochkulturen

Kunst der Kolonialzeit
Ein Reisebegleiter zu den Kunststätten in Kolumbien, Ekuador, Peru und Bolivien
344 Seiten mit 45 farbigen und 197 einfarbigen Abbildungen, 77 Zeichnungen und Karten, Zeittafel, 16 Seiten praktischen Reisehinweisen, Bibliographie, Register

Entdeckungsreisen in Süd-Arabien

Auf unbekannten Wegen durch Hadramaud und Yemen (1933 und 1935)
268 Seiten mit 20 farbigen und 89 einfarbigen Abbildungen, 18 Zeichnungen und Karten

»Hans Helfritz, als Erforscher Südarabiens geradezu legendär geworden, macht seine in den dreißiger Jahren absolvierten Entdeckungsreisen nunmehr erneut der Öffentlichkeit zugänglich, aktualisiert durch Photos aus jüngster Zeit und geraffte Darstellung der soziologischen und wirtschaftlichen Entwicklung.« *Die Presse, Wien*

DuMont Kunst-Reiseführer

Ägypten und Sinai – Geschichte, Kunst und Kultur im Niltal
Vom Reich der Pharaonen bis zur Gegenwart. Von Hans Strelocke

Algerien – Kunst, Kultur und Landschaft
Von den Stätten der Römer zu den Tuareg der zentralen Sahara. Von Hans Strelocke

Belgien – Spiegelbild Europas
Eine Einladung nach Brüssel, Gent, Brügge, Antwerpen, Lüttich und zu anderen Kunststätten. Von Ernst Günther Grimme

Bulgarien
Kunstdenkmäler aus vier Jahrtausenden von den Thrakern bis zur Gegenwart. Von Gerhard Eckert (April '84)

Dänemark
Land zwischen den Meeren. Kunst – Kultur – Geschichte. Von Reinhold Dey

Deutsche Demokratische Republik
Geschichte und Kunst von der Romanik bis zur Gegenwart. Brandenburg, Mecklenburg, Sachsen-Anhalt, Sachsen, Thüringen. Von Gerd Baier, Elmar Faber und Eckhard Hollmann

Bundesrepublik Deutschland

Das Bergische Land
Kultur, Geschichte, Landschaft zwischen Ruhr und Sieg. Von Bernd Fischer

Bodensee und Oberschwaben
Zwischen Donau und Alpen: Wege und Wunder im ›Himmelreich des Barock‹. Von Karlheinz Ebert

Die Eifel
Entdeckungsfahrten durch Landschaft, Geschichte, Kultur und Kunst – Von Aachen bis zur Mosel. Von Walter Pippke und Ida Pallhuber (Sommer '84)

Franken – Kunst, Geschichte und Landschaft
Entdeckungsfahrten in einem schönen Land – Würzburg, Rothenburg, Bamberg, Nürnberg und die Kunststätten der Umgebung. Von Werner Dettelbacher

Hessen
Vom Edersee zur Bergstraße. Die Vielfalt von Kunst und Landschaft zwischen Kassel und Darmstadt. Von Friedhelm Häring und Hans-Joachim Klein

Köln
Stadt am Rhein zwischen Tradition und Fortschritt. Von Willehad Paul Eckert

München
Von der welfischen Gründung Heinrichs des Löwen bis zur Gegenwart: Kunst, Kultur, Geschichte. Von Klaus Gallas

Münster und das Münsterland
Geschichte und Kultur. Ein Reisebegleiter in das Herz Westfalens. Von Bernd Fischer

Der Niederrhein
Das Land und seine Städte, Burgen und Kirchen. Von Willehad Paul Eckert

Oberbayern
Kultur, Geschichte, Landschaft zwischen Donau und Alpen, Lech und Salzach. Von Gerhard Eckert

Oberpfalz, Bayerischer Wald, Niederbayern
Regensburg und das nordöstliche Bayern. Kunst, Kultur und Landschaft. Von Werner Dettelbacher

Ostfriesland mit Jever- und Wangerland
Über Moor, Geest und Marsch zum Wattenmeer und zu den Inseln Borkum, Juist, Norderney, Baltrum, Langeoog, Spiekeroog und Wangerooge. Von Rainer Krawitz

Die Pfalz
Die Weinstraße – Der Pfälzer Wald – Wasgau und Westrich. Wanderungen im ›Garten Deutschlands‹. Von Peter Mayer

Der Rhein von Mainz bis Köln
Eine Reise durch das Rheintal – Geschichte, Kunst und Landschaft. Von Werner Schäfke

Schleswig-Holstein
Zwischen Nordsee und Ostsee: Kultur – Geschichte – Landschaft. Von Johannes Hugo Koch

Der Schwarzwald und das Oberrheinland
Wege zur Kunst zwischen Karlsruhe und Waldshut: Ortenau, Breisgau, Kaiserstuhl und Markgräflerland. Von Karlheinz Ebert

Sylt, Amrum, Föhr, Helgoland, Pellworm, Nordstrand und Halligen
Natur und Kultur auf Helgoland und den Nordfriesischen Inseln. Entdeckungsreisen durch eine Landschaft zwischen Meer und Festlandküste. Von Albert am Zehnhoff (DuMont Landschaftsführer)

Der Westerwald
Vom Siebengebirge zum Hessischen Hinterland. Kultur und Landschaft zwischen Rhein, Lahn und Sieg. Von Hermann Joseph Roth

Östliches Westfalen
Vom Hellweg zur Weser. Kunst und Kultur zwischen Soest und Paderborn, Minden und Warburg. Von G. Ulrich Großmann

Zwischen Neckar und Donau
Kunst, Kultur und Landschaft von Heidelberg bis Heilbronn, im Hohenloher Land, Ries, Altmühltal und an der oberen Donau. Von Werner Dettelbacher

Frankreich

Auvergne und Zentralmassiv
Entdeckungsreisen von Clermont-Ferrand über die Vulkane und Schluchten des Zentralmassivs zum Cevennen-Nationalpark. Von Ulrich Rosenbaum

Die Bretagne
Im Land der Dolmen, Menhire und Calvaires. Von Almut und Frank Rother

Burgund
Kunst, Geschichte, Landschaft. Burgen, Klöster und Kathedralen im Herzen Frankreichs: Das Land um Dijon, Auxerre, Nevers, Autun und Tournus. Von Klaus Bußmann

Côte d'Azur
Frankreichs Mittelmeer-Küste von Marseille bis Menton. Von Rolf Legler

Das Elsaß
Wegzeichen europäischer Kultur und Geschichte zwischen Oberrhein und Vogesen. Von Karlheinz Ebert

Frankreich für Pferdefreunde
Kulturgeschichte des Pferdes von der Höhlenmalerei bis zur Gegenwart. Camargue, Pyrenäen-Vorland, Périgord, Burgund, Loiretal, Bretagne, Normandie, Lothringen. Von Gerhard Kapitzke (DuMont Landschaftsführer)

Frankreichs gotische Kathedralen
Eine Reise zu den Höhepunkten mittelalterlicher Architektur in Frankreich. Von Werner Schäfke

Korsika
Natur und Kultur auf der ›Insel der Schönheit‹. Menhirstatuen, pisanische Kirchen und genuesische Zitadellen. Von Almut und Frank Rother

Languedoc – Roussillon
Von der Rhône zu den Pyrenäen. Von Rolf Legler

Das Tal der Loire
Schlösser, Kirchen und Städte im ›Garten Frankreichs‹. Von Wilfried Hansmann

Die Normandie
Vom Seine-Tal zum Mont St. Michel. Von Werner Schäfke

Paris und die Ile de France
Die Metropole und das Herzland Frankreichs. Von der antiken Lutetia bis zur Millionenstadt. Von Klaus Bußmann

Périgord und Atlantikküste
Kunst und Natur im Lande der Dordogne und an der Côte d'Argent von Bordeaux bis Biarritz. Von Thorsten Droste

Das Poitou
Westfrankreich zwischen Poitiers, La Rochelle und Angoulême – die Atlantikküste von der Loiremündung bis zur Gironde. Von Thorsten Droste

Die Provence
Ein Reisebegleiter durch eine der schönsten Kulturlandschaften Europas. Von Ingeborg Tetzlaff

Savoyen
Vom Genfer See zum Montblanc – Natur und Kunst in den französischen Alpen. Von Ruth und Jean-Yves Mariotte

Südwest-Frankreich
Vom Zentralmassiv zu den Pyrenäen – Kunst, Kultur und Geschichte. Von Rolf Legler

Griechenland

Athen
Geschichte, Kunst und Leben der ältesten europäischen Großstadt von der Antike bis zur Gegenwart. Von Evi Melas

Die griechischen Inseln
Ein Reisebegleiter zu den Inseln des Lichts. Kultur und Geschichte. Hrsg. von Evi Melas

Kreta – Kunst aus fünf Jahrtausenden
Minoische Paläste – Byzantinische Kirchen – Venezianische Kastelle. Von Klaus Gallas

Rhodos
Eine der sonnenreichsten Inseln im Mittelmeer – ihre Geschichte, Kultur und Landschaft. Von Klaus Gallas (Mai ’84)

Alte Kirchen und Klöster Griechenlands
Ein Begleiter zu den byzantinischen Stätten. Hrsg. von Evi Melas

Tempel und Stätten der Götter Griechenlands
Ein Reisebegleiter zu den antiken Kulturzentren der Griechen. Hrsg. von Evi Melas

Großbritannien

Englische Kathedralen
Eine Reise zu den Höhepunkten englischer Architektur von 1066 bis heute. Von Werner Schäfke

Die Kanalinseln und die Insel Wight
Kunst, Kultur und Landschaft. Die britischen Inseln zwischen Normandie und Süd-England. Von Bernd Rink

Schottland
Geschichte und Literatur. Architektur und Landschaft. Von Peter Sager

Süd-England
Von Kent bis Cornwall. Architektur und Landschaft, Literatur und Geschichte. Von Peter Sager

Guatemala
Honduras – Belize. Die versunkene Welt der Maya. Von Hans Helfritz

Das Heilige Land
Historische und religiöse Stätten von Judentum, Christentum und Islam in dem zehntausend Jahre alten Kulturland zwischen Mittelmeer, Rotem Meer und Jordan. Von Erhard Gorys

Holland
Kunst, Kultur und Landschaft. Ein Reisebegleiter durch Städte und Provinzen der Niederlande. Von Jutka Rona

Indien
Indien
Von den Klöstern im Himalaya zu den Tempelstätten Südindiens. Von Niels Gutschow und Jan Pieper

Ladakh und Zanskar
Lamaistische Klosterkultur im Land zwischen Indien und Tibet. Von Anneliese und Peter Keilhauer

Indonesien
Indonesien
Ein Reisebegleiter nach Java, Sumatra, Bali und Sulawesi (Celebes). Von Hans Helfritz

Bali
Tempel, Mythen und Volkskunst auf der tropischen Insel zwischen Indischem und Pazifischem Ozean. Von Günter Spitzing

Iran
Kulturstätten Persiens zwischen Wüsten, Steppen und Bergen. Von Klaus Gallas

Irland – Kunst, Kultur und Landschaft
Entdeckungsfahrten zu den Kunststätten der ›Grünen Insel‹. Von Wolfgang Ziegler

Italien
Apulien – Kathedralen und Kastelle
Ein Reisebegleiter durch das normannisch-staufische Apulien. Von Carl Arnold Willemsen

Elba
Ferieninsel im Tyrrhenischen Meer. Macchienwildnis, Kulturstätten, Dörfer, Mineralienfundorte. Von Almut und Frank Rother (DuMont Landschaftsführer)

Das etruskische Italien
Entdeckungsfahrten zu den Kunststätten und Nekropolen der Etrusker. Von Robert Hess und Elfriede Paschinger

Florenz
Ein europäisches Zentrum der Kunst. Geschichte, Denkmäler, Sammlungen. Von Klaus Zimmermanns

Ober-Italien
Kunst, Kultur und Landschaft zwischen den Oberitalienischen Seen und der Adria. Von Fritz Baumgart

Von Pavia nach Rom
Ein Reisebegleiter entlang der mittelalterlichen Kaiserstraße Italiens. Von Werner Goez

Rom
Kunst und Kultur der ›Ewigen Stadt‹ in mehr als 1000 Bildern. Von Leonard De Matt und Franco Barelli

Das antike Rom
Die Stadt der sieben Hügel: Plätze, Monumente und Kunstwerke. Geschichte und Leben im alten Rom. Von Herbert Alexander Stützer

Sardinien
Geschichte, Kultur und Landschaft – Entdeckungsreisen auf einer der schönsten Inseln im Mittelmeer. Von Rainer Pauli

»Richtig reisen«